CONTRE L'ADVERSAIRE DV CONCILE DE TRENTE ET DE SAINCT AVGVSTIN

Dialogue premier:

Où l'on découure la confusion, & les contradictions estranges des Dogmes Theologiques du P. PETAV; & où l'on refute vn libelle du mesme Pere, intitulé insolemment, *Dispute contre l'Heterodoxe*, c'est à dire, contre l'Heretique.

Où est aussi refuté par occasion vn petit libelle de M. MOREL, *dont le tiltre est*, Defense de la Confession de la foy Catholique alleguée, &c.

Par AMABLE DE VOLVIC.

Auec l'Approbation des Docteurs.

1650.

PREFACE.

LE Reuerend Pere Petau, apres auoir promis que s'il estoit sage [a], il se tairoit à l'auenir, n'ayant pas laissé d'écrire encore contre moy à sa maniere violente & injurieuse, & s'estant porté mesme iusqu'à cet excez odieux & detestable à tous les gens de bien, que de me traiter d'heterodoxe & d'heretique [b]; le iuste soin qu'vn fidele, & sur tout vn Prestre doit auoir, de se lauer d'vne si infame calomnie, m'a obligé necessairement à luy adresser ce petit trauail que ie vous donne, & à reprimer l'audace de cet accusateur, par vne nouuelle apologie de mon innocence, & de la verité, qu'il blesse, & qu'il outrage auec des soupplesses, & auec des impostures si effroyables, qu'il m'est impossible de les considerer sans en auoir horreur. Vous verrez comment pour defendre, ou sa reputation, ou celle de sa Compagnie, que j'honore autant que ma conscience peut me le permettre, il se fait vn ieu de la Religion, comment il ploye ou déguise selon ses caprices, les plus hauts mysteres de la pieté Chrestienne, comment il pose ou destruit les mesmes opinions selon qu'elles seruent, ou qu'elles nuisent à ses propres phantaisies; & comment il a fait des gros volu-

a *A la fin de sa seconde Dissert.*

b *Pag.* 42. O hominũ sui, vt aiebat ille nominis, hoc est, hæterodoxum, adeoque, non vel hæreticum, vel erronẽ, & huius generis alia, sed prorsus hæreticũ & erronem, & temerariũ, & meritò suspectũ, *c'est à dire.* O *homme vrayment digne de son nom, c'est à dire, heterodoxe, & non seulement heretique ou errant, & autres choses semblables, mais absolument heretique & errant, & temeraire, & scandaleux, & iustement suspect. Voyez l'insolence de cet homme! Et puis qu'il m'a démenty souuent, il est bien iuste de luy rendre icy la pareille. Ie dis donc, Pere Petau, (sauf le respect de vostre Reuerence) que ce que vous dites, est tres-faux, ie ne suis point heretique, c'est vous qui l'estes s'il en fut iamais, ô indigne vsurpateur du nom de Iesus, ô ingrat à la grace de Dieu, ô ennemy de la Croix de Christ! Et pleust à Dieu qu'il me fust permis de repousser moins fortement vne si execrable iniure.*

Aux Prolegom. du 1. to. chap. 1. Magnum equidem, ac labore immensum atque copiâ, sed longè pulcherrimum opus aggredior, vniuersam Theologiã mãdare his libris, non illã contentiosam, ac subtilem, quæ aliquot ab hinc orta sæculis, iam sola penè scholas occupauit, à quibus & scholasticæ propriũ sibi nomen asciuit, verùm elegantiorẽ & vberiorem alteram, quæ ad eruditæ vetustatis expressa speciem, hoc est, à Dialecticorum dumetis liberioris ad campi reuocata spatia, solam ad vsum, cultũque sui, natiuam, & domesticam copiam ostentat.

mes de ses Dogmes Theologiques, vn amas & vn abysme de contradictions si claires, qu'il ne faut que voir & lire, pour les connoistre & pour les voir. Et il a bien osé neantmoins couronner luy-mesme son ouurage de ce superbe eloge, qu'il a éleué comme vn trophée de sa modestie, à la teste de ses Dogmes. *I'entreprens*, dit-il, *vn ouurage non seulement immense en trauail, & en abondance, mais encore excellemment tres-beau, c'est d'enclore dans ces liures toute la Theologie, non pas cette subtile & pointilleuse Theologie, qui estant née depuis quelques siecles, a presque seule regné dans les Escoles, d'où vient aussi qu'elle a pris le nom de Scholastique, mais cette autre plus fertile, & plus elegante Theologie, qui estant formée sur le modele de la sçauante antiquité, c'est à dire, qui estant ramenée des brossailles des Dialecticiens dans la vaste carriere d'vne campagne libre, n'employe & ne déploye pour son ornement, & pour son vsage, que sa seule richesse domestique & naturelle.* Voila comment le Reuerend Pere s'est rauy & extasié en admirant la beauté de son ouurage. Mais sans y penser, il se fait aussi luy mesme vn panegyrique bien contraire, & se dépeint au vif, croyant dépeindre son aduersaire, quand il dit en vn autre lieu [a]: *Celuy-cy passe d'vne opinion à vne autre, & dit des choses qui se destruisent elles-mesmes, & selon que la fougue de son esprit l'emporte, ou qu'il rencontre d'abord ce qu'il a escrit ou remarqué dans ses lieux communs, il le respand sans iugement, sans choix, temerairement, & en desordre; de maniere que c'est vne espece de fatalité à cet homme, de ne iamais escrire, qu'il ne se chocque luy-mesme, en asseurant,*

a 3. *Tom des Dogmes, liu. 1. de la Hierarchie, chap. 11. § 6. pag 707.* Iste ab hac ad illã (sententiam) transuolat, & pugnantia inuicem loquitur, & prout impetus eum animi tulerit, aut vt in locis communibus primùm quodq; scriptum à se ac notatũ inuenerit, ita sine delectu, sine iudicio, temerè ac tumultuariè pro-

& en soustenant des choses contraires. Certes tous les liures qu'il a publiez iusqu'à cette heure, portent ce genie & ce charactere, & dans tous ces liures il n'a iamais tant escrit contre personne, que contre luy-mesme. Et en vn autre lieu [a]: *Il se combat tres-honteusement luy-mesme, il dit des choses contraires & opposées, qui est la plus grande & la plus infame absurdité que l'on puisse reprocher à vn homme sage & bien sensé; mais c'est vn vice qui vous est deuenu si ordinaire, que vous en auez perdu le sentiment & la honte.* Vous verrez qu'il n'y eut iamais tableau qui ressemblast mieux que celuy-cy au Reuerend Pere Petau.

fundit, hinc illud tanquam fatale huic accidit, nũquam vt scribat, quin contrariis tuendis, & affirmandis rebus, in semet incurrat; Certè quidquid librorum ab illo hactenus exiit, genij est isti⁹ ac notæ. nec plura contra quẽquam, quàm contra seipsum in illis omnib⁹ scripsit.

a *La mesme, liu 2. de la Hierarch. chap. 2, § 6. pag. 737* Hæc videlicet quod à seipso turpissimè dissideat, quod cõtraria dicat, ac repugnantia, quo nullũ absurdum maius aut indignius homini benè sano & sapienti potest objici. Cuius tu quidẽ vitij sensum ac pudorẽ propter assiduitatem in teipso capere desiisti.

Cependant, mon cher Lecteur, il est expedient de vous rafraischir icy le souuenir du sujet de la querelle qui est debattuë entre sa Reuerence, & moy; c'est ce que ie fais en peu de mots. Dans vne Lettre [b] à vn Euesque de sçauoir & de merite, j'auancé cette maxime si iuste, si chrestienne, & si conforme aux premiers principes de la lumiere naturelle, *Qu'en la matiere de la Grace, les lieux du Concile de Trente, du sens desquels on ne conuient pas entre les Catholiques, doiuent estre interpretez par Sainct Augustin, que ce Concile suit principalement en ce sujet, non dans les choses seulement, mais encore dans les termes.* Et quand j'ay dit que l'on deuoit en vser ainsi, j'ay entendu que l'on le deuoit selon les regles de la prudence & du sens commun, qui nous enseignent que pour apprendre la vraye intelligence d'vn texte, ou d'vn passage, il faut recourir à la source, dans laquelle on l'a puisé; & dans la mesme Lettre [c] ie de-

b *Pag. 1.*

c Page 36. *Pourueu que en suiuant ces sacrez guides dans l'explication ou des Conciles, ou de l'Escriture saincte, nous reseruions tousjours à la mesme Eglise l'authorité supreme de les esclaircir, & de les déuelopper.*

clare aussi qu'en attendant que l'Eglise ou le Sainct Siege ayent prononcé sur nos differens, nous deuons sousmettre à l'Eglise & au S. Siege les explications que nous donnons au Concile de Trente par Sainct Augustin; comme nous deuons assujettir à la mesme Eglise, & au mesme Siege, les explications que nous donnons à l'Escriture saincte par les Peres, qui en sont les veritables, & les legitimes interpretes. Et j'ay dit encore dans le mesme esprit [a], *Ainsi, Monseigneur, autant qu'il est injuste de s'imaginer que le Concile ayt employé les expressions de S. Augustin, pour condamner Sainct Augustin; autant il est iuste de pretendre qu'il faut l'expliquer par Sainct Augustin, aux lieux où il employe les paroles de ce Pere, comme il fait par tout en la matiere de la Grace, suiuant la remarque du fameux Iesuite que ie viens de vous alleguer* (c'est Henriquez.) Mais quelque iuste, & quelque necessaire que soit ce discours, le R. Pere Petau n'a pas laissé de le combattre en diuers libelles tous remplis d'injures, & tous vuides de raisons; & quoy qu'il s'apperçoiue bien qu'il s'est engagé temerairement à soustenir vne imagination tout à fait absurde & ridicule, au lieu de s'en dédire, & de la desauoüer, comme il deuoit; il s'est aduisé de l'appuyer nouuellement par vne pensée qui n'est pas seulement bizarre, mais impie. Car il ose asseurer [b], que pretendre que S. Augustin soit l'interprete du Concile de Trente, & qu'il soit propre à regler nos controuerses sur le sens de ce Concile, c'est presupposer que l'authorité de Sainct Augustin n'est pas inferieure, mais égale à

Et en la page 76. *Le seul moyen ne seroit-il pas en cette occasion de regler nostre doctrine autant que nous pouuõs, sur celle de ce Pere, (S. Augustin) puisque l'Eglise nous l'ordonne; & nous dissentons en quelque point, de prendre pour arbitre de nostre dispute, celuy qui est assis dans le siege de S. Pierre, pour iuger tous les fideles.*

a *Dans la mesme Lettre pag. 3. & 4.*

b *En son dernier libelle, pag. 8,* Decreti verba non nisi ex sensu & explicatione vim capiunt ac firmitatẽ fidei, quare tantidem esse debet decreti sensus ex Augustini scriptis expressus, quanti est ipsum synodale decretum, vt ex æquo sit pro hæretico iudicandus, qui ab alterutro dissentiat.
Et plus bas. Quocirca persuasũ hoc esse debet heterodoxo, parem, & eandem cum Tridentino decreto certitudinẽ esse fidei in Augustini doctrina. *C'est à dire: Que si S. Augustin peut decider, & resoudre le sens du Concile de Trente, il faut que la doctrine de S. Augustin ayt vne égale, vne mesme, ou aussi grande certitude de foy, que les decrets du Concile. Voila iustement le raisonnement des heretiques contre l'Eglise Catholique. Car*

l'authorité du Concile de Trente. I'auois desia renuersé cette objection prophane, & l'auois foudroyée par ce raisonnement solide & inuincible [a]: *Qui ne sçait enfin que les saincts Peres, qui sont les interpretes de l'Escriture saincte, ne laissent pas d'estre inferieurs à l'Escriture saincte, dont ils sont les interpretes, & que c'est vne calomnie infame des heretiques de ce temps, quand ils nous accusent d'égaler l'authorité des Peres à celle de l'Escriture saincte, en ce que nous les reconnoissons pour les interpretes legitimes de l'Escriture saincte. Ce qui estant ainsi, par quelle raison peut-on pretendre que j'aye égalé l'authorité de Sainct Augustin à celle du Concile, pour auoir dit, comme j'ay fait, que Sainct Augustin en doit estre l'interprete aux lieux dont le sens est disputé entre les Catholiques en la matiere de la Grace & de la Predestination diuine?* Et cette consideration si iuste, comme vous voyez, est si forte d'elle-mesme, qu'vn de mes Censeurs, qui est vn des Confreres du Reuerend Pere, n'a peû s'empescher de la loüer, & de l'authoriser en ces paroles: *En suite*, dit-il [b], parlant de moy, *il monstre fort bien qu'on ne peut pour cela l'accuser de vouloir égaler Sainct Augustin en authorité à ce Concile; c'est le mesme reproche que nous font les heretiques, quand nous leur disons que l'Escriture saincte doit estre entenduë selon l'interpretation de l'Eglise.* Mais le P. Petau, qui ne se soucie pas de fauoriser les heretiques, & de leur mettre les armes à la main contre l'Eglise, pourueu qu'il nous

ils disent, que si les Peres peuuent resoudre, ou decider le sens de l'Escriture, il faut que leur doctrine ayt autant d'authorité que l'Escriture mesme. Mais il faut répondre à ce pernicieux sophisme des heretiques, & du P. Petau, que le sens que nous donnons au Cõcile de Trente par S. Augustin, emprunte sa clarté de S. Augustin, & sa principale authorité du Concile de Trente, comme le sens que les Peres donnent à l'Escriture saincte, emprunte sa clarté des Peres, & sa principale authorité de l'Escriture saincte. Ce qui n'empesche pas que l'authorité des Peres pris ensemble, ne soit souueraine à sa maniere, & que l'authorité de S. Augustin ne le soit aussi en quelque sorte dans la matiere de la Grace, puis qu'en cette matiere il est approuué par l'Eglise, de l'adueu mesme du P. Petau. Que si en cette matiere on ne peut quitter S. Augustin, ne faut il pas s'arrester, ou acquiescer aux explications que l'on donne au Concile de Trente par S. Augustin dans la mesme matiere, en sousmettant neantmoins ces explications au iugement de l'Eglise, & du S. Siege, qui doiuent estre les arbitres de tous nos iugemens? Voyez l'Apologie au premier chapitre, auquel le bon Pere ne respond rien.

a *Dans la mesme Lettre, pag. 2.*

b *L'aduis aux Catholiques, p. 52. & 53. L'Autheur est le Pere Bagot, sçauant Iesuite, qui a enseigné autrefois la doctrine de Sainct Augustin: mais les conjonctures presentes ne luy permettent pas de continuer.*

diffame à quelque prix que ce puiſſe eſtre; ne craint pas de dire contre ſon Confrere, & contre toute ſorte de bon ſens, que donner S. Auguſtin comme ie fais pour interprete au Concile de Trente, c'eſt égaler ce Pere en authorité à ce Concile; ou ce qui eſt la meſme choſe, c'eſt égaler l'authorité de ſa doctrine formellement parlant, à l'authorité de la doctrine du Concile; & toutefois peut on ſe figurer vn raiſonnement plus heretique, plus impie, plus Caluiniſte, plus Lutherien, que le raiſonnement de ce bon Pere? Car incontinent les heretiques, & ie ne doute point qu'au premier iour ils ne ſe ſeruent du ſuffrage du Reuerend Pere en cette rencontre, comme ils ont fait en quelques autres, ne diront-ils pas qu'on ne peut rendre les Peres interpretes de l'Eſcriture ſaincte, ou les prendre pour arbitres de nos differens dans l'explication de l'Eſcriture ſaincte, ſans les égaler à l'Eſcriture ſaincte; comme, ſuiuant les regles du Pere Petau, on ne peut choiſir Sainct Auguſtin pour interprete du Concile de Trente, ny le prendre pour arbitre de nos differens dans l'expoſition du Concile de Trente, ſans l'égaler à ce Concile?

Mais cette conſequence eſt vaine, prophane, ſacrilege, & ne peut ſubſiſter que ſur les faux principes, & ſur les idées chimeriques du Pere Petau: Car il eſt certain que de tout temps l'Egliſe qui eſt conduite par l'Eſprit de Dieu, a reconnu les Peres pour les expoſiteurs, & pour les interpretes de l'Eſcriture ſaincte, & n'a pas laiſſé neantmoins de mettre

l'Eſcriture

l'Escriture saincte en vn degré d'honneur & d'authorité incomparablement plus haut, & plus auguste que les Peres. Et le Reuerend Pere mesme qui les considere auec l'Eglise comme les truchemens & les interpretes de l'Escriture saincte, defere seulement à leur tesmoignage, & à leur consentement vnanime, le troisiesme lieu entre les raisons, ou les moyens de preuue qui peuuent nous seruir pour l'establissement des choses de la foy. Car en ce sujet le R. Pere ayant donné le premier rang à l'Escriture saincte, & le second aux Conciles de l'Eglise, met les Peres au troisiesme, & dit[a]: *Quand ils s'accordent tous ensemble en quoy que ce puisse estre*, (ce consentement) *a la force d'vn decret Catholique, ou en approche de trespres.* Or si l'Eglise reconnoist les Peres pour les interpretes de l'Escriture saincte, & pour les arbitres de nos differens auec les heretiques sur le sens de l'Escriture saincte, sans égaler les Peres à l'Escriture saincte, de l'aueu mesme de sa Reuerence; pourquoy ce bon Pere ne veut il pas que ie puisse reconnoistre le grand S. Augustin pour interprete du Concile, & pour arbitre de nos controuerses sur l'intelligence du Concile, sans l'égaler au Concile? Ou plutost pour triompher de moy, pourquoy veut ce bon Pere que les heretiques triomphent de l'Eglise, & qu'ils luy puissent reprocher d'égaler les Peres aux Escritures sainctes, parce qu'elle pretẽd qu'ils en soient les interpretes? Comme suiuant les phantaisies du R. Pere, parce que ie veux que S. Augustin soit l'interprete du Concile de Trente, ie le rends égal au Concile de Trente.

a *En ses Prolegom. ch.* 1 § 2. Quidquid autem est eiusmodi, de quo omnes inter se congruunt, id vel Catholici decreti firmitatẽ obtinet, vel eò certè quàm proximè pertingit.

Mais ſi au iugement de l'Egliſe, les Peres ſont ornez de toutes les perfections requiſes pour eſtre les organes & les interpretes des ſainctes Eſcritures, pourquoy Sainct Auguſtin ne le ſera-t'il pas, ou ne pourra-t'il l'eſtre du Concile de Trente en la matiere de la Grace, ſuiuant les maximes du Pere Petau, qui a renfermé dans Sainct Auguſtin toute la ſplendeur, & toute l'authorité des Peres en cette matiere, lors qu'il a eſcrit ces paroles toutes d'or: [a] *Quand on diſpute de la Grace, ou de l'élection & de la predeſtination, on a de couſtume de faire moins d'eſtime des Peres qui ont veſcu deuant la naiſſance de l'hereſie Pelagienne, que de ceux qui ſont venus depuis; & les Peres Grecs, bien que poſterieurs à cette hereſie, ſont beaucoup moins conſiderez que les Latins, parce que cette hereſie, qui a donné lieu de diſputer de ces matieres, a beaucoup plus trauaillé l'Egliſe Latine que l'Orientale, en telle ſorte que la pluſpart des Grecs ou ont entierement ignoré, ou ont eſpluché moins ſoigneuſement les ſentimens ſecrets des Pelagiens. Mais de tous les Latins, dont j'ay dit que l'authorité eſt plus conſiderable en cette controuerſe, Sainct Auguſtin eſt le premier, par le conſentement des Theologiens, & tous les Peres, & tous les Docteurs qui ſont nez apres luy, & les Eueſques de l'Egliſe Romaine, & les Aſſemblées des autres Eueſques ont iugé catholique & indubitable ſon opinion touchant la Grace; en ſorte qu'ils penſoient que l'on auoit prouué ſuffiſamment qu'vne opinion eſtoit veritable, quand on auoit fait voir qu'elle eſtoit poſée & arreſtée par Sainct Auguſtin: I'excepte ſeulement peu de nouueaux Docteurs, qui en traitant principalement de l'élection &*

[a] *Tom.* 1. *li.* 9. *chap.* 6. § 1. Cùm de gratia vel electione ac prædeſtinatione diſputandũ eſt, minor haberi ſolet antiquorum Patrum ratio, qui ante Pelagianã ortã hæreſim extiterunt, quã eorum qui poſtea ſunt ſecuti, Latinorum verò multò maior quã Græcorum etiam hæreſi illâ poſteriorum, propterea quod magis aliquantò Latinã Eccleſiam quàm Orientalẽ exercuit hæreſis Pelagiana, quæ iis de rebus altercandi occaſionem præbuit, ſic vt Græci plerique intima Pelagianorum dogmata, vel ignorarint penitùs, vel minus accuratè perſpexerint: omnium verò Latinorum, quorũ in hac controuerſia maiorem dixi authoritatẽ eſſe, princeps eſt conſenſu Theologorũ Auguſtinus, cuius de Gratia ſentẽtiam quotquot deinde conſecuti ſunt Patres ac Doctores, tũ verò Eccleſiæ Romanæ Præſules, Præſulumque conuentus aliorum, ratam & catholicam eſſe iudicarunt, vt hoc ſatis magnum putarent veritatis argumentũ, quod ab Auguſtino poſitum, ac decretum eſſe conſtaret, paucos dũtaxat recentiores excipio, qui

de la predestination à la gloire, auoüent ouuertement qu'ils quittent l'opinion de Sainct Augustin, comme a fait entre autres Ambroise Catarin, & quelques Theologiens Scholastiques. Or puis que le bon Pere presuppose icy manifestement, qu'Ambroise Catarin s'éloignant de Sainct Augustin en ce qui regarde la predestination, s'est éloigné en mesme temps des Papes, des Conciles, des Peres, & des Docteurs qui ont approuué Sainct Augustin, ne se condamne-t'il pas du mesme crime dont il accuse Catarin, puis qu'il a osé, aussi bien que Catarin, abandonner la celeste Theologie du grand Sainct Augustin, dans le haut mystere de la Prestination?

electione potissimùm ad gloriam, vel prædestinatione pertractandâ vltrò se ab Augustini opinione discessisse profitentur, vt præ cæteris Ambrosius Catarinus, ac nonnulli de Theologis Scholasticis fecerunt.

Mais pour quelle cause le Reuerend Pere a-t'il honteusement, & superbement quitté cet Aigle des Docteurs en vn sujet de cette profondeur? Pour suiure, à ce qu'il dit [a], les mesmes Autheurs, & les mesmes Peres, dont il auoit postposé l'authorité à l'authorité de Sainct Augustin, & de ses approbateurs en la mesme matiere. Et pour quelle raison l'authorité de Sainct Augustin doit-elle estre preferée en cette matiere à l'authorité des Peres qui l'ont precedé? Sa Reuerence nous le declare en ces paroles, outre ce qu'il luy a pleû de nous dire desia sur ce sujet. *Les anciens*, dit-il [b], *ne traitent pas de toutes choses en tous lieux, & en toutes sortes de liures; mais se proposant vne seule chose, ils laissent les autres, ou les expliquent legerement, ou obscurement, & sur tout celles sur lesquelles il n'y auoit point encore eu de dispute, ou au sujet desquelles la rebellion des heretiques n'auoit point encore*

a *Voyez son 10. liure du 1 tome.*

b *En ses Proleg. cha. 2 §. 10.* Non omnibus in libris ac locis omnia tractare, ac tradere veteres, sed in vnum aliquid intentos, alia prætermittere, ac leuiùs atque obscuriùs exponere, præsertim de quibus nulla adhuc exorta sit quæstio, aut aduersantium hæresum veluti tẽpestas ac procella, contra quam acriori studio vigilantiâq; niti oporteat. Cùm enim incuriosos illos, ac minùs accuratos securitas ipsa reddit, quæ stultè ac malignè ad præiudiciũ trahatur deprehensi dãnatique postmodũ erroris, id in plerisque Catholicæ Religionis mysteriis euenisse no-

éleué d'orage ou de tempeste, à laquelle il fallust s'opposer auec plus d'effort, & auec plus de soin : Car alors la seureté mesme les rend negligens, & moins soigneux ; de quoy l'on ne peut se préualoir, si ce n'est follement, & malicieusement, pour la defense d'vne erreur qu'on aura découuerte, ou condamnée depuis. Et ceux qui sont mediocrement versez en cette sorte de connoissance, sçauent que cela est arriué en la pluspart des mysteres de la Religion Catholique, comme dans le point de la Trinité, & dans celuy de la Grace, & du peché originel ; & c'est vne raison que S. Augustin allegue à toute heure, tant pour s'excuser luy-mesme, que pour excuser les autres en ses disputes contre les nouueaux heretiques Pelagiens. Et en vn autre lieu: *On a commencé*, dit le bon Pere [a], *à disputer principalement de cette question* (de la predestination à la gloire) *dans l'Eglise apres le temps de Sainct Augustin, & apres la naissance de l'heresie Pelagienne. Quant à ceux qui sont plus anciens que luy, ou ils ont parlé briefuement, & peu distinctement de cette matiere, ou ils ont essayé de s'accommoder à la portée du vulgaire dans les sermons qu'ils faisoient au peuple, pour l'instruire des vertus & des vices, plustost que des dogmes de la foy. C'est pourquoy ils se sont seruis de certains termes, ou de certaines expressions qui expliquoient ce sujet generalement, & indefiniment ; & il semble que la pluspart ayt tesmoigné que non seulement le salut, mais aussi la grace qui nous excite & nous porte à acquerir le salut, nous soient donnez de Dieu selon nos merites.* Voyez donc comment sa Reuerence a raualle ces Peres qui ont vescu deuant la naissance de l'heresie Pelagienne, & comment il a postposé absolu-

runt, qui vel mediocrē vsum habent in his litteris, vt in Trinitatis negotio, necnon gratiæ ac peccati originalis, ac passim Augustinus cōtra nouos tunc hæreticos Pelagianos, huiusmodi tam sui quàm aliorum excusatione vtitur.

a *To. 1. liu. 9. chap. 3* § 1. Hæc quæstio post Augustini potissimùm tempora, ac Pelagianorum exortam hæresim disputari in Ecclesia cœpit. Antiquiores autem aut ea de re breuiter, ac minùs distinctè locuti sunt, aut vt iis in sermonibus, quos ad multitudinem magis de virtutibus ac vitiis, quàm de fide ac dogmatibus instituebant, popularem se ad captum temperare studuerunt. Quamobrē eo sunt vsi genere verborū ac sententiarum, quod rem illam infinitè duntaxat ac generaliter exprimeret : Plerique verò non solùm cuiusque salutē, sed ipsam quoque gratiam, quæ nos ad illam parandam excitat, & promouet, pro meritis à Deo tribui significasse videntur.

ment leur authorité à l'authorité de Sainct Augustin, dans le mystere de la Predestination ; & ce bon Pere neantmoins n'apprehende pas de faire maintenant tout le contraire, postposant l'authorité de Sainct Augustin à celle de ces Peres, & le quittant ouuertement sous pretexte de les suiure, au moins en la matiere de la Predestination, bien qu'il le quitte aussi en la matiere de la Grace, comme cet ouurage vous le fera voir éuidemment.

Que si vous demandez au Reuerend Pere, comment l'on peut laisser auec seureté ce commun Maistre des Docteurs en la doctrine de la Predestination diuine, encore qu'il ayt dit auec l'applaudissement de toute l'Eglise [a] : *Ie sçay qu'il n'y a personne qui ayt peû contredire sans erreur, cette predestination que nous defendons par les Escritures sainctes.* Et en vn autre lieu [b] : *L'Eglise de Iesus-Christ n'a iamais esté sans la foy de cette predestination, qui est maintenant soustenuë auec vn nouueau soin contre les nouueaux heretiques.* Ce Reuerend Pere vous respondra [c] dans son audace accoustumée, que Sainct Augustin ne parle point là d'vne predestination gratuite au regard de la gloire, mais de la grace seulement. Mais dites ie vous prie, mon Reuerend Pere ? Sainct Augustin escriuant ces choses au liure du don de la perseuerance, ne parle-t'il point d'vne predestination qui enferme le don de la perseuerance ? y a-t'il impudence qui osast le nier ? Et dans vostre pensée [d], le don de la perseuerance, comme Sainct Augustin l'enseigne, n'emporte-t'il pas necessairement vne

a *Au liure du don de la Pers. ch. 19.* Hoc scio, neminem contra istam prædestinationem, quâ secundum scripturas sanctas defendimus, nisi errando disputare potuisse.

b *Là mesme, ch. 23.* Ac per hoc prædestinationis huius fidem, quæ contra nouos hæreticos nouâ sollicitudine nũc defenditur, nunquam Ecclesia Christi non habuit.

c *En son dernier libelle, pag. 32.*

d *Tom. 1. liu. 9. chap. 7. §. 5. 6. & 7. & pag. 601. & 602. Là le R. Pere monstre que le don de la perseuerance, comme il est enseigné par S. Augustin, emporte necessairement l'élection gratuite à la gloire.*

predestination gratuite, & pour la grace, & pour la gloire, puis que la volonté de nous donner le don de la perseuerance enferme, dites vous, necessairement la volonté de nous donner la gloire? Et comment donc asseurez-vous qu'en ces lieux-là Sainct Augustin parle seulement d'vne predestination gratuite pour la grace, mais non pas pour la gloire? C'est pour cela sans doute que vous dites bien qu'en l'vn de ces lieux Sainct Augustin parle des prieres que l'on fait pour la conuersion des infideles; mais vous ne dites point qu'il parle aussi des prieres que l'on fait pour la perseuerance des fideles, & vous auez vsé de cette fraude, parce que selon vous, la grace de la perseuerance, & la priere par laquelle on demande cette grace, presupposent vne predestination, ou vne élection gratuite pour la gloire mesme. Dites donc, mon Reuerend Pere, dites; vostre ancre ne se change-t'elle point en pourpre, comme parle Sainct Augustin? & ne rougit-elle point pour vous, quand vous auez le front assez dur & assez ferré pour vouloir nous payer d'imaginations si vaines, si grossieres, & si vuides de bon sens?

Quant à ce que j'ay dit suiuant l'aduis du Pape Hormisdas, que l'on ne peut destruire la doctrine de Sainct Augustin en la matiere de la Grace, sans destruire la doctrine de l'Apostre; c'est dire seulement, que la doctrine de Sainct Augustin en ce mystere est liée & conforme à la doctrine de l'Apostre; & il n'y a au monde que le P. Petau qui puisse reprendre ce langage, puis que c'est celuy de tous les fideles, & de toute l'Eglise, & principalement en ce qui regarde l'efficace de la Grace, qui est le vray sujet de ma contestation auec sa Reuerence, & ie soustiens contre elle, comme on a tousiours fait contre les Pelagiens, & comme font encore les disciples de Sainct Augustin & de Sainct Thomas contre ceux de Molina, qu'on ne peut destruire la doctrine de Sainct Augustin touchant l'efficace de la Grace, sans destruire la doctrine de l'Apostre, quand il dit que, *Dieu opere en nous le vouloir & le parfaire selon sa bonne volonté.* Et si en disant cela j'ay égalé l'authorité de S. Augustin à celle de l'Apostre, selon la pensée du Reuerend Pere, ie m'estonne qu'il ne m'ayt reproché d'auoir égalé l'authorité de l'Eglise Romaine à l'authorité de l'Apostre, quand j'ay dit ou témoigné qu'on ne pouuoit destruire la doctrine de l'Eglise Romaine, sans destruire la doctrine de l'Apostre. Et ie vous prie, Sainct Augustin pretend-il s'égaler luy-mesme en authorité à l'Escriture sainte, quand il dit que l'on ne peut combattre sa doctrine, sans combattre de tres-manifestes témoignages de l'Escriture saincte? Apres tout, mon cher Lecteur, pour conclure en vn mot, puis que le Concile de Trente se seruant des termes de Sainct Augustin, veut estre entendu dans le sens de Sainct Augustin, ne doit-on pas acquiescer aux explications que l'on luy donne par Sainct Augustin, & auec quel front, ou en quelle conscience le Pere Petau peut-il combattre vne verité si manifeste? Et quelle furie le precipite dans cette extremité, si ce n'est qu'il voit que sa cause est déplorée si Sainct Augustin en est le Iuge? Ie vous proteste deuant Dieu & deuant ses Saincts, que la mauuaise foy, la sophistiquerie, & la hardiesse de ce Pere m'espouuentent; & toutefois vous ne voyez rien encore. Ie ne vous propose qu'vn essay, & ne vous monstre icy qu'vn leger eschantillon de la piece entiere que vous allez voir dans l'entretien que ie vous presente.

Ce n'est pas qu'ayant tousiours eu de l'amitié & de la tendresse pour ce Religieux, tout indigne qu'il en est, ie ne sois touché sensiblement de me voir reduit à la necessité de publier sa honte, & de flestrir l'estime qu'il s'estoit acquise par le faux éclat de son sçauoir: mais j'ay iugé que pour les interests de la verité que ie soustiens, il falloit le traiter à peu pres comme il merite, & faire voir au monde en quelle extremité, ou de desespoir, ou de foiblesse se sont precipitez les nouueaux aduersaires de l'authorité & de la doctrine du plus grand des Peres, du diuin, du merueilleux, & de l'incomparable Sainct Augustin; pour vous, mon cher Lecteur, qui que vous soyez, qui serez le tesmoin de l'estrange cheute de ce lamentable Pere; ie vous prie, & vous coniure autant qu'il m'est possible, de ne le hayr pas dans les mouuemens d'vne iuste colere, mais de luy compatir dans les sentimens d'vne sincere charité, & de ioindre desormais vos prieres aux miennes, afin qu'il plaise à Dieu de l'illuminer, & de l'enrichir d'autant de graces que ie vous en desire pour le temps qui passe, & pour l'eternité qui ne passera iamais.

TABLE DES CHAPITRES ET des Tiltres contenus en cet ouurage.

Dans la premiere Conference.

CHAPITRE I. *Abregé des estranges defauts des Dissertations Pelagiennes du Reuerend Pere Petau.* page 3

CHAP. III. (on a pris le chap. 2. pour le 3.) *Quelle est l'authorité de S. Augustin en la matiere de la Grace & de la Predestination, selon les plus pures pensées du P. Petau dans ses Dogmes Theologiques.* page 13

CHAP. IV, *Où l'on fait voir l'estrange confusion, & les horribles contradictions du P. Petau dans ses Dogmes Theol.* p. 15

CHAP. V, *Où il est monstré que le R. P. Petau accuse d'heresie S. Augustin, S. Prosper, S. Fulgence, S. Pierre Diacre, S. Gregoire, l'Eglise de Lyon, les Peres de Valence, & le Maistre des Sentences.* p. 29

CHAP. VI. *Methode Pelagienne du R. P. Petau en sa doctrine de la Grace.* p. 41

CHAP. VII, *Où est refuté succinctement le dernier libelle du P. Petau, intitulé arrogamment,* Dispute contre l'heterodoxe. p. 53

Autres contradictions horribles & impies du P. Petau dans ses Dogmes Theologiques. p. 73

Explication de ces paroles de S. Augustin, Consentir ou ne consentir pas à la vocation de Dieu, c'est vn effect de nostre propre volonté. p. 100

Explication de quelques paroles du Concile de Trente objectees par le P. Petau dans son dernier libelle. p. 117

Dans la seconde Conference.

On explique le decret du Concile de Trente touchant la mort de Iesus-Christ pour tous. p. 138

Refutation d'vn passage des drogues ridicules du P. Moliniste, autrement nommé Dom Pierre de S. Ioseph. p. 177

Esclaircissement touchant les Decrets, & le Catechisme de Cologne. p. 181

Ce que j'ay dit au 3. chap. de la Lettre au P. Petau, doit s'expliquer ainsi : Que selon le Pere Petau, les Papes & les Conciles, qui ont approuué S. Augustin, ont soustenu comme luy l'élection gratuite à la gloire; & quant aux Docteurs qui sont venus apres luy, excepté peu de nouueaux, ceux qui l'ont bien entendu, ont effectiuement receu cette opinion de l'élection gratuite; & ceux qui ne l'ont pas bien entendu *, l'ont au moins receüe dans la preparation de leur esprit, puis qu'ils l'eussent admise s'il leur eut paru qu'elle estoit enseignée par ce Sainct qu'ils se proposoient de suiure absolument dans la matiere de la Grace & de la Predestination, comme l'a supposé le Pere Petau.

* *C'est à dire, selon le P. Petau, quelques nouueaux qui l'ont expliqué tout autrement que n'ont fait les anciens.* Côtra quam omnis retrò antiquitas instituit, illius interpretati sententiam. tom. 1. lib. 9. cap. 6.

Approbation des Docteurs.

NOus soussignez Docteurs en la Faculté de Theologie de Paris, attestons d'auoir leu le Liure ou Traité intitulé, *Contre l'Aduersaire du Concile de Trente, & de Sainct Augustin, &c.* dans lequel nous attestons n'auoir rien leu ny obserué, qui soit contre la foy de l'Eglise Catholique, Apostolique, & Romaine; ains que toute sa doctrine est orthodoxe, & ne contient rien contre les bonnes mœurs. En foy dequoy nous auons signé le present certificat. Fait ce troisiesme iour de Decembre mil six cens cinquante.

I. CHASTELLAIN.

P. COPPIN.

Ce liure n'a point de Priuilege, parce qu'il est fait pour respondre à Monsieur Morel, & à Monsieur Grandin, de qui dépendent en quelque façon les Priuileges, & qui n'en font point donner à ceux qui escriuent contr'eux.

Fautes suruenuës en l'impression, & esclaircissement de quelques lieux.

PAge 18. ligne 26. donné à tous les hommes des aydes efficaces, *lisez*, voulu sauuer tous les hommes. p. 67. l. 20 tesmoigne, *lisez*, tesmoignage. p. 75 l. 5. deuant la fin, appartient, *lisez*, appartint. p. 89. l. 20. vous auez, *lisez*, nous auons. p. 92. l. 21. que nous ne voulons, *lisez*, que sans elle nous ne voulons. p. 99. l. 10. auoient, *lisez*, auoit. p. 111. l. 4 t'agit, *lisez*, agit. p. 115. l. 4. agreable homme, *lisez*, homme agreable p. 117. dans le titre, paroles du Concile, *lisez*, paroles de l'histoire du Concile. p. 129. l. 17. de vous, *lisez*, de nous. p. 148. l. 5. qu'on entende, *lisez*, qu'on entendit. p. 153. l. 16. qu'il consiste, *lisez*, qui consiste. p. 194, l. 26. en ce Concile, *lisez*, en Concile p. 171. l. 10. vers la fin, rapporta, *lisez*, rapporte. p. 184. l. 20. les plongea, *lisez*, le plongea p. 189. l. 14. mais ie laisse, *lisez*, mais pour cette heure ie laisse. page 194. lig. dern. probablement, *lisez*, apparemment p. 197. l. 6. n'ose contester, *lisez*, ose contester p. 207. l. 15. deuant la fin, la garder, *lisez*, les garder. & liu. dern. la premiere ny la seule, *lisez*, ny la seule ny la premiere. p. 210. l. 7. deuant la fin, confession de Pelagius, *lisez*, confession du mesme heresiarque. p. 211. à la marge ch. 1. *lisez* ch. 2. ch. 19. *lisez*, ch. 23. Car on ne parle pas de la [a] cõfession de Celestius qui fut presentée à Carthage l'année 411. mais de la cõfession du mesme Cælestius, presentée au Pape Zozime, & leuë à Carthage, l'année 417. ou 18. C'est pourquoy apres ces mesmes mots de la mesme marge, *depuis le ch.* 3 *lisez*, où l'on voit que les Euesques d'Afrique ayant leu ce libelle à Carthage, furent d'auis que Cælestius Anathematisast l'erreur qu'il y auoit exprimée, mesme page ligne 5. deuant la fin ait fait deux, *lisez*, ait fait à Rome deux, & ligne suiuante, ou qu'il en eust fait, *lisez*, ou qu'il en ait fait & ligne 15 qui vouloit se cacher ou essayer de se cacher, *lisez*, qui essayoit de se cacher. en la marge de la mesme pag. *effacez* comme il paroist par la fin du ch. 1. du liure du peché originel.

[a] S. Aug. parle de cette confess. au ch. 3. & 19 du 1 du peché orig. & au ch. 31. du l. des mer. des pechez, mais quãt à Rome, il est constant que S. Aug. ne parla iamais que d'vne confess. de Celestius.

LETTRE ENVOYEE AV R. P. Sirmond Iesuite.

MON tres-Reuerend Pere,

Comme il n'y a personne au monde que i'honore dauantage que Vostre Reuerence, & comme ie m'asseure que vous aurez tousiours pour moy la mesme bonté que vous auez euë iusques à cette heure, i'ay pensé que vous ne trouueriez pas mauuais, que ie vous enuoyasse le liure cy ioinct : C'est vne Replique aux Declamations du R. P. Petau, que ie ne laisse pas d'aymer & d'honorer tres-fort, bien qu'il luy ait pleu de me traiter d'Heterodoxe, d'Heretique parfait, d'Errant, de Temeraire, de Scandaleux, & de iustement Suspect. Ie m'estonne seulement de la violence extréme de son procedé, & de l'horrible confusion de sa doctrine : Et il est tres-cõstant que vous n'en ferez pas vn autre iugement que moy, si vous prenez la peine de ietter la veuë sur ce petit ouurage. I'aurois peu l'intituler comme l'vn des vostres, *De duobus Dyonisijs*, & peut-estre mesme que quelques-vns s'imagineront que i'ay escrit contre vous, aussi bien que contre le R. P. Denys Petau, puis que ie fais voir, qu'il ne repugne pas qu'il y ait deux Denys en vn seul, ou qu'vn seul Denys en fasse deux ; ie ne doute pas neãtmoins que le bon Pere ne s'appreste encore à faire de puissans efforts pour essayer de cacher la honte de ses changemens & de ses contradictions estranges, mais il doit s'asseurer que ie l'attends en bonne deuotion, & qu'il sera, s'il plaist à Dieu, tousiours bien receu, par celuy qui se dit tres-veritablement en Iesus-Christ & en sa grace, à iamais victorieuse & à iamais triomphante.

Mon tres-Reuerend Pere,

Vostre tres-humble, tres-obeissant, & tres-fidele seruiteur.

TIMOTHEE. EVARISTE.

EVAR. EST-IL vray ce que l'on dit, Timothée, que le R. Pere Petau ne fait autre chose que se contredire, & qu'il ne sçait ce qu'il croit, ny ce qu'il dit, ny ce qu'il escrit, puis qu'il destruit luy-mesme à toute heure tout ce qu'il croit, tout ce qu'il dit, & tout ce qu'il escrit? TIM. On vous a dit vray, Euariste, il faut que cet homme ait vn grand esprit, & au lieu que les autres n'en ont qu'vn, ie croy pour moy qu'il en a deux, l'vn pour l'affirmatiue, & l'autre pour la negatiue; l'vn pour Sainct Augustin, & l'autre pour Pelage; l'vn pour la verité, & l'autre pour l'erreur. EVAR. Que sçait-on, Timothée, luy qui se picque de grosse teste, & qui reproche [a] si noblement & si superbement à l'Heterodoxe, de ne l'auoir pas si grosse à peu pres que luy: Il a possible deux cerueaux, dont l'vn affirme tout ce que l'autre nie; ce qui estant, ie ne comprens pas comment ce pauure Pere peut estre encore en vie, depuis le temps que ses deux ceruelles se combattent, s'il est vray ce que vous dites qu'elles ne sont iamais de mesme aduis, & ne font autre chose que se contredire. TIM. Ie ne le comprens pas aussi, & c'est fort à propos que vous m'auez mis sur ce discours: Car on vient de me donner copie d'vne lettre que l'Abbé escrit à ce R. Pere, qui selon sa modestie & sa charité accoustumée l'a traité d'heretique. Si vous voulez, ie vous liray cette lettre, mais à condition que vous ne m'interrompez point, afin que vous voyez tout d'vne suite vne infinité de contradictions de ce bon Pere entremeslées d'autant d'impostures, de falsifications & d'impietez. EVAR. Ie vous promets de me taire, Timothée, & de ne dire mot pendant vostre lecture, dites

[a] *Pag.* 41. Quantuli sit iudicij pusillum istud Hæterodoxi caput.

ſeulement, ie ſeray rauy d'ouyr en ſilence & à mon aiſe les beveües de ce bon Denis, qui (à ce qu'on dit) ſe ioüe manifeſtement de la Religion & de la verité. Tim. Eſcoutez donc patiemment. Voicy la lettre.

MOn Reuerend Pere,

Apres vous auoir proteſté que dans cet eſcrit que ie vous adreſſe & à toute l'Egliſe, ie ne me propoſe que la gloire de mon Dieu, dont ie ſouſtiens la cauſe, & dont j'implore le ſecours en toute humilité. Permettez-moy de vous declarer en ſuite que ſi ie voulois vous traiter comme le meritent les excez & les emportemens eſtranges qui vous ont pouſſé à me charger de la plus atroce de toutes les iniures, qui eſt celle d'heretique, car ie ne me ſoucie point des autres dont vous m'auez noircy, quoy qu'elles ſoient horribles, & en tres-grand nombre, ie deurois vous dire que dans la querelle que vous m'auez faite ſi legerement par l'adueu meſme du plus grand homme [a] de voſtre Societé, vous auez paru vn homme peu diſcret & peu conſideré en infinies rencontres, & particulierement en ce que vous auez oſé publier tout fraiſchement, comme vne iuſte reſponſe à vn iuſte volume, vn liuret de quelques fueilles, où vous vous eſtendez hors de propos en des lieux communs mille fois rebattus, & miſerablement traitez par voſtre Reuerence, où en repetant ce que vous auez dit, vous penſez le defendre, comme vous penſez le prouuer en l'aſſeurant, où vous obmettez la plus grande part des plus fortes preuues de voſtre aduerſaire, & où vous attaquez ſi foiblement tout ce que vous attaquez, que vous en faites compaſſion à tous ceux qui vous connoiſſent, & qui vous voyent proſtituer toute l'eſtime que vous auiez acquiſe parmy les ſçauans.

a *Le P. Sirmond.*

CHAPITRE PREMIER.

Abregé des estranges defauts des dissertations Pelagiennes du R. Pere Petau.

EVAR. CE tiltre est vn peu rude, mais puis que le Pere Petau a traité l'Abbé d'heterodoxe & d'heretique, il n'y a personne qui ne iuge qu'il estoit bien raisonnable de rendre le change à ce R. Pere, afin que l'on ne croye pas que tout luy est permis, & qu'il a fait auec iustice ce qu'il auroit fait auec impunité. Ie vous demande pardon pour cette fois, ie vous donne ma parole que ie ne vous interrompray plus: Continuez vostre lecture. TIM. Voicy donc ce qui suit. Car en vostre response à quoy respondez-vous? ou si vous respondez à quelque chose, comment respondez-vous? d'vne maniere déplorable à vostre ordinaire; & en effet qu'est deuenu ce sanglant reproche [a], qu'en interpretant le Concile de Trente, j'auois contreuenu à la defense du S. Siege qui s'en est reserué l'interpretation? Mais on vous a fait voir [b] que le Pape ne defend qu'vne explication qui emprunteroit son authorité de celuy qui l'auroit faite, & qui auroit osé la prononcer en forme de Sentence & de Iugement. Ainsi Henriquez, vostre confrere, ne craint pas de dire, & vous auez bien fait de ne luy point respondre: [c] *Vn sens douteux du Concile de Trente deuroit estre pris du Pape, ou de la Congregation des Cardinaux deputez; & toutefois les Iuges dans les Tribunaux, & les Lecteurs dans les Academies l'interpretent selon l'vtilité de la cause.* Ainsi ce grand Docteur de la Faculté de Paris, & cet illustre depositaire de tous les sentimens de Clement huictiesme, dit sans faire iniure à la defense du S. Siege: [d] *La commune opinion des Theologiens touchant la Iustification, ne peut estre mieux entenduë que par la definition du Concile de Trente, dans laquelle definition, s'il y a quelque chose qui paroisse douteuse, ou controuersée, on ne pourra mieux la RESOUDRE que par la doctrine de*

a 1. *Dissert. ch.* 1.

b *Voyez l'Apologie du Conc. de Trente, ch.* 1.

c *Henriq. liu.* 7. *des Indulg chap.* 19. *dans le texte:* Sensus dubius Concilij Tridentini à Papa petẽdus esset, vel à Congregatione Cardinalium deputatorũ; & tamen ipsum interpretantur in tribunalibus Iudices, & in academiis Lectores, pro causæ vtilitate. *Et la Glose sur ces mots porte:* Trid. sess 25 de ref. ca. 2. & in praxi ita fit.

d *Mons. le Bossu pag* 126. *part.* 1. *ch.* 1. *de son Animadu. sur la* 10. *note,* Communis Th[illegible]rum sententia d[illegible]ificatione, non potest melius intelligi quàm ex definitione Concilij Tridentini, in qua si quid videbitur ambiguum, aut controuersum, non poterit aptiùs RESOLVI, quàm ex S. Augustini Gratiæ magistri, vt suprà appellatus est, doctrina, & ex S. Thoma illius fidelissimo interprete.

Sainct Augustin le maistre de la Grace, comme on l'a nommé cy-dessus, & par son tres-fidele interprete S. Thomas. Et comme ce grand homme est en possession de vous conuaincre, & de fermer la bouche à la secte & à la cabale des disciples Molinistes, vous auez bien fait encore de ne luy pas repartir.

Qu'est deuenuë cette objection [a] à vostre aduis si forte, que s'il falloit interpreter le Concile de Trente par Sainct Augustin, parce que les Canons de ce Concile ont esté composez des paroles de ce Pere, il faudroit expliquer le mesme Concile par l'Escriture Saincte, puis qu'il a pris ses Canons de l'Escriture Saincte aussi bien que de Sainct Augustin? Mais on vous a fait voir [b] que la coustume des Conciles est de lire l'Escriture, puis les Peres qui l'ont expliquée; & de tirer leurs definitions immediatement des explications que les Peres luy ont données: d'où il s'ensuit que le Concile ne doit pas estre expliqué par l'Escriture prise en elle-mesme, mais prise dans la bouche de Sainct Augustin, la voix & l'organe de l'Eglise en la matiere de la Grace & de la Predestination, comme dit sçauamment & pieusement le Cardinal du Perron [c].

Au reste, mon Reuerend Pere, vous deuez sçauoir que ce n'est point à vous à nous donner des regles pour interpreter l'Escriture Saincte; vous qui nous enseignez qu'on n'est pas obligé de s'arrester aux explications que luy ont données les Peres; & vous en dites la raison, qui est qu'en expliquant l'Escriture, ils n'ont pû dire que ce qu'ils auoient appris de l'Escriture mesme; Et de ce dangereux principe de vostre Reuerence, les Ministres [d] de ce temps ont bien sceu tirer l'aduantage qu'ils deuoient contre l'Eglise, qui veut qu'on explique l'Escriture par les Peres, & non les Peres par l'Escriture, comme les heretiques l'ont appris de vostre Reuerence. Vous direz, peut-estre, que vous n'auez point parlé de tous les Peres, mais de quelques-vns seulement. Mais considerez bien iusques où nous mene vostre maxime, & si en la suiuant on ne peut pas dire des Peres pris en gros, ou pris à part, que ce n'est point par eux qu'il faut expliquer l'Escriture Saincte, mais que c'est par elle plustost qu'il les faut expliquer;

a *Premiere Dissert. pag. 39. & 40.*

b *Apolog. du Conc pag. 23. & 24.*

c *En sa replique au Roy de la grand' Bret. l. 1. ch. 12.*

d *Daillé en son Liure de l'Vsage des Peres, chap. 6 pag. 153 cite ces paroles du Pere Petau sur Sainct Epiphane, pag. 110.* Nec est quod certorum Patrum opponatur authoritas, qui non aliud affirmare possunt, quàm quod ex Lucâ didicerunt, neque est vlla ratio cur ex illorum verbis Lucam interpretemur potius, quàm ex Lucâ, quæ ab illis asseuerare videntur. *Et sur cela ce Ministre dit. Que ce traict estoit fort iudicieux & applicable à la plu[illegible]de part de nos di[illegible] dont les Peres ne [illegible]uoient rien sçauoir que ce que l'Escriture leur en auoit appris: De sorte que leurs tesmoignages en cette matiere, se doiuent (se-*

puis qu'en l'exposant, dira-on, ils n'ont pû luy donner vn autre sens que celuy qu'elle exprime dans l'écorce de ses paroles.

lon et docte Iesuite) expliquer & interpreter par l'Escriture, & non l'Escriture par eux.

Qu'est deuenuë cette belle & rare imagination de vostre Reuerence [a], que toutes les fois que Sainct Augustin dit que la Grace a tousiours son effet, il parle d'vne qualité qui ne conuient qu'à la grace des Eleus? mais on vous a fait voir [b] que lors que Sainct Augustin dit que la Grace n'est iamais sans son prochain effet, il n'oppose pas la Grace qui a tousiours quelque effet, à vne autre grace qui demeure sans effet; mais oppose generalement la Grace à la Nature, au Franç-arbitre & à la Loy: d'où il s'ensuit que toute grace qui n'appartient pas, ou à la Nature, ou au Franc-arbitre, ou à la Loy, est vne grace qui a tousiours son effet; ou bien, il faut dire à vostre imitation [c], que lors que Sainct Augustin parle de la grace qui est efficace, & qui par consequent n'est iamais sans effet, il apporte pour exemple la grace des Eleus: mais il ne s'ensuit pas de là que la grace des Eleus soit la seule grace qui a tousiours son effet: comme si ayant dit que toute grace a son effet, ie prenois pour exemple la grace des Apostres, il ne s'ensuiuroit pas de là qu'il n'y eust point d'autre grace de cette nature, que la grace des Apostres; Au contraire, lors que Sainct Augustin parle de la grace qui a tousiours quelque effet, puis que vous auoüez qu'il allegue pour exemple la grace des Eleus, vous reconnoissez dés là que la grace des Eleus n'est pas la seule grace qui a tousiours quelque effet; autrement, l'exemple que Sainct Augustin prendroit seroit égal en estenduë à la proposition à laquelle il seruiroit d'exemple, ce qui est tres-absurde; comme si ayant dit, Tout homme est raisonnable, ie prenois pour exemple de cette verité tout homme en general, ie serois ridicule; parce que l'exemple que j'alleguerois seroit aussi estendu que la maxime à laquelle il seruiroit d'exemple: ce qui repugne à toutes les regles du raisonnement. Aussi auoüez-vous en parlant de la grace qui est efficace, & qui en cette qualité n'est iamais sans effet, que c'est vne grace qui comprend sous soy comme

a *Premiere Differt. ch. 10. & 11.*

b *Voyez l'Apolog. du Conc chap 14. auquel le P. Petau ne respond rien.*

c *Le P. Petau, tom. 1. l 9 de ses dogmes. p. 641. où il suppose que Sainct Augustin traitant des dons de la foy & de la vocation, qui ont toujours leur effet pour vn temps, ou pour tousiours, s'attache particulierement à ceux qui sont donnez aux Eleus, & les traite par forme d'exemple, comme estant l'espece la plus noble des graces efficaces, qui ont tousiours leur effet* Notandum est, *dit-il*, quod aliàs monui, & ad Augustini mentem percipiendam non parum conducit, cùm de gratia & vocatione ad fidem disputat, de illa loqui quæ est prædestinatorum, quæque pro certo annexam habet perseuerantiæ gratiam & salutē, siue quia cùm generis alicuius exemplum ponimus, de ea specie sumimus, quæ est omnium perfectissima. *Mais quel est donc ce genre dont S. Augustin*

son espece plus parfaite, la grace des Eleus : & partant, selon vous, la grace des Eleus n'est pas la seule grace qui a tousiours son effet, puis qu'elle est seulement vne espece de cette grace, par vostre propre confession.

apporte pour exemple la grace des Eleus? C'est la grace efficace de la foy, qui a tousiours son prochain effet. Donc la grace des Eleus n'est pas la seule qui a tousiours son prochain effet.

Dauantage, n'auoüez-vous pas [a], mon Reuerend Pere, (car y a-t'il rien que vous n'auoüiez dans la confusion de vos raisonnemens ?) que lors que Sainct Augustin dit que la correction profite à ceux que l'on corrige, s'ils sont enfans de la promesse, il ne faut pas limiter aux seuls predestinez la grace qui rend la correction vtile, mais aussi qu'il faut l'estendre à quelques reprouuez, ausquels la correction est vtile pour vn temps ; & en ce sens vous prouuez fort bien contre les Caluinistes, que la grace de laquelle Sainct Augustin parle en ce lieu-là, & laquelle fait infailliblement profiter la correction, n'est pas donnée aux seuls Eleus. Et ainsi, selon vous qui vous combattez par tout vous-mesme, il paroist que lors que Sainct Augustin vse de ces restrictions, *s'il est predestiné*, *s'il est enfant de la promesse*, *s'il est appellé selon le propos*, ce qu'il dit ne se doit pas entendre de la seule grace des predestinez, mais aussi de la grace de quelques reprouuez, qui participent pour vn temps à la condition des predestinez. C'est donc vainement & sophistiquement que vous auez tiré cette consequence [b] contre moy, que si ie ne reconnois point d'autre grace que celle dont Sainct Augustin exprime les proprietez, quand il se sert de ces limitations, ie suis dans l'erreur des heretiques, qui croyent que la Grace n'est donnée qu'aux Eleus. Mais bien que par vn grand nombre de considerations tres-fortes j'aye essayé de vous guerir de cette phantaisie, qu'il n'y a que la grace des Eleus qui ait tousiours quelque effet ; au lieu de respondre à mes raisons, vous auez payé d'authorité ; & vous contentant d'affirmer vne seconde fois ce que vous auiez mal dit, vous estes demeuré aueugle & endurcy dans vostre aueuglement.

a *Tom. 1. de ses dogmes, liu. 10. p. 701.*

b *Premiere Dissertat. ch. 7.*

Pensée ridicule du Pere Petau.

Enfin, qu'est deuenuë vne infinité de raisons puissantes qui regnent dans l'ouurage que vous osez combattre par vostre monstrueux libelle, & ausquelles, si on veut vous croire, vous auez respondu, apres n'auoir rien dit, ou n'auoir rien dit que de tres-foible ou de tres-injurieux à vostre accoustumé?

Ie deurois vous dire, que vous qui estes si sage & si sensé, auez paru vn homme peu sage & peu sensé, comme quand vous auez dit [a] qu'en escriuant à vn President, apres auoir escrit à vn Euesque, j'auois imité les Donatistes, qui appellerent de l'Eglise à l'Empereur; ou comme quand vous auez dit [b] que si les defenseurs de l'Euesque d'Ypre auoient autrefois quelque perfection acquise ou naturelle, ils l'auoient perduë à l'heure mesme qu'ils estoient entrez dans les sentimens de cet Euesque; qui sont des pensées plus extrauagantes qu'on ne sçauroit imaginer.

a *Seconde Dissertation, pag. 5.*

b *Premiere Dissertat. en l'Epistre à l'Amy, pag 4.*

Irreuerence du P. Petau vers les SS. Peres.

Ie deurois vous dire, que vous auez paru peu respectueux vers les Saincts Peres, & particulierement vers Sainct Augustin le plus grand de tous; Comme quand vous auez dit [c] que le Concile de Trente a pû corriger Sainct Augustin, bien que l'Eglise l'ait approuué; comme elle a corrigé Marcel d'Ancyre, bien que le Concile de Sardique l'eut iugé Catholique: d'où il s'ensuit qu'à vostre aduis l'Eglise pourroit condamner Sainct Augustin dans les mesmes choses dans lesquelles elle l'a authorisé si solemnellement, & auec le consentement de tous les siecles [d], comme elle a condamné Marcel d'Ancyre dans les mesmes choses dans lesquelles elle l'auoit approuué, mais par surprise & par les artifices de cet heretique; Comme quand vous auez dit [e] que le Concile de Trente auoit adiousté necessairement beaucoup de choses à la doctrine de Sainct Augustin en l'interpretant pour la faire Catholique: Et il ne faut pas que vous alleguiez que par la faire Catholique vous ayez entendu la declarer Catholique, & non la rendre Catholique, car on a confondu [f] cette euasion friuole de vostre Reuerence par ce raisonnement, vous aduancez des propositions qui sont ouuertement de Sainct Augustin, comme vous l'aduoüez vous-mesmes: puis vous dites que le Concile les ayant iugées fausses, y auoit adiousté pour les faire Catholiques: vous auez donc

c *Prem. Dissertation, pag. 61.*

d *Voyez l'Apologie sur ce sujet, ch. 12.*

e *Prem. Dissertation, pag. 43.*

f *Voyez la Preface de l'Apolog. en la pag. 16. & suiu.*

entendu que le Concile y auoit adjousté pour les rendre Catholiques; puis qu'il les auoit iugées fausses, & par consequent dignes d'estre corrigées pour estre renduës Catholiques. Et comme vous n'auez pû respondre à cette raison tant elle est puissante, vous n'auez pû luy ceder tant vous estes superbe & agité de la manie de flestrir par vos impostures & par vos subtilitez malignes l'auguste authorité du grand S. Augustin. Mais ce n'est point d'aujourd'huy que vous mesprisez scandaleusement les Peres. Et vn Ministre de ce temps [a] a bien sceu se préualoir de ce que vous auez escrit de ces diuins hommes, qu'ils ont auancé beaucoup de choses qui estant examinées à la regle de la verité, paroistront vuides de bon sens.

Ie deurois vous dire que vous auez paru vn homme peu fidele. Comme quand vous auez falsifié [b] la Bulle du S. Siege touchant les propositions imputées à Baïus, en obmettant ce mot de la Bulle, RESPECTIVEMENT, pour faire croire que toutes les censures contenuës en cette Bulle, tomboient ensemble sur chacune des propositions attibuées à ce Docteur: ce qui estant, il faudroit croire que ces deux veritez capitales en la Religion, Que sans la Grace on ne peut resister à aucune tentation, ny faire aucun bon vsage du franc-arbitre, qui sont rapportées en la Bulle; auroient esté notées d'erreur & d'heresie par deux Papes: ce qu'on ne peut croire ny asseurer sans vne flestrissure punissable, de la sainćteté & de l'infaillibilité du Siege Apostolique.

Comme quand vous auez dit [c] que cette proposition, La grace du Sauueur a tousiours son prochain effet, estoit condamnée par la mesme Bulle, ce qui est tres-faux, car cette proposition ne s'y trouua iamais. Et ainsi en corrompant cette Bulle Apostolique par deux falsifications contraires, adjoustant par l'vne & diminuant par l'autre, vous auez paru également faussaire; & le reproche qu'on vous en a fait [d], vous a semblé si iuste, que vous n'auez pû respondre que par vn vilain silence qui emporte auec soy vne confession honteuse de vostre mauuaise foy.

Comme quand au lieu que j'ay dit, Quelque necessaire &

a *Daillé en l'Vsage des Peres, rapporte ces paroles du Pere Petau sur S. Epiphane, pag 244.* Quãquam multa sunt à sanctissimis Patribus, præsertimque à Chrysostomo in homiliis aspersa, quæ si ad exactæ veritatis regulam accommodare volueris, boni sensus inania videbuntur.

b *Prem. Dissertation, pag. 235. & 236.*

c *Prem. Dissertation, au mesme lieu.*

d *Lettre de l'Abbé au President, fueill. 7.*

& quelque efficace que soit la Grace *; vous m'auez fait dire en vostre version fausse & infidele, [a] *Quelque efficace que soit la Grace, & quelque necessité qu'elle nous apporte.* A vostre aduis, mon R. Pere, dire quelque necessaire que soit la Grace, ou dire quelque necessitante qu'elle soit, est-ce la mesme chose? & ay-je pû croire ou supposer que nous sommes libres quelque necessité que l'on nous apporte, comme si ie n'auoüois pas que la necessité absolument antecedente destruit la liberté?

Comme quand vous auez dit [b] que le Pape Hormisdas auoit escrit que Sainct Paul estoit plus clair que S. Augustin en la matiere de la Grace, ce que ce Pape ne dit iamais. Comme quand voulant monstrer que l'on pouuoit prouuer par S. Augustin que la liberté consiste dans vne prochaine indifference à faire ou ne faire pas, vous auez allegué ces paroles de ce Pere: *Il dépend du franc-arbitre de la volõté de croire ou ne pas croire;* & auez obmis [c] celles qui suiuent immediatement apres: *mais dans les Eleus la volonté est preparée par le Seigneur.* Où Sainct Augustin enseigne que l'indifference de la volonté est determinée par la Grace, en sorte que tous ceux qui ont cette Grace croyent, & que ceux qui ne l'ont pas ne croyent pas, leur volonté n'estant point preparée par le Seigneur qui la prepare dans les vns, & ne la prepare pas dans les autres, comme dit Sainct Augustin [d], sans laquelle preparation non seulement ils ne croyent pas, mais ne peuuent croire par le tesmoignage de celuy que vous ne croyez pas, encore qu'il ait dit: [e] *Personne ne peut venir à moy, si mon Pere qui m'a enuoyé ne le tire.*

Comme quand vous m'auez accusé [f] de dire simplement qu'on ne peut resister à la Grace, au lieu que j'ay dit seulement qu'en vn sens on le peut, & qu'en vn sens on ne le peut pas, ce que vous auez dit aussi bien que moy en ces paroles: [g] *Par sa toute-puissante volonté & grace, à laquelle il sçait que la volonté humaine ne peut resister;* malgré les ruses que vous employez pour éluder la clarté de ces paroles, & que nous découurirons tout maintenant à vostre derniere confusion.

Comme quand vous m'accusez [h] de dire que la conuoi-

* *Voyez la lettre à vn Euesque, page* 12.

a *En la prem. Dissert.* p. 110 Quantumcumque sit efficax, & necessitatem afferat.

b *Prem. Dissert. p.* 65. Cur denique clariora & intellectu faciliora de controuersiis istis Apostoli esse dicta cõtendit? *Voyez l'Apologie, ch.* 11.

c *Prem. Dissert. p.* 18.

d *Liu. de la pred. des Saincts, ch.* 5. Sed cum aliis præparetur, aliis non præparetur voluntas à Domino, &c.

e *En S. Iean, ch.* 6.

f *En la prem. Dissert. pag.* 143. *Voyez le* 5. *ch. de la seconde Partie de l'Apologie.*

g 1. *tom. des dogmes, liu.* 9. *ch.* 15. Omnipotentissimâ sua voluntate & gratiâ cui scit humanam volũtatem non posse resistere.

h *Voyez le ch.* 6. *de la seconde partie de l'Apologie.*

tise n'agit point lors qu'on la combat, & qu'on merite en la combattant; au lieu que j'ay dit que la conuoitise qui agissant de toutes ses forces surmonteroit la grace qui nous est donnée, agit vrayement quand on la combat, puisque son action est la matiere & le signe du combat dans lequel on la surmonte. Et dans vostre dernier libelle [a] vous n'auez pas de honte de produire encore les comparaisons monstrueuses & ridicules que vous auiez employées en ce sujet; & au lieu de respondre à ce que j'ay dit pour les destruire, & pour en faire voir la vanité, vous vous contentez de nous asseurer sur vostre foy qu'elles sont iustes & raisonnables, pretendant qu'on doit approuuer tout ce que vous dites, parce que vous l'auez dit, & que vos affirmations seules nous tiennent lieu d'oracles..

Comme quand au lieu que j'auois dit que la Grace nous mouuoit par vne tres-douce & tres-forte necessité, vous m'auez imposé d'auoir dit simplement qu'elle nous mouuoit par vne tres-forte necessité, obmettant ce mot, *tres-douce*, par où ie faisois voir [b] que la Grace n'apportoit aucune violence à nostre volonté, puisque la force & la douceur forment le charactere de la vraye liberté, la force mesme de la Grace n'estant autre chose que sa douceur & sa suauité: Ce qui fait dire au Concile d'Orange [c], *Qui respand la suauité en tous ceux qui consentent.*

Comme quand vous auez obmis artificieusement les paroles de Soto, où ce Theologien dit [d] que le concours de Dieu est pre-requis par nature, s'il faut ainsi dire, & doit preceder par vne priorité de nature l'action de nostre volonté; ce qui contient la decision de nostre different.

Comme quand vous auez accusé l'Euesque d'Ypre d'auoir dit que toute volonté, soit deliberée ou indeliberée, estoit vrayement libre, ce que ce grand Prelat n'enseigna iamais; Et parce que l'on vous a fait voir qu'il auoit escrit expressément, que les mouuemens indeliberez de la volonté n'estoient pas libres, vous osez repartir [e] que l'on fait voir par là que l'Euesque d'Ypre s'est contredit: comme si en conscience vous pouuiez croire, que ce grand homme ait crû, ou ait pû croire, que toute volonté, quoy

a *Dans la dispute contre l'Heterodoxe, ch. 8.*

b *Voyez le 2. ch de la seconde partie de l'Apologie du Concile.*

c *Le Concile d'Orange, Can. 7.* Qui dat omnibus suauitatem in consentiendo.

d *Voyez la Preface de la lettre au President, en la page penult.*

e *Voyez le ch. 11. de la disp. contre l'Heterod.* Nam quod improuisos motus voluntatis liberos esse negat idē scriptor, non ad hoc valet, vt alterum illud isti contrarium non dixerit, sed contraria duo secumq; pugnantia sit locutus.

qu'indeliberée, estoit libre entant que volonté.

Comme quand vous auez accusé [a] le mesme Euesque d'auoir dit que les Peres Grecs ignoroient entierement la Grace, ce que cet Euesque n'a iamais dit; Comme quand vous l'accusez [b] ainsi que d'vn crime tout particulier, d'auoir escrit que les mesmes Grecs estoient dans l'erreur des Semipelagiens, bien qu'il ne dise rien que ce que dit Vasquez, dont il rapporte les paroles au lieu mesme que vous designez.

Comme quand vous voulez prouuer [c] que S. Augustin est vn autheur obscur par le tesmoignage du R. Pere Sirmond, alleguant ces paroles d'vn certain Prosper : *L'heresie des predestinez que l'on dit auoir pris naissance des liures d'Augustin mal entendus;* quoy que vous sceussiez bien que ce Reu. Pere auoit rejetté & condamné ces mots, *des liures d'Augustin mal entendus :* comme n'estans pas dans les manuscrits les plus fideles & les plus authorisez. Comme quand vous supposez que l'on vous accuse d'auoir escrit & imprimé, que la pluspart des Peres des trois premiers siecles estoient dans l'erreur de l'heretique Arius, qui nioit la Diuinité du Fils de Dieu. I'ay dit [d] que vous l'auiez escrit, mais non pas imprimé, puisque vous fustes contraint de le rayer & de le supprimer par le scandale qu'en receurent de sçauans Docteurs qui leurent, & detesterent en l'vn de vos liures vne si estrange impieté. Vous auez donc bonne grace d'alleguer que cette impieté ne paroist en aucun liure que vous ayez mis au iour : mais pour auoir esté contraint de la supprimer apres l'auoir escrite, est-ce vn tesmoignage que vous ne l'ayez pas escrite ?

Comme quand vous m'accusez [e] de dire que tous ceux qui ont vescu dans l'estat de la nature, & dans celuy de la loy, ont esté priuez de la grace de la foy; au lieu que j'ay dit seulement que tous ceux [f] qui ont vescu sous l'estat de la nature, ou sous celuy de la loy, n'ont pas eu la grace de la foy. A vostre aduis est-ce vne mesme chose de dire que tous ceux qui ont vescu sous ces estats, n'ont pas eu la grace; ou de dire, qu'ils en ont tous esté priuez, & qu'aucun d'eux ne l'a eüe? Et apres auoir forgé ce monstre,

a *Voyez la Preface de l'Apologie, p. 33. & 34.*

b *Là mesme.*

c *Voyez la Preface de la lettre au President, f. penult. & la premiere Dissertation, pag. 50.*

d *Voyez la Preface de l'Apolog. pag. 35.*

e *Dans le libelle contre l'Heterodoxe, chap. 7.* Manifestum inde esse concludit eos omnes, qui sub lege naturæ vixère, caruisse fidei gratiâ, tùm eos quoque, qui sub Mosaïca lege fuerunt, nullam perinde copiam gratiæ istius habuisse.

f *Premiere partie de l'Apolog. chap. 16.*

vous le destruisez en alleguant l'exemple des fideles qui ont vescu sous la nature & sous la loy; & ce qui est estrange, vous corrompez le texte que vous citez de moy, afin qu'on ne s'apperçoiue pas qu'au mesme passage ie dis tout le contraire de ce que vous m'imputez; & au lieu que ie dis [a] que le S. Synode ne reconnoist ordinairement aucune grace en ceux qui ont vescu sous l'estat de la nature, ou sous l'estat de la loy; vous auez eclypsé [b] ce mot, *ordinairement*, afin qu'on ne vist pas la noire calomnie dont vous m'auez chargé de dire que la grace n'a esté dõnée à aucun homme sous l'estat de la nature & sous celuy de la loy.

Comme quand vous m'auez imposé d'auoir escrit que tout ce que S. Augustin dit dans les liures qu'il a faits contre les heretiques, est de la foy: au lieu que j'ay [c] dit seulement, que ce que S. Augustin dit estre de la foy, est de la foy; & que ce qu'il dit estre certain, est certain. Et il ne sert de rien de repliquer comme vous faites [d], que puisque selon moy, tous les points de la doctrine de Sainct Augustin sont liez ensemble, il faut qu'ils soient tous également de foy: Car de ce qu'ils sont tous liez ensemble, il s'ensuit seulement que les vns sont de la foy, comme estans fondez sur l'Escriture saincte; & que les autres sont certains, comme estans fondez sur la lumiere naturelle. Ainsi l'Eglise qui approuue & qui embrasse tous les chefs de la doctrine de ce Pere, reçoit les vns comme points de foy, parce qu'ils sont appuyez immediatement sur l'Escriture; & les autres comme simplement certains, parce qu'ils sont appuyez immediatement sur la lumiere seule de la raison, qui tirant de ceux qui sont en l'Escriture, ceux qui n'y sont pas, rend ceux-cy constans & indubitables, mais ne fait pas qu'ils soient de la foy. Ainsi il est bien de la foy que Dieu veut donner la gloire à tous ceux ausquels il veut donner la perseuerance, parce que c'est vne verité reuelée en l'Escriture: mais que la volonté de nous donner la gloire, precede en quelque sorte celle de nous donner la perseuerance; cela n'est pas peut-estre de la foy, bien que ce soit vne verité absolument certaine par la lumiere de la raison.

a *En l'Apologie, au mesme lieu, pag.* 158.

b *Au libelle cõtre l'Heterodoxe, pag.* 22. Primum argumentum est, Tridentinã Synodum nullam penitùs in illis gratiam agnoscere, qui sub naturæ aut legis statu vixêre.

c *Voyez la Preface de l'Apol. p.* 33.

d *Au libelle contre l'Heterodoxe, ch* 10. *pag* 36.

CHAPITRE III.

Quelle est l'authorité de S. Augustin en la matiere de la Grace & de la Predestination selon les plus pures pensées du Reuerend Pere Petau.

POur vous, mon Censeur, qui m'accusez d'exalter auec excez l'authorité de Sainct Augustin, escoutez ce que vous auez dit vous-mesme pour la releuer, auant que vous eussiez pris le dessein horrible de la profaner, & de l'aneantir. *De tous les Latins*, dites-vous [a], *dont j'ay dit que l'authorité est plus considerable en cette controuerse, Sainct Augustin est le Prince du consentement des Theologiens, & tous les Peres, & tous les Docteurs qui sont nez apres luy, & les Euesques de l'Eglise Romaine, & les assemblées des autres Euesques ont iugé catholique & indubitable son opinion touchant la Grace, en sorte qu'ils pensoient que l'on auoit prouué suffisamment qu'vne opinion estoit veritable, quand on auoit fait voir qu'elle estoit posée & arrestée par S. Augustin : I'excepte seulement peu de nouueaux Docteurs, qui en traitant principalement de l'élection & de la predestination à la gloire, auoüent ouuertement qu'ils quittent l'opinion de Sainct Augustin, comme a fait entr'autres Ambroise Catarin, & quelques Theologiens Scholastiques.*

Mais ie vous demande, mon Reuerend Pere, si cet Ambroise Catarin en s'éloignant de S. Augustin, s'est éloigné de S. Augustin seul ? Non sans doute, vous presupposez ouuertement qu'en laissant S. Augustin, il a laissé tous les Peres & tous les Docteurs qui ont vescu apres ce Sainct, & les Euesques de Rome, & les Conciles qui ont approuué le mesme Sainct, en telle sorte qu'ils ont estimé que la verité d'vne opinion estoit demonstrée, quand il paroissoit qu'elle estoit soustenuë & decidée par Sainct Augustin. Car en ce qui regarde l'élection gratuite & absoluë à la gloire, vous exceptez Catarin du nombre des Peres, des Docteurs, des Papes & des Conciles qui ont approuué Sainct Augustin : Vous presupposez donc qu'en ce qui regarde l'élection gratuite & absoluë à la gloire, Catarin

a *Tom. 1. des dogmes. liu. 9. ch. 6.* Omnium verò Latinorum, quorum in hac controuersia maiorem dixi authoritatem esse, princeps est cõsensu Theologorum Augustinus, cuius de Gratia sentẽtiam quotquot deinde consecuti sunt Patres ac Doctores, tum verò Ecclesiæ Romanæ Præsules, Præsulumque conuentus aliorum, ratam & catholicam esse iudicauerunt ; vt hoc satis magnum putarẽt veritatis argumẽtũ, quod ab Augustino positum ac decretum esse constaret, paucos duntaxat recentiores excipio, qui in electione potissimum ad gloriam, vel prædestinatione pertractanda, retrò se ab Augustini professione discessisse profitentur, vt præ cæteris Ambrosius Catarinus, ac nonnulli de Scolasticis Theologis fecerunt.

quittant S. Augustin, n'a pas quitté Sainct Augustin seul, mais a quitté aussi auec Sainct Augustin tous les Peres & tous les Docteurs qui sont nez apres luy, les Papes & les Conciles qui l'ont approuué, & qui ont iugé que l'on iustifioit suffisamment qu'vne opinion estoit veritable, quand on faisoit voir qu'elle estoit suiuie & arrestée par S. Augustin. Que si Catarin s'est éloigné de tous ces Docteurs, de tous ces Peres, de tous ces Papes, de tous ces Conciles, quand il a combattu l'élection gratuite & absoluë à la gloire, ne s'ensuit-il pas que tous ces Docteurs, tous ces Peres, tous ces Papes & tous ces Conciles ont approuué cette opinion de l'élection gratuite & absoluë à la gloire, parce qu'ils voyoient qu'elle estoit suiuie par Sainct Augustin, dont ils estimoient le tesmoignage (dites-vous) comme vn suffisant argument de verité en cette matiere? Quand donc vous augurez, vous esperez [a] vous vous promettez que l'opinion contraire à celle de Sainct Augustin sur l'élection gratuite, sera quelque iour victorieuse, & l'emportera sur celle qui luy est opposée; Vous augurez, vous esperez, vous vous promettez le triomphe d'vne opinion contraire à celle des Papes, des Conciles, & de la foule des Docteurs qui ont approuué S. Augustin, iusqu'à reconnoistre pour veritable tout ce qu'on iustifioit auoir esté dit & arresté par luy.

[a] *Dans le libelle contre l'Heterodoxe, chap. 9. pag.* 31. Et vt initia se habent, paulatim obductâ alterâ, rerum potitura videatur.

Il vous sied donc bien, mon Reuerend Pere, de loüer, ou de soustenir quelques nouueaux Docteurs, qui en cette matiere ont abandonné Sainct Augustin, & qui par vostre confession en le quittant, ont quitté tous les Peres & tous les Docteurs qui sont venus apres luy, les Papes & les Conciles qui l'ont approuué & authorisé, iusques à receuoir comme catholique & indubitable tout ce qu'il auoit asseuré & resolu au sujet de la Grace & de la Predestination; ce que vous venez de nous enseigner manifestement vous-mesme?

CHAPITRE IV.

Où l'on fait voir l'estrange confusion, & les horribles contradictions du Pere Petau dans ses dogmes Theologiques.

SI ie voulois donc vous traiter comme le merite vostre procedé violent & scandaleux, ie deurois déployer & faire voir à tout le monde toutes ces soupplesses, toutes ces inepties, & toutes ces impostures qui remplissent vos nouueaux libelles : Mais ce que j'ay dessein principalement de faire, & sur quoy ie veux maintenant m'estendre plus au long, est de reueler l'abysme, le cahos, & la Babylone de vos dogmes Theologiques qui se choquent, & qui se destruisent tous les vns les autres ; & de dissiper l'ombre des finesses vaines & pueriles dont vous auez tasché de vous couurir, pour éuiter la honte de vos manifestes & perpetuelles contradictions.

En premier lieu donc, mon Reuerend Pere, dans le different qui est entre vous & moy sur l'efficace de la Grace diuine, à laquelle ie soustiens qu'en vn certain sens on ne peut resister : Ie me suis estonné, & me suis plaint iustement de ce que vous estiez iniuste de blasmer en moy ce que vous auiez dit aussi bien que moy [a]. Et pour monstrer que ie n'auois rien dit que vous n'eussiez dit vous-mesme, ie vous ay objecté ces paroles memorables de vostre Reuerence : *Par sa toute-puissante volonté & grace, à laquelle il sçait que la volonté de l'homme ne peut resister.* Or cette objection sans doute vous ayant semblé tres-forte, premierement vous auez hesité comme estourdy du coup, vous vous estes teû, & vous n'auez pas iugé qu'il fust necessaire de respondre, ou d'entreprendre de respondre à vne opposition si considerable. Mais vous sentant pressé, & viuement picqué du iuste reproche que ie vous faisois de vostre silence dans vne necessité si absoluë de parler, & de vous iustifier ; enfin vous vous estes resolu à vne extre-

a *Voyez la Preface de la Lettre au Presidét, & le premier chap. de la seconde partie de l'Apolog.*

mité desesperée, qui est de dire qu'en ces mots, *Dieu a préueu qu'il tireroit de nous nostre consentement par sa toute-puissante volonté & grace, à laquelle il sçait que la volonté de l'homme ne peut resister:* vous n'auez point parlé dans vostre sentiment, mais dans le sentiment d'autruy [a]. Dieu soit loüé, mon Reuerend Pere, ie n'en veux pas dauantage, la victoire est à moy, & ie m'en vay vous faire voir tres-manifestement que cet eschappatoire vous a perdu, & que cette défaite vous a défait.

Et de vray, souffrez que ie vous demande en premier lieu, à quel sujet & pour quelle cause vous auez aduancé cette belle maxime, *Par sa toute-puissante volonté & grace, à laquelle il sçait que la volonté de l'homme ne peut resister;* vous nous en dites [b] la raison, & c'est que dans le liure où vous l'auez escrite, vous vous proposiez de nous expliquer, & d'appuyer autant que vous pouuiez les sentimens de S. Augustin touchant la Grace & la Predestination. Mais lors que vous auez aduancé cette maxime pour faire valoir les sentimens de Sainct Augustin, ou vous l'auez iugée catholique, ou vous l'auez iugée heretique; Si vous l'auez iugée catholique, pourquoy maintenant la condamnez-vous, & la traitez-vous d'erreur & d'heresie? Si vous l'auez iugée heretique, comment l'auez-vous aduancée pour recommander & pour faire valoir les sentimens de S. Augustin? Est-ce appuyer les sentimens de Sainct Augustin que de les appuyer sur des principes heretiques? Comme si ie disois qu'vne opinion est bōne & soustenable, parce qu'elle est conforme aux principes de Luther, d'Arius, de Pelagius, & d'autres semblables heretiques. Or il n'est pas croyable que vous soyez tombé dans vne absurdité si estrāge, & que vous ayez voulu releuer, ou fortifier les sentimens de S. Augustin, en nous faisant voir qu'ils sont conformes à des principes heretiques. Quand donc vous auez apporté cette belle maxime, *Par sa toute-puissante volonté & grace, à laquelle il sçait que la volonté de l'homme ne peut resister;* pour authoriser & pour faire valoir les sentimens de S. Augustin, vous n'auez pas seulement exprimé l'opinion d'autruy, mais aussi la vostre propre; vous n'auez point crû nous

a *Dans le libelle contre l'Heterodoxe, pag. 38.* Eadem est responsio ad illum locum, quem ex capite 15. eiusdem noni libri Hæterodoxus affert, de omnipotentissima Dei voluntate & gratia, *(& icy le Pere Petau s'arreste, & n'ose adjouster ce qui suit,* cui scit humanam voluntatem non posse resistere) quæ non ex meo, sed ex aliorum sensu attuli, qui Augustinianam illam opinionem seriò propugnant.

b *Là mesme, pag. 37* In primo Theologicorum dogmatū, cùm de prædestinatione disputarem, illud imprimis studuisse me, vt veram ac germanam constituerē Augustini de illa quæstione sententiam, quam à Theologis quibusdā aliter ac rem ipsam habere crederē explicari videbā. Hoc igitur toto libro nono præstiti quātum potui. *Et plus bas.* Ita porrò contigit, vt in declaranda Augustini sententia, eius omnia firmamenta conquirerē, ac quicquid ad illā stabiliēdā ab ratione, vel authoritate conferri posset, hoc suis ponderibus, expēsum, in medium adducerē, prorsus ita causam illius agens, tanquam vnus essem earūdem partiū.

nous alleguer vne maxime heretique, mais vne maxime catholique, autrement vous auriez fait le plus extrauagant & le plus bizarre de tous les raisonnemens, qui est de pretendre de nous persuader qu'vne doctrine est bonne, parce qu'elle s'accorde auec vne doctrine fausse & heretique.

Ie conclus donc en vous donnant le choix, ou cette maxime est catholique, ou elle est heretique: Si elle est catholique, pourquoy la condamnez-vous d'erreur? si elle est heretique, pourquoy l'alleguiez-vous en faueur de la doctrine de S. Augustin? comme s'il falloit la iuger bonne pour estre conforme à des fondemens heretiques. Ie vous demande encore, où vous auez puisé cette belle sentence: *Par sa toute-puissante volonté & grace, à laquelle il sçait que la volonté de l'homme ne peut resister?* Vous l'auez empruntée de Sainct Augustin, & vous nous le tesmoignez au lieu où vous citez ces riches paroles de l'excellent liure de la correction & de la grace. *Et partant*, dites-vous [a], *cette volonté par laquelle, selon l'Apostre, Dieu veut nous sauuer, est l'élection & la predestination de quelques-vns à la gloire, & elle est absoluë, c'est à dire, toute-puissante; & la volonté humaine ne peut luy resister, bien que toutefois* (cette volonté) *consente librement, comme Sainct Augustin l'enseigne là mesme, & ce qu'il auoit dit, il le prouue en suite par les exemples de Saül & de Dauid, qu'il a voulu que l'on fist Roys, en sorte que cela se fit par les volontez des Iuifs, lesquels operoient librement ce que Dieu vouloit, de maniere qu'elles ne pouuoient luy resister, si ce n'est peut estre*, dit Sainct Augustin, *pour me contenter de ce peu d'exemples tirez d'vn tres-grand nombre, lors que Dieu voulut donner le Royaume à Saül, qu'il fut tellement en la puissance des Israëlites de s'assujettir à cet homme, ou de ne s'y pas assujettir, ce qui sans doute dépendoit de leur volonté qu'ils peussent resister à Dieu; & neantmoins il ne fit cela que par les volontez de ces hommes, ayant certainement vne puissance toute-puissante d'incliner les cœurs des hommes du costé qu'il luy plaist. Enfin il conclut par cette similitude*, dites-vous, *que Dieu tient en sa puissance les volontez des hommes qu'il a choisis à salut, pour les porter du costé qu'il veut.* Et vous auiez dit auparauant, alleguant les paroles de ce

[a] *Tome 1. l. 9. pag. 595.* Proinde voluntas illa, quâ Deus ab Apostolo dicitur velle saluare, est electio & prædestinatio certorum ad gloriam, quæ & absoluta est, hoc est omnipotẽtissima, cui volũtas humana non potest resistere, etsi nihilominus liberè consentiat, vt ibidem docet Augustinus. Atque hic subinde quod dixerat, exẽplis probat Saülis & Dauidis, quos ita Reges fieri voluit, vt hoc ipsum per Iudæorũ voluntates efficeret, quæ ita liberè quod Deus volebat, operabantur, vt ei resistere non possent, nisi fortè, vt ex multis aliqua commemorem, quando Deus voluit Saüli regnũ dare, sic erat in potestate Israëlitarum subdere se memorato viro, siue nõ subdere, quod vtique in eorum erat positum voluntate, vt etiã Deo valerent resistere, qui tamen hoc non fecit, nisi per ipsorũ hominũ voluntates, sine dubio habens humanorũ cordiũ, quo placeret inclinandorum, omnipotentissimam potestatẽ: demùm ex ea similitudine concludit eodẽ modo quo Deus ad salutem elegerit, eorum in potestate habere voluntates, vt quò velit, inflectat.

mesme Pere [a] : *S. Augustin a creu que ces paroles de l'Apostre* (Dieu veut que tous les hommes soient sauuez) *ne se deuoient pas entendre de tous les mortels, parce que si Dieu vouloit que tous les hommes fussent sauuez, il n'y auroit aucun homme qui fust priué du salut, dautant que la volonté de Dieu est toute-puissante, & qu'on ne peut luy resister. Il est donc tres-certain,* dit Sainct Augustin allegué par vous [b], *qu'à la volonté d'vn Dieu qui a fait tout ce qu'il a voulu dans le ciel & dans la terre, les volontez des hommes ne peuuent resister, ny l'empescher de faire ce qu'il veut, puis qu'il fait aussi des volontez mesmes des hommes ce qu'il veut, quand il veut.* Et en vn autre lieu [c] vous dites : *La mesme chose se iustifie par vn autre passage du liure de la correction & de la grace au chapitre quatorziesme, dans lequel Sainct Augustin tesmoigne que Dieu en vertu du propos par lequel il a choisi certains hommes pour la gloire, meut leurs volontez par vne puissance toute-puissante, à laquelle on ne peut resister, bien que les hommes luy obeyssent de leur gré, & par leur volonté : comme quand il eut resolu de faire Roy Saül; il excita les volontez des Iuifs à le faire Roy.* Et quelle est cette puissance toute-puissante par laquelle Dieu meut nostre volonté, & à laquelle on ne peut resister ? Sans doute c'est la grace par laquelle il doit regner inuinciblement en nostre cœur. Et en vn autre lieu [d] vous dites : *C'est pourquoy S. Augustin a creû que la volonté de Dieu par laquelle il destine le salut aux hommes, estoit certaine, immuable, & tres-efficace, comme il parle au chap. 95. de son Manuel à Laurens, laquelle volonté ne peut estre empeschée par la volonté de l'homme.* Mais comment ne peut-on resister à la volonté de Dieu? en tant qu'on ne peut resister à la grace qui accomplit la volonté de Dieu, & qui est comme la main de laquelle Dieu se sert pour executer ses Arrests eternels. Et c'est ce que Sainct Augustin dit au mesme lieu [e] que nous auons allegué de luy : *Celuy-là eust-il peû s'opposer à la volonté de Dieu, ou plustost, eust-il peû ne faire pas la volonté de celuy qui opera dans son cœur par le Sainct Esprit, dont il fut reuestu, afin qu'il voulust, qu'il dist, & qu'il fist ces choses?* Par où donc la volonté de Dieu est-elle insurmontable à la volonté de l'homme? Par la grace qui sousmet insuparablement la volonté de l'homme à la volonté de Dieu; &

a *Là mesme.* Ideò verò non de omnibus mortalibus intelligēda putauit [Augustinus] hæc Apostoli verba, qui si Deus omnes homines saluari vellet, nemo vtique excluderetur à salute, eò quod omnipotētissima est Dei voluntas, cui nemo potest resistere.

b Non est itaque dubitandum [ait] volūtati Dei, qui in cœlo & in terra quæcunq; voluit, fecit, humanas voluntates non posse resistere, quominus faciat ipse quod vult, quandoquidē de ipsis etiam hominum voluntatib⁹ quod vult, cùm vult, facit.

c *Là mesme, page 600.* Ex eo proposito, quo certos homines ad gloriam elegit, eorum mouere volūtates omnipotētissima potestate, cui resisti nequeat, quamuis sponte ac voluntate eidem homines obsequātur; quemadmodum cùm Saülem Regem facere decreuisset, Iudæorū ad illū creandum voluntates excitauit.

d *Pag. 605.* Quocirca talem esse putauit Augustinus, illā Dei voluntatem, vt sit certa, immutabilis, & efficacissima, vt in Enchir. ad Laur. cap. 5. loquitur, quam voluntas hominis impedire nō possit.

e *Au liu de la correct. & de la gr.* Nūquid ille posset aduersari voluntati Dei, & non potius

ainsi vous n'auez pas dit seulement, *par sa toute-puissante volonté, à laquelle on ne peut resister*, mais vous auez adjousté ce mot, *& grace*, & auez dit, *par sa toute-puissante volonté & grace, à laquelle il sçait que la volonté de l'homme ne peut resister*; parce que vous sçauiez tres-bien que la volonté de Dieu n'est insurmontable qu'entant que la grace qui doit l'accomplir, est elle-mesme insurmontable; tellement que Dieu ne peut empescher nos cupiditez de surmonter sa volonté, qu'en augmentant sa grace à mesure qu'elles augmentent pour la surmonter.

eius facere volũtatem, qui in eius corde operatus est per Spiritum Sanctum, quo indutus est, vt hoc vellet, diceret & faceret?

Or ie vous demande, mon Reuerend Pere, ce que Sainct Augustin en ces beaux passages dit de la force de la Grace, qui est qu'on ne peut luy resister; ou vous l'approuuez, ou vous le condamnez: Si vous l'approuuez, ce n'est donc pas seulement dans le sentiment d'autruy, mais dans le vostre propre que vous auez dit, *par sa toute-puissante volonté & grace, à laquelle la volonté de l'homme ne peut resister.* Si vous le condamnez, comment protestez-vous [a] que vous n'auez point quitté, & que vous ne quitterez iamais Sainct Augustin en ce qu'il enseigne de la Grace, & du moyen de la concilier auec la liberté? n'est-ce pas de la Grace qu'il dit qu'elle est si forte qu'on ne peut luy resister? Si donc vous condamnez ce qu'il dit en ce poinct, vous asseurez faussement que vous approuuez tout ce qu'il enseigne de la Grace, & de ses proprietez.

a *Dans la 2. Dissert. & dans le libelle contre l'Hetero.* De gratia verò, eiusque cũ arbitrio libero consensione, quidquid summus ille vir scriptis edidit, huic neque me, neque Catholicum quemquam refragari posse præ me semper habui.

Mais ie vous demande encore, Si la volonté de Dieu qui enferme cette Grace, à laquelle en vn sens on ne peut resister, ne repugne pas à nostre liberté? vous vous faites cette demande & cette objection vous-mesme, & vous la resoluez en disant que cette volonté diuine ne destruit pas nostre liberté, puis qu'elle n'apporte pas de necessité antecedente à nostre volonté, & elle n'apporte pas de necessité antecedẽte, parce, dites-vous [b] entr'autres raisons, que *la necessité antecedente & contraire à la liberté, est celle qui pose son effet en telle maniere que sa production ne dépende point de nostre libre volonté, mais existe en nous sans nous. Or la destination diuine n'apporte pas vne telle necessité qui flechisse le franc-arbitre contre son gré, ou ne contribuant rien de soy.*

b *Là mesme, page 651.* Antecedens necessitas & libertati cõtraria est eiusmodi, quæ necessariò esse rem facit, vt ait Anselm. lib. de conc. præsc. & præd. Dei, hoc est, quæ sic effectum ponit, vt eius productio ab libera nostra voluntate minimè pendeat, sed in nobis sine nobis existat. At non talis ex diuina destinatione necessitas oritur, quæ vel inuitum, vel nihil ex sese conferẽs, liberum arbitrium hominis inflectat.

Il ne faut donc pas nous estonner, mon Reuerend Pere, si vous asseurez que les hommes reçoiuent la grace librement, pourueu qu'ils la reçoiuent de leur gré & par leur propre volonté, *Sainct Augustin tesmoigne*, dites-vous [a], *que Dieu en vertu du propos, par lequel il a choisi certains hommes à la gloire, meut leurs volontez par vne toute-puissante puissance; à laquelle on ne peut resister, bien que les hommes luy obeyssent de leur gré & par leur volonté.* Et en vn autre lieu [b], *Dieu sçait qu'il tirera de nous*, dites-vous, *nostre consentement, non malgré nous, mais de nostre bon gré par sa toute-puissante volonté & grace, à laquelle il connoist que la volonté de l'homme ne peut resister.* Et n'est-ce pas comme si vous disiez qu'en receuant la grace, les hommes agissent librement, pourueu qu'ils vueillent & qu'ils agissent de leur gré en la receuant, bien qu'ils ne luy puissent resister?

a *Au liure cy dessus cité.*

b *Pag. 65.* Sed etiam omni-potentissima sua voluntate & gratia, cui scit humanam voluntatem non posse resistere, sese illam non ab inuitis, sed volentibus expressurum esse præuidit.

Ie vous demande encore si cette puissante grace à laquelle en vn sens on ne peut resister, ne repugne pas à la definition du Concile de Trente, où il est dit, *Que l'on peut dissentir à la grace si l'on veut*: Mais vous nous tesmoignez que cette puissante grace est tres-bien d'accord auec cette definition du Concile de Trente, *Le don qui est donné*, dites-vous [c], *par les merites de Iesus-Christ, ne leur donne pas seulement de pouuoir s'ils veulent, mais aussi de vouloir ce qu'ils peuuent, & il est tel qu'estant donné, ils ne sont, sinon perseuerans; c'est à dire qu'ils perseuerent certainement, & comme on dit communément dans les Escoles, infailliblement, bien qu'ils consentent à ce don & à cette grace librement, & non necessairement, mais en telle sorte qu'ils puissent dissentir s'ils veulent, comme le définit le Concile de Trente, bien que ce mesme don de la perseuerance fasse, qu'ils ne veulent pas y dissentir.* Et comment ce don fait-il qu'ils ne veulent pas y dissentir? Il le fait insuperablement, parce que c'est la grace à laquelle on ne peut resister. Ainsi quand vous dites qu'ils peuuent dissentir, s'ils veulent, mais que ce don fait qu'ils ne le vueillent point: C'est de mesme que si vous disiez qu'ils le peuuent, s'ils le veulent, mais qu'ils ne peuuent le vouloir, parce que la grace à laquelle ils ne peuuent resister, les empesche de le vouloir.

c *Là mesme, pag. 602.* Illud quod per Christi merita tribuitur donum, non solum dat posse si velint, sed etiam velle quod possunt, & est tale vt eo dato non nisi perseuerantes sint, id est vt certò, & quod in scholis vulgò dicitur, infallibiliter perseuerent, tametsi liberè gratiæ illi donoque consentiant, non necessariò, sed ita vt dissentire possint, si velint, quod Tridentina sciscit Synodus, quamuis vt non dissentire velint eodem illo perseuerantiæ dono perficitur.

Considerez donc combien vainement vous asseurez en vostre dernier libelle que l'on ne peut dire sans absurdité, que les hommes peuuent dissentir, s'ils veulent, mais qu'ils ne peuuent le vouloir : On vous respond que cette expression conuient tres-bien à la volonté qui a la vertu de se reflechir sur ses propres actes, & de se les commander à elle-mesme. Ainsi l'on ne diroit pas bien de la volonté, qu'elle ayme, si elle ayme, ou qu'elle dissent, si elle dissent: mais on dit tres-bien qu'elle ayme si elle veut, ou qu'elle dissent si elle veut, parce qu'estant maistresse d'elle-mesme, elle se peut commander à elle-mesme d'aymer ou de dissentir en voulant aymer, ou en voulant dissentir par le souuerain empire qu'elle exerce sur ses actes, & elle-mesme sur elle-mesme.

Mais voicy bien des nouuelles, mon Reuerend Pere, voicy vn nouueau mystere de vos inconstances & de vos contradictions : C'est que la grace à laquelle on ne peut resister, ou la grace efficace pour toutes bonnes œuures, telle qu'elle est posée par Sainct Augustin, est vne grace que vous ne croyez plus. La preuue en est toute euidente ; Si vous croyiez vne grace efficace, & telle que Sainct Augustin l'enseigne, vous la croiriez dans les Eleus, & dans les predestinez. Or vous ne la croyez point dans les Eleus & dans les Predestinez, vous ne la croyez donc point du tout. Et que vous ne croyiez point de grace efficace dans les predestinez, ie le monstre en cette sorte : Vous enseignez que la grace efficace dans les predestinez suppose necessairement leur élection gratuite & absoluë à la gloire; or vous ne croyez plus leur élection gratuite & absoluë à la gloire, vous ne croyez donc plus la grace efficace des predestinez, qui suppose en eux cette sorte d'élection. Et que la grace efficace des Eleus suppose cette sorte d'élection, vous le demonstrez en cette maniere: apres auoir allegué de Sainct Augustin, & expliqué la celebre difference des deux graces, dont l'vne estoit sousmise à la volonté du premier homme, & l'autre regne sur la volonté des descendans du premier homme, *Maintenant*, dites vous [a], *afin que ie tire la co[...]sion pour laquel-*

[a] *Là mesme*. Nunc vt illud colligam, cuius

Ie l'ay pris ces choses de Sainct Augustin ; puis que Dieu donne aux seuls Eleus & aux seuls appellez, selon le propos, vn don de perseuerance, auec lequel l'acquisition du salut eternel est certainement conjointe, tellement que ceux ausquels il est donné, ne sont sinon perseuerans, il est necessaire que le propos ou le decret de leur donner le salut & la gloire, soit enfermé dans la volonté de leur donner la perseuerance. Ainsi vous enseignez que si il y a vn don vrayment efficace dans les predestinez, il faut qu'ils soient éleus gratuitement & absolument à la gloire, & c'est proprement ce que vous auiez dessein de faire voir en ce chapitre de vostre neufiéme liure.

gratiâ, ex Augustino ista deprompsi, cùm eiusmodi solis electis, & ex proposito vocatis, perseuerantiæ donum à Deo tribuatur, quo cum certa nectitur æternæ salutis adeptio, vt non nisi perseuerantes sint quibus illud conceditur, necesse est in ea dandæ perseuerantiæ voluntate, propositum ac consilium includi sempiternæ dandæ salutis & gloriæ.

Ie reuiens donc & raisonne encore en cette maniere: Selon vous, mon Reuerend Pere, la grace efficace des Eleus suppose qu'ils sont éleus gratuitement à la gloire: Or maintenant vous niez qu'ils soient éleus gratuitement à la gloire, vous ne reconnoissez donc plus la grace efficace des Eleus, qui selon vous, suppose leur élection gratuite & absoluë à la gloire. Mais voicy qui est tout à fait estrange, voicy vn nouueau secret de la Babylone de vos dogmes: apres auoir enseigné que la distinction de graces, dont l'vne conuient au premier homme, & l'autre conuient à ses descendans, infere l'élection gratuite & absoluë à la gloire; vous ne laissez pas de receuoir cette distinction [a] au mesme temps que vous combattez cette élection qui est inseparable de cette distinction: mais si ces deux points sont liez ensemble, comment soustenez-vous l'vn en mesme temps que vous combattez l'autre? & comment soustenez vous vne distinction de graces qui suppose l'élection gratuite, au mesme temps que vous détruisez l'élection gratuite qui est inseparable de cette distinction?

[a] *Tom. 1. des Dogmes, au 10. liu. pag.* 747.

Que diriez-vous donc, mon Censeur, si ie vous prouuois icy que vous croyez l'élection gratuite, & que vous ne la croyez pas? vous la croyez, parce que vous croyez la grace efficace qui la presuppose selon vous; & vous ne la croyez pas aussi, parce que vous la combattez de propos deliberé, & dans vn liure expres. Ainsi ie pourrois vous dire que vous croyez la grace efficace, & que vous ne la croyez pas ; que vous ne la croyez pas, parce qu'elle suppose l'élection gratuite que vous ne croyez pas, & que vous la croyez, parce que, si on vous croit, vous reconnoissez encore la difference des deux graces, dont l'vne estoit suffisante dans le premier hōme, & l'autre est efficace dans ses descendans, & partant on ne sçauroit dire ce que vous croyez, puis qu'il est vray de dire que vous ne croyez rien de ce que vous croyez, tantost vous niez, tantost vous asseurez vne mesme chose, & il n'y a rien de certain en vostre doctrine, si ce n'est qu'elle n'a rien de certain.

Cependant il faut auoüer que vous concluez fort bien, que si la grace est efficace dans les predestinez, il faut qu'ils soient éleus gratuitement à la gloire; puis que c'est par vne mesme volonté que Dieu veut leur donner la grace & la gloire qui est en eux inseparable de la grace: *Puis que Dieu donne aux seuls éleus*, dites vous [a], *& aux seuls appellez, selon le propos, vn don de perseuerance, auec lequel l'acquisition du salut eternel est certainement liée, il est necessaire que l'arrest, ou le decret de leur donner le salut & la gloire, soit compris dans la volonté de leur donner la perseuerance.* Et en vn autre lieu, *Sainct Augustin*, dites vous [b], *n'attribuë pas la discretion des hommes à la seule grace preuenante, mais ce qu'au moins on ne peut nier, il l'attribuë aussi à la perseuerance, auec laquelle le salut eternel est necessairement conjoint, ensorte que la perseuerance ne peut estre destinée à personne, que le salut eternel ne luy soit destiné en mesme temps.* Et en vn autre lieu [c], *S. Augustin enseigne*, dites vous, *que ces bien-faits sont tels, qu'ils deliurent tous les hommes de la masse perduë, ce qu'on ne peut mesme conceuoir, si on ne comprend le don de la vie eternelle dans la mesme notion.*

Vous dites donc fort bien, que si la grace est efficace dans les predestinez, ils doiuent estre éleus absolument à la gloire, puis que Dieu ne peut leur vouloir donner la grace, sans vouloir aussi leur donner la gloire; comme on ne peut vouloir la cause, sans vouloir l'effect qu'elle doit produire necessairement. Aussi souuenez-vous que les Catholiques & leurs aduersaires demeuroient tous d'accord que si la grace de perseuerer estoit efficace, l'élection à la

a *Au lieu cité cy-dessus*

b *Tom.* 1. *liu.* 9. *pag.* 638 Non igitur discretionem soli præuenienti gratiæ imputat Augustinus, sed quod saltem negari non possit, etiam perseuerantiæ qua cum necessariò salus æterna connectitur, sic vt nemini peculiari beneuolentia decerni queat, quin simul salus ipsa decernatur.

c *Là mesme, pag.* 647.

gloire deuoit estre gratuite, & ainsi tout leur different a esté si la grace de perseuerer estoit efficace. Car supposé qu'elle fust efficace, ils auoüoient tous que l'élection à la gloire ne pouuoit estre que gratuite, & de là vient que les Pelagiens, ou les Semipelagiens combattoient la grace efficace de perseuerer, pour aneantir l'élection gratuite à la gloire, & au contraire Sainct Augustin establissoit la grace efficace de perseuerer, pour establir l'élection gratuite à la gloire ; *L'Eglise prie*, dit-il [a], *que les infideles croyent ; c'est donc Dieu qui les conuertit à la foy : Elle prie que les infideles perseuerent, c'est donc Dieu qui leur donne de perseuerer iusques à la fin ; Dieu a preueu qu'il feroit ces choses, c'est la predestination des Saincts.*

Et partant, vous me faites pitié, mon Reuerend Pere, quand vous dites [b] que l'élection gratuite à la gloire doit estre mise au nombre des questions profondes, desquelles Celestin nous permet de disputer. Car supposé que la grace de perseuerer fust efficace, ce qu'on ne peut reuoquer en doute, ce n'a iamais esté vne question profonde de sçauoir si l'élection à la gloire estoit gratuite, d'où vient que les Peres qui ont reconnu la grace efficace de perseuerer, n'ont iamais disputé si l'élection estoit gratuite à la grace ou à la gloire, ayant tous bien veu aussi bien que vous, que la grace efficace de perseuerer emportoit auec soy l'élection gratuite & absoluë à la gloire, estant certain que c'est par vne mesme volonté que Dieu veut nous donner la perseuerance & la gloire, qui est le fruict naturel, & vne suite necessaire de la perseuerance.

Mais puis que vous rejettez la grace efficace, & telle que Sainct Augustin l'enseigne, car il faut necessairement que vous la rejettiez, comme ie l'ay fait voir, puisque elle est liée necessairement auec la predestination gratuite que vous rejettez : Ie vous demande si en quittant Sainct Augustin dans cette opinion, vous le quittez dans vne opinion indifferente, ou dans vne opinion de foy ? Certes Sainct Augustin enseigne que la grace efficace que vous rejettez, est de la foy : car la grace efficace est celle qui ne conuie pas seulement la volonté, mais qui la persuade

a *Au liu. du don de la perseuerance, chap.* 7. Hæc Deus facturum se esse præsciuit, ipsa est prædestinatio sanctorum.

b *Liu.* 10. *chap.* 1. *pag.* 660.

persuade aussi: Or Sainct Augustin enseigne que la grace qui persuade la volonté, & qui doit la persuader en toute bonne œuure, est de la foy. *Il faut*, dit-il [a], *que Pelagius confesse cette grace, non seulement s'il veut estre appellé Chrestien, mais s'il veut l'estre en effect;* la grace efficace qui est celle qui persuade nostre volonté en toute bonne œuure, est donc vn poinct de foy, selon Sainct Augustin, & partant quand vous l'abandonnez dans cette opinion, vous l'abandonnez dans vne opinion qu'il dit estre de la foy. Et comment donc nous asseurez-vous [b], ou osez-vous nous asseurer que vous le suiuez en tout ce qu'il enseigne de la grace, & du moyen de la concilier auec nostre liberté, puis que vous le quittez dans vne doctrine de la grace qu'il dit estre de la foy?

Mais il y a bien plus, mon Censeur. Car non seulement vous vous dispensez de suiure ce Pere dans son opinion, touchant l'efficace de la grace, pour toute bonne œuure, qu'il dit estre vn poinct de foy, sans lequel mesme on ne peut estre Chrestien; mais aussi vous ne croyez pas le pouuoir suiure auec seureté dans la mesme opinion. La preuue en est toute manifeste; la grace efficace, comme Sainct Augustin l'enseigne, est liée necessairement auec la reprobation absoluë que Sainct Augustin enseigne aussi. Or vous ne croyez pas que l'on puisse suiure seurement la reprobation absoluë que Sainct Augustin enseigne, vous ne croyez donc pas que l'on puisse soustenir seurement la grace efficace qu'il enseigne, puis qu'elle presuppose la reprobation absoluë, que l'on ne peut croire, selon vous, auec seureté. Or que la grace efficace presuppose la reprobation absoluë, ie le monstre en cette sorte; Selon vous la grace efficace presuppose l'élection absoluë, selon vous encore l'élection absoluë presuppose la reprobation absoluë; & partant, selon vous, la grace efficace presuppose la reprobation absoluë & fondée sur le seul peché originel, qui est vne opinion que vous ne pouuez souffrir en Sainct Augustin, iusques à croire qu'on ne peut l'approuuer sans peril de la foy. Mais que l'élection gratuite & absoluë presuppose la reprobation abso-

a *Au liure de la Grace de Christ. chap.* 10. Hanc debet Pelagius gratiam confiteri, si vult non solum vocari, verum etiam esse Christianus.

b *Au lieu cy dessus cité.*

luë; ie le iustifie ainsi par vos principes mesmes. *Voyez*, dites vous [a], *comment Sainct Augustin a iugé que l'on pouuoit conclure en l'vne & en l'autre auec pareille necessité, que si Esaü a esté rejetté de Dieu auant qu'il eust preueu aucune bonne ou mauuaise œuure d'Esaü, il s'ensuit que Iacob a esté aussi predestiné à salut auant toute preuision de ses merites; & reciproquement, que de la predestination gratuite de Iacob, on recueille qu'Esaü a esté reprouué sans aucuns merites propres.* Et afin que vous ne disiez pas que vous auez rapporté ces raisonnemens de Sainct Augustin, sans les approuuer, voicy comment vous auez tesmoigné là mesme de les approuuer & de les suiure, *Il paroist*, dites vous [b], *que l'on conclut tres-fortement par ce discours de Sainct Augustin, que les reprouuez sont rejettez sans la consideration de leurs merites propres, à cause de la seule coulpe originelle, & que les esleus aussi sont destinez à la gloire, sans la preuision d'aucuns bons merites qui leur soient propres.*

Ie reuiens donc, & dis que selon vous l'efficace de la grace presuppose la predestination absoluë, la predestination absoluë presuppose la reprobation absoluë: or selon vous on ne peut croire seurement la reprobation absoluë, on ne peut donc croire seurement l'efficace de la grace qui suppose cette sorte de reprobation. Mais que selon vous la reprobation absoluë, soit vne erreur en la foy, ie le prouue ainsi. Car ie ne veux pas m'arrester à ce que vous en auez dit au Reuerend Pere Fronteau, il n'est pas iuste de commettre cet excellent homme auec des personnes faites comme vous, & ie ne veux pas aggrauer ses liens, & augmenter la persecution qu'il a soufferte depuis quelque temps pour la verité, & vous sçauez par qui. Or que selon vous la reprobation absoluë soit vne erreur en la foy, ie le prouue en cette sorte: Selon vous la reprobation absoluë presuppose que Dieu ne veut pas sauuer tous les hommes en particulier, que IESVS-CHRIST n'est pas mort pour tous les hommes en particulier, & qu'il n'a pas prié pour tous les hommes en particulier. Or selon vous, de dire que Dieu ne veut pas sauuer tous les hommes, & que IESVS-CHRIST n'a pas souffert pour

a *Là mesme, pag.* 645. Vides vt Augustinus eandem vtrobique concludendi necessitatem esse iudicet, vt si Esaü antequam natus esset, ac mali quicquam vel boni meruisse præuideretur, à Deo reiectus est, etiam Iacob ante omnem meritorum præsensionem, prædestinatus sit ad salutem, & vicissim ex Iacob gratuita prædestinatione, Esaü reprobatio nullis ex propriis meritis facta colligatur.

b Hinc apparet validissimè, ex hac Augustini disputatione cõfici, tam sine propriis meritis propter solam originis noxam damnari reprobos ac rejici, quàm electos sine propriis meritis, & ex nullâ istorum præsensione, ad gloriam ordinari.

tous les hommes en particulier, c'est errer en la foy: doncques selon vous, la reprobation absoluë est vne erreur en la foy, puis qu'elle presuppose la verité de ces propositions que vous croyez estre des erreurs en la foy, & vous l'asseurez ainsi en vostre dernier libelle [a] : *Ces quatre premiers poincts, au sens qu'on leur donne, sont particuliers aux heretiques, & ils ont esté flestris par les decrets des Conciles, & sont proscrits & iugez heretiques auec vn grand consentement des Theologiens Catholiques.*

Et que la reprobation absoluë presuppose la verité de ces propositions, qui sont, que Dieu ne veut pas sauuer tous les hommes, & que IESVS-CHRIST n'a pas souffert pour tous les hommes en particulier, quant à l'application de sa mort, vous l'enseignez ainsi en termes tous expres. *C'est pourquoy*, dites vous [b], *si quelqu'vn veut embrasser cette opinion de Sainct Augustin, laquelle pose que la predestination se fait sans aucun égard aux merites, & que la reprobation se fait à l'égard du seul peché originel, il semble s'en ensuiure que cette opinion pose que Dieu n'a eu aucune volonté de sauuer les reprouuez, & que Iesus-Christ n'a point souffert ny prié pour les sauuer: car comment le pouuoit-il, puis qu'il auoit resolu par vn absolu decret de les damner?* Vous estimez donc que la reprobation absoluë est vne erreur, puis que cette reprobation suppose que Dieu ne veut pas le salut de tous les hommes, & que IESVS-CHRIST n'est point mort pour tous les hommes en particulier, ce qu'à vostre aduis on ne peut croire sans erreur, & sans vne erreur anathematisée par les Conciles de l'Eglise, qui sont en effet des Conciles ou heretiques, ou supposez, ou imaginaires.

Mais il y a dauantage, & c'est qu'en rejettant la reprobation absoluë, & en la condamnant d'erreur, vous ne quittez pas seulement la doctrine de S. Augustin, mais vous quittez aussi la doctrine de l'Apostre par vostre propre confession. Et ie le prouue ainsi. Vous auoüez qu'en l'Epistre aux Rom. S. Paul enseigne l'élection absoluë, & par consequent la reprobation absoluë, qui sont relatiues l'vne à l'autre, selon vous, & vous confessez mesme que

a *Chap.* 1. Horum prima quatuor, pro eo quem illis subjicit sensu hæreticorum propria sunt, atque & Synodicis confixa decretis, & ab Catholicis Theologis pro hæreticis magno consensu habita & proscripta.

b *Liure* 10. *pag.* 685. Quapropter, si quis Augustini sententiam illam amplecti voluerit, quæ prædestinationem sine vllo ad merita respectu, tanquam ad causam fieri censet, reprobationem autem ex solo originali delicto, consequens videtur vt neque reproborum saluandorum voluntatem nullam habuisse Deum asserat, neque pro eorum salute vel esse passum, vel orasse: quî enim poterat, cùm absoluto decreto damnare illos statuisset?

S. Augustin a puisé cette doctrine sainte & humiliante dans l'Apostre : donc par vostre adueu vous abandonnez l'Apostre, quand vous abandonnez l'opinion de la reprobation absoluë, que vous confessez auoir esté enseignée par l'Apostre. *Puis que l'empire*, dites vous [a], *du frere cadet sur l'aisné signifie la destination à la gloire, pour nous abstenir maintenant du mot d'élection, & que cela paroist constamment par la raison de Sainct Augustin, & que Vasquez & les autres le confessent, comme ils le doiuent faire necessairement : Ie demande ce qu'ils pourront dire contre des paroles si manifestes. Car, afin qu'ils ne feignent pas icy des merites que l'on ait acquis par ses propres forces, ils ne le peuuent, puis que Sainct Augustin demonstre clairement qu'il parle des merites de la Grace, au mesme temps qu'il soustient que ces merites sont posterieurs à la grace, Iacob donc a esté predestiné à salut, sans aucun merite de la grace par celuy qui l'a appellé, c'est à dire, par vne liberale volonté de Dieu, & qui n'auoit esté prouoquée par aucuns merites des œuures, soit de la Foy, soit de la Iustice, qui procede de la Foy. Ce qui paroist constamment*, dites vous, *par la raison de Sainct Augustin.* Et qu'est-ce qui paroist constamment par la raison de Sainct Augustin ? que l'Apostre parle de l'élection à la gloire. Or vous auoüez que l'élection dont l'Apostre parle, est vne élection gratuite & absoluë, vous auoüez donc que vous estes conuaincu par la raison de S. Augustin, que l'Apostre parle d'vne élection gratuite & absoluë à la gloire, & que par consequent il parle de la reprobation absoluë, qui est relatiue à l'absoluë élection. Quand donc vous quittez l'opinion de l'élection gratuite, ou l'opinion de la reprobation absoluë qui luy correspond, vous quittez l'Apostre que vous confessez les auoir enseignées en l'Epistre aux Romains.

Ie laisse à part qu'il est de foy tres-indubitable que Sainct Paul enseigne cette haute Theologie en l'Epistre aux Romains [b] : Car ayant dit que Dieu fait misericorde à celuy qu'il veut, & endurcit celuy qu'il veut, il en apporte la raison qui est, Que Dieu estant le Maistre de tout le genre humain, comme le Potier l'est de

a *Pag. 645.* Cùm dominatus ille minoris fratris in maiorem, destinationem gloriæ significet, vt electionis voce interim abstineamus, idque ex ratione ipsa constet Augustini, & Vasquez, aliique, quod necessariò faciunt, ita esse fateantur, quæro quid aduersus tam apertas voces hiscere omnino poterunt ? *Ces paroles de l'Apostre sont,* Iacob dilexi, Esau autem odio habui.

b *Epistre aux Romains, chap. 9.*

l'argille, il en fait des vases d'honneur ou d'ignominie, ainsi qu'il luy plaist. Et quels sont ces vases d'ignominie? ce sont ceux qui sont preparez à la perte, & à la damnation. Et quels sont ces vases d'honneur? ce sont ceux qu'il a preparez à la gloire, dit S. Paul, & pour quelle cause les vns sont-ils destinez à la perte, & les autres à la gloire? l'Apostre en auoit dit la raison, qui est, que Dieu fait misericorde à celuy qu'il veut, & endurcit celuy qu'il veut. Voila donc comment l'Apostre enseigne manifestement vne élection à la gloire, & vne reprobation, ou vne predestination à la perte, qui sont fondées sur le seul plaisir, & sur la seule volonté de Dieu, qui a compassion de celuy qu'il veut, & endurcit celuy qu'il veut. Puis, mon Censeur, ou le don de la perseuerance dépend de Dieu, ou il dépend des hommes; s'il dépend de Dieu, il les élit ou les reprouue en leur donnant, ou en leur refusant ce don, ainsi qu'il luy plaist. S'il dépend des hommes, ils sont éleus ou reprouuez suiuant leurs merites, selon qu'ils se procurent, ou qu'ils ne se procurent pas ce don; Il est donc tres-certain que si l'élection est absoluë, la reprobation l'est aussi, comme il est certain que si l'élection suppose les merites, la reprobation les suppose aussi, & au contraire, respondez si vous pouuez à vne raison si claire & si demonstratiue.

CHAPITRE V,

Où il est monstré que le R. P. Petau accuse d'heresie Sainct Augustin, Sainct Prosper, Sainct Fulgence, S. Pierre Diacre, S. Gregoire, l'Eglise de Lyon, les Peres de Valance, & le Maistre des Sentences.

MAis quoy qu'il en soit de l'Apostre que vous auez quitté scandaleusement & sacrilegement par vostre adueu mesme: Quant à Sainct Augustin, il est sans doute que vous l'estimez heretique, parce que vous croyez qu'il a enseigné, que Dieu ne veut pas sauuer tous les hommes, autant qu'il est en luy, c'est à dire, en leur donnant des aydes suffisantes pour se sauuer ; qui est vn sentiment que vous osez traiter d'erreur en la foy. Or que Sainct Augustin ait esté dans ce sentiment que vous estimez heretique, voicy de quelle sorte vous nous l'enseignez [a]. *La huictiesme espece d'argument peut estre ainsi tirée de Sainct Augustin. Tous ceux qui disent que Dieu a choisi quelques hommes pour le salut eternel, & a reprouué les autres apres la prescience de leurs œuures, & de leurs merites, doiuent croire necessairement que Dieu veut autant qu'il est en luy, que tous les hommes soient sauuez ; & que afin qu'ils y puissent paruenir, il leur donne des aydes suffisantes de sa grace ; & parce qu'il préuoit que par leur faute ils n'y respondront pas, il les rejette du nombre des predestinez. Et quant à cette volonté generale de Dieu pour le salut de tous les hommes, ils la iustifient principalement par ce tesmoignage de l'Apostre, qui veut que tous les hommes soient sauuez, & qu'ils arriuent à la connoissance de la verité. Or en plusieurs lieux Sainct Augustin demonstre le contraire, & nie que Dieu vueille que tous les hommes soient sauuez, mais ceux-là seulement qui sont predestinez à la vie. Et quant à ce tesmoignage de l'Apostre, il l'explique en diuerses manieres, de peur qu'il ne semble s'en ensuiure, que Dieu desire sauuer tous les hommes, s'ils veulent vser de la grace qu'il leur offre ; ce que toutefois Sainct Augustin eust deû confesser bien volontiers, & l'eust deû necessairement, s'il eust iugé que nostre élection, ou nostre predestination dépendoit de la preuision de nos merites, & de l'vsage de la Grace.*

[a] *Là mesme, page 600.*

Quod tamen non grauatè, immò verò necessariò fateri debuit Augustinus, si electionem prędestinationéq; nostram, ex præuisis meritis, & vsu gratiæ pendere iudicasset.

Selon vous donc, Sainct Augustin n'a pas creû que Dieu veut autant qu'il est en luy, le salut de tous les hommes, & qu'il leur donne à tous des aydes suffisantes pour y paruenir : ce qui est proprement ce que nous soustenons contre la secte Moliniste, & ce que vous osez accuser d'heresie & d'erreur, bien que vous auoüiez que Sainct Augustin l'a creû, & l'a enseigné contre les Pelagiens, aussi bien que nous contre les Molinistes. *C'est pourquoy*, poursuiuez-vous, *quoy que l'on establisse de cette volonté generale de Dieu, & soit que l'on pense que Sainct Augustin a reconnu en Dieu quelque volonté, par laquelle il a voulu autant qu'il estoit en luy, deliurer toute la masse des hommes, & la mener au salut : soit que l'on pose qu'il n'a eu au regard des reprouuez aucune semblable volonté, cecy toutesfois dont nous disputons seulement, demeurera constant, selon son opinion, que Dieu a eu une volonté bien differente de sauuer les éleus & de les deliurer, que de deliurer les reprouuez & de les sauuer. Mais on ne peut recueillir de ses escrits aucune autre diuersité, si ce n'est celle-cy, que la volonté par laquelle il a voulu le salut des éleus, a esté certaine, efficace & absoluë, comme estant la volonté par laquelle il vouloit executer ce qu'il auoit entierement resolu ; ce qu'il n'a pas fait au regard des reprouuez. D'où il s'ensuit que cette premiere volonté seule est reputée volonté par S. Augustin, & non pas l'autre, parce que cette premiere est certainement suiuie de son effect, & l'autre ne l'est pas. Il faut au moins que nous interpretions Sainct Augustin de cette sorte, bien que nous pensions qu'il ayt reconnu ie ne sçay quelle volonté generale au regard de tous les hommes : mais de cela mesme il s'ensuit clairement, que la difference de ces volontez pour le salut des vns & des autres, n'est pas née de la difference de leurs merites, mais qu'il a eu vne volonté gratuite & absoluë au regard des éleus ; & qu'au regard des reprouuez, il a eu seulement vne volonté conditionnée, que l'on appelle velleïté, comme si on l'exprimoit en ces termes : Ie voudrois sauuer ceux-cy, si la faute de leur premier pere ne les auoit rendus odieux & execrables : Mais qu'il a eu vne volonté & vne resolution absoluë de les damner, à cause de ce peché originel. Mais produisons maintenant quelques passages de Sainct Augustin, dans lesquels il exprime son sentiment touchant ce texte de l'Apostre ?*

Escoutons ces passages, mon Reuerend Pere, auant que de faire voir l'estrange inepsie où vous estes tombé, en vous interpretant ridiculement vous-mesme, & en corrompant manifestement le sens de ces paroles de vostre Reuerence : *Ie voudrois sauuer ceux-cy, si le crime de leur premier pere ne les auoit rendus odieux & execrables. Premierement*, dites-vous, *au liure premier contre Iulien*, (vous-vous trompez, mon Reuerend Pere, c'est le quatriesme, au chapitre huictiesme) *Iulien ayant objecté ce tesmoignage de l'Apostre, qui veut que tous les hommes soient sauuez ; & ayant prouué par là, que ce que quelques-vns ne sont pas sauuez, cela*

Vellem istos saluare, nisi eos primi culpa parentis odiosos & execrabiles fecisses.

vient de ce qu'ils ne veulent pas demander, lors que Dieu veut leur donner; qu'ils ne veulent pas chercher, lors que Dieu veut leur monstrer; qu'ils ne veulent pas heurter, lors que Dieu veut leur ouurir. Sainct Augustin respond, que ce lieu de l'Apostre doit estre entendu de telle sorte, que Dieu ne vueille pas que tous les hommes soient sauuez, mais seulement ceux qu'il aura iustifiez, à sçauoir d'vne iustification dans laquelle il leur donnera de perseuerer. Où il respond que l'Apostre s'est seruy du mot de Tous, pour dire Plusieurs, comme il est escrit en l'Epistre aux Romains, chapitre cinquiesme, Par la iustification d'vn seul sur tous les hommes en iustification de vie. Et dans le liure de la Correction & de la Grace, au chapitre quatorziesme, il dit que par tous les hommes il faut entendre tous les predestinez. Ainsi dans l'Epistre cent septiesme, il le prend vn peu autrement, à sçauoir, que tous ceux qui sont sauuez, ne le sont que par sa volonté: comme il faut entendre ce qui est escrit en la premiere aux Corinthiens, Tous seront viuifiez en Christ; parce que tous ceux qui sont viuifiez, le sont par Christ. Ainsi ce qui est escrit, dit S. Augustin, que Dieu veut que tous les hommes soient sauuez, bien qu'il y en ayt vn si grand nombre dont il ne veut pas le salut, est escrit, parce que tous ceux qui sont sauuez, ne sont sauuez que par sa volonté. Et il dit le mesme au liure treiziesme de la Cité de Dieu, chapitre vingt-trois. Mais dans le Manuel à Laurens, chapitre cent trois, outre que il entend ce texte en la mesme maniere, il veut aussi que par tous les hommes, soient signifiez tous les estats des hommes, de quelque sexe & de quelque condition qu'ils soient; comme si on disoit, Tous les hommes, pour dire, Toutes sortes d'hommes. Et à la fin du chap. il nous permet de l'interpreter en la façon qu'il nous plaira, pourueu que nous ne soyons pas obligez de croire, que Dieu tout-puissant ayt voulu qu'vne chose fut faite, & qu'elle ne l'eut pas esté. Car puis que Dieu, qui sans difficulté, comme la verité l'asseure, a fait tout ce qu'il a voulu dans le ciel & dans la terre, sans doute s'il y a quelque chose qu'il n'a pas fait, il n'a pas voulu le faire. Augustin donc, concluez-vous, *a estimé que Dieu ne veut pas que tous les hommes soient sauuez, mais qu'il veut que quelques-vns ne soient pas sauuez; non parce que ils ne le veulent pas, mais parce que il ne le veut pas.* Et en vn autre lieu. *Puis donc,* dites-vous [a], *que les aduersaires de la doctrine*

[a] *Tom. 1. pag. 605.* Cùm igitur Augusti-

doctrine Augustinienne soustenoient que Dieu veut donner la gloire, le salut, & la vie eternelle à tous les hommes, & qu'ils declaroient qu'ils soustenoient cela contre l'opinion de Sainct Augustin, il s'ensuit que l'opinion de Sainct Augustin a esté de nier que Dieu vueille que tous les hommes soient sauuez, & qu'ils acquierent la beatitude eternelle. Or les aduersaires de S. Augustin n'enseignoient pas que Dieu voulust efficacement sauuer tous les hommes, autrement ils auroient enseigné que tous les hommes seroient sauuez, puis que tous ceux que Dieu veut efficacement sauuer, se sauuent en effet, ils ont donc crû seulemẽt que Dieu, autant qu'il estoit en luy, vouloit le salut de tous les hommes, & leur donner à tous des aydes suffisantes pour y paruenir. Selon vous donc, Sainct Augustin n'a pas estimé que Dieu ayt voulu, autant qu'il estoit en luy, sauuer tous les hommes, & leur donner à tous des graces suffisantes à ce dessein, puis que selon vous, c'est en cela mesme qu'il a esté choqué & combattu par ses aduersaires. Et en vn autre lieu [a], *Sainct Augustin*, dites vous, *nie expressément & disertement que Dieu vueille sauuer tous les hommes, mais dit, que Dieu ne veut sauuer que ceux qu'il a predestinez de toute eternité.* Et en vn autre [b] lieu, *Lors que Sainct Prosper oste à Dieu la volonté de sauuer tous les hommes, il ne fauorise pas peu le sentiment de Sainct Augustin.*

nianæ doctrinæ aduersarij illi, Deum assererent omnibus salutem, æternamque vitam & gloriam impertiri velle, idque aduersus Augustini decretum tueri se profiterentur, consequẽs est eam fuisse mentem Augustini, vt negaret Deum omnes velle saluos esse, hoc est, æternam felicitatem assequi.

a *Pag* 648 Quoniam Augustinus expressè ac disertè negat, Deũ omnes omnino saluos esse velle, &c.

b *Pag.* 653. Præterea, cùm voluntatem, qua velit omnes facere saluos, adimit Deo, non parùm Augustiniano dogmati suffragatur, illud enim ex isto consequens est

Mais en cette rencontre, il faut vous presser & vous serrer plus estroitement encore. Si S. Augustin eust estimé que Dieu, autant qu'il est en luy, veut sauuer tous les hommes; lors que les Pelagiens, ou les Semipelagiens luy reprochoient de dire le contraire, ne deuoit-il pas leur respondre qu'ils le calomnioient, qu'ils luy imposoient, & qu'ils l'accusoient faussement de combattre vne opinion dont il demeuroit d'accord? *Il l'eut deû confesser*, dites vous [c], *sans difficulté, & mesme il l'eut deû necessairement, que Dieu veut sauuer tous les hommes, s'ils veulent se seruir de la grace qu'il leur offre.* En second lieu, si Sainct Augustin eut approuué & enseigné cette explication de ce texte de l'Apostre, lors que vous rapportez si soigneusement les interpretations qu'il donne à ce texte, eussiez vous ob-

c *Au lieu cité cy-dessus.*

mis celle-cy, qui à vostre aduis, est si capitale & si essentielle, que si on ne la reçoit, on ne peut estre Catholique? En troisiéme lieu, si S. Augustin eut creû que Dieu, autant qu'il est en luy, veut le salut de tous les hommes, & qu'il les ayde tous suffisamment pour l'acquerir, eut-il enseigné tant de fois que c'estoit vn mystere incomprehensible, de sçauoir pourquoy les vns se sauuent, & les autres ne se sauuent pas? & n'eut-il pas veu que l'on pouuoit dire que les vns se sauuent, & les autres ne se sauuent pas, parce que Dieu donnant à tous des aydes suffisantes pour se sauuer, les vns se seruent de ces aydes, & les autres ne s'en seruent pas? *Supposons*, dites vous [a], *que cette opinion soit la plus veritable, qui soustient que Dieu veut que tous les hommes soient sauuez, & qu'en vertu de ce decret, Dieu fournit à tous vne ayde suffisante pour faire leur salut, puis qu'il les choisit, ou les reprouue, selon qu'ils ont voulu, ou n'ont pas voulu se seruir des aydes qui leur auoient esté données; alors sans doute, si quelqu'vn vouloit dire que le iugement de Dieu ne seroit pas iuste, il ne faudroit pas refuter cet homme par la response & par la maxime dont a vsé l'Apostre, & il ne faudroit pas auoir recours à la profondeur & à l'abysme des occultes iugemens de Dieu; mais cette response seroit simple & facile, & plus conuenable au sens commun des hommes, que le iugement de Dieu est iuste sur les vns & sur les autres, parce qu'il a receu au Banquet eternel ceux qui estant conuiez, y ont voulu venir; & en a rejetté ceux qui en estant priez de la mesme sorte, ne l'ont pas voulu.* Et en vn autre lieu, *Sainct Augustin*, dites-vous [b], *n'enseigne pas que les reprouuez se sont faits eux-mesmes des vases d'opprobre, comme Vasquez l'asseure, mais que c'est Dieu qui les a faits tels; & quant à la cause pour laquelle ils sont damnez, & destinez aux peines plustost que les autres, il n'en rapporte point d'autre que la volonté de Dieu & ses iugemens profonds, qu'il n'est permis à personne de sonder. Mais s'ils auoient esté condamnez au supplice pour leurs pechez propres, il eust esté bien aisé* [c] *d'en alleguer la raison, que tout homme, pour stupide qu'il pût estre, rendroit incontinent, à sçauoir, qu'ils ont esté damnez par le decret de Dieu, parce qu'ils s'estoient faits eux-mesmes des vases d'opprobre par leurs iniquitez.*

a *Pag. 607* Si enim verior illa sententia, quæ Deum mortales omnes saluos esse velle definit, ex eoque decreto sufficientem omnibus ad illam adipiscendam vim & auxilium sufficere, postea vt quisque concessis sibi adiumentis vti voluerit, aut noluerit, ita eligi vel reprobari, tum profectò si quis iniquum id esse Dei arbitrium causari vellet, non exceptione ac præscriptione illa summouendus esset aduersarius, qua vsus est Apostolus, nec arcanorum Dei iudiciorum altitudo commouenda, sed recta & facilis esset illa defensio, ac communibus hominum sensibus aptior, ideo iustam esse Dei in vtramque partem sententiam, quod & illos qui inuitati paruerint, ad cœleste conuiuium admiserit, & eos qui perinde vocati renuerint, excludédos censuerit, nemo prorsus qui ita, vti aduersarij faciunt, in sua opinione poneret aliter aut sentiret, aut inquirenti calumniantique responderet.

b *Pag. 615.*

c Atqui facilis erat & expedita ratio, si ob delicta propria, &c. Damnantur, quam vel imperitus quilibet statim redderet, &c.

Voila donc, selon vous, quelle est la raison que Sainct Augustin allegueroit, pour laquelle les vns sont predestinez, & les autres reprouuez, s'il auoit creû que Dieu autant qu'il est en luy, veut sauuer tous les hommes, & leur donner à tous des graces suffisantes pour se sauuer. Or vous auoüez que S. Augustin ne s'est iamais seruy de cette raison, vous auoüez donc qu'il n'a pas esté dans cette opinion de la volonté de Dieu, pour le salut de tous les hommes.

Et quatriéme lieu, vous reconnoissez [a] que ceux qui mettent en Dieu cette generale volonté de sauuer tous les hommes autant qu'il est en luy, ne peuuent établir la reprobation absoluë & anterieure à nos merites. Or vous confessez que S. Augustin a soustenu cette reprobation, vous confessez donc qu'il n'a pas tenu cette generale volonté de Dieu, qui ne peut subsister auec cette sorte de reprobation. Et en effet, mon Reuerend Pere, pourquoy diffamez-vous, & pourquoy combattez-vous si cruellement cette opinion de la reprobation absoluë, si ce n'est pour cette raison, qu'il s'en ensuiuroit que Dieu ne voudroit pas, autant qu'il est en luy, le salut de tous les hommes, & ne leur donneroit pas à tous des aydes suffisantes pour faire leur salut? & c'est ce que vous dites en ces paroles que i'ay desia citées: Mais qui ne peuuent l'estre assez souuent pour vous confondre en ce sujet, *C'est pourquoy*, dites vous [b], *si quelqu'vn veut embrasser cette opinion de Sainct Augustin, qui pose que la predestination se fait sans aucun égard à nos merites, comme s'ils en estoient la cause; & que la reprobation se fait par la consideration du seul peché originel, il semble qu'il s'en ensuit*, (pourquoy dites-vous, il semble? il n'est plus temps de vous cacher,) *qu'il doit croire que Dieu n'a eu aucune volonté de sauuer tous les hommes, comme aussi que Iesus-Christ n'a point souffert, & n'a point prié pour leur salut: car comment l'eut-il pû, puis qu'il auoit resolu par vn decret absolu de les damner?* Voila donc comment vous blasmez d'erreur vne opinion que vous auoüez estre suiuie par Sainct Augustin.

C'est ainsi que vous faites vn heterodoxe, c'est à dire vn

a *Pag. 655. au lieu déja cité.*

b *Pag. 685. le latin est cy-dessus.*

heretique, non seulement de moy qui suis le plus chetif des hommes, mais aussi de Sainct Augustin, qui est le plus grand des Peres, c'est ainsi que vous l'accusez d'erreur, aussi bien que vous m'en accusez, & que vous auez voulu vous rendre execrable à ceux qui ont en horreur & en execration les contempteurs des Peres, & particulierement de Sainct Augustin en la matiere de la grace & de la predestination. Vous estes donc fort agreable, mon Censeur, quand vous m'opposez quelques Scholastiques [a], qui ont escrit que cette opinion estoit heretique. Car il faut dire necessairement, qu'ils n'ont pas sceu que cette opinion fust soustenuë par Sainct Augustin, autrement ie ne crains pas de dire qu'en le declarant heretique, ils se seroient eux mesmes declarez heretiques, puis que quiconque dit que Sainct Augustin est heretique, est luy-mesme heretique, dés là mesme qu'il ose penser que Sainct Augustin est heretique, & particulierement dans les mysteres de la grace & de la predestination de Dieu.

Mais voicy bien dauantage, mon Reuerend Pere, vous auoüez [b] que cette opinion que vous traittez maintenant d'erreur & d'heresie, a esté suiuie par Sainct Prosper, par Sainct Fulgence, par Sainct Pierre Diacre, par S. Gregoire, par les Peres de l'Eglise de Lyon, par ceux du Concile de Valence, & enfin par Pierre Lombart, appellé communement le Maistre des Sentences, qui est, comme on sçait, l'Autheur de la Theologie Scholastique. Voila donc bien des heterodoxes, mon Reuerend Pere, & des heretiques, que vous mettez au rang des Lutheriens & des Caluinistes, comme si les Lutheriens & les Caluinistes pouuoient estre heretiques dans les choses qu'ils ont enseignées apres ces Peres, qui doiuent nous seruir, ou de maistres, ou de guides, ou de regles en la foy touchant la grace, & la predestination diuine, par le consentement de tous les Catholiques. N'auez vous point de honte de traiter ces diuins hommes d'errans & d'heretiques, de les retrencher de l'Eglise, & de les joindre à ses aduersaires, pour les armer tous contr'elle, & contre ceux qui la defendent?

b *Au. 9. liure, ch. 16.*

Quant à ce que vous accusez [a], ou vous soupçonnez Sainct Prosper de s'estre contredit, & d'auoir tantost approuué, & tantost nié la reprobation absoluë, vous n'entendez point ce Pere, ou vous feignez de ne le pas entendre; quand il dit que les reprouuez ne sont pas predestinez, parce que Dieu a preueu qu'ils déchoiroient, il prouue vne chose par son signe, vne cause par son effet, & ce qui precede par ce qui suit; & c'est de mesme que s'il disoit que Dieu ayant preueu que les repouuez ne perseuereroient pas dans la iustice, c'est vn tesmoignage qu'il ne les a pas predestinez. Car s'il les auoit predestinez, ils auroient perseueré. Et en ce sens S. Prosper auoit dit immediatement auparauant, *Ceux desquels il est dit, Ils sont sortis d'entre-nous, mais ils n'ont pas esté des nostres, parce que s'ils eussent esté des nostres, sans doute ils fussent demeurez auec nous.* Et vous auoüez [b] que cette espece de raisonnement est bonne, comme quand on dit, Celuy-là n'est pas éleu, parce qu'il n'est pas appellé selon le propos. Car vous dites tres-bien [c] qu'en ce raisonnement, de ce qui suit on recueille ce qui precede, ce qui arriue aux choses qui se suiuent reciproquement les vnes les autres.

a *Là mesme.*

b *Pag.* 639. & 640.

c Ab eo quod posterius est, id quod antecedens est colligere, quod in reciprocis fieri consueuit.

Comme quand le mesme Pere dit, Que *Dieu n'oste à personne les forces d'obeïr, parce qu'il ne l'a pas predestiné, mais parce que Dieu a preueu qu'il ne perseuereroit pas dans l'obeyssance, il ne l'a pas predestiné.* Il veut dire qu'à proprement parler, Dieu nous ayant donné les forces d'obeïr, il ne nous les oste pas, parce qu'il ne nous a point predestinez, mais parce que nous auons merité de les perdre en tombant dans le peché, & quand nous tombons dans le peché, à parler proprement, nous n'y tombons pas, parce que Dieu ne nous a pas predestinez, mais parce que nostre corruption propre nous y porte: comme à parler proprement, quand vn malade meurt, il ne meurt pas, parce que le medecin ne l'a pas traité, mais il meurt, à cause de la maladie, ou de la fiévre qui l'a consumé. Aussi ne dites vous pas absolument que Sainct Prosper a esté dans l'opinion contraire à celle de Sainct Augustin, vous dites seulement qu'il semble y auoir esté, mais qu'en effet il n'ait pas esté dans cette opinion, vous le tesmoignez manifestement en ces paroles [a]. *Il est évident que Sainct Prosper n'a pas creû que chacun de nous est predestiné, ou reprouué, à cause des bonnes ou des mauuaises œuures qu'il a faites en son particulier. Car il nie que les mauuaises œuures ayent exclus les adultes du Royaume des Cieux, & il le nie, parce qu'elles n'en excluent pas les enfans. Dauantage, quand il rauit à Dieu la volonté de sauuer tous les hommes, il ne fauorise pas mediocrement l'opinion de Sainct Augustin.*

Dieu n'a donc pas d'autre volonté generale de sauuer tous les hommes, que celle qui s'explique, comme vous auez fait au regard des reprouuez. *Ie vondrois sauuer ceux-cy*, auez-vous dit [b], *si la faute de leur premier pere ne les auoit rendus odieux*. Mais pour eschapper, & pour ietter de la poudre aux yeux des simples, vous nous donnez aduis admirablement, qu'il faut entendre vos paroles en cette sorte [c], Ie donnerois des aydes efficaces à ceux-cy pour se sauuer, si le peché de leur premier pere ne les en auoit rendus indignes: Mais où estes vous, mon Reuerend Pere? ne voyez-vous pas, que si Adam n'eut point peché, Dieu n'eut pas donné des aydes efficaces à ses descendans, puis que leur nature eut esté saine? & vous sçauez tres-bien que la nature saine ne demande pas des aydes efficaces, mais des aydes suffisantes, & dépendantes de nostre volonté. Adjoustez, que quand vous auez dit que Dieu eut donné à tous les hommes des aydes efficaces, si Adam n'eut point peché, vous n'auez pas voulu dire seulement ce que Dieu eut peû faire, mais ce qu'il eut deû faire suiuant sa iustice, si Adam n'eut point failly. Or qui vous a dit que si Adam n'eut point peché, Dieu eut deû donner des aydes efficaces à tous ses descendans?

Voila comment ceux qui ne s'estudient qu'à se déguiser, & qui ne craignent pas de faire vn ieu de la Religion, sont sujets à s'estourdir eux-mesmes, & à soustenir d'estranges paradoxes. Mais puis que vous auoüez, & il faudroit renoncer au sens commun pour ne l'auoüer pas, que cette proposition *Dieu veut que tous les hommes soient sauuez*; & celle-cy, *Iesus-Christ est mort pour tous les hommes*,

a *Là mesme, pag* 653. Perspicuum est existimasse Prosperum, non propter bona, vel mala merita priuatim edita, prædestinari vnumquemque, vel reprobari: negat enim maioribus natu obfuisse mala opera, quominus introducerentur in regnum cœlorum, & ideo negat, quia nec paruulis obfuerunt. Præterea cum voluntatem qua velit omnes facere saluos, adimit Deo, non parum Augustiniano dogmati suffragatur.

b *Au lieu cité cy-dessus.*

c *Le libelle entre l'heterodoxe, pag.* 38.

ont vn mesme sens & vne mesme estenduë, comme Sainct Augustin, Sainct Prosper, Sainct Fulgence, Sainct Pierre Diacre, Sainct Gregoire, les Peres de l'Eglise de Lyon, ceux du Synode de Valence, & le Maistre des Sentēce, qui ont suiuy l'opinion de Sainct Augustin, par vostre confession, n'ont pas pensé que Dieu, autant qu'il est en luy, veut le salut de tous les hommes, ne s'ensuit-il pas que Sainct Augustin & tous ces Peres qui ont esté dans son sentiment, n'ont pas estimé que Iesus-Christ, autant qu'il est en luy, soit mort pour le salut de tous les hommes? Aussi auoüez-vous en termes tous expres, que le Concile de Valence, qui est si fort reueré de toute l'Eglise, & qui a suiuy Sainct Augustin si fidelement, par vostre propre tesmoignage [a], a definy que le fils de Dieu, autant qu'il est en luy, n'est mort que pour le salut des predestinez. *Au Canon quatriéme*, dites-vous, *il reprend l'erreur de ceux qui disent que Iesus-Christ est mort, & a versé son sang mesme pour les impies, qui estans morts dans leur impieté dés le commencement du monde, ont esté punis de l'eternelle damnation, & le Concile declare que Iesus-Christ n'a fait cela que pour ceux qui paruiendront à la vie eternelle.*

Et il ne faut pas que vous essayez de vous euader par cette défaite insoustenable, que le Concile definit que Iesus-Christ est mort efficacement pour les seuls predestinez, comme s'il estoit mort suffisamment pour tous les hommes, quant à l'application mesme de sa mort. Car le Concile definit contre les Hincmaristes, & les aduersaires de Gotheschal, que Iesus-Christ n'a pas souffert pour le salut de tous les hommes. Or les Hincmaristes & les aduersaires de Gotheschal enseignoient que Iesus-Christ, autant qu'il dépendoit de luy, auoit versé son sang pour sauuer tous les hommes: donc le Concile de Valence, qui nioit proprement ce que les Hincmaristes enseignoient, a definy que le Fils de Dieu, autant qu'il dépendoit de luy, n'a pas versé son sang pour sauuer tous les hommes.

Ces choses estans presupposées, il est facile de iuger, en quel sens vous auez escrit que le Concile de Trente a adjousté des choses necessaires à la doctrine de Sainct Augu-

a *Là mesme*, pag 656. Canone quarto reprehendunt eorum errorem, qui dicunt, Christum pro omnibus, etiam impiis qui à mundi exordio vsque ad passionem Domini in sua impietate mortui æterna damnatione puniti sunt, suum effudisse sanguinem, ac statuit pro iis tantum, id fecisse qui æternam vitam consequantur.

ſtin, pour la faire Catholique. Car vous eſtimez, comme nous venons de faire voir, que Sainct Auguſtin n'a pas penſé que Dieu autant qu'il eſt en luy, vueille le ſalut de tous les hommes; & vous dites que le Concile de Trente a iugé fauſſe [a] cette doctrine de ce Pere, il faut donc ſelon vos principes, que le Concile ayt adiouſté à cette doctrine des choſes neceſſaires, non ſeulement pour la declarer Catholique, mais pour la rendre Catholique, & par conſequent pour rendre Catholique la doctrine de S. Proſper, de S. Fulgence, de S. Pierre Diacre, de S. Gregoire de l'Egliſe de Lyon, du Concile de Valence, du Maiſtre des Sentences, qui ont tous eſté par voſtre adueu, dans cette opinion de Sainct Auguſtin, que vous eſtimez fauſſe & heretique, qui eſt que Dieu ne veut pas autant qu'il eſt en luy, le ſalut de tous les hommes, & par conſequent ne leur donne pas à tous des graces ſuffiſantes pour y arriuer, ſi ce n'eſt peut eſtre que l'on die, que puiſque le Concile de Trente a authoriſé la doctrine de ce Pere, & l'a declarée Catholique en l'interpretant; il ſenſuit de là que le Concile a definy, que Dieu ne veut pas autant qu'il eſt en luy, ſauuer tous les hommes: Car il eſt ſans doute que le Concile a bien interpreté la doctrine de ce Pere. Or ſi on vous en croit, il n'a peû la bien interpreter, qu'en ſuppoſant que Dieu ne vouloit pas autant qu'il eſt en luy, le ſalut de tous les hommes. Le Concile donc qui a bien interpreté la doctrine de ce Pere, & qui l'a declarée Catholique en l'interpretant, a condamné ce ſentiment, qui eſt que Dieu, autant qu'il eſt en luy, veut ſauuer tous les hommes, & leur donner à tous vne ayde ſuffiſante pour faire leur ſalut.

a Premiere Diſſertat.

Et afin que vous ne penſiez pas que le teſmoignage des Theologiens Scholaſtiques me defaille en cette rencontre, ſouuenez-vous que les Facultez celebres de Doüay & de Louuain ont cenſuré cette propoſition [b] dans l'vn de vos Confreres, *Que Ieſus-Chriſt ne ſeroit pas mort pour tous les hommes, s'il ne leur auoit donné à tous des moyens ſuffiſans pour operer leur ſalut:* Et ont fait voir admirablement que cette Theſe eſtoit oppoſée à l'Eſcriture ſaincte, à la tradition

b Septieſme propoſition. Voyez auſſi la 14. propoſ. & la Cenſure de Doüay ſur la meſme. Ergo, *dit-elle*, quotquot Chriſtum & diſci-

ction, & particulierement au Concile de Trente, qui declare expressément que le merite de la Passion de IESVS-CHRIST n'est pas appliqué à tous les hommes. Vous sçauez aussi qu'Estius, le grand Estius [a], a condamné l'interpretation que vous donnez à ces paroles de l'Apostre, *Dieu veut que tous les hommes soient sauuez;* & l'a traitée de fausse, de pernicieuse, & de contraire au sentiment des Peres Catholiques. Et il ne sert de rien d'alleguer comme vous faites, qu'Estius ne nie pas toute grace suffisante, & ie ne la nie pas aussi au sens qu'il faut la prendre, il suffit que Estius a nié que la grace suffisante comme vous l'enseignez, soit donnée à tous les hommes, & que par consequent il passe aupres de vous pour vn heterodoxe & pour vn heretique. Voila de quelle sorte vous auez reüssi en ce qui regarde la grace suffisante, la volonté de Dieu, & la mort de I. C. pour le salut de tous les hommes. Car vous sçauez que ces trois choses en font vne seule dans voste pésée, & qu'elles sont inseparables absolument l'vne de l'autre: voila de quelle sorte vous auez destruit la grace efficace, & l'élection gratuite, que les Peres, & S. Augustin particulierement, comme dit Bellarmin [b], ont establie sur des tesmoignages tres-expres des Escritures sainctes.

pulos eius extremo odio & malitiâ sunt persecuti, beneficiorũ incarnationis & redemptionis eius fuerunt participes, eo vsq; vt hoc quod ex parte Dei haberent iam, eis ad salutem sufficeret: quomodo è contrario testatur Synodus Tridentina, quod etsi pro omnibus mortuus est Christus, non omnes tamen mortis eius beneficium recipiunt, sed ij duntaxat, quibus meritum passionis cõmunicatur.

a *Estius sur ce texte de l'Apostre.*

b *Bellarmin de la Gr. & du franc-arbitre. liu. 1. chap. 12*

CHAPITRE VI.

Methode Pelagienne du Reuerend Pere Petau en sa doctrine de la Grace.

MAis pour éleuer ce Colosse, ou pour mieux dire, cette Babylone de vostre doctrine, de quelles raisons, de quels autheurs, de quels passages de l'Escriture saincte, de quels liures vous estes-vous seruy? Des raisons apportées par les Pelagiens, des autheurs alleguez par les Pelagiens, des passages de l'Escriture objectez par les Pelagiens, & des liures faits ou approuuez par les Pelagiens. Et quant à vos raisons, ce qui est effroyable, apres auoir tesmoigné qu'vne raison estoit foible & contemptible, en vn autre lieu vous ne laiſſez pas de la produire comme vne raiſon puiſſante & tres-conſiderable.

Par exemple, pour combattre la doctrine de Sainct Auguſtin, vous eſtant objecté [a] ces paroles de l'Apoſtre, *Dieu veut que tous les hommes ſoient ſauuez*, vous reſpondez facilement & ſolidement à cette objection, puis en voſtre dixieſme liure [b] vous propoſez la meſme objection, comme vne machine forte & inſurmontable pour deſtruire la doctrine de Sainct Auguſtin. Et il ne ſert de rien de dire que au chapitre quinzieſme de voſtre neufieſme liure, où vous auez formé cette objection contre la doctrine de Sainct Auguſtin, vous auez parlé ſeulement de l'élection abſoluë, & non de la reprobation abſoluë, qui vous déplaiſt ſi fort dans Sainct Auguſtin. Car vous reſpondez en ſouſtenant cette maxime, que Dieu ne deſire pas le ſalut de tous les hommes, & non pas meſme de ceux qu'il n'a iuſtifiez que pour vn temps. Vous reſpondez donc en ſouſtenant la reprobation abſoluë, qui ſelon vous, ſ'enſuit neceſſairement de ce principe, que Dieu ne veut pas le ſalut de tous les hommes en la maniere que S. Auguſtin l'a creû.

Dauantage, bien que les Peres, les Papes & toute l'Egliſe ayent reueré les explications que Sainct Auguſtin donne à ce texte de l'Apoſtre, *Dieu veut que tous les hommes ſoient ſauuez*; vous ne laiſſez pas neantmoins de les traiter de vaines & ridicules. [c] *Ie ſçay*, dites-vous, *en combien de manieres ce paſſage a eſté geſné par ceux qui tiennent l'opinion contraire. Nous en auons rapporté trois ou quatre de Sainct Auguſtin, quand nous expoſions ſon ſentiment, & elles me ſemblent pluſtoſt inuentées pour eſchapper, qu'elles ne me paroiſſent certaines & ſolides*. Il y a plus encore, apres auoir meſpriſé l'explication qu'on tire de l'antecedente volonté de Dieu pour le ſalut de tous les hommes, en l'appellant comme vous auez fait, vne volonté ie ne ſçay quelle; il ſe trouue en d'autres lieux, que c'eſt la ſeule que vous approuuez, & que vous appuyez, l'appliquant à voſtre mode, & rejettant les autres, comme abſurdes, captieuſes, & calomnieuſes [d], quelque eſtime que l'Egliſe en ayt faite par l'eſpace de tant de ſiecles. Ce n'eſt pas tout encore, Apres vous

a *Page* 648. Nullum contra nos momentũ pleræque illæ rationes afferunt Itaque paucas hîc, omiſſis aliis, adducemus in mediũ, &c.

b *Au chap.* 5. *pag.* 673.

c *Liure* 10. *page* 673. Scio quàm variis modis locus iſte vexatus ſit ab iis qui contrariũ ſentiunt, tres quatuorve ex Auguſtino commemorati ſunt à nobis, cùm illius opinionem exponeremus, qui mihi quidem ad eludendum magis excogitati, quàm certi ac ſolidi videri ſolent.

d *Premiere Differt. pag.* 10. Hæc ſole ipſo lucidiora, quid fruſtrari attinet captioſis & ar-

estre mocqué d'vne explication que Sainct Hierosme donne à ce passage de l'Apostre, *O homme qui es-tu pour respondre à Dieu?* Vous alleguez en vn autre lieu [a] la mesme explication, comme si elle estoit iuste & raisonnable. O le cahos horrible! ô la Babel espouuantable de vos dogmes!

Ainsi vous dites que Sainct Ambroise peut estre concilié auec Sainct Augustin [b], puis vous pretendez que le mesme Sainct Ambroise soit contraire à Sainct Augustin [c]. Ainsi au mesme liure où vous auoüez que Sainct Augustin a enseigné la reprobation absoluë, vous voulez nous faire croire qu'il a estimé que Dieu vouloit sauuer tous les hommes autant qu'il est en luy, bien que vous confessiez que ceux qui soustiennent la reprobation absoluë, ne peuuent dire que Dieu vueille le salut de tous les hommes autant qu'il est en luy. Et ce qui est merueilleux, pour imposer à Sainct Augustin vn sentiment dans lequel vous aduoüez vous-mesme qu'il n'a point esté, vous alleguez vn texte de ce Pere, où il ne parle point dans son sentiment, mais dans celuy des Pelagiens, & où vous prenez pour sa doctrine vne objection [e] de ses aduersaires. O la confusion honteuse & prodigieuse de vos dogmes!

Mais quels autheurs alleguez-vous pour fonder vostre doctrine? Les Peres Grecs, & quant aux Latins, ceux qui ont vescu deuant Sainct Augustin, lesquels les Pelagiens alleguoient comme vous faites, & desquels vous auez dit vous-mesme, qu'ils auoient parlé si confusément de la Predestination & de la Grace, qu'ils semblent mesmes auoir dit que la grace nous soit donnée selon nos merites. *On a commencé*, dites-vous [f], *à disputer principalement de cette question dans l'Eglise, apres le temps de S. Augustin, & apres la naissance de l'heresie Pelagienne; quant à ceux qui sont plus anciens que luy, ou ils ont parlé briefuement, & peu distinctement de cette matiere, ou ils ont essayé de s'accommoder à la portée du vulgaire dans les sermons qu'ils faisoient au peuple, pour l'instruire des vertus & des vices, plustost que des dogmes de la foy. C'est pourquoy ils se sont seruis de cette sorte de termes & d'expressions qui expliquoient ce sujet generalement, & indefiniment; & il semble que la plus part ayt tesmoigné que non seulement le salut,*

cessitis è longinquo interpretationum calumniis?

a *Pag.* 653. Hæc Hieronymus, vbi Apostoli verba minùs commodè est interpretatus.

b *Liu.* 10 *pag.* 664.

c *Page.* 652.

d *Page* 665.

e *Liu.* 10. *page* 652. *le Pere Petau cite ces paroles du liure de l'Esprit & de la lettre, que S. Augustin propose par forme d'objection.* Vult Deus omnes homines saluos fieri, & in agnitionem veritatis venire, non sic tamen, vt eis adimat liberum arbitrium, quo vel benè, vel malè vtentes, iustissimè iudicentur.

f *Liure* 9. *page* 576. Hæc quæstio post Augustini potissimùm tépora, ac Pelagianorum exortam hæresim disputari in Ecclesia cœpit; antiquiores autem aut ea de re breuiter, ac minùs distinctè locuti sunt, aut vt iis in sermonibus quod ad multitudinem magis de virtutibus ac vitiis, quàm de fide ac dogmatibus instituebant, popularem se ad captũ temperare studuerunt. Quamobrem eo sunt vsi genere verborum ac sententiarũ, quod rem

mais aussi la grace qui nous excite, & nous porte à acquerir le salut, nous estoient données de Dieu selon nos merites.

illam infinitè duntaxat ac generaliter exprimeret, plerique verò, non solùm cuiusque salutem, sed ipsam quoque gratiam, quæ nos ad illam parandam excitat & promouet, pro meritis ab eo tribui significasse videntur.

Voila l'estime que vous auez faite en general des Peres qui ont vescu deuant Sainct Augustin, en ce qui regarde le profond mystere de la grace & de la predestination diuine. Et en effect, ce qui nous tesmoigne que ces Peres & les Grecs, presque en tout temps, ont escrit ou parlé fort obscurement de ces veritez diuines, est qu'ils disent quelquefois que Dieu appelle ceux qu'il connoist dignes de sa vocation, comme Sainct Chrysostome a semblé le dire en quelque lieu de ses ouurages [a]. Quelquefois ils disent que ces paroles de l'Apostre, *ceux qui sont appellez selon le propos*, doiuent s'entendre du propos des hommes, & non du propos de Dieu, ce qui, sans doute, ne se peut soustenir, comme Sainct Augustin le monstre à toutes occasions contre les Pelagiens. Quelquesfois ils semblent n'auoir pas connû le peché originel, supposant que la masse de tout le genre humain n'est ny bonne, ny mauuaise. *Les autres Peres*, dites-vous [b], *n'entendent pas, comme Sainct Augustin, vne masse corrompuë & deprauée par le vice de nostre premier pere, mais vne masse qui est moyenne, c'est à dire, qui n'est ny bonne ny mauuaise, ce que Sainct Augustin nie expressément en l'Epistre cent sixiéme; escriuant ainsi. Si cette masse estoit mitoyenne, en sorte qu'elle ne meritast aucun mal, comme elle ne merite aucun bien, ce ne seroit pas en vain qu'il nous paroistroit injuste que Dieu en fit des vases d'opprobre & d'infamie.* Et de là vient que Pererius [c], vostre confrere, n'a pas escrit sans fondement, ou sans apparence de raison, que les Peres Grecs, & vn bon nombre des Latins, ont pensé que les hommes estoient predestinez au salut, à cause de la prescience que Dieu auoit eüe de leurs œuures, ou de leur foy; ce que ce Theologien asseure estre contraire manifestement à l'Escriture Saincte, & particulierement à la doctrine de Sainct Paul. Et vous osez neantmoins prendre ces Autheurs, quelques obscurs qu'ils soient, pour vos garends, & pour vos guides en la doctrine de la grace & de la predestination diuine, & les opposer à Sainct Augustin, qui a déployé si admirablement ces sublimes mysteres, à S.

a *En l'homelie sur le Pseaume* 113.

b *Au liu.* 10. *pag.* 666. Sed massam cœteri patres, non itidem vt Augustinus, corruptam ac deprauatam primi parentis vitio, sed mediam, id est neque bonam, neque malam interpretantur, quod ille negat expressè in Epistola 106. ita scribens; Hæc massa si esset ita media, vt quemadmodum nihil boni, ita nec mali aliquid mereretur, non frustrà videretur iniquitas, vt ex ea fierent vasa in contumeliam.

c *Pererius sur le* 8. *chap. de l'Epistre aux Rom. disp.* 12. & 13.

Augustin, duquel vous auez dit vous mesme qu'il auoit esté suiuy par tous les Peres, & par tous les Docteurs qui ont vescu apres luy, par les Euesques de l'Eglise de Rome, & par les assemblées des autres Euesques, en ce qui regarde l'élection gratuite, puis que vous supposez que Catarin s'est opposé à tous ces Docteurs, à tous ces Papes, & à tous ces Conciles, en combattant cette sorte d'élection: enfin à Sainct Augustin, duquel vous dites que c'estoit assez pour iustifier la verité d'vne opinion, de faire paroistre qu'elle estoit soustenuë & decidée par ce Sainct Docteur.

Mais voyant que vostre doctrine deuoit nous estre particulierement suspecte, en ce qu'elle n'enferme aucun mystere, & ne nous donne aucun sujet de nous escrier auec l'Apostre, *O abysme des richesses, &c.* vous vous estes auisé d'vne défaite vaine & déplorable, disant [a] que le mystere de la vocation des hommes consistoit seulement en ce que les vns estoient appellez à la foy, & les autres ne l'estoient pas. Mais n'y a t'il pas du mystere aussi, en ce que les vns perseuerent en la foy, & les autres ne perseuerent pas? Si vous dites qu'il n'y a point de mystere en cette difference, vous vous opposez à toute l'Eglise, & particulierement au Concile de Trente, qui a reconnu ce profond secret auec toute l'Eglise. Si vous auoüez qu'il y a du mystere, en ce que les vns perseuerent, & les autres ne perseuerent pas, vous auez tort de dire qu'il n'y a point de mystere, en ce que les vns se sauuent, & les autres ne se sauuent pas, puis que perseuerer & se sauuer sont vne mesme chose. Mais vous qui soustenez que Dieu donne à tous les hommes vne ayde suffisante, & pour bien viure, & pour faire leur salut, quelle sorte de mystere pouuez vous reconnoistre dans le commencement ou dans la fin de la bonne vie? & quel sujet auez vous de vous estonner auec l'Apostre, de ce que Dieu endurcit les vns, & fait misericorde aux autres? & que de la masse du genre humain il fait comme il luy plaist, ou des vaisseaux d'honneur, ou des vaisseaux de confusion? Vous direz peut estre que vous admettez vne grace congruë, qui est donnée aux vns,

a *Pag 667.* Itaque non de hoc iudiciorum genere Paulus loquitur, sed de vocatione certorum ad fidem & Christi notitiam, aliorumque reiectione, cuius altissimi & nullis ingeniis perscrutabilis consilij, nemini causa comperta est.

& qui n'eſt pas donnée aux autres, & que c'eſt en cela qu'eſt le myſtere de voſtre doctrine. Mais ſi vous admettez vne grace congruë, il faut auſſi que vous admettiez vne élection gratuite à la gloire, puis que vous ſuppoſez que l'élection à la gloire doit eſtre gratuite, ſi la grace eſt ou congruë, ou efficace, comme Sainct Auguſtin l'enſeigne. Au reſte, vous qui eſtes ſi liberal & ſi prodigue de la grace, & qui dites que ſi on n'a point la grace, on ne peche point en violant la loy, qui eſt impoſſible ſans la grace, comment ſuppoſez-vous qu'il y en a qui eſtant tombez, & s'eſtant iettez d'eux meſmes dans la neceſſité de pecher, ne laiſſent pas de pecher? Car eſtant, comme vous dites [a], dans la neceſſité de pecher, ils n'ont point la grace, & s'ils n'ont point la grace, ſelon vos maximes, ils ne pechent point, & ne peuuent pecher. Ainſi, mon Reuerend Pere, j'ay eu tort de dire qu'il n'y a point de myſtere dans voſtre doctrine, elle eſt d'vn bout à autre toute myſterieuſe & toute enigmatique, & il n'y a point d'œdipe qui la puiſſe demeſler.

Et pour reuenir à vos Autheurs, vous les alleguez auec tant de confuſion, & auec ſi peu de iugement & de conſcience, ſi ie l'oſe dire, que voulant prouuer que la grace ſuffiſante eſt donnée à tous les hommes, vous n'auez pas fait ſcrupule de citer [b] ce que dit Clement Alexandrin, de l'vtilité que la Philoſophie apportoit aux infideles, bien que vous ſçachiez que cet eſcriuain ſe ſoit emporté iuſques à cet excez, de dire que les Grecs eſtoient iuſtifiez par la Philoſophie, qui eſt vn ſentiment tout à fait iniurieux à la Croix de IESVS-CHRIST. Dans le meſme eſprit, le meſme Clement a eſcrit encore ce que vous blaſmez [c] iuſtement en luy, que Dieu auoit donné aux infideles les Aſtres & les Cieux pour les adorer au lieu de luy. Mais vous comparez ridiculement [d] cette penſée profane d'Origene & de Clement, à la penſée religieuſe de Sainct Auguſtin, qui dit, que Dieu a donné aux Iuifs vne Loy fondée ſur des promeſſes temporelles, pour obliger les Iuifs à luy demander les biens temporels, & non pas aux Demons. Car Dieu n'a pas voulu que les Iſ-

a *Liu. 10. pag. 725.* Nunc illud ſumimus, vbicumque abſoluta neceſſitas interuenit, quæ integram & indifferentem vtriuſuis optandi poteſtatem eripit, non hîc operari, aut explicare ſe liberum arbitrium, nec adeò liberam eſſe illam actionem, neque laude vel vituperatione dignam, ſi neque ſibi ſponte quiſpiam illam neceſſitatem adſciuerit.

b *Liure* 10 *pag.* 682.

c *Liure* 10 *pag* 819.

d *Là meſme.*

raëlites adoraſſent les biens temporels au lieu de luy, comme il a voulu ſelon Clement & Origene, que les infideles adoraſſent les Aſtres au lieu de luy ; Mais ſuppoſé que les Iſraëlites adoraſſent les biens temporels, & qu'ils y miſſent leur felicité, Dieu a voulu qu'ils les luy demandaſſent pluſtoſt qu'aux faux Dieux, & aux Demons, & qu'ils fiſſent vn bon vſage d'vne mauuaiſe choſe, c'eſt à dire du deſordre de leur conuoitiſe, qui leur faiſoit mettre leur beatitude dans les biens preſens.

Que ſi vous eſtes malheureux dans le choix des Autheurs dont vous vous ſeruez, vous ne l'eſtes pas moins dans celuy des paſſages que vous produiſez en faueur de vos reſueries. Et en effet, quels ſont les paſſages de l'Eſcriture Sainƈte que vous apportez [a] ? ceux que les Pelagiens objectoient aux Catholiques, auec tant de faſte, & auec tant de bruit. *Qu'ay-ie deû faire, ma vigne, que ie n'aye fait ? combien de fois ay-ie voulu recueillir tes enfans, &c? veux-je la mort de l'impie, &c?* Or il eſt dommage que Sainƈt Auguſtin, les Papes, & les autres Peres qui l'ont approuué, n'ayent eſtudié dans voſtre eſcole, pour apprendre le ſacré myſtere de voſtre grace ſuffiſante qui eſt donnée à tous les hommes : car il eſt ſans doute, que s'ils l'euſſent reconnuë, ils euſſent expliqué ces lieux de l'Eſcriture de la meſme ſorte que vous les expliquez, & par voſtre adueu meſme, ils euſſent reſpondu aux heretiques Pelagiens qui les objeƈtoient, que Dieu ne veut point la mort des pecheurs, puis qu'il leur donne à tous vne ayde ſuffiſante pour ſe conuertir & pour ſe ſauuer, & qu'ainſi il n'eſt nullement eſtrange, que les vns ſe ſauuent, & les autres ne ſe ſauuent pas, puis que cette difference vient de ce que les vns ſe ſeruent de l'ayde ſuffiſante qui leur eſt donnée, & les autres ne s'en ſeruent pas. Et enfin, quels liures produiſez vous ? bien ſouuent des liures ſuppoſez, & compoſez par des heretiques, ou par des Autheur ſoupçonnez d'hereſie : Ainſi vous alleguez [b] ſous le nom de Sainƈt Ambroiſe vn Commentaire de l'Epiſtre aux Romains, bien qu'en vn autre lieu vous ayez auoüé [c] que ce Commentaire n'eſtoit point de Sainƈt

a *Liure* 10. *pag* 671.

b *Au liure* 10. *pag* 664. Nam vt Ambroſij Cōmentarius ait. *Et pag.* 665. Et aſſentitur Ambroſij Commentarius.

c *Liu.* 9. *pag.* 611. Sed Commentarij illi non

Ambroise, & il est certain qu'il est d'vn Autheur qui a fauorisé le sentiment des Pelagiens, comme Bellarmin [a] l'a remarqué; ce qui fait voir auec quelle foy vous entreprenez la defense de cet Autheur, en quelque lieu de vostre dixiéme liure [b], vous qui l'appellez [c] par mespris, ie ne sçay quel Autheur inconnu, qui dites [d] qu'il ne doit estre d'aucune authorité, & que les sçauans & auisez Theologiens font peu d'estime de ses Commentaires sur Sainct Paul, & qui reprochez [e] à Saumaise de se plaire à citer des tesmoins semblables à celuy-cy, que vous nommez là mesme, le supposé & le faux Ambroise, & que vous rejettez [f] auec indignation, comme vn escriuain qui n'est pas seulement obscur & inconnu, mais infame par le crime du schisme, comme Saumaise pense auec plusieurs, ou de l'heresie Pelagienne, comme quelques-vns l'ont estimé, & apres cela, neantmoins, tout inconnu, & tout diffamé qu'il est de schisme & d'heresie Pelagienne, vous ne laissez pas de l'opposer à Sainct Augustin, en la matiere de la grace & de la predestination, & ne sçauez vous pas encore que c'est le mesme faux Ambroise dont vous auez dit [g] que, *c'est vn Autheur non seulement on ne sçait qui, obscur, inconnu, apocryphe, de nul poids, de nulle authorité, mais indigne aussi d'estre consideré, si ce n'est par les Saumaises & par les Cathares,* (à quoy i'adiousteray, si vous le trouuez bon, & par les Dissertateurs Latins, qui ne sont autre chose que le Pere Petau) *& qui ne iugent pas des Autheurs selon leur merite, ou selon leur dignité, mais selon leur interest, ou selon leur phantaisie.* Et toutefois en vn certain lieu [h], qui le croiroit! vous n'apprehendez pas de traiter cet Ambroise faux & apocryphe, de pieux & de sçauant en la matiere mesme, dans laquelle il est suspect d'erreur, c'est à dire en celle de la grace & de la predestidation; & où est donc la promesse [i] que vous auez faite si solemnel-

sunt Ambrosij, vt olim ab eruditis animaduersum est.

a *Bellarm des Escriuains Eccles sous le mot Ambroise.*

b *Liu.* 10 *pag.* 675. Hieronymus in Commentario ad caput primum Epistolæ ad Ephesios.

c *Liu.* 1. *de la Hierarch. chap.* 12 §. 7. *pag.* 714. Ambrosio illo qui Ambrosius non est, neque vllius authoritatis esse debet, quia incertus ignotusque author est.

d *Là mesme,* Cuiuscunque verò sunt (Cōmentarij) in vulgari sunt dignatione apud doctos prudentesque Theologos.

e *Là mesme,* §. 9 *pag.* 715. Certè libenter vtitur tali genere testium, & eorum fide multa noua & inaudita profert, & mentitur scilicet.

f *Là mesme, chap* 13. §. 12. *p.* 725. Adeò incredibiliter constat, longè digniorem esse cui crederemus Hieronymum, quàm illum nescio quem scriptorem, nec obscurum ignotumque modò, sed infamem etiam, vel schismatis inuidia, vt cum plerisque Salmasius existimat, vel hæresis Pelagianæ, vt nonnullis videtur.

g *Là mesme, liu.* 2. *de la Hierarch. cap.* 8. § 1. *pag.* 774 Ambrosius verò, quem iste nominat, non est Ambrosius, sed ignotus scriptor nomen illud ementitus, & quales in diuinis libris apocryphi consueuere dici; momenti nullius ac authoritatis, præterquam apud Salmasios, qui authoribus pretia ponunt, non ex merito ac dignitate, sed suo arbitratu ac commodo.

h *Tom.* 1. *liure* 10. *cap.* 4. § 5 *pag* 680. Est enim exquisitus (Ambrosiastri locus,) & quæstionem illam in qua modo versamur, piè eruditéque disceptat.

i *Au prologue morionné des dogmes.* Iure prima nobis & præcipua cura fuit in diiudican-

lement,

lement, qu'en vostre bel ouurage, que vous appellez [a] vous mesmes vostre tres-bel ouurage, vous n'allegueriez iamais que des tesmoins fideles, & des Autheurs Canoniques & approuuez?

Ainsi apres auoir insinué [b] qu'vn certain Honoré d'Autun auoit griefuement erré en la doctrine de la Grace, enseignant que Dieu nous la donne, parce qu'il a preueu que nous en ferions vn bon vsage, vous ne laissez pas d'employer cet Honoré [c], & de le mettre en teste à Sainct Augustin, puisque vous le citez pour prouuer que Dieu, autant qu'il est en luy, veut sauuer tous les hommes; bien que vous confessiez que Sainct Augustin a tenu le contraire. Et ainsi vous alleguez sous le nom de Sainct Fulgence [d] vn certain liure de la Predestination & de la Grace, bien que les Docteurs de Louuain [e] nous ayent aduertis iudicieusement, que cet Escrit n'estoit point de S. Fulgence, mais bien plustost d'vn autheur suspect & dangereux. Ainsi vous auriez peû alleguer aussi le liuret suiuant intitulé [f], De la predestination de Dieu, qui est vn escrit de mesme farine que le precedent, disent les Docteurs de Louuain, & qui ayant esté cité par Vasquez & Lessius, vous auez dit auec raison, *Ce liuret* [g] *est de quelque autheur ignorant & mal habile, & qui se compare à bon droict à l'asnesse de Balaam.* Et ce que vous dites de Vasquez & de Lessius pour l'vn de ces liures, ie le dis de vous pour l'autre, excepté l'asnesse de Balaam.

Quant à ce que vous vous seruez aussi des Commentaires de Sainct Hierosme [h] sur l'Epistre aux Ephesiens, comme si ce Pere enseignoit là sa propre doctrine, vous n'ignorez [h] pas qu'en cette sorte d'œuures, & sur tout en ce Commentaire, Sainct Hierosme amasse les sentimens des autres sans les nommer, & particulierement d'Origene, qui est (comme tous sçauent) le Patriarche des Pelagiens. Ainsi vous alleguez [i] vn Concile d'Arles, qui est supposé,

dis ac secernendis autoribus, quorum testimonio deinceps niti decreuimus, ne pro germanis & idoneis, suppositi tij vel saltem dubij fideiussores obreperent, &c. quamobrem vigilanter in hoc incubuimus, vt pro vsu quem in iis studiis mediocrem sumus adepti, nullos nisi graues & probatos adsciscere mus.

a 1. *Tom. chap.* 1. *des Prolegom.* Longè pulcherrimum opus aggredior.

b *Tom.* 1. *liu.* 9. *ch.* 16. §. 11. In iis quidem affirmare videtur, quod rectæ doctrinæ minus congruit, non modò prædestinari ad gloriam quos voluntariè mandata seruaturos esse præuidit, quod ipsum probabile est, vt postea dicetur, verumetiam eosdem illos ad fidem vocari, atqui causam vocationis ad fidem reiicere in consensionem eorum à Deo præuisam, non satis consentaneum est. *Et cet Honoré asseure ouuertement ce que le Pere Petau dit seulement, qu'il semble asseurer.*

c *Liure* 10. *mesme tom. chap.* 4 §. 11. *p.* 68[illegible].

d *Liu.* 10. *p* 775.

e *Le titre de ce liure porte*, De prædestinatione & gratia suspecti authoris liber.

f *Le titre de cet Escrit est*, De prædestinatione Dei, alterum eiusdem farinæ opusculum.

g *Là mesme, liu.* 9. *p.* 646 Libellus iste non est Augustini, sed imperiti cuiusdam, qui meritò se, cum asina Balaami comparat.

h *Là mesme, liure* 10. *pag.* 679.

i *Là mesme, p.* 682. Hieronymus certè, castigati vir alioqui iudicij, ab æmulo suo Ruffino reprehensus, quod in Commentariis in Epistolam ad Ephesios, quædam inspersisset Origenis, quem oppugnabat dogmata, & ea non damnando probasset. Respondet se in illis Commentariis non nisi scriptorum ve-

ou Semipelagien, comme ayant esté soufflé par l'esprit de Fauste, que vous appellez [a] le Prince ou le Porte-enseigne des Semipelagiens, & duquel vous dites [b], que quelque soin qu'il ayt de se cacher, il est contraire en toutes choses à Sainct Augustin, & enseigne ouuertement les dogmes des Semipelagiens. Mais vous ne lairrez pas à l'aduenir de vous seruir de ce faux Concile d'Arles, quoy qu'ayt dit pour le destruire le iudicieux & docte President Mauguin, qui aura peû vous apprendre, comme peut-estre aussi beaucoup d'autres veritez, que ce n'est pas Flore, comme vous auez creû [c], mais Sainct Remy mesme Archeuesque de Lyon, qui est l'autheur du liure des trois Epistres, approuué & authorisé par cette sçauante Eglise.

En fin apres auoir auoüé dans vostre neufiesme liure que suiuant le sentiment commun des Docteurs dans les disputes de la Grace & de la Predestination diuine, les Peres qui ont vescu deuant la naissance de l'heresie Pelagienne, ont moins d'authorité que ceux qui sont venus depuis; que parmy ceux-cy les Peres Grecs en ont beaucoup moins que les Latins, parce que cette heresie a trauaillé l'Eglise Latine beaucoup plus que l'Orientale, & qu'entre les Latins, S. Augustin reluit comme le Prince ou le Coryphée, par le consentement des Catholiques; vous ne laissez [d] pas neantmoins en vostre dixiesme liure de preferer les Grecs, & parmy les Latins, ceux qui ont escrit deuant la naissance de l'heresie Pelagienne, à Sainct Augustin, & aux autres Peres de l'Eglise Latine qui l'ont approuué. De cette sorte, chose estrange! vous vous attachez aux Peres qui ont le moins d'authorité, & abandonnez ceux qui en ont le plus par vostre propre confession; ce qui est plus absurde qu'on ne peut ny dire, ny penser.

Et quant aux passages de l'Escriture saincte, au Tribunal de laquelle vous nous prouoquez, si vous pretendez l'expliquer par vostre sens, vous despoüillez l'esprit de l'Eglise Catholique, pour vous reuestir de celuy des heretiques: Si vous pretendez de l'exposer selon le sen-

rerum commemorare sententias, nec de illis iudicium suum interponere. *Voyez Sixte de Sienne au liure 4. de la Bibliotheque, sous le nom, Sainct Hierosme.*

a *Là mesme, liu.* 10. *pag.* 637.

b *Liu.* 9. *pag.* 574. Ita docuit Faustus reiensis Semipelagianorum antesignanus, in libris duobus de libero arbitrio.

c *Là mesme, en la pag. preced.* Augustini doctrinæ, quamtumlibet dissimulare conetur aduersatur in omnibus, & Semipelagiana decreta propalam asseuerauit.

d *Là mesme, liure* 9. *page* 657.

e *Chap.* 6. *pag.* 592. Cum de gratiâ vel electione ac prædestinatione disputãdum est, minor haberi solet antiquorum Patrum ratio, qui ante Pelagianam ortam hæresim extiterunt, quàm eorum qui postea sunt secuti, Latinorum verò multò maior quàm Græcorum, etiam hæresi illâ posteriorum, propterea quod magis aliquantò Latinam Ecclesiam quàm Orientalem exercuit hæresis Pelagiana, quæ iis de rebus altercandi occasionem præbuit, sic vt Græci plerique intima Pelagianorũ dogmata vel ignorarint funditùs, vel minùs accuratè perspexerint: omnium verò Latinorum, quorum in hac controuersia maiorem dixi authoritatem esse, princeps est consensũ Theologorum Augustinus, cuius de gratia sententiam, &c.

f *En son liure* 10. *où le bon Pere renuerse le neufiesme.*

timent des Peres, comme en effect vous le protestez, comment suiuez-vous l'interpretation des Peres Grecs, & des anciens Latins, dont l'authorité en cette matiere est bien inferieure à l'authorité de Sainct Augustin, & de ses disciples, ou de ses appobateurs, par vostre propre adueu? En fin pour comble de merueilles, en vn lieu vous nous enseignez que les Peres qui soustiennent l'élection gratuite, sont plus authorisez que ceux qui la combattent. Et en vn autre lieu [a] vous tesmoignez qu'ils le sont bien moins : ce qui seroit sans doute tout à fait estrange, si le plus & le moins, l'ouy & le non, n'estoient aupres de vous vne mesme chose.

Au reste, mon Reuerend Pere, qui n'admireroit vostre chagrin, lors que vous vous faschez contre les autheurs que vous alleguez, s'ils disent ce que vous ne voulez pas, ou s'ils ne disent pas ce que vous voulez : De mesme que si vous corrigiez leur theme, ou si vous leur faisiez repeter leur leçon comme à vos escoliers? Ainsi Primasius interpretant ces paroles de l'Apostre, *Dieu veut que tous les hommes soient sauuez*; ayant apporté vne explication que vous estimez vous estre fauorable, vous le reprenez [b] aigrement de ce qu'il touche celle de Sainct Augustin, laquelle ne vous plaist pas; il faut que vous soyez de bien mauuaise humeur pour traiter ainsi les Peres que vous appellez à vostre secours dans le malheur de vostre cause, & dans l'extremité de vos affaires. Quant à Primasius, il n'est pas estrange que cet Euesque de Carthage ne parle pas à vostre goust, luy qui a tousiours esté disciple si fidele de S. Augustin, luy qui enchaine à tout moment, & enrichit son Commentaire comme d'autant de perles, des paroles de ce Sainct, & qui s'est monstré si ferme defenseur de la Grace diuine, que Sixte de Sienne [c] l'a soupçonné, bien que vainement, de l'auoir fauorisée au prejudice de nostre liberté; & de ce que ce sçauant Prelat [d] se seruant des termes de Sainct Prosper, dit que les hommes perissent par leur faute, n'auez-vous point de honte d'inferer [e] que Dieu autant qu'il est en luy, veut sauuer tous les hommes, mesmes à l'esgard de l'estat où ils sont apres le peché

a *Liu. 10. chap. 1. §. 3. p. 660.* Imprimis verò hæc est adhibenda [interpretatio] quam Ecclesiæ, quæ primaria est scripturæ interpres, antiqua traditio commendat, vetustorum Patrum, & plurium, & inter se magis consentientium testificatione compertâ.

b *Là mesme, pag. 681.*

c *Liure 4. de la Bibliotheque, sous le mot,* Primasius.

d *Voicy les paroles de Primasius sur ce texte de S. Paul.* Hinc probatur, Deum nemini vim inferre, vt pereat: sed qui perit, suo merito perit; & qui saluan-

originel? Et ne voyez-vous pas que cet Euesque veut dire seulement, comme Sainct Prosper dont il emprunte les paroles, que Dieu estant l'autheur & le pere commun de ses creatures, veut le salut de tous les hommes, à le considerer en soy: mais que par accident il ne le veut pas, à cause du peché dans lequel ils sont nez, & duquel il deliure les vns par sa misericorde, y laissant les autres par sa iustice. Mais que Dieu donne à tous vne grace suffisante, de laquelle ils vsent comme ils veulent pour faire leur salut, qui est la seule grace que nous combattons, c'est vne conception qui ne tomba iamais dans l'esprit de Primasius, autrement, comme vous l'auoüez vous-mesme, il n'eut pas dit que c'est vn grand mystere que les vns se sauuent, & que les autres soient damnez. Et pour iustifier l'equité de cette difference, il n'eut pas eu recours à la profondeur des iugemens de Dieu, & cette profondeur ou cet abysme, selon Primasius [a], est que, *L'vn est appellé selon le propos, & l'autre ne l'est pas: que celuy qui est appellé, reçoit vn bien qu'il ne merite pas: & que celuy qui n'est pas appellé, souffre vn mal qui luy est deû: dautant que tous les hommes sont coupables par vn seul, par lequel le peché est entré dans le monde.*

Ainsi Primasius en diuers sens par le mot de (tous) a entendu tous les hômes, ou vne partie deshômes. Car si nous considerons les hommes côme hômes, Dieu veut les sauuer tous: mais si nous les considerons comme pecheurs, ou nez dans le peché, Dieu ne veut pas les sauuer tous, si ce n'est en tant qu'il en veut sauuer de toutes sortes. Que vous auez donc mauuaise grace, mon R. Pere, d'accuser ce bon Euesque de s'estre contredit, & d'auoir apporté des explications qui se destruisent. Bien que vous soyez le souuerain maistre des contradictions, ie vous conseillerois neantmoins de les mesnager auec plus de soin, & de ne pas en faire part si facilement aux Peres de l'Eglise.

Mais d'où vient que vous estes tombé dans ce labyrinthe & dans cet eurype effroyable, s'il faut ainsi dire, de contradictions, & que vous destruisez dans vostre dixiesme liure tout ce que vous auez estably dans le neufiesme? I'ay appris, bien que ie ne vueille pas en iuger absolu-

tur, Dei gratiâ & miseratione saluantur. Nam iuxta figurâ Synecdochen, hîc omnes, à parte totum debemus accipere, Vult saluos fieri: sed quare non omnes saluantur? quia iustus est & misericors Deus; quod multi damnantur, pereuntium est meritum; quod multi saluantur, saluantis est donû. Vt enim reus damnetur, Inculpabilis est Dei iustitia; vt reus iustificetur, ineffabilis Dei est gratia: Multis [*il faut lire*, multi] enim beneficiis obdurantur, & *ad agnitionem veritatis venire*, constat Deû omnia bona velle, sed homines suo vitio præcipitantur in malis. Vnus enim Deus, Pater, & Filius, & Spiritus Sanctus omnium hominum Deus est, & ideò cupit omnes saluari, quos fecit: quicunque autem saluantur, ipsius dono saluâtur. Sufficiat nobis, quia non est iniquitas apud Deum, & quia inscrutabilia sunt iudicia eius. *Cette explication de Primasius est prise quasi mot à mot des responses de S. Prosper à l'objection 11. des Gaulois, & de la 2. & 13. de Vincent.*

a *Sur le 9 chapittre de l'Epistre aux Romains.* Cùm secundum propositum Dei vocatur ali⁹, alius non vocatur, vocato datur gratuitum donum, cuius boni est

ment, que vostre Reuerence ayant desia composé son neufiesme Liure, où elle auoit expliqué assez fidelement la doctrine de Sainct Augustin ; & ayant depuis consideré que cette doctrine pouuoit fauoriser & authoriser celle de l'Euesque d'Ypre, dont l'excellent ouurage auoit nouuellement paru, vous vous estiez resolu d'enfanter le monstre de vostre dixiesme liure, où vous renuersez presque tout ce que vous auez posé dans le neufiesme, où vous vomissez de toutes parts le Pelagianisme à pleine bouche, & où vous abandonnez par tout l'esprit de l'Eglise & de la tradition dans le chois des liures & des Autheurs que vous alleguez pour establir vos nouuelles phantaisies.

vocatio ipsa principij, non vocato redditur debitum malum, quia omnes rei sunt per vnum, per quem peccatum intrauit in mundum.

Chapitre VII,

Où est refuté succinctement le dernier libelle du Pere Petau, intitulé, Dispute contre l'heterodoxe.

Il reste maintenant de vous suiure pas à pas, & de faire voir la vanité de vos raisonnemés contre l'heterodoxe. Au premier chapitre de vostre dispute, vous me traitez d'heretique, parce que ie suis dans des sentimens que vous auoüez estre les sentimens mesmes de Sainct Augustin, de Sainct Prosper, de Sainct Fulgence, de Sainct Pierre Diacre, de Sainct Gregoire, de l'Eglise de Lyon, du Concile de Valence, touchant la volonté de Dieu, & la mort de Iesus-Christ pour le salut de tous les hommes, comme j'ay fait voir que vous en demeurez d'accord. Et ainsi vous vous rendez vous-mesmes execrable, en accusant d'heresie tous ces Peres, & en les mettant au rang des Lutheriens & des Caluinistes aussi bien que moy.

En vostre second chapitre vous dites, que lors que le Concile de Trente employe les paroles de Sainct Augustin, il faut les expliquer par Sainct Augustin, s'il s'agit de la foy, & si nous disputons auec les heretiques. Ie vous responds briefuement, que soit qu'il s'agisse, ou qu'il ne s'agisse pas de la foy, soit que nous disputions ou auec les heretiques, ou auec les Catholiques, lors que le Concile de Trente employe les paroles de Sainct Augustin, si nous recherchons le sens de ces paroles, nous deuons le rechercher en Sainct Augustin, duquel le Concile les a prises, & nous le deuons par ce principe qui est tres-certain, tres-euident, tres-indubitable, & qui ne peut estre contesté que par ceux qui renoncent à tout sens, que lors que l'on dispute de l'intelligence de quelque texte, il faut auoir recours à l'original où ce texte a esté puisé. Et quand vous dites vous-mesmes [a], quelques efforts que vous fassiez pour vous eschapper, qu'il faut expliquer vne definition du Concile de Trente, parce qu'elle a sa source dans Sainct Augustin apres les Escritures, tout homme qui est homme, voit incontinent que cette raison a lieu generalement, & sans exception aucune de sujets & de personnes.

[a] *Tome 3. des dogmes. liure 4. de l'ouurage des six iours.*

Au reste que pensez-vous dire quand vous dites, que nous ne disputons pas d'vn point de foy ? ne demandons-nous pas quel est le sens qui est definy par le Concile de Trente ? Et vn sens qui est definy par vn Concile general, n'est-il pas de la foy dés là mesme qu'il est definy par vn Concile general comme est le Concile de Trente ? Et puis que Molina mesme [b] ose accuser Soto & Vega d'erreur en la foy touchant le sens du Concile de Trente, comment dites-vous qu'il n'y a nul different entre les Catholiques sur le sens de ce Concile en ce qui est de la foy ? Mais qui n'auroit horreur de vostre imagination, ou qui n'auroit horreur mesme de vous-mesmes ? De vous qui pretendez que le Concile de Trente ayt employé les propres paroles de Sainct Augustin pour le condamner, comme l'on tuë vn homme de son propre glaiue & de son propre fer, qui n'est pas plus dur que vostre front ferré, qui ne peut ceder à aucune verité, pour ferme, pour solide, & pour serrée qu'elle soit ; & pourquoy ne respondez-vous point à ce raisonnement de l'heterodoxe ? [c] *Ie voudrois bien sçauoir du Reuerend Pere, si* (à l'imitation de ses confreres deuant Clement huictiesme) *il n'opposeroit pas aux disciples de Sainct Thomas, dont il ruine la doctrine, le mesme Canon du Concile de Trente, qui decide que l'on peut dissentir à la grace si l'on veut ; & ie luy demande, si en disputant contr'eux sur le sens de ce Canon,*

[b] *Molina en sa Concorde, qu. 14. art. 13. disp. 40.* Sed iterum etiam esse anathema, qui dixerit eundem consensum non esse in libera arbitrij nostri ad modum explicatum potestate.

[c] *En la Pref. de l'Apologie, page 23.*

il n'allegueroit pas contr'eux aussi bien que contre nous, ce tesmoignage vrayement decisif de Sainct Augustin? Et ne pourroit il pas avancer encore une fois ces paroles toutes d'or, Ie rapporteray un tesmoignage de ce Pere, tres-excellent, & vrayement decisif, par lequel tesmoignage leur opinion (de la grace predeterminante) *est conuaincuë, leur obstination brisée, & l'opinion commune confirmée: car c'est la source de laquelle le Concile de Trente apres les Escritures, a pris sa forme de croire, & sa regle de parler touchant le franc-arbitre.* Dites donc, mon Reuerend Pere, si en disputant contre les Thomistes, vos anciens aduersaires, vous les prouoquiez au tribunal de Sainct Augustin, ne le feriez-vous pas auec prudence? Respondez si vous pouuez. Vous dites que le Concile de Trente ayant emprunté les paroles & les expressions les plus claires de Sainct Augustin, il ne peut estre expliqué par Sainct Augustin. Vous respondez vous-mesme que ces Canons ne peuuent estre aussi clairs que S. Augustin, à cause de leur briefueté. Et ce que vous dites de ses Canons, ie le dis aussi des Chapitres de sa doctrine. Voyez l'Apologie [a], & elle vous le monstrera par des raisons, ausquelles vous n'auez peû respondre.

Vous dites qu'vne explication tirée de Sainct Augustin ne peut terminer nos differens touchant le sens du Concile de Trente, parce que elle ne peut estre égale en authorité au Concile de Trente. Ie vous responds, que cette raison est vn blaspheme, il s'ensuiuroit de là que le consentement des Peres ne pourroit vuider nos differens touchant le sens de l'Escriture Saincte; Parce, diroit-on, que le consentement des Peres ne peut estre égal en authorité à l'Escriture Saincte. Escoutez & retenez, le sens que les Peres donnent à l'Escriture, emprunte sa clarté des Peres, & son authorité de l'Escriture interpretée par les Peres. Ainsi le sens qu'on donne au Concile de Trente par Sainct Augustin, emprunte sa clarté de Sainct Augustin, & son authorité du Concile de Trente, interpreté par Sainct Augustin.

Dans vostre troisiéme chapitre vous dites qu'on vous accuse faussement d'auoir dit que Sainct Augustin est vn

a 1. *Partie, chap* 6.

b 1. *Diss pag.* 40. Et quæ ambiguè & obscurè ab illo erant posita, &c. *Et en la p.* 50. Cuius adeò esset ambigua librorum sententia, vt ab eruditissimis, &c.

Autheur obscur & embarrassé, & que vous auez dit seulement qu'il estoit difficile à entendre. Ie respons que vous auez dit [b], que la doctrine de Sainct Augustin estoit obscure & ambiguë, & si ambiguë, que de grands hommes ne pouuoient l'entendre. Vous auez donc dit qu'elle estoit embarrassée ou embroüillée, puis qu'embarrassé & ambigu sont vne mesme chose, comme vous l'auoüez vous-mesme, *Qui est-ce*, dites-vous [a], *qui peut se persuader que Sainct Augustin ait escrit ces choses d'vne maniere si confuse & embarrassée, qu'il ait imposé au sens du Lecteur, par vne parole ambiguë?* Et en vn autre lieu [b], *On peut connoistre comment il essaye de tromper par des prestiges embarrassez de sentences ambiguës.* Et en effet, comment éclaircit-on ce qui est ambigu? en le démeslant, & ce qui a besoin d'estre démeslé, n'est-il pas embarrassé? Dieu soit loüé cependant, mon Reuerend Pere, de ce que vous blasmez la temerité de l'vn de vos Confreres [c], qui a escrit en termes tous expres, que la doctrine de Sainct Augustin estoit vne doctrine tres-embarrassée.

Vous dites que Sainct Augustin n'est pas si clair que les Theologiens ne disputent de son sens, & que par consequent il n'est pas propre à terminer nos differens. On vous respond que les Peres ne sont pas si clairs, que les heretiques ne disputent de leur sens, mais il ne s'ensuit pas de là, que les Peres soient obscurs, & qu'ils ne soient pas propres à vuider nos differens auec les heretiques. Ainsi S. Augustin n'est pas si clair, que les Theologiens ne disputent de son sens, mais il ne s'ensuit pas de là, que Sainct Augustin soit obscur, & qu'il ne soit pas propre à vuider nos controuerses. Sainct Augustin par accident est obscur à l'esgard des heretiques, principalement à cause de leur aueuglement & de leur opiniastreté, comme vous l'auoüerez bien-tost vous-mesme; & il est obscur à l'égard de quelques Catholiques, principalement à cause de leur negligence, ou de leur preoccupation, comme vous allez nous l'enseigner.

Par exemple, vous dites que l'on peut prouuer tres-clairement par S. Augustin, qu'il a estimé que l'élection à la gloire

a *Liu.* 9. *p.* 645. Quis hoc persuadeat sibi tam perplexè & inconditè Augustinum ita scripsisse, vt in vna voce ambiguè vsurpata lectoris sensus illuderet?

b *Liu.* 10. *pag.* 791. Quamque perplexis ambiguarum sententiarum præstigiis insidietur, &c. inficiari possit.

c *Le Pere Adam en son Caluin refuté par luy-mesme, pag.* 614. *Ie dois auoir raison de croire que sa doctrine est tres-embarrassée, puis qu'il n'y en a point qui le soit dauantage que celle qui en apparence se combat elle-mesme.*

gloire est gratuite. Et neantmoins quelques Theologiens, & Vasquez entr'autres, nient que S. Augustin l'ait creû & pourquoy le nient-ils? Vous nous le dites vous mesme, parce qu'ils le tordent, parce qu'ils le gehennent, parce qu'ils l'entraisnent malgré luy dans leur opinion. *Les autres* [a], dites-vous, *pour n'estre pas accablez du poids d'vne si grande authorité, ont essayé de tirer Sainct Augustin de leur costé en quelque maniere que ce fust, & ont expliqué son opinion autrement que n'auoit fait toute l'antiquité, ce que Vasquez entr'autres a entrepris de faire.* Et en vn autre lieu [b], *Gabriel Vasquez*, dites-vous, *soustient fortement cette interpretation de la doctrine & de l'opinion de Sainct Augustin, que nous auons rejettée, & prend en ce sens la plusspart des tesmoignages que l'on apporte communement pour l'élection gratuite, & nous n'auons pas voulu nous seruir de ces tesmoignages, non parce qu'ils ne nous sembloient pas iustes, mais parce que nous pouuions en produire d'autres plus expres. Maintenant nous en alleguerons vn ou deux en passant pour le refuter, afin que l'on voye qu'il n'a pas tant essayé de faire voir ce que Sainct Augustin croyoit en effet, qu'il a recherché ce qui se pouuoit dire de conforme à l'opinion dont il estoit desia preoccupé.* Et en vn autre lieu sur ces paroles de Sainct Augustin, *Il les a donc choisis, afin qu'ils obtinssent son Royaume.* Vous dites [c], *Vasquez détourne ces paroles violemment à la grace seule, qui est appellée le Royaume de Dieu.* Et en vn autre lieu [d], vous dites, *Que Vasquez & les autres n'ayant pas pesé les paroles de Sainct Augustin, auoient allegué pour leur opinion, ce qui la destruisoit absolument.* Et en vn autre lieu [e], vous tesmoignez qu'ils s'aueuglent tellement par leurs prejugez, *Qu'il n'y a rien de plus certain, ny de plus éuident pour les conuaincre, que ce qu'ils alleguent de Sainct Augustin pour leur opinion.* Et en vn autre lieu, vous dites [f] que *vous ne pouuez loüer ceux qui violentent Sainct Augustin, ou qui le veulent faire entrer par force dans l'opinion de* (Lessius) *de laquelle ce Pere est entierement éloigné*, dites-vous, *comme vous l'auez demonstré dans*

a *Liu. 9.* Alij porrò ne tantum à se pondus authoritatis abjudicarent, Augustinum quoquo modo trahere in partes suas conati sunt, & contra quam omnis retrò antiquitas instituit, illius interpretati sententiam, quod inter alios aggressus est Gabriel Vasquez.

b *Liu. 9. p. 634.* Hanc Augustinianæ doctrinæ ac mentis interpretationem quam reiecimus, acertimè tuetur Gabriel Vasquez, ac pleraque Augustini testimonia, quæ pro gratuita electione passim afferuntur, ad eam formulam expendit, quibus nos testimoniis, non quia non idonea videbantur, sed quod iis clariora suppeterent, aliâ vti voluimus; nunc vnum alterúmve obiter & refellendæ illius exceptionis gratia proferemus in medium, vt appareat, non tam id quæsitum quid reipsa sentiret Augustinus, quam quid positæ semel opinioni consentaneè posset afferri.

c *Pag. 635.* Quæ verba violenter nimium detorquet ad solam gratiam Vasquez, quæ regnum Dei nominatur.

d *Pag. 645* Id allegasse causa pro sua & opinione, quod maximè illi esset aduersum.

e *Pag. 641.* Atque haud scio an vllus sit, quo certiùs aut euidentiùs illi ipsi reuincantur.

f *Pag. 671* Sed hoc in illis laudare non possum, quod Augustinum in eandem opinionem compellunt, cùm ab ea penitus dissentiat, vt in superioribus capitibus ostendimus.

les chapitres precedens. Voila donc comment vous auez dit que Sainct Augustin enseignoit clairement que l'élection à la gloire estoit gratuite, bien que quelques Theologiens ayent nié que Sainct Augustin l'ait enseigné: mais vous dites maintenant tout le contraire, qui est que Sainct Augustin n'est pas clair sur ce sujet, parce que quelques Theologiens disputent de son sentiment sur ce sujet.

Ainsi vous dites que l'on peut prouuer tres-clairement par Sainct Augustin, qu'il n'a pas creû que la reprobation precede le peché originel, & Caluin neantmoins dit que Sainct Augustin l'a creû, & pourquoy le dit-il? parce qu'il est aueugle & obstiné. *Voila*, dites-vous [a], *pour quelle cause Caluin crie tant de fois que Sainct Augustin est sien, & se glorifie d'estre dans le mesme sentiment que luy, mais qu'y a-t'il de plus vain & de plus friuole que cette vanterie; ou quel commerce a-t'il eu auec Sainct Augustin, s'il s'en est vanté serieusement? que s'il a menty si ouuertement à son escient, on ne se peut rien imaginer de plus obstiné, ny de plus desesperé que cet homme. Car y a-t'il quelqu'vn qui puisse ignorer, s'il a leu tant soit peu attentiuement S. Augustin, qu'il ne reconnoist point d'autre cause de la reprobation que le peché originel, & la masse corrompuë du genre humain?* Ainsi vous dites [b] que l'on peut faire voir tres-manifestement par Sainct Augustin, qu'il a enseigné que la grace n'est pas donnée aux seuls predestinez, & toutesfois Caluin qui enseigne que la grace est donnée aux seuls éleus, dit qu'il est d'accord en toutes choses auec Sainct Augustin touchant la grace, & pourquoy le dit-il? parce qu'il est ignorant & impudent, *Il faut expliquer briefuement*, dites-vous [c], *combien Caluin est éloigné de Sainct Augustin en ce sujet, afin que l'on voye euidemment qu'on ne se peut rien figurer de plus malhabile, ny de plus impudent que cet homme, qui ne cesse de se glorifier que Sainct Augustin est sien en tout ce qui regarde cette opinion.* De cette sorte vous dites en vos dogmes que S. Augustin est clair, bien que les Theologiens & les heretiques disputent de son sens. Puis vous dites en vos dissertations, que Sainct Augustin n'est pas clair, parce que les Theologiens & les heretiques disputent de son sens; si ce

a *Pag.* 694 En cur toties Augustinum esse suum clamitat, deque incredibili cum eo dogmatis consensu gloriatur? sed quid hac prædicatione vanius & futilius? aut quem tandem Augustini vsum habuit ille, si seriò ista iactauit? nam si prudens sciensque tam est apertè mentitus, nihil isto potest ore fingi duriùs ac desperatiùs. Etenim cui tandem ignorare licet qui Augustinum paululum attentè legerit, quin reprobationis causam non aliunde repetat, quàm ex originali vitio, corruptaque massa generis humani?

b *Pag.* 701.

c *Là mesme*, Paucis explicandum est, vt euidens sit, nihil homine isto fingi, vel imperitius posse, vel impudentiùs, qui in toto illo dogmate suum Augustinum esse gloriari non desinit.

n'est pas se contredire, quand se contredit-on?

De ce que les Peres entendent differemment l'Escriture Saincte, il s'ensuit qu'elle est obscure, parce que la saincteté des Peres nous oblige à presumer qu'ils ont esté exempts des prejugez & des autres defauts qui nous empeschent d'entendre l'Escriture Saincte, mais dont les heretiques ne sont pas exempts, ny mesme, si on vous croit, quelques Theologiens Catholiques qui traisnent, dites-vous [a], Sainct Augustin dans leur opinion contre son gré, & en dépit qu'il en ait.

Mais pour faire voir que Sainct Augustin n'est pas capable de regler nos differens, vous dites que si ie disputois auec vn Moliniste, il allegueroit pour luy des tesmoignages de ce Pere, comme i'en alleguerois pour moy. On vous respond, qu'il s'ensuiuroit de là, que les anciens Peres ne seroient pas propres à terminer nos Controuerses auec les heretiques, parce que les heretiques les alleguent pour eux, comme nous les alleguons pour nous. Mais il est aisé de voir, mon Reuerend Pere, ou dans les liures que l'on escrit de part & d'autre, ou en de iustes conferences, qui sont ceux qui tordent Sainct Augustin, & qui le mettent à la gesne, comme ont fait par vostre aueu quelques Theologiens Scholastiques, en ce qui regarde l'élection à la gloire; & vous osez neantmoins vous seruir de cet exemple de l'élection à la gloire, pour nous faire voir que Sainct Augustin ne peut estre l'arbitre de nos differens. Escoutez, mon Censeur; quand ie dis que Sainct Augustin suffit pour éclaircir nos controuerses, ie veux dire qu'il suffit pour des personnes sages, & non preoccupées ou de passion, ou d'interest, ou d'vn amour immoderé de leurs propres opinions; quant aux negligens, aux obstinez, & aux superbes, rien ne suffit pour les conuaincre.

Dans vostre quatriéme chapitre, vous dites auec vn merueilleux entortillement de paroles, que Dieu veut le salut de tous les hommes, parce que le salut de tous les hommes est voulu de Dieu. Qu'est-ce que cela? dites, mon Reuerend Pere? on vous respond que Dieu veut le

a *Pag.* 660. Quod nonnulli nimium recentes ne illius opinionis desertores haberentur, maluerunt interpretes esse non boni, vt ei inuito ac reluctanti opinionem alteram inducerent, tanquam is causam electionis ad gloriam præter Dei voluntatem constituerit vllam.

salut de tous les hommes, c'est à dire, de toutes sortes d'hommes, de mesme que le salut de tous les hommes, c'est à dire de toutes sortes d'hommes est voulu de Dieu; Ie ne pense pas auoir iamais rien veu de plus ridicule que la batologie de vostre Logique en cette rencontre.

Iesus-Christ est mort plus proprement pour les reprouuez que pour les Demons, parce qu'estant homme, il est mort pour deliurer la nature des hommes, & n'est pas mort pour deliurer la nature des Demons. C'est l'opinion de Sainct Prosper [a], communément suiuie par les Theologiens; & les sophismes auec lesquels vous la combattez, ne meritent pas qu'on leur responde.

Vous m'accusez faussement de dire que IESVS-CHRIST veut absolument le salut des reprouuez. I'ay dit qu'il le veut sous condition, c'est à dire s'ils croyent, d'où il ne s'ensuit pas qu'il le vueille absolument.

Vous dites ridiculement que si les Demons croyoient en IESVS-CHRIST, il les sauueroit; Car IESVS-CHRIST n'est point enuoyé pour le salut des Demons, & il n'eut iamais charge ny absoluë, ny conditionnée de les sauuer.

Dans vostre cinquiéme & dans vostre sixiéme chap. vous ne dites rien qui ne soit refuté par le chapitre mesme que vous pretendez de refuter; & ce que ie dis là [b], sert de replique à vostre responsе pleine de babil, de déguisemens, & d'inuectiues. Ie fais dire au Concile, ce que par vostre aueu Sainct Augustin, Sainct Prosper, Sainct Fulgence, Sainct Pierre Diacre, Sainct Gregoire, l'Eglise de Lyon, le Concile de Valence, le Maistre des Sentences ont creû, que Dieu ne veut que le salut des predestinez, & que par consequent Iesus-Christ n'a voulu mourir que pour le salut des predestinez. Vous faites dire au Concile de Trente ce qu'ont dit les Semipelagiens, Que Dieu, autant qu'il est en luy, veut le salut de tous les hommes, à l'égard mesme de l'estat où ils sont, & que par consequent, Iesus-Christ, autant qu'il est en luy, est mort pour le salut de tous les hommes, parce qu'il ne tient qu'à eux de se sauuer, & de participer aux merites de Iesus-Christ. Dites moy donc, qui de vous ou de moy honore dauanta-

a *En la respon̄se à la premiere objection à Vincent*, Quod ergo ad magnitudinem & potentiam pretij, & quod ad vnam pertinet causam generis humani sanguis Christi redemptio est totius mundi, sed qui hoc sæculum sine fide Christi, & sine regenerationis sacramento pertranseunt, redemptionis alieni sunt; cùm itaque propter vnam omnium naturam, & vnam omnium causam à Domino nostro in veritate susceptam, rectè omnes dicantur redempti, & tamen non omnes à captiuitate sint eruti.

b *Voyez cy-dessus.*

ge le Concile de Trente, & qui le soustient plus aduantageusement, ou de moy qui le lie, ou de vous qui l'opposez à l'antiquité? ou de moy qui en fais vn defenseur, ou de vous qui en faites vn aduersaire des Saincts Peres? ou de moy qui l'arme de la tradition pour le rendre inuincible aux heretiques, ou de vous qui armez de la tradition les heretiques, pour le mettre en proye à leur fureur?

Quand Sainct Thomas dit que Iesus-Christ n'a prié que pour le salut des predestinez, il n'oppose pas vne priere efficace à vne priere inefficace & suffisante, mais vne priere faite selon la raison, à vne priere faite selon le sens. D'où il s'ensuit que suiuant Sainct Thomas [a], Iesus-Christ n'a point prié pour le salut des reprouuez selon la raison; ce qui est proprement ce que nous soustenons. I'auois desia fait cette obseruation [b], & vous n'y respondez point, parce que vous ne l'auez peû.

Vous dites que le Concile de Trente definit comme vn point de foy, qu'il dépend de nous immediatement de receuoir la grace, ou de la rejetter, ce qui est l'opinion de Molina, aussi bien que des Semipelagiens: les Thomistes le nient, vous disputez donc contre les Thomistes sur vn point de foy, touchant la definition du Concile de Trente, ce que vous niez en vn autre lieu legerement à vostre accoustumé.

Il est tres-ridicule de dire, que lors que le Concile de Trente employe les paroles de Sainct Augustin, il les a adjoustées à la doctrine de Sainct Augustin pour la faire Catholique, i'ay desia fait voir cette absurdité de vostre Reuerence, comme aussi en quel sens vous auez auancé cette maxime temeraire pour ne dire pis, que le Concile a adjousté beaucoup de choses necessaires à la doctrine de Sainct Augustin, en l'interpretant pour la faire Catholique.

Pour monstrer que Dieu veut sauuer tous ceux qu'il a iustifiez, vous alleguez que le Concile dit que la cause finale de la iustification est la gloire. Mais vous vous refutez vous mesme [c], selon vostre coustume, car vous dites en vos dogmes, que la iustification d'elle-mesme se rap-

a Sainct Thomas 3. partie, qu. 21. art. 4. en la resp. au 2.

b Premiere partie de l'Apologie, pag. 164.

c Tom. 1. liu. 9. ch. 15.

porte à la gloire, mais qu'il ne s'ensuit pas que Dieu la rapporte tousiours à cette fin. Ainsi le Concile de Trente veut dire que la iustification, soit dans les éleus, soit dans les reprouuez, tend d'elle-mesme à la gloire, mais que dans les éleus Dieu l'adresse à cette fin.

Et pour monstrer que Dieu veut sauuer tous ceux qu'il a iustifiez, vous alleguez tres-mal ces paroles de l'Apostre [a], *Ceux qu'il a iustifiez, il les a glorifiez.* Car l'Apostre ne parle là que des éleus que Dieu veut sauuer & glorifier tous, apres les auoir iustifiez.

En quel sens le mot de tous doit estre pris dans le decret du Concile, ie l'ay monstré [b] bien au long dans l'Apologie, selon l'esprit des Peres, que ce Concile a eu dessein de suiure malgré vous, qui l'opposez, autant que vous pouuez, au sentiment des Peres.

Au troisiesme chapitre de la session sixiesme, le Concile ne restraint pas le sens auquel il auoit pris le mot de tous au chapitre precedent, mais il restraint le sens auquel on auroit peû le prendre. Abstenez-vous de sophismes, mon Reuerend Pere, & sçachez que nous ne restraignons iamais le sens dans lequel nous auons parlé, mais le sens dans lequel on auroit peû nous entendre, i'ay pitié de vous, car ie vous ayme.

Parce que vous auez dit en vn lieu, que le fruict de la mort de Christ n'est pas appliqué à tous les hommes, & en vn autre lieu, qu'il est appliqué à tous les hommes, pour vous sauuer de contradiction, vous dites que le fruict de la mort de Christ nous est appliqué en deux manieres, ou entant qu'il nous est offert, ou entant qu'il nous est donné : Ie vous responds, selon vos maximes, que le fruict de la mort de Christ ne peut nous estre offert, que Dieu en mesme temps ne nous en donne vne partie. Car en nous l'offrant, il faut qu'il nous donne vne ayde suffisante pour le receuoir, & cette ayde suffisante est vn vray fruict de la mort de Christ. Et ainsi Dieu ne peut le presenter à chacun des hommes, qu'il n'en donne vne partie à chacun des hommes, ce qui repugne au Concile de Trente, qui declare absolument que le fruict, ou le merite de la

a *Chap.* 8. Quos prædestinauit, hos vt vocauit, quos vocauit, hos & iustificauit, quos iustificauit, illos & glorificauit.

b *Chap.* 16.

passion de Christ, n'est pas appliqué à chacun des hommes. Et comment ce fruict est-il appliqué aux enfans mort-nez? Respondez, si vous pouuez, à cette raison de Sainct Augustin, à laquelle Pelagius, ny ses Disciples, n'ont pû iamais respondre. Mais vous nous insinuez [a], que par vn cas fortuit, ou par vne certaine destinée les causes secondes, ou les libres volontez des hommes, interrompent le cours de la prouidence & de la bonté de Dieu, d'où il faut conclure que c'est de là que vient la perte des enfans, qui meurent sans baptesme, qui est vne pensée que Sainct Augustin [b] traicte d'Impie, ou d'Antichrestienne, & que Bellarmin [c] appelle indigne des Chrestiens, qui reconnoissent la prouidence de Dieu.

En vostre septiesme chapitre, apres auoir falsifié [d] mon texte, & m'auoir fait dire que tous ceux qui ont vescu sous la nature, ou sous la loy, ont esté priuez de la grace; au lieu que ie dis seulement que tous ne l'ont pas eüe; vous prouuez que tous ceux qui ont esté sous la loy, ont eu la grace, parce que la grace de ceux qui estoient iustifiez sous la loy, auoient plusieurs degrez. Y a-t'il rien de plus inepte? nous disons que sous la loy il y en a eu plusieurs, qui n'ont iamais eu aucun degré de cette grace. C'est à vous, mon R. Pere, de faire paroistre le contraire.

Dans vostre huictiesme chapitre vous faites le furieux, & semblez presque me menacer de m'estrangler, si ie ne me rends de vostre opinion: Voyons si vous m'estranglerez. Vous dites que le Concile definit que l'on resiste quelquefois à la grace. Vous vous estranglez vous mesme, car vous auoüez qu'il se peut bien faire que l'on puisse resister à la grace, & que neantmoins on n'y resiste iamais, puis que vous confessez [e] que les predestinez ne resisteront iamais à la grace, bien qu'ils puissent y resister.

Comment le Concile conclut fort bien que la volonté agit en receuant la grace, si elle agit en la repoussant, nous l'auons expliqué dans l'Apologie du Concile de Trente [f], & vous faites tres-bien de ne me respondre point.

Apres m'auoir imposé beaucoup de choses à vostre or-

a *Tom. 1. liu. 10. pag.* 674. Quantum in se & ordinatio suæ prouidentiæ cursu situm est, quem plerumque liberæ hominum voluntates, & causæ, quæ secundæ vocantur, interpellant.

b *Epist. 105 à Sixte,* An hoc fato vel fortunæ daturi sunt? non opinor eos in tantam dementiam prorupturos quantulumcunque nomen Christianum tenere cupientes.

c *Bellarmin, liu. 2. de la Grace, chap. 12.*

d *Pag. 23.*

e *Liu. 10 pag. 758.*

f *2. Partie de l'Apologie, chap. 4 & suiuans.*

dinaire, vous dites que j'auance vn Manicheisme, quand ie dis que la conuoitise est la puissance de dissentir, cette objection est folastre. La conuoitise est la puissance de dissentir, comme la grace est la puissance de consentir. Ie parle de la puissance accidentelle de resister à la grace & de pecher, & lors que dans la gloire Dieu nous ostera cette puissance de pecher, il ne nous ostera pas nostre volonté, mais la cupidité qui nous fait resister à la volonté de Dieu. Ainsi vous auez dit [a], *Autre chose est la charité, qui est la racine des biens,* (c'est à dire la puissance de bien faire) *& autre chose la cupidité, qui est la racine des maux*, c'est à dire vne puissance malheureuse de pecher, & de resister à la grace de Dieu; & ainsi vous dites que la possibilité du bien nous est donnée par la grace, bien que la puissance du franc-arbitre puisse estre dite vne partie de cette possibilité. De mesme ie dis que la conuoitise nous donne la puissance de pecher, bien qu'vne partie de cette puissance soit dans le franc-arbitre, ou dans la volonté. Ie laisse à part que vous m'imposez faussement de dire, que la conuoitise est la seule puissance de dissentir, tout vostre fait n'est que fourberie.

a *Pag.* 754. Aliud charitas radix bonorum, aliud cupiditas radix malorum.

b *Là mesme.*

L'on meriteroit, dites-vous, à l'infiny, si l'on meritoit, parce que l'on resiste à vne conuoitise qui peut s'augméter à l'infiny. On vous respond, que vous vous combattez vous mesme, car vous dites qu'on merite en consentant à la grace, parce que l'on peut luy dissentir: or on le peut par des actes plus forts & plus violens à l'infiny, on merite donc à l'infiny. Escoutez vne bonne fois, & ne vous embarrassez plus en vos paralogismes. La mesure exterieure & accidentelle du merite, n'est pas la conuoitise considerée en elle-mesme, mais considerée dans son acte, par lequel elle resiste à la charité, en sorte neantmoins que son effort cede à l'effort de la charité. Escoutez encore vne fois pour toutes, la puissance de dissentir, qui est le signe & la matiere de nostre merite, n'est pas vne puissance future & inutile, mais vne puissance presente & agissante, quoy qu'indirecte & conditionnée, entant que l'on conçoit que si elle se mouuoit de toutes ses forces, elle vaincroit eroit son aduersaire, qui est la charité auec laquelle elle combat, & quelque clair que soit ce que ie dis, si vous ne pouuez le conceuoir, ce sont vos paroles contre Saumaise [a], vous n'auez pas droict de me reprēdre. Vous dites icy neantmoins, que si i'auois voulu confesser ma faute, vous auriez pû me la pardonner, i'ay bien affaire de vostre pardon, pauure homme que vous estes, de quelle faute me conuainquez vous? ou plustost que ne respondez-vous à ce que i'ay dit pour vous conuaincre vous-mesme de la grossiereté de vos comparaisons & de vos paralogismes?

Dans vostre neufiéme ch. vous me reprochez de dire que la predestination gratuite à la gloire est vn point de foy. Ie l'ay desia dit, ie n'ay dit en cela que ce que disent [a] vos Confreres, Pererius, Salmeron, & Bellarmin, s'appuyant sur des passages tres-expres de Sainct Augustin, de Sainct Prosper, de Sainct Pierre Diacre, de Sainct Fulgence, cité par le Pape Adrian, & sur l'authorité du Concile d'Orange, qui a ietté, dit le mesme Bellarmin, tous les fondemens de cette opinion de l'élection gratuite & absoluë à la gloire, & pourquoy me reprochez-vous d'auoir dit qu'elle est de la foy? parce que beaucoup de Theologiens soustiennent le contraire: mais vous auoüez aussi dans vos dissertations [b], que beaucoup de Theologiens nient que les enfans morts sans baptesme soient damnez de la peine du sens. Et en vos dogmes neantmoins vous dites que c'est vn point de foy, & que nous deuons croire que les enfans morts sans baptesme sont damnez de la peine du sens pour le peché originel, auec la mesme certitude dont nous deuons croire que les adultes sont damnez de la peine du sens pour leurs pechez particuliers, *Gabriel*, dites-vous [c], *Catarin & Caietan pouuoient apprendre de la definition du Concile de Florence, qu'il ne falloit douter aucunement de la damnation eternelle des enfans qui meurent sans baptesme, & qu'il n'en faut non plus douter que de la*

a *Tom. 3. pag. 744.*

a *Voyez la premiere partie de l'Apologie, chap. 12.*

b *1. Differt pag. 62.*

c *Liu. 9. pag. 628.* Gabrielem verò & Catarinum, nec non Caietanum admonere potuit Florentini Concilij sanctio, non esse paruulorum sine baptismo decedentium, æterna damnatione dubitandum, nihilo certè magis quàm de grandiorum cum lethali peccato morientium, nam ambos decreto suo Synodus illa cōplectitur, *& le Reuerend Pere auoit dit deuant, pag. 626. apres auoir cité le mesme decret du Concile de Florence.* Vt igitur, quamuis eorum qui in lethali culpa pereunt, dissimile sit in eadem concrematione supplicium, vna est tamen crucientium pœna flammarum. Ita paruuli in æquali quidem flammarum cruciatu torquentur, sed torquentur tamen.

damnation des adultes qui meurent en peché mortel, puis que le Synode comprend les vns & les autres en son decret. Voila ce que vous dites en vos dogmes de la necessité qu'il y a de receuoir cette opinion, & toutefois, mon Reuerend Pere, en vos dissertations vous la mettez au rang des opinions de S. Augustin, qui doiuent estre libres, & que l'on n'est pas obligé de receuoir. Au reste, en quel sens l'election gratuite à la gloire est de la foy, ie l'ay expliqué dans l'Apologie [a] du Conc. de Trente, à quoy vous ne respōdez point, parce que vous ne respondez à rien. Et vos confreres que ie vous ay citez, ne veulent pas seulement que la predestination gratuite soit vn point de foy, parce que la premiere grace nous est donnée sans merites: mais parce que la grace qui opere nos merites est efficace de sa part, de maniere que dans le sentiment de ces Theologiens, la predestination gratuite n'est autre chose qu'vn absolu decret, par lequel Dieu a voulu de toute eternité, & deuant la preuision de tous nos merites, operer en nous tous nos merites par vne victorieuse & dominâte vertude son esprit. Mais icy i'admire vostre modestie [a], en ce que vous daignez bien vous abbaisser iusqu'à faire des leçons à S. Augustin, luy enseignant de quelle sorte il deuoit combattre les Pelagiens, & luy donnant aduis qu'il pouuoit se contenter de leur faire voir, que Dieu nous choisit gratuitement pour la foy, mais non pas pour la gloire.

En vn autre lieu le bon Pere dit, que le tiers lieu pour les enfans mortnez est vne heresie commune à quelques Catholiques auec les Pelagiens. Tom. 3. p. 616.

a *En la Preface de l'Apologie.*

a *Tom. 1. p. 666.*

Vous continuez de dire contre Sainct Fulgence, contre Sainct Thomas, contre le Cardinal du Perron, contre les Docteurs de Louuain, & ce qui est plus, contre le Concile de Trente, que le Pape Innocent, & Sainct Augustin ont creû que l'Eucharistie estoit en effect necessaire aux enfans. Mais vous ne respondez point aux raisons puissantes, par lesquelles ie demonstre le contraire, & ausquelles ie pourrois en adjouster d'autres. Par exemple, que Sainct Augustin [b] a creû que les enfans baptisez sont au rang des fideles, qu'ils sont associez au corps de Christ, qu'ils ne sont point dans les tenebres; Or il est ridicule & impie de s'imaginer que S. Augustin ait creû que les enfans qui sont fideles, qui sont inserez au corps de Christ, & qui

b *Voyez le 1. liure de* peccat. mer. & remiss. *où Sainct Augustin enseigne tout cecy, touchant les enfans baptisez.*

ſont tirez des tenebres, ſoient damnez ; & ſi Sainct Auguſtin, & le Pape Innocent apres luy, n'euſſent peû dire en vn tres-bon ſens, que l'Euchariſtie eſt neceſſaire aux enfans, c'eſt à dire en vœu ou en effet, comment Sainct Auguſtin euſt-il auancé cette maxime [a] comme vne verité, dont tous les Catholiques demeuroient d'accord? Au reſte, mon Reuerend Cenſeur, apres vous auoir auerty que le Concile de Trente nous defend de croire que les anciens Peres, & par conſequent Sainct Auguſtin, & le Pape Innocent, ayent eſté dans le ſentiment que vous leur attribuez touchant l'Euchariſtie, il eſt eſtrange que vous vous obſtiniez à leur impoſer cette erreur, au meſpris de la defenſe & de l'authorité de ce Sainct Synode.

Quis autẽ neſciat credere eſſe infantibus baptiſari? *chap.* 17.

a *En l'Epiſtre* 106. Nullus qui ſe meminit Catholicæ fidei Chriſtianum, negat aut dubitat paruulos non acceptâ gratia regenerationis in Chriſto, ſine cibo carnis eius, & ſanguinis potu, non habere in ſe vitam, at per hoc pœnæ ſempiternæ obnoxios. *C'eſt à dire que les enfans ſont damnez, s'ils ne prennent la Chair & le Sang de Ieſus-Chriſt ou en effet dans l'Euchariſtie, ou en deſir dans le Bapteſme, qui contient le vœu de l'Euchariſtie. Conc. de Trente, ſeſſ.* 21. *chap* 24.

Dans voſtre dixieſme chapitre vous m'objectez, que ſi Sainct Chryſoſtome a creû qu'il eſt vray que les enfans naiſſent ſans peché, il a creû qu'il eſt faux que les enfans naiſſent en peché. O la belle Theologie! i'ay entendu dire que Sainct Chryſoſtome auroit erré poſitiuement, s'il auoit dit, qu'il faut nier le peché originel pour eſtre Catholique, ce qu'il n'a iamais dit : D'où il s'enſuit que ſelon le teſmoigne du cinquieſme Concile, Sainct Chryſoſtome n'a iamais erré touchant la foy & la condamnation des heretiques, c'eſt à dire en ce qu'il a condamné dans les heretiques, comme vne erreur en la foy, & comme vne hereſie qui merite l'excommunication & les anathemes de l'Egliſe. Mais icy vous ne vous apperceuez pas que vous plaidez la cauſe de Iulien contre Sainct Auguſtin, qui fait voir à Iulien [b] que Sainct Chryſoſtome a creû le peché originel. Et pour vous qui faites vn crime ſi eſtrange à l'Eueſque d'Ypre, d'auoir dit auec Vaſquez, que les Peres Grecs ont eſté dans l'erreur des Semipelagiens, vous ſied-il bien de dire que Sainct Chryſoſtome, Theodoret, & quelques autres Grecs ont nié le peché originel?

b *Liu.* 1. *contre Iulien, chap.* 5. Vides certè non ab eo [Chryſoſtomo] dictum eſſe, paruulos non coinquinatos eſſe peccato ſine peccatis, ſed non habere peccata, intelligo propria, & nulla contentio eſt; at inquies, cur non ipſe addidit propria? cur putamus? niſi quia diſputans in Catholica Eccleſia non ſe aliter intelligi arbitrabatur, tali quæſtione nullus pulſabatur, vobis nundum litigantibus, ſecuriùs loquebatur, nam vis audire quid etiam ipſe de hac re apertiſſimè dixerit, &c.

Dans voſtre vnzieſme chapitre vous dites que vous n'auez pas parlé dans voſtre ſentiment, quand vous auez eſcrit les paroles ſuiuantes : *Iamais l'action de vouloir n'eſt ſeparée du pouuoir, tellement qu'il y a vne liaiſon neceſſaire de l'vne auec l'autre ;* pour faire voir que vous auez eſcrit là dans vostre pensée propre; Il suffit de rapporter vn peu plus au long ce que vous auez escrit. *C'est pourquoy*, dites-vous [a], *si la grace, comme aussi la iustice, est donnée aux reprouuez, c'est vne grace qui n'a pas la mesme condition que celle (comme veulent les nouueaux Dogmatistes) que S. Augustin asseure estre particuliere aux éleus. Car celle-cy est telle*, (qui ne voit que vous exprimez icy vostre sentiment?) *que ceux qui entendent, apprennent, & ne peuuent pas seulement consentir, mais consentent en effect, c'est à dire, qu'elle opere en eux le vouloir mesme; & ce que dit l'Epistre, iamais l'action du vouloir n'est separée du pouuoir; tellement qu'il y a vne liaison necessaire de l'vne auec l'autre.* Qui est-ce donc qui ne verroit icy que vous exprimez vostre propre sentiment? Et en effect, vous dites dans le texte, ce que vous cottez en la marge. Or vous cottez [b] en la marge: *La grace qui est propre aux predestinez, est infaillible.* Vous dites donc dans le texte, que la Grace propre aux predestinez est infaillible; ce que vous auoüez estre veritable, & ainsi il paroist tres-euidemment que vous auez parlé dans vostre pensée propre; que si vous auez touché là nostre opinion, vous auez voulu dire seulement que la proprieté que nous attribuons à toute grace, qui est de n'estre iamais sans son effect, est vne proprieté qui ne conuient qu'à la grace des éleus. Cela se voit aussi parce que vous adioustez immediatement en suite, *Et ce que dit l'Epistre, Iamais l'action de vouloir, n'est separée du pouuoir; tellement*, dites-vous [c], *qu'il y a vne liaison necessaire de l'vne auec l'autre, & pour le dire en vn mot, ce que dit le sieur Abbé, que la Grace a deux proprietez inseparables, dont l'vne est d'estre necessaire, & l'autre de n'estre iamais sans effet. Quant à cette derniere condition, les tesmoignages qu'il apporte de Sainct Augustin pour l'establir, monstrent clairement que cette grace ne conuient qu'à ceux qui sont appellez selon le propos, c'est à dire aux Esleuz, desquels ce sainct Docteur prononce qu'estre enseigné du Pere, ce n'est autre chose sinon que la Grace ne leur donne pas seulement de pouuoir, mais de vouloir aussi.* Y a-t'il aueugle qui ne voye que vous auez escrit ces choses dans vostre sentiment? & n'auez vous pas de honte de desauoüer si legerement vos propres paroles? & d'asseurer si hardiment, que vous auez parlé

a *Prem. Dissert. n. 96.* Quamobrem si reprobis gratia, vt & iustitia conceditur, non eadem illâ conditione censetur, quàm vt nouorum dogmatistarum interpretatio est, Augustinus electorum peculiarem esse gratiam asseuerat, hæc enim est eiusmodi, vt qui audiunt, discant, nec tantum consentire possint, sed re ipsa consentiant, hoc est vt in eis velle operetur, & quod epistola dicit, nonquam volẽdi actio à potestate diuellatur, ita vt vnius cum altero necessaria sit cõnexio.

b *En la marge*: Prædestinatorum propria gratia infallibilis est.

c Et vt vno verbo complectar, hoc quod ait D. Abbas gratiam proprietates habere inseparabiles duas, vt necessaria sit, & nunquam effectu careat quod ad hunc posteriorem attinet quibus eam Augustini testimoniis affirmare contendit ea palam ostendunt gratiam istam solis conuenire vocatis secundum propositum, id est electis quos à patre doceri nihil aliud esse demonstrat sanctissimus Doctor, quàm in illis non solum posse, sed etiam velle ab gratiâ tribui, & hoc ipsammet efficere.

dans l'opinion d'autruy, lors qu'il paroist manifestement que vous auez parlé dans la vostre propre? Que si à l'occasion de Sainct Hierosme, vous nous asseurez [a] qu'il est dangereux d'escrire dans le sentiment des autres, ne comprenez-vous pas qu'il est bien plus dangereux de vouloir faire croire que l'on a escrit dans le sentiment des autres ce que l'on a escrit dans son propre sentiment?

a *Liu. 10 des dogmes, tom. 1 pag. 682.*

La Bulle faite par Paul cinquiesme contre Molina, est veritable, quoy que vous disiez, & de quelques execrations que vous me chargiez; & ce que vous alleguez de Monsieur Despons, monstre seulement que Paul cinquiesme ne l'a pas publiée. Et pourquoy? de crainte d'irriter les esprits superbes, amateurs d'eux-mesmes, & de la nouueauté.

Vous dites que selon Sainct Augustin, la grace est insurmontable aux tentations, mais non pas à la volonté. Cette imagination est tout à fait friuole, Sainct Augustin enseigne que la grace ne peut estre surmontée par la volonté non plus que par les tentations, puisque aussi bien elle ne peut estre insurmontable aux tentations, qu'entant qu'elle l'est à la volonté. *Vouloir, & ne vouloir pas*, dit Sainct Augustin [b], *sont tellement en la puissance de celuy qui veut ou qui ne veut pas, qu'il ne peut surmonter la puissance de Dieu, ny empescher sa volonté.* Et il auoit dit auparauant, *qu'il n'y a point de franc-arbitre qui resiste à Dieu, quand il veut nous sauuer.* Ne voyez-vous pas que Sainct Augustin dit que la volonté de Dieu, & par consequent sa grace, ne peut estre surmontée par la volonté de l'homme? Et c'est pourquoy vous auez dit, *Par sa toute-puissante volonté & grace, à laquelle il sçait que la volonté de l'homme ne peut resister.* Et en effect, comment la predestination de Dieu seroit-elle renduë infaillible par la grace, si la volonté de l'homme pouuoit vaincre & surmonter la grace, & la rendre sans effect?

b *Liu. de la corr. & de la gr. ch* 14. Sic enim velle & nolle in volentis aut nolentis est potestate vt diuinam non impediat voluntatem, aut superet potestaté.

Dans vostre douziesme chapitre vous dites que les propositions qui sont contenuës en la Bulle de Baïus, ne peuuent estre soustenuës, parce qu'elles sont au moins scandaleuses, ou suspectes. Ie vous responds, que celles qui se trouuent clairement dans Sainct Augustin, n'ont peû iamais estre suspectes que par accident, & nous deuons presumer que l'intention du Siege Apostolique est, qu'elles cessent de nous estre suspectes, si elles nous paroissent manifestement dans Sainct Augustin, qui a esté tant de fois, comme vous l'auoüez vous-mesme, authorisé, & consacré par le Siege Apostolique; en sorte, dites-vous, que l'on iustifioit suffisamment vne opinion, quand on auoit fait voir qu'elle estoit enseignée & decidée par S. Augustin en la matiere de la grace & de la predestination diuine : d'où vient certainement que ces deux propositions qui sont rapportées en la Bulle, que, *sans la grace on ne peut resister à aucune tentation*, & que, *sans la grace on ne peut faire aucun bon vsage du franc arbitre*; n'ont pas laissé d'estre soustenuës par Suarez [a] & Vasquez, vos renommez confreres. Comme aussi l'on ne peut nier ces deux propositions sans vne horrible impieté, puisque elles appartiennent aux fondemens de la Religion; & cette raison vous a paru si forte, que vous l'auez obmise, ayant tres-bien iugé qu'elle estoit sans response.

a Suarez en son proleg. 6. ch. 2. nomb. 14. & 13. Vasquez sur la prem. de la seconde, disp. 90. ch 12. & disp. 89. ch. 15. & ch. 13. nomb. 174.

Mais comment des propositions de Sainct Augustin, qui a esté loüé & approuué si excellemment de toute l'Eglise, sont-elles deuenuës scandaleuses, ou suspectes, ce qui est arriué neantmoins aux maximes les plus sainctes de la Religion? Ce desordre est né, mon Reu. Pere, ou de l'ignorance, ou du zele indiscret, ou de la presomption de certains hommes, qui ont fait d'Aristote vn nouuel Euangile, qui depuis vn siecle ayant éleué comme vne nuée espaisse d'vn sçauoir humain, pour obscurcir la tradition des Peres, ont enseigné leurs phantaisies, au lieu de la vraye Religion, qui affectant la gloire de combattre les erreurs, ont décrié indifferemment tout ce qui est auoüé par les heretiques de nos iours, & qui enfin sous ce faux pretexte ou de Philosophie, ou d'auersion aux heresies, n'ont pas fait scrupule d'inspirer au peuple la haine & le mespris des maximes capitales de la solide pieté, comme l'a obserué iudicieusement, & l'a déploré pieusement le Cardinal Contarin. Ne vous enquerez donc plus, mon Reuerend Pere, de l'origine de ce desordre. Il y en a qui font du mal, puis ils demandent d'où il vient : comme les Iuifs ayant frappé Iesus-Christ, luy demandoient, *Qui t'a frappé?*

Mais soitque par la malice, ou par l'infelicité du temps quelques propositions de Sainct Augustin soient deuenuës ou scandaleuses, ou suspectes à l'esgard de ceux qui ne les voyent pas dans Sainct Augustin mesme, si par la temerité de quelques-vns elles viennent à estre traitées ou d'erronées, ou d'heretiques, nous deuons croire que d'en entreprendre la defense, ce n'est pas estre rebelle, mais fidele au Siege Apostolique, qu'on outrage en l'accusant de les auoir iugées heretiques, ou erronées, apres les auoir autrefois solemnellement declarées saines & catholiques. Et bien que l'on voye dans la Bulle cette proposition, que, *Toutes les œuures des Infideles sont pechez* : combien y a-il de Theologiens qui ne laissent pas de la soustenir encore ? Et n'auoüez-vous pas vous-mesme, que le Concile de Trente nous a permis de l'enseigner ? Toutefois vous dites, que si le sainct Siege a declaré quelques propositions de S. Augustin ou scandaleuses, ou suspectes, il s'ensuit de là, selon mes maximes, que le sainct Siege a declaré scandaleux ou suspect le Concile de Trente, qui est tout composé des expressions de Sainct Augustin en ce sujet. O la iudicieuse consequence ! les propositions de Sainct Augustin, qui par la faction de vos semblables sont pour quelques-vns ou scandaleuses, ou suspectes, se lisent-elles precisément dans le Concile de Trente ? Et à l'esgard de ceux qui voyent la liaison de ces propositions auec les definitions du Concile de Trente, les definitions de ce Concile n'en deuiennent pas suspectes, mais plustost deliurent de soupçon toutes celles auec lesquelles elles paroissent iointes, liées & enlacées.

Et icy pour acheuer de vaincre cette fierté d'esprit, qui vous arme meschamment contre la maiesté du Siege Apostolique, pour en faire vn aduersaire de la tradition & de l'Eglise, au lieu qu'il en est & sera tousiours le garde & le vangeur : dites-moy, ces deux propositions tres-orthodoxes, & tres-indubitables, que, *Sans la grace on ne peut resister à aucune tentation* ; & que, *Sans la grace on ne peut faire aucune bonne œuure;* ne sont-elles pas liées auec les Canons du Concile de Trente, expliquez comme ils doiuent l'estre, suiuant le sentiment des Peres? & rendent-elles neantmoins le Concile de Trente scandaleux ou suspect, bien qu'elles soient mises par la Bulle au rang des assertions scandaleuses ou suspectes? Ainsi, mon Censeur, dans le veritable esprit du Siege Apostolique, bien que ces propositions de Sainct Augustin demeurent ou scandaleuses, ou suspectes à l'esgard de quelques-vns que vos nouueautez ont abusez, il est certain neantmoins qu'elles ne sont, ny ne peuuent estre ou suspectes, ou scandaleuses à l'esgard de ceux, ou qui les lisent dans Sainct Augustin, ou qui les voyent euidemment liées auec la doctrine de Sainct Augustin, & par consequent auec la doctrine du Concile de Trente, qui a suiuy par tout Sainct Augustin, & principalement en cette matiere. Et partant, mon Reuerend Pere, tout ce que veut la Bulle est, que l'on enseigne ces propositions auec prudence & auec circonspection, pour euiter les bruits qu'excitent les superbes, & les amateurs de la nouueauté; autrement (ce que ie ne puis dire sans horreur) il ne seroit aucunement permis ou de soustenir, ou d'enseigner ces deux propositions tres-certaines & tres-sainctes, que, *Sans la grace on ne peut resister à aucune tentation;* ou que, *Sans la grace on ne peut faire aucun bon vsage du franc-arbitre.* Bien que le Prince de la Grace ayt dit luy-mesme generalement, *Sans moy vous ne pouuez rien faire.* Et tant s'en faut que vous condamniez ces deux propositions, ou que vous puissiez les condamner, que vous confessez vous-mesme [a] que le Pape Celestin les a definies selon les sentimens des anciens Conciles & des Papes ses predecesseurs. Brisez-vous la teste contre ce roc, mon Reuerend Pere, ou plustost abstenez-vous de pointilleries & d'argoteries en ce haut suiet: soyez Chrestien & sage, & cessez de vous ioüer de la verité, de la Religion, de la tradition de l'Eglise, & de l'authorité du Siege Apostolique, pour fauoriser les sentimens de vostre Societé.

a *Tom. 3. des dogmes, au liu. de l'her. Pelag. ch. 10 §. 17.*

Voila ce que j'auois à vous dire maintenant, mon Reuerend Pere, & ce que j'auois à respondre en peu de mots à vostre

voſtre diſpute, où vous me declarez vne cruelle guerre, en me traitant d'heretique ouuertement. Il ne me reſte que de vous coniurer par la Croix & par le Sang du Seigneur IESVS, dont vous portez le nom, de ne vous ioüer plus de ſon Sang & de ſa Croix; & de ne plus accommoder à des intereſts humains ceux de ſon honneur & de ſa gloire, en eſtabliſſant, ou en détruiſant les veritez de ſon Euangile, ſelon vos paſſions, & ſelon vos préiugez. Que ſi vous continuez d'offenſer & d'outrager la grace de voſtre Redempteur, comme vous l'auez fleſtrie & deſchirée iuſqu'à cette heure, aſſeurez-vous que vous ne le porterez iamais impunément, & que voſtre temerité ſera touſiours ſuiuie du iuſte chaſtiment qu'elle aura merité. En attendant de quelle ſorte vous vous conduirez à l'auenir, ie ne ceſſeray d'éleuer les mains à Dieu, afin qu'il luy plaiſe de vous illuminer, & de vous faire voir l'eſtat mortel où vous vous eſtes mis en combattant de propos deliberé les maximes les plus ſainctes de la Religion. Quant à la maniere ſophiſtique & déplorable dont vous les combattez, ie ſçay tres-bien que ie puis vous dire ce que dit S. Auguſtin[a] à Fauſte: *La mauuaiſe cauſe* (dont vous auez entrepris la defenſe) *vous a contraint de dire pluſieurs mauuaiſes choſes.* Mais ie ne ſçay ſi ie puis vous appliquer ce que S. Auguſtin adjouſte: *Perſonne ne vous a contraint d'entreprendre la defenſe d'vne mauuaiſe cauſe.* Vous m'entendez, mon Reuerend Pere, & vous auez ſans doute eſprouué autant qu'homme du monde, combien c'eſt vne dure & faſcheuſe ſeruitude, que de ne pas viure dans la liberté de ſes ſentimens. Adieu, mon Reuerend Pere, ie le prie qu'il vous comble de ſes graces & de ſes benedictions dans l'eternité.

[a] *Liu. 16. contre Fauſte.* O hominem ſe cogitantem dictorem, & alium non cogitãtem cõtradictorem! vbi eſt acumen tuum? an in mala cauſa non poſſes aliter, ſed mala cauſa te vana loqui coëgit; malá verò habere cauſam nemo coëgit.

EVAR. Et bien, Timothée, ne ſuis-je pas homme de parole? ne me ſuis-je pas bien teû pendant voſtre lecture? cependant voila certainemẽt vne faſcheuſe lettre que vous venez de lire, & pour moy ie ne ſerois point d'aduis qu'on la rendiſt au Reuerend Pere: car il ne ſe peut faire qu'elle ne luy cauſe beaucoup d'ennuy. TIM. L'Abbé ſçait tres-bien qu'elle affligera ſa Reuerence, & il en eſt faſché luy-meſme pour l'amour de ce bon Pere; mais enfin que voulez-vous que cet Abbé deuienne? & ne faut-il pas qu'il obeysse à la necessité de se defendre, & de soustenir la verité que ce bon Religieux a outragée au dernier poinct? EVAR. Mais l'Abbé a-t'il tout dit? & n'y auroit-il pas encore quelques antilogies, & quelques bizarreries dans les beaux ouurages du Reuerend Pere? Ie vous auoüe que ie serois rauy d'en ouyr encore quelques-vnes; ce n'est pas que ie me resioüisse du mal de mon prochain, à Dieu ne plaise, mais c'est que i'ay vne ioye extreme de voir en quelle confusion se sont iettez eux-mesmes par vn iuste iugement de Dieu, les nouueaux ennemis de la grace de son Fils; Et le iuste se resioüit quand il voit la vengeance, comme parle l'Escriture. TIM. Vos sentimens sont Chrestiens & raisonnables, Euariste, mais il s'en faut bien que l'Abbé ayt tout dit, & s'il auoit leu le troisiesme tome des dogmes Dionysiens, il y auroit bien veu d'autres embarras & d'autres contradictions, qui ne sont pas moins claires, ny moins importantes que celles qu'il rapporte dans sa fascheuse Epistre. EVAR. Ie vous supplie, Timothée, par charité, dites m'en quelques-vnes, & si vous pouuez mesmes des plus fines & des plus exquises, & vous deuez vous asseurer que ie ne m'ennuiray pas à les ouyr. TIM. Ie le veux, Euariste, & il se rencontre fort à propos que i'ay fait vn extraict des dogmes du bon Pere que i'ay traduit en nostre langue, & ie vous le liray à mesure qu'il en sera besoin. EVAR. Commencez, Timothée, & ne me faites plus languir.

TIM. Quelles sont les premieres & les principales especes de grace que le Reuerend Pere nous enseigne dans ses dogmes? EVAR. Ie n'en sçay rien, i'ay bien d'autres choses à faire que de m'amuser à fueilleter la rapsodie de ses dogmes. TIM. Le Reuerend Pere enseigne qu'il y a deux especes principales de grace, l'vne qui illumine nostre entendement, & l'autre qui meut nostre volonté. EVAR. Comment? dit-il cela? TIM. *Il paroist de là tres-constamment*, dit-il [a], *que l'homme est pourueu de deux sortes de graces, dont l'vne excite nostre intelligence, & l'autre pousse nostre volonté.* EVAR. Le Reuerend Pe-

[a] *Tom. 3. des dogmes, liure de l'heres. Pelag. & Semip. chap. 8. §.14. pag. 634.* Vnde liquidò constat duplici gratiâ instrui hominem ad agendum, alterâ quæ intelligentiam nostram mouet, alterâ quæ voluntatem impellit.

re auoüe-t'il que Pelage connoissoit cette premiere grace qui illumine nostre entendement? TIM. Ouy, il l'auoüe, & le soustient mesme contre Bellarmin qu'il refute puissamment; Le bon Pere dit [a], *La quatriesme sorte de grace* (que Pelage confessoit) *est l'illumination interieure de l'esprit, & la reuelation par laquelle Dieu ouure les yeux de nostre cœur, mais n'opere rien en nostre volonté. Sainct Augustin propose & explique cette grace de la part de Pelage, & en rapporte les paroles au liure de la grace de Christ, au chapitre septiesme. Quant à la grace, dit Pelage, nous ne confessons pas seulement comme tu penses, qu'elle consiste dans la loy, mais aussi dans le secours de Dieu; puis il expose la grace qu'il entend, & escrit ainsi, Car Dieu nous ayde par sa doctrine & par sa reuelation, lors qu'il ouure les yeux de nostre cœur, lors qu'il nous découure les choses futures, pour nous détacher des presentes, lors qu'il nous manifeste les embusches du Diable, lors qu'il nous illumine par le don diuers & ineffable de sa grace celeste. Celuy qui dit ces choses, te semble-t'il qu'il nie la grace? ou ne confesse-t'il pas en mesme temps le franc-arbitre de l'homme, & la grace de Dieu? Et au chapitre dixiesme, Il dit que Pelage reconnoissoit la grace, par laquelle Dieu nous enflamme, en nous proposant la grandeur de la gloire, & en nous promettant ses recompenses, lors qu'il réueille nostre volonté pesante & engourdie, & l'excite au desir de Dieu, lors qu'il nous conseille tout ce qui est bon.* EVAR. Le Reuerend Pere veut-il que Pelage ayt reconnu indifferemment toute sorte de grace qui illumine nostre esprit? TIM. Ouy absolument toute sorte de grace. *Ces heretiques*, dit-il [b], parlant des Pelagiens, & des Semipelagiens, *ont posé la grace qui nous est donnée par les merites de Christ, dans l'illustration seule de l'entendement, & n'ont rejetté absolument aucune sorte de don celeste, qui appartient à la seule connoissance.*

EVAR. Le Reuerend Pere comment veut-il que cette grace qui illumine nostre entendement, meuue nostre volonté? TIM. Il veut qu'elle meuue nostre volon-

a *Là mesme, chap. 4. §. 2. pag. 609.* Quartum gratiæ genus est interior mentis illuminatio & reuelatio, qua cordis oculos aperit Deus, sed nihil in voluntate nostra efficit, hanc gratiam ex Pelagio proponit & explicat Augustinus, eiusque verba recitat lib. 1. de grat. Christi, cap. 7. quam gratiam, inquit, nos non, vt tu putas, in lege tantummodo, sed & in Dei esse adiutorio confitemur: mox qualem gratiam intelligat, exponit ita scribens, Adiuuat enim nos Deus per doctrinam & reuelationem suam, dum cordis nostri oculos aperit, dum nobis, ne præsentibus occupemur, futura demonstrat, dum diaboli pandit insidias, dum nos multiformi & ineffabili dono gratiæ cœlestis illuminat; qui hæc dicit, gratiam tibi videtur negare? an & liberum hominis arbitrium, & Dei gratiam confitetur? Et cap. 10. Eandem gratiam à Pelagio commendari dicit, qua Deus futuræ gloriæ magnitudine, & præmiorum pollicitatione succendit, dum reuelatione sapientiæ in desiderium Dei stupentem suscitat voluntatem, dum nobis suadet omne quod bonum est.

b *Là mesme, chap. 8. §. 1. pag. 619.* Gratiam igitur, quæ per Christi merita tribuitur, in sola mentis illustratione hæretici illi (*Pelagiani ac Semipelagiani*) posuerunt, nullum omnino repudiantes doni cœlestis genus, quod ad solam cognitionem pertineret.

té moralement & metaphoriquement, c'est à dire, en luy proposant, comme au dehors, les objets & les motifs qui peuuent la toucher, luy plaire, & l'attirer. Et ainsi le bon Pere enseigne [a] que Sainct Augustin demande vne grace, *qui opere le vouloir & le parfaire, qui meuue & pousse où elle veut nostre volonté, non pas seulement en l'attrayant & en luy proposant* (le bien) *ce qu'on appelle motion metaphorique, comme est toute celle qui consiste dans l'intelligence & dans la connoissance.* EVAR. Le Reuerend Pere ne dit-il pas que cette grace qui illumine nostre esprit, doit estre rapportée à la doctrine ou à la loy? TIM. Il le dit en plusieurs lieux, & particulierement en celuy-cy [b], *Tout ce que les Pelagiens entendoient par le nom de Grace, Sainct Augustin a de coustume de le referer à deux chefs, sçauoir à la Nature & à la Loy, ou à la Doctrine, comme il fait au mesme liure de la grace de Christ, au chap. 8. 9. 10. 30. & 31. parce que l'illumination, ou la reuelation interieure, qui est celle de toutes qui merite principalement le nom de grace, fait plustost l'office d'vn Maistre qui enseigne, que d'vn agent qui pousse & qui coopere, dautant que par elle-mesme, elle ne touche pas la volonté, mais seulement l'esprit & l'intelligence, & se tient comme au dehors de nostre volonté.*

EVAR. Voila ce qui regarde la premiere grace qui éclaire nostre esprit. Quant à la seconde qui touche & qui meut nostre volonté, quelle en est la nature dans le sentiment du Reuerend Pere, & quelles sont les conditions, ou les proprietez qu'il luy attribuë? TIM. Il dit que Sainct Augustin met cette grace dans la delectation & dans la douceur de la charité. *Quant à l'autre espece de grace*, dit-il [c], *qui consiste en la motion de la volonté, S. Augustin la declare en tous les lieux que nous auons citez vn peu auparauant, & il enseigne à tout bout de champ qu'elle est comprise dans la delectation, & dans la suauité de l'amour que Dieu inspire en nostre cœur;* Il dit que c'est la grace qui opere le vouloir en nous, & qui nous fait faire en effet ce que l'autre grace nous enseigne qu'il faut faire. *Sainct Augustin*, dit-il [d], *ne se contente pas de cette sorte de grace*, (qui illumine l'entendement,) *mais il en demande encore vne autre,*

a *Là mesme*, §. 4 *pag.* 61. Quæ operetur velle & perficere, quæ voluntatem nostram moueat quò vult & impellat, non alliciendo solum ac proponendo, quæ metaphorica cõmotio dicitur, qualis est omnino ea quæ in intelligentiâ cognitioneque consistit.

b *Chap.* 4 §. 7. Porrò quidquid gratiæ nomine Pelagiani comprehendebant, ad duo reuocare fastigia solet Augustinus, naturam, & legem siue doctrinam, vt in eodem libro 1. de gratia Christi, cap. 8. 9. 10. 30. & 31. Nam illuminatio & interior reuelatio, quæ ex omnibus gratiæ appellationem maximè meretur, quia voluntatem per se non afficit, sed mentem & intelligentiam; illi verò tantùm extrinsecùs objicitur, docentis partes, non impellentis & cooperantis sustinet.

c *Chap.* 8. §. 9. *pag.* 632. Porrò alterum gratiæ genus quod in motione voluntatis positum est, declarat in illis omnibus locis quæ paulò ante commemorauimus, ac passim, id esse situm docet in delectatione ac suauitate dilectionis, quã Deus cordibus nostris inspirat.

d *Là mesme*, §. 4 *pag.* 630. At hoc ipso gratiæ genere non est contentus Augustinus, sed aliã

qui ne nous enseigne pas seulement ce que nous deuons faire, mais aussi qui le fasse en nous, & auec nous, qui opere le vouloir & le parfaire, qui meuue & qui pousse, où il luy plaist, nostre volonté, non seulement en l'allechant, & en luy faisant voir le bien, & le reste que nous auons desia cité. Il dit que c'est la grace proprement Chrestienne. EVAR. C'est beaucoup dire, mais il est vray pourtant. TIM. *C'est pourquoy*, dit-il [a], *puis que Sainct Augustin desiroit vne autre grace, outre celle que Pelage confessoit, il est euident que ce Pere a pensé que l'illumination de l'esprit, par laquelle on connoist ce que l'on doit faire, ne suffisoit pas, & que ce n'estoit pas mesme la grace de Christ proprement dite ainsi, pour laquelle il combattoit si puissamment auec ces heretiques.* Il suppose que comme l'autre grace est le don de la science, celle cy est le don de la charité, & en ce sens il rapporte [b] ces paroles de Sainct Augustin, *Mais nous pretendons que ceux-cy reconnoissent la grace de laquelle l'Apostre dit, Dieu ne nous a pas donné vn esprit de crainte, mais de vertu, & de charité, & de continence. Or il ne s'ensuit pas que celuy qui a le don de science, par lequel il connoist ce qu'il doit faire, ayt aussi le don de la charité, afin qu'il le fasse.* A quoy le Reuerend Pere adjouste [c], *Icy le secours & l'ayde de la grace, qui est le don de la science, & que Sainct Augustin pense n'estre pas assez, enferme en soy l'inspiration & l'illustration du cœur ; par lesquelles Dieu nous monstre ce que nous deuons faire : mais Sainct Augustin dit que cette grace ne suffit pas, & outre celle-là il en demande vne autre qui ayde la volonté mesme & l'action par la subministration du Sainct Esprit.* Il dit que c'est la grace que les Peres appelloient proprement Esprit, renuoyant toutes les autres à la doctrine & à la loy. EVAR. Nous auons desia veu que le bon Pere en demeure d'accord.

TIM. Il dit que cette grace qui meut la volonté, est aussi necessaire que celle qui illumine l'esprit dans le sentiment des Peres. *Sainct Augustin*, dit-il [d], *enseigne que*

præterea requirit, quæ non doceat solùm quod sit faciendum, sed etiam nobiscum & in nobis faciat, quæ operetur velle & perficere, quæ voluntatem nostram moueat quò vult & impellat, non alliciendo solum, &c.

a *Là mesme*, §. 7. *pag.* 631. Quare cùm præter illam ipsam quam Pelagius agnoscebat, illā desideraret Augustinus, euidens est non cum putasse sufficere mētis illustrationē quā quod agendum est cognoscitur, nec eam propriè dictam esse Christi gratiā, de qua cum illis tantoperè certabat.

b *Là mesme.* Nos autem illam gratiam (*c'est du 33. chap. du liure de la grace de Ch.*) in eorum confessione requirimus, de qua dixit Apostolus, non enim dedit nobis Deus spiritum timoris, sed virtutis & charitatis, & continentiæ ; non est autem consequens vt qui habet donum sciētiæ, quo nouerit quid agere debeat, habeat etiā charitatis vt agat.

c Hîc adiutorium gratiæ & auxilium, quod est donum scientiæ, quodque non satis esse putat Augustinus, illustrationem cordis & inspirationem continet, qua quid sit agendum Deus ostendit : hanc, inquam, sufficere negat, & eam insuper postulat, quâ ipsa voluntas & actio subministratione Spiritus Sancti adiuuatur.

d *Là mesme*, §. 9. *pag.* 632. Et quidem eiusmodi tùm vtramque, tùm hanc potissimùm esse gratiam, non vt quasi ex abundanti suppeditetur, miniméque necessaria sit, sed vti ex æquo cum mentis illuminatione necessariò requiratur.

l'vne & l'autre est grace, mais principalement celle-cy, (qui nous fait vouloir) *non comme si elle nous estoit donnée surabondamment, & comme si elle n'estoit pas necessaire, mais comme estant requise aussi necessairement que l'illumination de l'esprit.* Il dit que c'est la grace dans laquelle consiste la principale force de la grace Chrestienne. EVAR. Comment dit-il? TIM. *Icy*, dit-il [a], *l'vne & l'autre grace est interieure, & appartient à l'inspiration, & dautant que la premiere ne touche pas immediatement la volonté dans laquelle existe la principale force de la grace*, & le reste; c'est à dire, dans laquelle la grace doit exercer sa principale force. D'où il s'ensuit que la grace qui meut la volonté, est celle qui contient la principale force & la plus puissante energie de la grace dans le sentiment du Reuerend Pere. Il dit que c'est la grace que les Catholiques vouloient absolument faire confesser aux Pelagiens, & qu'ils soustenoient particulierement contre ces heretiques. *Or*, dit-il [b], *la grace que les Catholiques desiroient principalement, & à toute force faire reconnoistre aux Semipelagiens, ne se rapporte pas à la seule connoissance de ce qu'il faut croire, ou de ce qu'il faut faire, mais fait encore ce qu'il faut faire, non pas en nous donnant ou de l'intelligence, ou de la lumiere, (car ceux-cy l'auoüoient sans difficulté,) mais en mouuant nostre volonté.* Il dit que c'est la grace de laquelle seule S. Augustin a disputé contre les heretiques, iugeant toutes les autres legeres & de peu de consequence.

EVAR. Le Reuerend Pere dit-il cela bien clairement? TIM. Escoutez, Euariste, *Sainct Augustin*, dit-il [c], *estime cette grace necessaire, c'est pour celle-là qu'il fait tous ses efforts. Celle-là seule estant exceptée, il pense que toutes les autres sont legeres, & ne sont d'aucun poids en ce qui regarde la controuerse de la grace. Ce que sans doute il ne feroit pas, s'il eut voulu seulement que Dieu operast en nous, ou la bonne volonté, ou la dilection en ce qu'il remuë nostre esprit par vne inspiration, & par vne illustration actuelle, comme on dit. Car c'est vne chose que Pelage auoüoit franchement, & beaucoup plus encore les Semipelagiens.* Il dit que cette grace qui meut la volonté, est celle qui est posée & definie par les Conciles d'Afrique & d'Orange, qui sont des Conciles

a *Là mesme, §.6. p.631.* Hîc vtraque gratia interior est, & ad inspirationem pertinet, quarum prior, quia voluntatem per se non attingit, in qua præcipuum gratiæ robur est situm, ideo ad doctrinam forinsecùs insonantem eodem loco rejicitur.

b *Chap.9. §.3 p.637.* Atqui gratia illa, cuius cõfessionem Catholici potissimùm à Semipelagianis extorquere cupiebant, non in sola credendorum faciendorumve notitia versatur, sed etiam facit ipsa quod est faciendum, non vtique lucem & cognitionem impertiendo, hoc enim bellè isti fatebantur, sed voluntatem mouendo.

c *Ch.8.§ 4 p.630* Eiusmodi gratiam, inquã, necessariam Augustinus existimat, de hac contendit vnâ, hac vnicâ exceptâ, leues cæteras, ac nullius ad institutam de gratiâ controuersiam momenti esse iudicat, quod profectò non faceret, si eatenùs in nobis operari Deum, ac bonam voluntatem vel delectionem efficere statuisset, quòd mentem nostram inspiratione suâ & illustratione, actu, vt vocãt, impelleret; id enim fatebatur vltrò Pelagius, Semipelagiani verò multò amplius,

approuuez par le Siege Apostolique, & de tout temps receus & reuerez en l'Eglise Catholique. EVAR. Cecy va bien loing Timothée. Ie vous prie, quelles sont les paroles du Reuerend Pere. *La mesme chose*, dit-il [a], (qui est que la grace que les Catholiques vouloient faire confesser aux Pelagiens & aux Semipelagiens, est celle qui fait faire en mouuant la volonté) *se iustifie euidemment par deux Conciles, dont l'vn a esté assemblé contre les Pelagiens, & l'autre contre leurs reliques; l'vn est celuy de Mileue, ou plustost d'Afrique ou de Carthage, & l'autre celuy d'Orange. Le Canon quatriesme du premier estoit, Quiconque dira que la grace de Dieu* (qui nous est donnée) *par Iesus-Christ nostre Seigneur, nous ayde seulement à ne point pecher, parce que c'est elle qui nous reuele & nous découure l'intelligence des preceptes, afin que nous sçachions ce que nous deuons souhaiter, ou éuiter, & non pas aussi parce que c'est elle qui nous donne d'aymer à faire & de pouuoir faire ce que nous connoissons deuoir estre fait, qu'il soit anatheme. Et le Concile prouue cela, parce que l'vn & l'autre est vn don de Dieu, & de sçauoir ce que nous deuons faire, & de l'aymer, afin que nous le fassions. Car ainsi qu'il est escrit de Dieu, Celuy qui enseigne la science à l'homme, de mesme il est escrit, La charité vient de Dieu. Et partant ce sont deux diuers dons qui naissent de la grace proprement. & par eux-mesmes:* Et vn peu plus bas. *Le Canon cinquiesme du Concile d'Orange*, dit le bon Pere, *porte que le commencement de la foy, ou le desir de croire, existe en nous par vn don de la grace; c'est à dire par l'inspiration du Sainct Esprit, qui corrige* (& ramene) *nostre volonté de l'infidelité à la foy. Voyez aussi le Canon vingt-cinquiesme.* Il dit que c'est la grace que ces Conciles, & les Peres qui les ont suiuis, ont soustenuë, & ont defenduë particulierement contre les Pelagiens, & que ceux qui la nioient, estoient considerez comme gens atteints de l'heresie Pelagienne. EVAR. Dites promptement les propres termes du Reuerend Pere, car voicy qui est fort considerable. TIM. *Tous ces Peres*, dit-il [b], *que i'ay citez.*

[a] *Chap. 9. § 4. p. 637.* Hoc ipsum & ex duobus Conciliis euidenter ostenditur, quorum alterum contra Pelagianos, alterum cõtra eorũ relliquias est habitum, illud Mileuitanum, siue potius Africanum, aut Carthaginense, hoc Arausicanum fuit; prioris Canon quartus eiusmodi est, *Quisquis dixerit eandem gratiam Dei per Iesum Christum Dominum nostrum, propter hoc tantum nos adiuuare ad non peccandum, quia per ipsam nobis reuelatur & aperitur intelligentia mandatorum, vt sciamus quid appetere, quid vitare debeamus, non autem per illam nobis præstari, vt quod faciendum cognouerimus, etiam facere diligamus, atque valeamus, anathema sit.* Quod ex eo probat, quia vtrumque Dei donum est, scire quid facere debeamus, & diligere vt faciamus: nam sicut de Deo scriptum est, qui docet hominem scientiã, ita etiam scriptum est, charitas ex Deo est, igitur dona illa diuersa sunt, & à gratia per se, ac propriè proficiscuntur. *Et plus bas au §. 5.* Arausicani verò Concilij Canon 5. initium fidei siue ipsum credulitatis affectum per gratiæ donum, id est, per inspirationem Spiritus Sancti nobis inesse, ait, corrigentem voluntatem nostram ab infidelitate ad fidem, &c. Vide & Canonem 25.

[b] *Chap. §. 5. pag 637* Hanc igitur gratiam omnino necessariam esse Patres illi omnes quos citaui contra Pelagium eiusque

relliquias, docent, ac de ea potissimam esse controuersiæ partem indicant, præsertim aduersus posteriores, id est Semipelagianos, sic vt aliam omnem præter hanc adstruentes, non plenè esse Catholicos, sed hæreticâ fuligine infectos arbitrati sunt.

(Il auoit allegué desia les Conciles d'Afrique & d'Orange) *enseignent contre Pelagius, & contre ses reliques, que cette grace est entierement necessaire, & ils nous tesmoignent que l'on disputoit principalement de celle-là, & sur tout contre les derniers venus, c'est à dire, contre les Semipelagiens; en sorte que ceux qui reconnoissoient toute autre grace que celle-cy, n'ont pas esté pleinement Catholiques, mais ont esté soüillez de la tache d'heresie, au iugement des mesmes Peres.*

EVAR. En voila assez, Timothée, voyons maintenant si i'ay bien retenu ce que vous m'auez dit de la doctrine du Reuerend Pere? Il reconnoist deux graces, l'vne qui illumine l'esprit, & l'autre qui touche la volonté, Il dit de la premiere, que Pelage l'admettoit, quelle qu'elle fust, bien qu'il n'auoüast pas qu'elle estoit necessaire; que les Peres la rapportoient à la doctrine & à la loy, & qu'elle mouuoit la volonté d'vne façon morale & metaphorique, en luy proposant le bien qui luy plaist: Il dit de la seconde, qui meut proprement la volonté, qu'elle consiste dans la delectation & dans la ioye de l'amour, qu'elle opere le vouloir, & fait faire ce que la loy commande, qu'elle est aussi necessaire que celle qui illumine l'esprit, qu'elle est la propre grace de CHRIST, qu'elle contient la principale force de la grace, que les Peres l'appelloient proprement l'Esprit; que c'est la seule de laquelle Sainct Augustin a disputé auec les heretiques, estimant toutes les autres legeres, & comme nulles au prix de celle-là; que c'est celle que les Conciles d'Afrique & d'Orange ont definie particulierement contre les Pelagiens, que c'est celle que ces Conciles & les Peres Catholiques vouloient absolument faire reconnoistre aux Pelagiens ou aux Semipelagiens, que c'est celle qu'ils estimoient tout à fait necessaire; tellement que ceux qui la nioient, passoient aupres d'eux pour soüillez d'heresie.

TIM. Vous auez tres-bien retenu, Euariste, mais vous allez voir maintenant de belles merueilles du Reuerend Pere. EVAR. Et quoy, Timothée? I'apprehende fort que ce Reuerend Pere n'aille faire quelque desordre

dre estrange à son accoustumé. TIM. Le Reuerend Pere dit que pour estre Catholique, il suffit de croire cette premiere grace qui éclaire nostre esprit, & qu'on n'est pas obligé de croire la seconde. EVAR. Est-il possible, Timothée? il n'y a rien de si bizarre qu'on ne doiue attendre du bon Pere, mais ie vous auoüe neantmoins que ie suis tout surpris de ce que vous me dites, & grand Dieu! où dit-il cela? TIM. *Dautant*, dit-il [a], *que le different des Pelagiens auec les Catholiques ne consistoit pas tant dans la grace, que dans la necessité de la grace, & qu'ils n'ont pas esté iugez precisement heretiques, & condamnez comme tels, parce qu'ils nioient la grace, puis qu'ils en establissoient quelqu'vne qui n'est pas differente de celle que quelques sçauans Catholiques establissent seule auiourd'huy.* Et en vn autre lieu [b], *Il y a plusieurs Theologiens Catholiques*, dit-il, *qui limitent la grace que nous appellons la grace de Christ, à la seule illustration de l'entendement & de l'esprit, mais quant à l'autre qui consiste dans le mouuement de la volonté libre, quelle que puisse estre cette grace, ce qu'il n'est pas permis de definir, bien qu'ils la reconnoissent grandement vtile, ils disent neantmoins qu'elle ne leur semble pas absolument necessaire.* EVAR. Ouy, mais ie ne vois pas que le Reuerend Pere exempte clairement d'erreur ces Theologiens Catholiques, qui ne reconnoissent que la necessité de la grace qui nous éclaire, & qui nous fait connoistre ce qui est bien. TIM. Voicy le bon Pere qui les absout nettement d'erreur, & les declare vrayement Catholiques en termes tous expres. *Il paroist*, dit-il [c], *que ceux qui pensent que l'operation de la grace deriue prochainement dans la seule intelligence, & que par elle, elle passe dans la volonté, pourueu qu'ils estiment qu'elle est tellement necessaire, que si l'homme n'en est preuenu, il ne peut croire, esperer, aymer, ou se repentir, comme il faut, afin que la grace de la iustification luy soit donnée, comme parlent les Peres de Trente: ceux-là, dis-je, sont beaucoup éloignez de la contagion de l'erreur Pelagienne ou Semipelagienne.* Soyez attentif, Euariste, prenez garde à ce qu'il dit immediatement en suite, *Certes*, dit-il, *Sainct Augustin ayant rapporté ces paroles de Pelagius, du premier liure du franc-arbitre,*

a *Chap.* 4 §. 4. *pag.* 610. Et quoniam Pelagianorum ab Catholicis dissentio; non tam in gratia quàm in gratiæ necessitate vertebatur, neque ob id præcisè pro hæreticis iudicati damnatique sunt, quod gratiam negarent, nam & nonnullam adstruebant, & non diuersam ab ea quam eruditi quidam catholici, hodieque solam asserunt.

b *Chap.* 10. §. 11. Sunt autem complures catholicorum Theologi, qui quam Christi gratiam vocamus, eam solâ mentis siue intellectus illuminatione definiunt, alteram autem quæ in permotione sita est voluntatis liberæ, cuiusque modi ea sit, de quo pronunciare non licet, vt valde vtilem agnoscunt, sic absolutè negant necessariam videri.

c *Là mesme*, § 11. *pag.* 647. Ex his euidens est, eos qui efficientiam gratiæ proximè in solam deriuari intelligentiam, ac per eam in voluntatem trajici putant, dum ita necessariam illam esse

afin que ce que l'on commande aux hommes de faire par le franc-arbitre, ils le puissent accomplir plus facilement par la grace; (ce Pere) *pour rendre Catholiques ces paroles* (de Pelage) *ne luy demande autre chose, si ce n'est qu'il oste ce mot, plus facilement, ostes*, dit-il, *plus facilement, & le sens ne sera pas seulement remply, mais aussi sain, comme si on disoit, afin que ce que l'on commande aux hommes de faire par le franc-arbitre, ils le puissent accomplir par la grace. Auparauant il auoit escrit la mesme chose au chapitre 27. & au 28. Or nous sçauons que la grace interieure que Pelage n'auoüoit pas estre necessaire, appartient à l'illumination seule de l'entendement, & non pas à la motion de la volonté, & neantmoins si* (Pelage) *eust escrit que cette grace estoit necessaire, en ostant ce mot, plus facilement, vn si grand Docteur estimoit que c'estoit assez, afin que la profession de* (cet heretique) *fust iugée saine & Catholique.* Or en ces paroles du Reuerend Pere, il y a bien des choses à éclaircir, Euariste, & ie le feray tantost, ou vne autrefois, si vous le trouuez bon. Mais ce qui me suffit pour cette heure de vous faire remarquer, est que ce bon Pere ne craint pas de dire & d'écrire rondement, que pourueu qu'on auoüe que la seule grace qui illumine l'esprit, & que Pelage mesme ne rejettoit pas, est necessaire, on ne laisse pas d'estre Catholique.

statuant, vt sine ea præueniéte, homo credere, sperare, diligere, aut pœnitere non possit, sicut oportet, vt ei iustificationis gratia conferatur, vt Tridentini Patres loquuntur, procul à Pelagiani, vel Semipelagiani contagione erroris abesse, sanè Augustinus cùm Pelagij verba retulisset ex primo libro de libero arbitrio, vt quod per liberum homines facere iubentur arbitrium, faciliùs possint implere per gratiam, nihil in his illius verbis ad Catholicæ fidei salubritatem aliud postulat, nisi vt vocem *facilius* detrahat, *tolle, inquit, faciliùs, & non solùm plenus, verùm etiam sanus est sensus*, si ita dicatur, id quod per liberum facere iubentur homines arbitrium, possint implere per gratiam. Idem & antea, cap. 27. & 28. scripserat, Atqui scimus interiorem illam gratiam, quam minimè necessariam esse Pelagius agnoscebat, ad solam pertinere mentis illuminationẽ, non ad motionem voluntatis, quam tamen si necessariam ille esse scriberet, voce istâ faciliùs ademptâ, sufficere tantus doctor existimabat, vt sana & Catholica illius haberetur professio.

Evar. Ie suis si effrayé, Timothée, que ie ne sçay que deuenir, & ie ne sçay si c'est en veillant, ou en songe que ie vous parle. Quoy? l'on n'est pas obligé de receuoir la grace qui opere le vouloir en nous, & auec nous, comme le Reuerend Pere vient de nous le dire? Tim. Ouy, le bon Pere dit qu'on n'est pas obligé de la receuoir. Evar. Quoy? on n'est pas obligé de receuoir la grace qui meut la volonté, & qui n'est pas moins necessaire que la grace qui esclaire l'entendement, comme le Reuerend Pere vient de nous le dire? Tim. Ouy, mais le Reuerend Pere vient de se contredire, en disant qu'on n'est pas obligé de la receuoir. Evar. Quoy? l'on n'est pas obligé de receuoir la grace, qui est le don de la charité infiniment plus grand que celuy de la science, comme le Reuerend Pere vient de nous le dire? Tim. Ouy, le bon Pere dit qu'on n'est pas obligé de la receuoir, & que pour estre Catholique il suffit de croire le don de la science, qui nous enfle, & qu'il n'est pas besoin de croire le don de la charité, qui nous edifie, & qui fait que la science ne nous enfle point. EVAR. Quoy? l'on n'est pas obligé de croire la grace, qui au sentiment des Peres, est la propre grace de Christ, comme le Reuerend Pere vient de nous le dire? TIM. Ouy, le bon Pere dit qu'on n'est pas obligé de la receuoir, & qu'on ne laisse pas d'estre proprement Chrestien, bien qu'on n'auoüe pas la grace qui nous fait proprement Chrestiens. EVAR. Quoy? on n'est pas obligé de receuoir la grace, que les Peres appelloient proprement l'Esprit, c'est à dire, l'infusion & la subministration du Sainct Esprit, comme le Reuerend Pere vient de nous le dire? TIM. Ouy, le bon Pere dit qu'on n'est pas obligé de la receuoir, comme si on disoit que pour estre Chrestien, il suffit de reconnoistre que la loy est necessaire, & non pas la grace; ou que la lettre qui tuë est necessaire, & non pas l'esprit qui viuifie. EVAR. Quoy? l'on n'est pas obligé de receuoir la grace, qui contient la force & l'energie principale de la grace mesme, comme le Reuerend Pere vient de nous le dire? TIM. Ouy, le bon Pere dit qu'on n'est pas obligé de la receuoir, comme s'il disoit, qu'vn bon Catholique peut rauir à la grace, ce qu'elle a de plus ferme, de plus energique, & de plus fort. EVAR. Quoy? l'on n'est pas obligé de receuoir la grace, pour laquelle seule Sainct Augustin a contesté auec les Pelagiens, iugeant toutes les autres legeres, & de nulle importance dans la controuerse qu'il auoit auec ces heretiques, comme le Reuerend Pere vient de nous le dire? TIM. Ouy, le bon Pere dit qu'on n'est pas obligé de la receuoir, comme s'il disoit, que S. Augustin s'est trauaillé inutilement en combattant les Pelagiens; que dans le fond ils auoient raison, & qu'ils l'ont gagné sur luy dans le principal poinct de la controuerse qui estoit entre luy & ces heretiques. EVAR. Quoy? on n'est pas obligé de receuoir la grace, que les Conciles d'Afrique & d'Orange, reuerez dans toute l'Eglise, ont arrestée & definie, comme le Reuerend Pere vient de nous le dire? TIM. Ouy, le bon Pere dit qu'on n'est pas obligé de la receuoir, comme s'il disoit, que l'on ne laisse pas d'estre bon Catholique, bien que l'on s'oppose aux Conciles Catholiques, receus & approuuez par le Siege Apostolique, & par toute l'Eglise. EVAR. Quoy? l'on n'est pas obligé de receuoir la grace, que les Catholiques vouloient arracher de la bouche des Pelagiens, & qu'ils vouloient leur faire auoüer à quelque prix que ce fust, comme le Reuerend Pere vient de nous le dire? TIM. Ouy, le bon Pere dit qu'on n'est pas obligé de la receuoir, comme s'il disoit, que les Catholiques ont injustement inquieté les Pelagiens, & leur ont fait comme vne espece de persecution, voulant les obliger, & mesme les contraindre d'auoüer vne grace qu'ils n'estoient nullement obligez d'auoüer. EVAR. Quoy? l'on n'est pas obligé de receuoir la grace, que les anciens Peres ont estimée totalement necessaire, & si necessaire, que ceux qui la nioient, passoient aupres d'eux pour noircis d'heresie, & demy Catholiques, comme le R. Pere vient de nous le dire? TIM. Ouy, le bon Pere dit qu'on n'est pas obligé de la receuoir, comme s'il disoit, que l'on ne laisse pas d'estre Catholique, bien qu'on ne le soit pas, ou qu'on ne le soit qu'à demy au iugement de la plus sçauante, de la plus pieuse, & de la plus saine antiquité.

EVAR. Grand Dieu, Timothée, qu'est-ce que cecy? où estoit le bon Pere? & où auoit-il l'esprit en recueillant la marquetterie de ses dogmes? En verité ie ne vis iamais rien de plus estonnant, ny de plus pitoyable. TIM. Vous vous estonnerez, Euariste, & vous couurirez autant qu'il vous plaira du signe de la Croix, comme si vous auiez à vous defendre de quelque Demon, il faut que cecy passe; Dans le sentiment du Reuerend Pere, on n'est pas obligé d'auoüer la grace, qui par l'aueu mesme de sa Reuerence, opere le vouloir, qui est l'Esprit viuifiant, qui est le don de la charité, qui est la propre grace de Christ, qui enferme la force principale de la grace, sur laquelle seule S. Augustin appuye & fait effort, que les Conciles d'Afrique & d'Orange ont establie, que les Catholiques vouloient faire reconnoiſtre à Pelagius, & qu'ils tenoient ſi neceſſaire, qu'à moins que de l'admettre, on ne pouuoit eſtre pleinement Catholique, ny exempt de la tache d'hereſie. EVAR. Ie vous aſſeure que ce bon Pere me fait grand' pitié, & ſi ie l'oſe dire, il me fait meſme horreur; car en ce que dit ce bon Pere Denis, il n'y a pas ſeulement de la confuſion, mais auſſi de l'impieté. TIM. A propos d'impieté, ie veux vous faire voir icy vn tour de ſoupplesse de ſa Reuerence. Dans le Canon du Concile d'Afrique, qui eſtablit la neceſſité de l'vne & l'autre grace, & de celle qui illumine l'entendement, & de celle qui meut la volonté, il y a ces paroles [a]: *Puis que l'Apoſtre dit, La ſcience enfle, mais la charité edifie; il eſt fort impie de croire que pour celle qui enfle, nous auons la grace de Chriſt, & que nous ne l'auons pas pour celle qui n'enfle point.* Or le Reuerend Pere citant ce Canon, en a eclypſé ces paroles, afin qu'on ne viſt pas que ce Concile enſeigne que c'eſt vne impieté d'auoüer la grace qui illumine l'eſprit, & de n'auoüer pas celle qui enflamme la volonté en luy reſpandant la charité; & il ſe peut faire que dés lors le Reuerend Pere auoit quelque deſſein ſecret de deſtruire cette grace, comme il a fait depuis, & de la mettre au rang de celles qui ſont indifferentes, & deſquelles on ne croit que ce que l'on veut. EVAR. Voſtre obſeruation eſt iuſte & raiſonnable, & ie ne doute pas que le Reuerend Pere n'ayt là fait vn coup de maiſtre à ſon accouſtumé.

[a] *Le Concile de Mileue, ou pluſtoſt d'Afrique, Can.* 4. Cùm enim dicat Apoſtolus, Scientia inflat, charitas verò ædificat; valde impium eſt, vt credamus ad eam, quæ inflat, nos habere gratiam Chriſti, ad eam quæ ædificat non habere.

TIM. Mais eſcoutez, Euariſte, voicy encore vne béueüe parfaitement agreable de ce Reuerend Pere, touchant la grace dont nous parlons. Il veut nous faire croire que le Pape Celeſtin renuoye cette grace aux queſtions profondes & difficiles, dont il nous a laiſſé la diſpute libre; & neantmoins le Pape Celeſtin en la meſme Epiſtre, qui eſt celle qu'il eſcrit aux Eueſques de la Gaule, allegue le Canon du Concile d'Afrique, où cette Grace eſt eſtablie par le propre adueu du Reuerend Pere. Or ie vous prie, comment ſe peut-il faire que le Pape Celeſtin eſtabliſſe cette Grace comme vn poinct de foy, & qu'au meſme temps il la renuoye aux queſtions profondes, qui ne ſont pas de la foy? Comment peut-on conceuoir, qu'en vne meſme lettre il ayt fait de cette Grace vn poinct de foy, & vn poinct d'eſcole & de diſpute libre entre les Catholiques? Ie n'allegue pas que Sainct Proſper, qui a impetré cette lettre, & qui probablement l'a dreſſée luymeſme, quelque temps apres cette meſme lettre ne laiſſe pas de ſouſtenir comme vn poinct de foy la Grace dont ie parle, & le Reuerend Pere meſme en demeure d'accord [a]. Ce que certainement Sainct Proſper n'eut iamais fait, ſi le Pape Celeſtin eut rangé cette Grace au nombre des queſtions qui ne ſont pas de foy. Mais voicy qui eſt encore tout à fait eſtrange. Le Reuerend Pere auoüe que le Pape Celeſtin allegue le Canon d'Afrique, où cette Grace eſt definie, & il veut neantmoins que ce Pape renuoye cette Grace aux queſtions profondes qu'il ne definit point, & ainſi le Reuerend Pere auoüe que le Pape Celeſtin a fait comme luy, c'eſt à dire, qu'il ſ'eſt contredit, voulant nous obliger à reconnoiſtre cette Grace, puis nous diſpenſant de la reconnoiſtre, & laiſſant à noſtre chois de la croire, ou ne la croire point.

a *Chap.* 8. §. 12. *p.* 633. Proſper etiam multis in locis vtramque illã gratiam Chriſti neceſſariam eſſe teſtatur.

EVAR. Il faut confeſſer que le Reuerend Pere n'eut iamais ſon pareil au monde, & qu'il n'y eut iamais cameleon ſi bigarré, ny ſi changeant que luy. Mais voyons vn peu l'endroit où le Reuerend Pere fait tomber en ce deſordre le Pape Celeſtin; & afin que ie voye clairement à quel propos le bon Pere ſ'eſt ſeruy du teſmoignage de ce Pape, alleguez-moy ſes paroles vn peu au long, ſi elles ſe trouuent dans l'extraict que vous auez tourné en noſtre langue. TIM. Elles ſ'y trouuent bien au long, Euariſte, les voicy, ie vay vous les lire. *Et partant*, dit-il [a], *ſi Pelage eut voulu que le franc-arbitre eut eſté ſi ferme & ſi puiſſant pour ne pas pecher, qu'il auoüaſt neantmoins que ſans la grace, qu'il n'eſtimoit pas eſtre neceſſaire, le franc-arbitre n'a point cette force,* (c'eſt à dire, ne peut ſ'abſtenir du peché) *comme encore que les yeux ayent la puiſſance de voir, ils ne le peuuent neantmoins aucunement ſans le ſecours de la lumiere, Sainct Auguſtin ne reprendroit pas* (cet heretique) *bien que le meſme heretique, comme j'ay deſia dit, aſſeuraſt que la grace n'opere rien dans la*

a *Chap* 10. §. 16. *pag.* 647. Ergo ſi ſic forte ac firmum Pelagius liberum eſſe vellet arbitrium ad non peccandum, vt tamen ſine gratiâ illa quam minimè neceſſariam iudicabat, id efficere, atq; adimplere non poſſe fateretur, quemadmo-

volonté mesme, tant il est vray qu'en cette question de la Grace, Sainct Augustin a estimé qu'il ne falloit exiger autre chose de ceux qui veulent estre au rang des Catholiques, si ce n'est qu'ils auoüent que l'inspiration & la grace interieure de Christ sont necessaires à chaque action. De sçauoir maintenant quelle estoit cette operation de la grace, si elle illuminoit seulement l'entendement, ou si outre cela elle mouuoit prochainement la volonté mesme, & de quelle maniere tout cela se faisoit, il a estimé que cela n'appartenoit pas à l'integrité de la foy Catholique, & les Pontifes de l'Eglise de Rome, comme aussi les Conciles qui ont esté tenus sur ce sujet, ont approuué par leurs definitions le iugement de ce grand homme. Il y a sur cela vne Epistre du Pape Celestin aux Euesques des Gaules, qui est fort prudente, & pleine de moderation, où ce Pape parlant des censeurs de Sainct Augustin, designe tout ce que les Catholiques sont obligez de croire touchant la Grace, suiuant l'authorité de toute l'Eglise, & particulierement du Siege Apostolique, dont ce souuerain Pontife recueille les decrets & les responses. Et pour ce qui appartient à la necessité de la Grace, cela se reduit aux poincts qui suiuent: Que le franc-arbitre de l'homme, sans l'ayde de la Grace, ne peut estre deliuré du peché, ny surmonter les conuoitises de la chair, & que l'homme aussi ne peut bien vser du mesme franc-arbitre: de plus, que la pensée saincte, que le pieux conseil, & que tout mouuement de la bonne volonté vient de Dieu, parce que nous pouuons quelque chose de bon par celuy, sans lequel nous ne pouuons rien. De plus (le mesme Pape) *definit, suiuant le Concile general de Carthage contre les Pelagiens, que la grace de Dieu ne nous sert pas seulement pour obtenir la remission des pechez que nous auons desia commis, mais aussi pour nous ayder à n'en plus commettre. Et enfin que la grace de Dieu* (qui nous est donnée) *par I. Christ, ne nous ayde pas seulement à ne point pecher, parce que c'est elle qui nous reuele & nous découure l'intelligence des preceptes, afin que nous sçachions ce que nous deuons souhaiter, ou éuiter; mais encore parce que c'est elle qui fait que nous aymons à faire, & que nous pouuons faire ce que nous sçauons deuoir estre fait.*

EVAR. Vous me l'auiez bien dit, Timothée, voila le Canon du Concile de Carthage qui establit la Grace qui reside dans la volonté, & qui la meut vrayement, & pro-

dum etsi firmi sunt ad videndum oculi, hoc tamen sine lucis auxilio nullo modo facere possunt, non illum Augustinus reprehenderet, cùm tamen, vt iam dixi, nihil in voluntate ipsa moliri gratiam affirmaret Pelagius, vsque adeo nihil amplius inquirendū credidit Augustinus in illa de gratia quæstione, nisi vt interiorem Christi gratiam, & inspirationem necessariā esse ad singulos actus profiterentur, qui inter catholicos censeri cuperent, cuiusmodi verò efficientia esset illa gratiæ, & vtrum solùm illuminaret intellectum, an prætereà voluntatem ipsam proximè permoueret, quove id modo faceret, nihil ad catholicæ professionis integritatem ratus est pertinere, quod summi viri iudicium cùm Romanæ deinde sedis Pontifices, tùm Synodalibus decretis, quę deinceps illa de re habita sunt Concilia comprobarunt, de quo extat Celestini Papæ ad Galliarum Episcopos, prudens ac plena moderationis epistola, in qua aduersus Augustini obtrectatores disputans, quid de gratia totius Ecclesiæ, & Apostolicæ præsertim sedis authoritas habeat, ab Catholicis omnibus confitendū, ex eorumdē summorū Pontificum responsis seligit, cuius summa

prement, par la confession du Reuerend Pere; & neantmoins (chose estrange!) il allegue ce Canon, & le fait alleguer au Pape Celestin, pour prouuer que cette Grace n'est pas necessaire, mais seulement celle qui se forme dans l'entendement, & que Pelagius reconnoissoit, comme le Reuerend Pere le suppose icy luy-mesme; tellement que au nouueau compte de ce personnage, ce Canon de Carthage n'establit aucune grace, de laquelle Pelagius ne demeurast d'accord, bien qu'il n'auoüast pas qu'elle fust necessaire: ce qui repugne horriblement au sens commun, & ne peut estre soustenu que par le Pere Petau, qui a le priuilege de contredire tout ce qu'enseigne le bon sens, comme il a le priuilege de se contredire à tout moment luy-mesme.

paucis ac necessariis capitibus continetur, ex quibus, quod ad gratiæ necessitatẽ attinet, ferè ita concipitur, non posse sine adjutorio gratiæ liberũ hominis arbitrium à peccato liberari, neq; carnis concupiscẽtias euincere, neque bene hominem vti eodem arbitrio; item sanctã cogitationem, pium consilium, omnemque motum bonæ voluntatis ex Deo esse, quia per illum aliquid boni possumus, sine quo nil possumus; Ad hæc, ex Concilio Carthaginẽsi generali aduersus Pelagianos ita decernit, Gratiam Dei non ad solam valere peccatorum remissionem, quæ iam commissa sunt, sed etiam ad adjutorium, vt non committantur; ac denique gratiã Dei per Iesum Christum, non propter hoc tantùm adjuuare, &c. *Voyez le Latin cy-dessus.*

TIM. Ie vous pardonne, Euariste, de m'auoir interrompu dans l'estonnement qui vous a saisi à la veüe de ce monstre & de ce prodige de paralogisme, vous en auez iugé à peu pres comme il falloit, mais laissez-moy acheuer de lire. *Outre ces regles,* dit le Reuerend Pere [a], *quant aux autres choses qui appartiennent à certains poincts difficiles & profonds de quelques questions qui se presentent comme par incident, qui ont esté traitées amplement par ceux qui ont combattu les heretiques, Celestin dit qu'il n'ose pas les mespriser, mais aussi qu'il n'est pas obligé de les definir.* Or, Euariste, vous m'auez preuenu par la vistesse & par la chaleur de vostre zele, vous l'auez tres-bien remarqué: Le bon Pere enseigne, que la Grace que les Catholiques soustenoient outre celle que Pelage auoüoit, n'est pas vn poinct de foy, bien que cette Grace parmy les autres qualitez que nous auons déployées tant de fois, ayt l'auantage d'estre la veritable & la propre grace de Christ; de maniere que de dire que Sainct Augustin eust dispensé Pelage de reconnoistre cette Grace, c'est dire que Sainct Augustin eut dispensé Pelage de reconnoistre la veritable & la propre grace de Christ. Bien que cette grace entre les autres qualitez qu'elle possede, soit le don de la charité, de maniere que de dire que Sainct Augustin eust dispensé Pelage de reconnoistre cette Grace, c'est comme si on disoit que S. Augustin

[a] Præter has regulas, cætera omnia quæ ad profundiores, difficilioresque partes incurrentium quæstionũ pertinent, quas latiùs pertractarunt, qui hæreticis restiterũt, neq; se audere contemnere Augustinus ait, neque se necesse habere adstruere.

Augustin se fust contenté que Pelage eust reconnu le don de la science qui enfle, & qu'il l'eust dispensé d'auoüer le don de la charité qui edifie, & fait que la science n'enfle point. Bien que cette Grace parmy les perfections dont elle est ornée, soit vrayement l'esprit qui viuifie, tellement que de dire que Sainct Augustin eust dispensé Pelage de reconnoistre cette Grace, c'est comme si on disoit que S. Augustin se fust contenté qu'il eut reconnu la lettre qui tuë, & qu'il l'eut dispensé d'auoüer l'esprit qui viuifie, & fait que la lettre ne tuë point; ce qui est plus absurde, & plus impie qu'on ne sçauroit imaginer. Quant à l'embarras où le bon Pere enueloppe le Canon du Concile d'Afrique, vous l'auez aussi tres-bien consideré, & c'est ce que le bon Pere dit en vn lieu, que ce Canon establit la seule grace de l'entendement; Et en vn autre lieu, que le mesme Canon establit aussi la grace de la volonté, & non seulement celle de l'entendement: ce qui est sans doute vne contradiction tres-grossiere, tres-visible, & tres-honteuse à sa Reuerence. Vous auez aussi fort bien obserué que le bon Pere s'est ioüé du Pape Celestin, luy faisant dire en vne mesme lettre, d'vne mesme Grace, qu'elle est de la foy, & n'est pas de la foy.

EVAR. La doctrine du bon Pere est vn profond abysme, qui n'a ny fond ny riue. Mais que dites-vous de ces paroles de Pelagius, *Afin que ce que l'on commande aux hommes de faire par le franc-arbitre, ils le puissent accomplir plus facilement par la grace?* Sainct Augustin dit que si le mot, *plus facilement*, estoit rayé de ces paroles, le sens en seroit complet & sain; D'où le bon Pere infere, que suiuant S. Augustin, Pelage eut esté Catholique, s'il eut auoüé que la Grace qu'il reconnoissoit, estoit necessaire. TIM. C'est vne des choses que j'ay promis tantost de vous esclaircir. Sçachez donc que Sainct Augustin veut dire que si on auoit osté le mot, *plus facilement*, des paroles de Pelage, elles seroient d'elles-mesmes capables d'vn sens orthodoxe, bien que Pelage eut peû les prendre encore en vn sens profane & heretique, les prenant de la seule illumination interieure, que Sainct Augustin rapporte à la loy & à la doctrine, comme le Reuerend Pere en demeure d'accord. Pour conceuoir cecy bien clairement, il faut sçauoir que Pelage ayant aduancé cette proposition, *Afin que ce qu'il est commandé aux hommes de faire par le franc-arbitre, ils le puissent accomplir plus facilement par la Grace*, Sainct Augustin trouue deux defauts en cette expression : Le premier est, que Pelage n'auoüoit pas mesme que la Grace dont il parloit là, fust necessaire. Le second est, qu'il n'admettoit pas la Grace qu'il deuoit admettre pour estre Chrestien, & non seulement Catholique. Ainsi Pelage ayant dit en suite des paroles que ie vous explique [a], *Dieu nous ayde par sa doctrine, & par sa reuelation, lors qu'il ouure les yeux de nostre cœur, lors qu'il nous propose les choses à venir, pour nous diuertir des presentes ; lors qu'il nous découure les embusches du diable, lors qu'il nous illumine par le diuers & ineffable don de sa grace celeste.* Et en vn autre lieu le mesme Pelage ayant dit [b], *Dieu opere en nous le vouloir des choses bonnes, & le vouloir des choses sainctes, lors qu'estant attachez aux cupiditez terriennes, & n'aymant que les choses presentes comme les bestes brutes, il nous enflamme par la grandeur de la gloire future, & par la promesse des recompenses, lors qu'il excite nostre volonté foible & languissante au desir de Dieu, lors qu'il nous conseille tout ce qui est bon.* Sainct Augustin replique à cet heretique [c], *Nous voulons enfin que celuy-cy confesse cette grace, par laquelle la grandeur de la gloire future n'est pas seulement reuelée, mais aussi aymée, & par laquelle on ne nous conseille pas seulement tout ce qui est bon, mais encore on nous le persuade.* Et vn peu plus bas Sainct Augustin adjouste [d], *Il faut que Pelagius confesse cette grace, s'il veut non seulement estre appellé Chrestien, mais aussi l'estre en effect.*

Evar. Voila qui est net & decisif, il ne se peut rien de plus expres ; mais me monstrerez-vous bien qu'en ce lieu là Sainct Augustin parle de la grace qui meut prochainement & immediatement la volonté, & que c'est la grace de laquelle il dit que Pelage doit l'auoüer, s'il veut estre Chrestien ? Tim. Ie ne vous le diray point, Euariste, le Reuerend Pere vous le dira luy-mesme plus ouuertement que ie ne sçaurois vous le dire. Evar. Il

a *Le latin est cy-dessus.*

b *Le latin est cy-dessus.*

c *Au liure de la grace de Christ, chap.* 10 Sed nos eam gratiam volumus iste aliquando fateatur, qua futuræ gloriæ magnitudo, non solùm promittitur, verumetiam creditur & speratur, nec solùm reuelatur sapiẽtia, verumetiam & amatur ; nec suadetur solùm omne quod bonum est, verùm & persuadetur.

d Hanc debet Pelagius gratiam confiteri, si vult, non solùm vocari, verumetiam esse Christianus.

n'eſt pas croyable? TIM. Il eſt tres-croyable, eſcoutez. *Sainct Auguſtin*, dit-il [a], *enſeigne que cette grace là ne ſuffit pas, par laquelle Dieu nous découure & nous reuele ce que nous deuons faire, ne nous aydant point, & ne nous donnant point par elle de le faire, il dit au chapitre huictiéme, apres auoir exposé la grace Pelagienne, par laquelle il auoit dit que les yeux de noſtre cœur eſtoient ouuerts, que les embuſches du Diable nous eſtoient découuertes, & que nous eſtions illuminez par le don ineffable de la grace celeſte, qui ſont toutes choſes que Sainct Auguſtin rapporte à la doctrine & à la reuelation, c'eſt à dire à l'inſpiration de la lumiere & de la connoiſſance. Mais (ce Pere) demande vne autre ayde de la grace qui touche par elle-meſme & prochainement la volonté. Mais nous voulons,* dit-il, *au chapitre dixieſme, que celuy-cy enfin confeſſe cette grace, par laquelle la grandeur de la gloire future n'eſt pas ſeulement promiſe, mais auſsi creüe & eſperée, par laquelle la ſageſſe n'eſt pas ſeulement reuelée, mais auſsi aymée, par laquelle on ne nous conſeille pas ſeulement toutes choſes bonnes, mais encore on nous les perſuade.* Et bien, Euariſte, ne vous ay-ie pas bien dit que le Reuerend Pere vous diroit luy-meſme en termes tous expres, qu'en ce lieu là Sainct Auguſtin traicte de la grace qui meut par elle-meſme, & prochainement la volonté? & c'eſt de cette grace dont Sainct Auguſtin dit incontinent apres, que Pelage doit l'auoüer s'il veut eſtre Chreſtien. Que le Reuerend Pere aille donc nous dire que S. Auguſtin n'a iamais obligé Pelage à reconnoiſtre cette grace pour eſtre Catholique, puis que nous voyons qu'il luy declare manifeſtement que s'il ne la confeſſe, il ne peut pas meſme eſtre Chreſtien. Et peut-eſtre que le Reuerend Pere pour ne ſe pas vaincre ou conuaincre ouuertement luy-meſme, n'a pas voulu citer ces paroles ſi preciſes de Sainct Auguſtin, qui font connoiſtre au monde combien ce bon Pere eſt temeraire de vouloir nous faire croire que Sainct Auguſtin a mis dans l'indifference & dans la liberté de la diſpute vne grace de laquelle il ne craint pas de dire, que ſi on ne la profeſſe, on ne peut eſtre ny Catholique, ny Chreſtien. Et tout ce que ie viens de vous citer de Sainct Auguſtin, ſe trouue au meſme liure,

[a] *Chap. 8. §. 5. p. 650.* Sed Auguſtinus hanc illorum gratiam non ſufficere docet, qua demonſtrat & reuelat Deus quid agere debeamus, non qua donat atque adiuuat vt agamus, ait capite 8. poſt expoſitam Pelagianam gratiam qua oculos cordis aperiri, Diaboli inſidias patefieri, ac nos multiformi & ineffabili dono gratiæ cœleſtis illuminari dixerat, quæ omnia ad doctrinam & reuelationem, hoc eſt inſpirationem lucis & cognitionis refert Auguſtinus, qui & alteram gratiæ opitulationem poſtulat, quæ proximè ac per ſe voluntatem afficiat, ſed nos eam gratiam, inquit, capite 10. volumus iſte aliquando fateatur, qua futuræ gloriæ, &c. *Voyez le latin cy-deſſus.*

où il dit, *Oste le mot, plus facilement, & le sens de tes paroles ne sera pas seulement complet, mais aussi sain*, c'est à dire Catholique, comme s'il eut dit, Oste ce terme, & le sens de tes paroles sera Catholique, si tu veux; c'est à dire, si par le mot de grace tu entends celle que tu dois entendre pour estre Chrestien, & si tu n'entends pas seulement celle qui n'est que la loy, parce qu'elle n'éclaire que l'entendement, mais si tu entends aussi celle qui est l'esprit, parce qu'elle enflamme la volonté. Et en ce sens le mesme Pere dit au mesme Pelage dans le mesme liure [a], *Et partant pour ce qui regarde cette question de la grace & du secours de Dieu, prenez garde à ces trois choses qu'il a nettement distinguées, le pouuoir, le vouloir & l'estre, c'est à dire la possibilité, la volonté, l'action; Si donc celuy-cy demeure d'accord auec nous, que non seulement la possibilité qui est en l'homme, bien qu'il ne vueille pas, & qu'il ne fasse pas le bien, mais aussi que la volonté, & l'action, c'est à dire, que nous vueillions le bien, & que nous le fassions, qui sont choses qui ne se trouuent en l'homme, que lors qu'il veut le bien, & qu'il le fait; si, dis-je, il demeure d'accord auec nous que la volonté & l'action mesme sont aydées de Dieu, & tellement aydées, que nous ne voulons & ne faisons rien de bien, & que c'est là la grace de Dieu* (qui nous est donnée) *par Iesus-Christ nostre Seigneur, dans laquelle il nous fait iustes, non par nostre iustice, mais par la sienne, en telle sorte que nostre iustice veritable est celle qui nous vient de luy, autant que ie puis en iuger, il ne restera plus de different entre nous touchant le secours de la grace de Dieu.* Voyez vous, Euariste, comment Sainct Augustin veut absolument que Pelage auoüe la grace qui n'ayde pas seulement la possibilité, mais aussi la volonté & l'action, c'est à dire, qui ne nous donne pas seulement de pouuoir vouloir, ou de pouuoir faire, mais aussi de vouloir & de faire, ce qui n'appartient certainement qu'à la grace Chrestienne, qui meut proprement la volonté, comme le Reuerend Pere en demeure d'accord [b]?

Ie n'allegue pas que le bon Pere auoüe [c] que Sainct Augustin s'estant vne fois imaginé que Pelage connoissoit la veritable grace, s'apperceut bien-tost apres qu'il s'estoit

a *Au liure de la grace de Christ, chap* 47. Quapropter quantum attinet ad istam de diuina gratia & adiutorio quæstionem, tria ista quæ apertissimè distinxit, attēdite, posse, velle, esse, id est, possibilitatē, voluntatem, actionem. Si ergo consenserit nobis non solam possibilitatem in homine, etiam si nec velit, nec agat benè, sed ipsam quoque voluntatem & actionem, id est, vt benè velimus, & benè agamus, quæ non sunt in homine, nisi quando benè vult & benè agit, si, vt dixi, consenserit, etiam ipsam voluntatem & actionem diuinitùs adiuuari, & sic adiuuari, vt sine illo adiutorio nihil benè velimus & agamus, eamque esse gratiam Dei, per Iesum Christum Dominum nostrum, in qua nos suâ non nostrâ iustitiâ iustos facit, vt ea sit vera nostra iustitia quæ nobis ab illo est, nihil de adiutorio gratiæ Dei, quantum arbitror, inter nos controuersiæ relinquetur.

b *Chap.* 8. *pag* 631.

c *Pag* 633.

trompé, parce que Pelage ne connoiſſoit que la reuelation, ou l'illumination interieure qui appartient à la doctrine & à la loy, & neantmoins le Reuerend Pere veut nous perſuader que Sainct Auguſtin eut mis Pelage au rang des Catholiques, bien qu'il n'eut connu que cette grace d'illuminatiõ, pourueu qu'il eut admis qu'elle eſtoit neceſſaire. Mais voicy encore vn paralogiſme de ſa Reuerence; De ce que S. Auguſtin dit que Pelage eſtoit heretique, parce qu'il n'auoüoit pas meſme que la grace qu'il eſtabliſſoit, fuſt neceſſaire, le Reuerend Pere conclut de là ridiculement, que ſelon Sainct Auguſtin, Pelage eut eſté Catholique, s'il euſt auoüé la neceſſité de cette grace. Mais ce Sophiſme eſt groſſier & ſtupide; car il eſt conſtant que Pelagius eſtoit heretique pour ces deux raiſons également; & parce qu'il n'auoüoit pas la neceſſité de la grace qu'il eſtabliſſoit, & parce qu'il ne reconnoiſſoit pas la grace qu'il deuoit reconnoiſtre pour eſtre Catholique, & meſme pour eſtre Chreſtien, comme Sainct Auguſtin vient de nous le dire. Et à tout cecy vous ne dites mot, Euariſte? EVAR. Ie fremis, & la frayeur m'oſte la parole, mais ſur tout i'admire quel eſt le front ou la pudeur du Reuerend Pere, qui oſe dire que les Papes & les Conciles ont definy la neceſſité de la ſeule grace d'illumination que Pelage reconnoiſſoit, & qu'en cela ces Papes & ces Conciles ont ſuiuy le ſentiment de Sainct Auguſtin; & Sainct Auguſtin neantmoins vient tout fraichement de nous dire luy-meſme, qu'il ne ſe contente pas de cette grace, mais qu'il en veut vne autre toute differente, que nous deuons croire ſi nous voulons eſtre Chreſtiens. Certes, Timothée, ie penſe maintenant que vous eſtes eſpuiſé, & que vous n'auez plus rien à nous dire des reſueries du Reuerend Pere, qui vaille la peine d'eſtre conſideré.

TIM. Vous eſtes bien loin de voſtre conte, Euariſte. Ie ne ſuis pas épuiſé, parce que le bon Pere eſt inépuiſable, & il va le renuier & le rencherir de beaucoup ſur ce que ie viens de vous dire iuſqu'à cette heure. Eſcoutez ſeulement. EVAR. Vous m'effrayez, dites neantmoins.

TIM. Le bon Pere allegue vn certain passage de S. Augustin, pour faire voir qu'il a estimé que la grace qui meut proprement la volonté, estoit necessaire, & que c'estoit vne grace bien differente de celle qui éclaire l'entendement. Puis ce bon Pere allegue le mesme passage pour prouuer tout le contraire, c'est à dire pour monstrer que S. Augustin n'a pas pensé que la grace qui meut proprement la volonté, fust necessaire, mais seulement celle qui illumine l'esprit. EVAR. Quel est ce passage de Sainct Augustin que l'admirable Pere allegue pour iustifier des choses directement contraires? TIM. Le voicy de la mesme sorte qu'il est rapporté par sa Reuerence [a], *Cette grace (c'est à dire celle qui est requise outre cette Pelagienne) s'il faut l'appeller doctrine, Certes qu'on l'appelle ainsi, en sorte que l'on croye que c'est Dieu qui la verse interieurement & profondement auec vne indicible suauité, non seulement par ceux qui plantent & qui arrousent au dehors, mais aussi par luy-mesme qui donne en secret l'accroissement. De maniere qu'il ne monstre pas seulement la verité, mais respand aussi la charité. C'est ainsi que Dieu enseigne ceux qui sont appellez selon le propos, leur donnant tout ensemble, & de sçauoir ce qu'ils doiuent faire, & de faire ce qu'ils sçauent.* Et à cela le bon Pere adjouste, *On ne pouuoit designer l'vne & l'autre grace, ny plus briefuement, ny plus exactement qu'en ce peu de paroles, car la grace qui nous fait connoistre ce que nous deuons faire, est appellée l'illumination du cœur, & il faut que de celle-cy l'autre soit distinguée, laquelle nous fait faire ce que nous sçauons.* Et neantmoins, chose estrange! en vn autre lieu [b] le bon Pere allegue le mesme passage, pour monstrer que Sainct Augustin reduit toute la grace à vne certaine espece d'illumination, c'est à dire à vne grace qui ne meut pas directement la volonté. D'où ce bon Pere fait éclore enfin ce merueilleux mystere, que si Pelage eut reconnu la necessité de cette grace, il eut merité le nom de Catholique. Voila donc vn mesme passage, qui au iugement du R. P. establit deux choses directement contraires, sçauoir, que la grace qui meut prochainement la volonté, est necessaire, & qu'elle ne l'est pas. Et voyez encore la finesse du

a *Chap 8. §. 6 pag. 611.* Mox cap 13. hæc gratia, (quæ scilicet præter illam Pelagianam requiritur) si doctrina dicenda est, certè sic dicatur, vt altiùs & interiùs eam Deus cum ineffabili suauitate credatur infundere, non solùm per eos qui plantant & rigant extrinsecùs, sed etiam per se ipsum, qui incrementũ suum ministrat occultus, ita vt non ostendat tantummodò veritatem, verum etiam impertiat charitatem: sic enim docet Deus eos qui secundum propositum vocati sunt, simul donans & quid agant scire, & quod sciunt agere. non potuit breuiùs & accuratiùs vtraque significari gratia, quàm paucis istis vocabulis, etenim quæ quid agendum sit scire nos facit gratia, ea cordis illuminatio dicitur, à quâ distingui alteram oportet, quæ quod scimus agere nos facit.

b *Pag. 647.* Nunc alia & ea perpauca subjiciemus eiusdem testimonia, quibus id quod modò agimus, ostendit, gratiam Christi, certo in doctrinæ illuminationisque genere constitutam esse. *Puis il allegue ces paroles,* Hæc gratia si doctrina dicenda est, &c. *dont il s'estoit seruy auparauãt pour prouuer la grace qui meut prochainemẽt la volonté.*

R.P. qui est si peu fin. A ce beau passage dans lequel S. Augustin exprime si admirablement la grace proprement Chrestienne, le bon Pere adjouste vn autre passage qu'il dit estre tout pareil, bien qu'en ce passage Sainct Augustin n'explique pas entierement la doctrine des Catholiques, & qu'il ne die rien que les Pelagiens, ou les Semipelagiens ne dissent auec luy.

Evar. Quel est ce passage? Tim. Le voicy comme il est rapporté par le Reuerend Pere. *Il ne faut pas obmettre*, dit-il [a], *vn autre texte pris du liure de l'esprit & de la lettre au chapitre 34. où Sainct Augustin escrit que la volonté de croire ne doit pas seulement estre attribuée à vn don diuin, parce qu'elle vient du franc-arbitre qui nous a esté donné à nostre creation, mais aussi parce que Dieu nous donnant la veüe de beaucoup d'objets qui nous attirent, agit afin que nous vueillions, & que nous croyons, soit exterieurement par les exhortations que l'on nous fait quand on nous presche l'Euangile, où les Commandemens de la Loy font aussi quelque chose, s'ils aduertissent l'homme de son infirmité, afin qu'il recoure par la foy à la grace iustifiante, soit interieurement, où il ne dépend pas de nous de penser à vne chose plustost qu'à vne autre, mais le consentir ou le dissentir est de nostre propre volonté.* Evar. Et vous dites qu'en ce passage Sainct Augustin ne propose pas entierement la doctrine Catholique, & ne designe pas precisément ce qui la distingue d'auec celle des Pelagiens & des Semipelagiens? Tim. Ouy ie le dis, & ie vous le iustifieray quand il vous plaira. Mais bien qu'en ce passage Sainct Augustin ne parle tout au plus que de l'illumination interieure que Pelage ne nioit pas, le bon Pere veut nous faire croire que Sainct Augustin propose là toute la doctrine Catholique, touchant la nature de la grace, afin qu'on s'imagine que les Catholiques n'ont aucun different auec les Pelagiens touchant la nature de la grace, ou du secours diuin qui nous est donné par Iesus-Christ. Mais il faut enfin vanger l'outrage detestable que fait le bon Pere à la dignité du Concile de Trente, ie l'ay souffert & l'ay dissimulé iusqu'à cette heure, mais ie ne puis plus le dissimuler, ny le souffrir.

a *Chap. 10. §. 15. pag. 647.* Nec omittendus alius eiusdem est locus ex libro de spiritu & littera, cap. 34. vbi scribit voluntatem credendi non ideo tantum diuino muneri tribuendam, quia ex libero arbitrio est, quod nobis naturaliter concreatum est, verùm etiam quod visorum suasionibus agit Deus vt velimus, & vt credamus, siue extrinsecùs per Euangelicas exhortationes, vbi & mandata legis aliquid agunt, si ad hoc admonent hominem infirmitatis suæ, vt ad gratiam iustificantem credendo confugiat, siue intrinsecùs, vbi nemo habet in potestate quid ei veniat in mentem, sed consentire vel dissentire propriæ voluntatis est.

EVAR. Il est vray que ce bon Pere se ioüe estrangement du Concile de Trente. Voyons, ie vous prie, l'iniure qu'il luy a faite. TIM. Auez-vous pris garde à ces paroles de sa Reuerence, quand ie vous les ay leües ? Escoutez-les encore. [a] *Par ces choses il paroist euidemment, que ceux qui pensent que l'operation de la Grace decoule prochainement sur l'intelligence seule, & que par l'intelligence elle passe dans la volonté, pourueu qu'ils definissent qu'elle est tellement necessaire, que sans en estre preuenu l'homme ne peut croire, esperer, aymer, ou se repentir comme il faut, afin que la grace de la iustification luy soit donnée, ainsi que parlent les Peres de Trente; ceux-là (dis-je) sont bien éloignez de la contagion de l'erreur Pelagienne.* Puis le Reuerend Pere conclut de là que si Pelage eut auoüé la necessité de la Grace qu'il establissoit, il eut merité le nom de Catholique. Or ne voyez-vous pas, Euariste, la chose horrible que ce bon Pere presuppose, que le Concile de Trente n'a definy que la necessité de la grace illuminante que Pelage connoissoit; ce qui estant, si nous voulons croire le Reuerend Pere, il faudra croire que le Concile de Trente est directement contraire aux Conciles d'Afrique & d'Orange, & par consequent à toute l'Eglise, qui les a receus & approuuez vnanimement iusques à cette heure. Et en effect le Concile de Trente ne definit-il pas la Grace qu'il suffit d'admettre pour estre Catholique ? Ouy sans doute, mais dans la pensée du Reuer. Pere, le Concile de Trente ne definit que la grace illuminante : c'est donc assez de reconnoistre la grace illuminante, pour estre Catholique: mais de l'adueu mesme du Reuerend Pere, les Conciles d'Afrique & d'Orange definissent le contraire, & n'establissent pas seulement vne grace qui illumine l'esprit, mais encore vne grace qui meut proprement la volonté. Voila donc le Concile de Trente diametralement opposé aux Conciles d'Afrique & d'Orange, en ce qui regarde vne mesme grace, le Concile de Trente declarant qu'elle suffit, & ces deux autres Conciles soustenant qu'elle ne suffit pas, & disant mesme qu'il est impie de la nier. C'est ainsi que le Pere Petau continuë de se ioüer du Concile de Trente, & que pour en faire vne victime de la reputation

& des

[a] Le Latin est cy-dessus.

& des nouueautez de sa Societé, il donne lieu aux heretiques de le traiter de faux Concile, & d'ennemy de la tradition, au grand opprobre de l'Eglise Catholique. Et ie vous prie, Euariste, ce diuin Synode qui dés l'entrée nous a declaré [a], que dans ses regles & dans ses iugemens il ne vouloit dire que ce qu'auoient dit les Conciles & les Peres; eut-il tenu sa parole, si comme le bon Pere veut nous faire croire, il eut condamné les Conciles d'Afrique & d'Orange, les Papes & les Peres qui ont combattu, brisé & foudroyé l'erreur des Pelagiens, ou de leurs reliques? a *Session 5.*

EVAR. C'est vn malheur estrange, & sur tout à vn Prestre & à vn Religieux de se voir engagé d'honneur à defendre le mensonge: car il n'y a rien de si auguste, ny de si sainct que l'on ne sacrifie à cet Idole. Mais ie voudrois bien sçauoir ce que veut dire le bon Pere, quand il dit que l'influence ou l'operation de la grace passe de l'entendement dans la volonté, sans doute il veut dire qu'elle opere dans le cœur, mais elle opere dans le cœur ou moralement, ou physiquement; si c'est moralement, le bon Pere ne dit rien que les Pelagiens ne dissent comme luy, ce qu'il auoüe aussi tres-librement luy-mesme; si c'est physiquement, puisque cette grace qui est toute enfermée dans l'entendement, doit estre rapportée à la science, à la lettre, & à la loy; Dire qu'elle opere physiquement dans le cœur, ou qu'elle produit physiquement la bonne volonté, c'est dire que la loy d'elle-mesme produit la iustice; que la science d'elle-mesme produit la charité, & que la lettre qui tuë, produit d'elle-mesme l'esprit qui viuifie; & si pour estre iuste, l'on n'a besoin que d'vne grace qui illumine l'entendement, la volonté n'est point blessée par le peché du premier homme, comme raisonne Sainct Prosper, au rapport mesme du Reuerend Pere [b]. TIM. Permettez-moy d'obseruer en passant, Euariste, qu'en ce lieu le Reuerend Pere ne sçait point de quoy parle Sainct Prosper: car il suppose que ce Sainct combat les Semipelagiens en ce qui regarde les bonnes œuures; ce qui est tres-faux: les Semipelagiens ayant esté Catholiques en ce poinct, & n'ayant erré qu'en ce qui concerne le commencement de la foy, & la b *Chap 7. §. 12.*

persceuerance dans la foy, d'où vient que Sainct Augustin ne les combattit iamais touchant la grace de la bonne vie, mais supposa tousiours qu'en ce poinct précis ils estoient d'accord auec luy.

EVAR. I'ay pitié de ce pauure Pere, mais laissez-moy poursuiure. Cette grace qui reside toute dans l'entendement, ou elle regne sur le franc-arbitre, ou elle est sousmise au franc-arbitre: si elle regne sur le franc-arbitre, que deuient Molina qui enseigne le contraire, & qui ose l'enseigner comme vn poinct de foy? Si elle est sousmise au franc-arbitre, que deuiennent les Conciles, les Papes & les Peres, qui ont soustenu contre les Pelagiens vne Grace victorieuse, & dominante sur le franc-arbitre; vne Grace qui opere le vouloir, vne Grace qu'ils appelloient l'esprit, le don de l'amour, & la propre grace de Christ: vne Grace enfin qu'ils nous obligeoient de reconnoistre pour estre mis au nombre des parfaicts Catholiques, & pour estre purs de toute soüilleure d'heresie, comme le Pere Petau l'a tres-bien remarqué? TIM. Dequoy vous mettez-vous en peine, Euariste? n'est-ce pas assez que vous sçachiez ce qu'enseigne le bon Pere en termes tous expres, que pour estre Catholique il suffit de connoistre la grace que Pelage a connuë, & d'auoüer qu'elle est necessaire, ce que Pelage n'auoüoit pas? EVAR. Ouy, mais est-il permis de destruire le mystere de la Grace & de la Predestination diuine? Or puis que la grace de Pelage est tousiours dépendante de nostre franc-arbitre, y a-t'il du mystere en ce que les vns la suiuent, & les autres ne la suiuent pas? en ce que les vns croyent, & les autres ne croyent pas? les vns font le bien, & les autres ne le font pas?

TIM. Pourueu que vous ne touchiez point au diuin mystere de la Theologie du Pere Petau, il vous permettra bien volontiers de destruire le mystere de la predestination diuine, & trouuera bon que vous ayez l'ame plus ferme que l'Apostre, qui s'est vainement effrayé en contemplãt cette profondeur. Certes elle n'effraye pas ceuxqui ne reconnoissent que la grace de Pelage, & qui peuuent tres-bien dire, que cette grace estant donnée à tous les hommes pour en vſer comme il leur plaiſt, il n'eſt pas eſtrange que les vns ſ'en ſeruent, & que les autres ne ſ'en ſeruent pas. Le bon Pere dira peut-eſtre, que le myſtere de la grace & de l'élection diuine eſt, que l'Euangile eſt preſché aux vns, & n'eſt pas preſché aux autres; cependant l'Apoſtre ne ſ'eſtonnoit pas de ce que l'Euangile eſtoit preſché aux vns, & n'eſtoit pas preſché aux autres, mais voyant que l'Euangile eſtoit annoncé aux vns & aux autres, & aux Iuifs & aux Gentils, il ſ'eſtonnoit de ce que les Iuifs le rejettoient, & les Gentils le receuoient, & auoient recours aux profonds abyſmes des iugemens diuins : ce qu'il n'eut pas fait, comme l'auoüe le Pere Petau [a], ſi les Iuifs & les Gentils euſſent receu de Dieu vne ayde ſuffiſante, dont ils euſſent diſpoſé comme il leur eut pleû. Le Reuerend Pere dira-t'il poſſible, que c'eſt la grace congruë qui fait le myſtere de la predeſtination diuine, eſtant donnée aux vns, & n'eſtant pas donnée aux autres? Mais, ou Pelage connoiſſoit cette grace congruë, ou il ne la connoiſſoit pas; S'il la connoiſſoit, comment dit le Pere Petau que c'eſtoit cette grace congruë qui ſcandaliſoit Pelage? & ſ'il ne la connoiſſoit pas, comment dit le Pere Petau, qu'il ſuffit de connoiſtre la grace que Pelage a connuë, puiſque Pelage n'a point connu la grace congruë, ſans laquelle il eſt impoſſible de ſauuer le myſtere de la predeſtination, ou de ſauuer la difference de l'opinion des Catholiques d'auec l'opinion des Pelagiens, comme l'enſeigne le Pere Petau dans ſes diſſertations [b]?

a *Tom.* 1. *lin.* 9. *ch.* 8. §. 4.

b 1. *Diſſert. chap.* 10. *pag.* 27. *&* 128. In hac ergo contemperatione & congruenti aptatione, poſita eſt peculiaris beneficentiæ ratio, &c.

EVAR. Il faut ſ'eſcrier ſur la doctrine du Pere Petau, ô abyſme! TIM. Tout beau, Euariſte, vous vouliez dire, ô abyſme de folie & de pauureté; au lieu que l'Apoſtre dit: *O abyſme des richeſſes de la ſageſſe & de la ſcience de Dieu, combien ſes iugemens ſont-ils impenetrables!* Et nous pouuons dire qu'ils le ſont dans les tenebres qu'il a reſpanduës d'vne maniere horrible ſur l'ame rebelle du Pere Petau, & de ceux qui luy reſſemblent.

EXPLICATION DE CES PAROLES *de Sainct Augustin*, Consentir, ou ne consentir pas à la vocation de Dieu, c'est vn effect de nostre propre volonté.

MAis ne m'auez-vous pas promis de m'expliquer vn lieu de Sainct Augustin, où vous dites qu'il ne propose pas entierement la doctrine Catholique, entant que elle est distincte de la Semipelagienne? C'est où ce bon Pere dit: *Consentir à la vocation de Dieu, ou ne pas y consentir, cela dépend de nostre propre volonté.* TIM. I'ay dequoy vous tenir parole, Euariste, auec l'ayde d'vn petit escrit que l'Abbé m'a donné, où il expose ce passage de Sainct Augustin clairement & nettement; & s'il vous plaist de m'interroger sur ce sujet, vous verrez comment ie satisferay ponctuellement à toutes vos demandes.

EVAR. Ie le veux, & quoy qu'ayant estudié comme j'ay fait depuis quelques mois, ie sçache bien à peu pres ce que vous m'allez dire, neantmoins par maniere d'exercice, ie ne laisseray pas de vous interroger comme si ie ne le sçauois pas. Et pour prendre la chose de plus haut, dites-moy, ie vous prie, quelle est la doctrine que Sainct Augustin enseigne dans le trente-troisiesme & le trente-quatriesme chapitre du liure de l'esprit & de la lettre, où se trouuent les paroles que vous entreprenez d'expliquer? TIM. Dans ces chapitres Sainct Augustin recherche en quel sens la foy est vn don de Dieu; & traitant cette question en forme de probleme, il propose en premier lieu, de quelle sorte les Pelagiens la resoluoient; ce qu'il fait iusques à la fin du trente-quatriesme chapitre, c'est à dire, iusques à ces paroles, [a] *Maintenant si quelqu'vn m'oblige à sonder cette profondeur*; où Sainct Augustin commence à découurir la propre doctrine de l'Eglise Catholique, & designe le don special que Dieu fait à ceux qui croyent, & qu'il ne fait pas à ceux qui ne croyent point, appellant les

[a] Iam si ad illam profunditatem scrutandã quisquã nos coarctet.

vns en sorte qu'ils sont persuadez, & les autres en sorte qu'ils ne le sont point.

Evar. Comment iustifiez-vous que c'est là proprement ce que Sainct Augustin enseigne dans ces deux chapitres, & que ce Sainct raisonne selon les principes de ses aduersaires iusques à ces mots, *Maintenant si on m'oblige à rechercher cette profondeur?* Tim. Pour entendre cette verité qui est plus claire que le iour, il faut obseruer que la foy peut estre appellée vn don de Dieu sous trois differens égards, c'est à sçauoir, ou à l'égard du franc-arbitre, ou à l'égard de la doctrine, ou à l'égard de la grace vrayement Chrestienne: Au regard du franc-arbitre, la foy peut estre appellée vn don de Dieu, parce qu'elle est vn effect du franc-arbitre que Dieu nous a donné quand il nous a creez; au regard de la doctrine, la foy peut estre appellée vn don de Dieu, parce qu'elle est vn effect de la suasion ou de la vocation, par laquelle Dieu nous conuie à croire ou à receuoir la foy; au regard de la grace vrayement Chrestiẽne, la foy peut estre appellée vn don de Dieu, parce qu'elle est vn effect d'vn don singulier, par lequel Dieu nous determine à croire, & discerne ceux qui croyent d'auec ceux qui ne croyent point, enseignant les vns en sorte qu'il les persuade, & les autres en sorte qu'il ne les persuade point, comme dit icy Sainct Augustin.

Evar. Que recueillez-vous de cette obseruation? Tim. Cette obseruation estant posée, il faut sçauoir, que les Pelagiens, ou les Semipelagiens, disoient que la foy estoit vn don de Dieu, aux deux premiers sens, mais non pas au troisiesme. C'est à dire qu'ils admettoient bien que la foy estoit vn don de Dieu: Premierement, parce qu'elle vient du franc-arbitre que Dieu nous a donné: Secondement, parce qu'elle vient de la suasion ou de la vocation par laquelle Dieu nous inuite à croire: mais ces heretiques n'auoüoient pas que la mesme foy fust vn don de Dieu, parce qu'elle vient d'vne grace speciale que Dieu fait à ceux qui croyent, & qu'il ne fait pas à ceux qui ne croyẽt point; & ils admettoient bien volontiers ces deux premiers sens, parce que ces deux sens ne sembloient faire aucun preiudice à nostre liberté, mais ils fuyoient comme la mort le troisiesme sens, parce qu'ils croyoient qu'il destruisoit entierement nostre liberté.

EVAR. Comment prouuez-vous que les Pelagiens, ou les Semipelagiens, ne rejettoient pas ces deux premiers sens, dont l'vn est que la foy est vn don de Dieu, parce qu'elle vient du franc-arbitre que nous auons receu de Dieu, & l'autre est que la foy se peut dire encore vn don de Dieu, parce qu'elle vient de la suasion, par laquelle Dieu nous conuie à la foy? TIM. Voicy comment Sainct Augustin dit que Pelage auoit escrit que la bonne volonté estoit vn don de Dieu, parce que Dieu nous a donné la puissance de vouloir le bien quand il nous a creez. *Pelage dit* [a], ce sont les paroles de Sainct Augustin, *que l'on ne doit pas s'imaginer qu'il defende le franc-arbitre sans la grace de Dieu, puis qu'il dit que la puissance de vouloir & de faire, sans laquelle nous ne pouuons ny vouloir ny faire aucun bien, nous a esté donnée par le Createur.* Et voicy comment le mesme Pelage dit que la bonne volonté est vn don de Dieu, parce qu'elle est vn effet de la suasion, soit externe, soit interne, par laquelle Dieu nous sollicite de vouloir le bien [b]. *Laquelle grace*, dit Pelage, *nous n'establissons pas seulement dans la loy, comme tu penses, mais aussi dans le secours de Dieu.* Et vn peu plus bas, *Dieu nous ayde par sa doctrine & par sa reuelation, lors qu'il ouure les yeux de nostre cœur*, & le reste [c] que nous auons desia cité, où le bon Pere auoüe que Pelage parle d'vne grace interieure qui se forme dans l'entendement. Il est donc clair que Pelage a dit que la bõne volonté estoit vn don de Dieu, non seulement parce qu'elle vient du franc arbitre que Dieu nous a donné, mais aussi parce qu'elle vient d'vne suasion par laquelle Dieu nous porte à vouloir le bien; & Pelage a conjoint ces deux raisons, quand il a dit [d], *C'est dans la bonne volonté & dans la bonne œuure que consiste la loüange de l'homme, ou plustost de l'homme & de Dieu qui nous a donné la puissance de vouloir & de faire, & qui ayde tousiours cette puissance par l'assistance de sa grace.*

EVAR. N'y a-t'il point quelque disciple de Pelage

a *En l'Epist.* 106. Dicit [Pelagius] se non debere existimari sine gratia Dei defendere liberum arbitrium, cùm possibilitatem volendi atque operandi, sine qua nihil boni velle atque agere valeremus, à Creatore nobis insitam diceret.

b *Liu. de la grace de Christ, chap. 7. voyez le Latin cy dessus.*

c *Voyez aussi le ch* 10.

d *Au mesme liu. ch 6.* In voluntate & opere bono laus hominis est, immò & hominis, & Dei, qui ipsius voluntatis & operis possibilitatem dedit, quique ipsam possibilitatem gratiæ suæ semper adiuuat auxilio.

qui ayt dit la mesme chose, c'est à dire que la foy nous est donnée de Dieu, parce qu'elle vient d'vne suasion simple par laquelle Dieu nous inuite à croire? TIM. Vitalis, fameux Semipelagien, l'a dit, comme Sainct Augustin le tesmoigne en ces paroles. *Et sur cela*, luy dit Sainct Augustin [a], *quand l'on te demande, comment est-ce donc que l'Apostre dit, Dieu opere en nous le vouloir & le parfaire, tu responds que Dieu opere, ou qu'il fait que nous vueillions par sa Loy & par ses Escritures que nous lisons, ou que nous entendons lire: mais de consentir ou de ne consentir pas, c'est vne chose qui dépend tellement de nous, qu'elle se fait si nous voulons, & si nous ne voulons pas, nous rendons l'operation de Dieu inutile en nous.* Et plus bas, *Les pas de l'homme sont dressez par le Seigneur, & il voudra la voye du Seigneur. Tu diras peut estre encore icy que le Seigneur fait cela, lors qu'on lit ou qu'on entend lire sa doctrine, si l'homme par sa volonté consent à la verité qu'il lit, ou qu'il entend lire. Car s'il ne sçauoit pas*, dis-tu, *les enseignemens diuins, ses pas ne seroient point dressez, afin qu'estans dressez il voulust la voye de son Dieu, & partant tu penses seulement que Dieu dresse les pas de l'homme, afin qu'il entre dans les voyes de Dieu, parce que la verité ne peut luy estre connüe sans la doctrine diuine, à laquelle il consent par sa propre volonté; & s'il y consent*, dis-tu, *ce qui est en la puissance de son franc-arbitre, on dit iustement que ses pas sont dressez par le Seigneur, afin qu'il vueille la voye de celuy dont il embrasse la doctrine, y estant premierement conuié, puis y consentant, ce qu'il fait s'il veut, ou ne fait point s'il ne veut point par vne liberté qui luy est naturelle; & enfin selon ce qu'il aura fait, il doit en receuoir vn iour ou le chastiment, ou la recompense.*

EVAR. Comment monstre-t'on que Sainct Augustin ayt condamné ces deux pensées, que la foy est seulement vn don de Dieu, parce qu'elle naist du franc-arbitre auec lequel Dieu nous a creez, ou parce qu'elle naist d'vne suasion, par laquelle Dieu nous conuie à croire, en sorte

a *Epist.* 107. Et ad hoc cùm audieris, quid est ergo quod ait Apostolus, Deus operatur in nobis & velle, & perficere? respondes, per legem suam, per scripturas suas, Deum operari vt velimus, quas vel legimus, vel audimus; sed eis consentire, vel non consentire, ita nostrum est, vt si velimus, fiat, si autem nolumus, nihil in nobis operationem Dei valere faciamus, operatur quippe ille, dicis, quantum in ipso est, vt velimus, cum nobis nota fiunt eius eloquia, sed si eis acquiescere nolumus, nos vt operatio eius nihil in nobis prosit efficimus. *Et plus bas*, Rursus fortasse dicturus es hoc fieri à Domino, dum doctrina eius legitur, vel auditur, si homo veritati quam legit, vel audit, suâ consentiat voluntate; si enim lateret eum, inquis, doctrina Dei, non dirigerentur gressus eius quibus directis vellet viam Dei, ac per hoc tantum putas à Domino gressus hominis dirigi ad eligendam viam Dei, quia sine doctrinâ Dei non ei potest innotescere veritas, cui propriâ voluntate consentiat, cui si consentit, inquit, quod in eius libero arbitrio constitutum est, rectè vtique dicuntur ab illo dirigi gressus eius, vt viam eius velit, cuius doctrinam suasione præcedente, subsequente consensione sectatur, quod libertate naturali, si vult, facit, si non vult, non facit, pro eo quod fecerit, præmium vel supplicium recepturus.

qu'il dépende absolument de nous, ou de croire, ou de ne pas croire? Tim. Sainct Augustin condamne cette premiere pensée lors qu'il dit [a]. *Quant aux paroles de l'Apostre que i'ay alleguées, Qu'as-tu que tu n'ayes receu? quelques-vns ont voulu les defendre en disant, tout ce que l'homme a de bonne volonté, doit s'attribuer à Dieu, parce qu'elle ne pourroit estre en l'homme, si l'homme mesme n'estoit point, mais puis que c'est de Dieu que l'homme a receu d'estre quelque chose, & mesme d'estre homme, pourquoy tout ce que l'homme a de bonne volonté ne seroit-il pas attribué à Dieu, comme à celuy qui en est l'autheur, puis que cette bonne volonté ne seroit pas, si l'homme dans lequel elle est, n'estoit pas luy-mesme, mais en cette sorte on peut dire aussi que la mauuaise volonté doit s'attribuer à Dieu, comme à celuy qui en est l'autheur, parce qu'elle ne pourroit estre en l'homme, si l'homme dans lequel elle est, n'estoit point du tout. Mais c'est Dieu qui donne l'existence à l'homme, ou qui est l'autheur de l'estre de l'homme, & ainsi l'on pourroit dire que la mauuaise volonté, qui ne pourroit estre aucunement, s'il n'y auoit vn homme dans lequel elle fust; deuroit pour cette cause, estre rapportée à Dieu comme à son autheur, ce qui ne se peut dire sans impieté. C'est pourquoy si nous ne faisons voir non seulement que le franc-arbitre de la volonté, qui estant libre se tourne çà & là, & qui est au nombre des biens naturels, dont les meschans peuuent mal vser, mais aussi que la bonne volonté, qui est au nombre des biens desquels l'vsage ne peut estre mauuais, ne peut estre en nous si Dieu ne la donne, ie ne sçay comment nous pourrons soustenir cette parole;* (de l'Apostre) *qu'as-tu que tu n'ayes receu? car si nous receuons de Dieu, ie ne sçay quelle volonté libre qui peut estre encore, ou bonne, ou mauuaise, & si nous receuons de nous mesme la bonne volonté, ce qui vient de nous est meilleur que ce qui vient de Dieu.* Il est donc manifeste que S. Augustin refute cette proposition, la foy est appellée vn don de Dieu, parce qu'elle vient de l'estre, ou du franc-arbitre que Dieu nous a donné,

a *Liure 1. des merites & de la remission des pechez, chap. 18* Nam illud Apostoli quod commemoraui, quid habes quod non accepisti? sic defendere quidam voluerunt, vt dicerent, ideo quidquid etiam bonæ voluntatis habet homo, Deo tribuendum esse, quia & hoc in illo esse non posset, si homo ipse non esset; cùm verò, vt sit aliquid, atque vt homo sit, non habeat, nisi à Deo, cur non authori Deo tribuatur etiam, quidquid in illo est bonæ voluntatis, quod non esset, nisi esset in quo esset, sed hoc modo, etiam illud dici potest, malam quoque voluntatem, Deo authori esse tribuendã, quia nec ipsa esse posset in homine, nisi homo esset in quo esset, vt autem homo sit, Deus author est, ita & eius malam voluntatem, quæ nisi hominem haberet in quo esset, esse omnino non posset, ad authorem Deum, esse referendam, quod nefas est dicere: quapropter nisi obtineamus, non solum voluntatis arbitrium, quod huc atque illuc liberum flectitur, atque in eis naturalibus bonis est quibus & malè vti malus potest, sed etiam voluntatem bonam, quæ iam in eis bonis est, quorum esse vsus non potest malus, nisi ex Deo nobis esse non posse, nescio quemadmodum defendamus quod dictum est, quid enim habes quod non accepisti? nam si nobis libera quædam voluntas ex Deo est, quæ adhuc potest esse vel bona, vel mala, bona verò voluntas ex nobis est, melius est id quod à nobis quàm quod ab illo est.

né, car on pourroit dire aussi que Dieu est l'autheur de la mauuaise volonté, parce qu'elle vient du franc-arbitre que Dieu nous a donné. Cela estant, voyons comment Sainct Augustin au trente-troisiesme chapitre du liure de l'esprit & de la lettre, allegue la mesme raison, & la refute de la mesme sorte qu'il l'a refutée au lieu que nous venons de voir [a], *Si nous disons que la volonté de croire n'est pas vn don de Dieu, il est à craindre que lors que l'Apostre nous reprend, & dit, qu'as-tu que tu n'ayes receu, & si tu l'as receu, de quoy te glorifies-tu, comme si tu ne l'auois pas receu? nous ne croyons auoir troué de quoy luy repartir en disant, Voicy nous auons la volonté de croire que nous n'auons pas receüe, voicy ce que nous faisons gloire de n'auoir pas receu,* &c. *Premierement donc disons, & voyons si l'on satisfait à cette question, en alleguant que le franc-arbitre qui a esté donné naturellement à l'ame raisonnable par le Createur, est cette puissance mitoyenne qui peut se porter, ou à la foy, ou à l'infidelité, & partant* (obseruez) *on ne peut dire de la volonté par laquelle l'homme croit, qu'il ne l'ait pas receüe, puis que Dieu nous appellant, elle naist du franc-arbitre que nous auons receu de Dieu quand il nous a creez.*

EVAR. Comment monstrez-vous que Sainct Augustin en ce mesme liure ayt refuté ce raisonnement? TIM. Escoutez ce que dit ce Pere au chapitre suiuant [b], *Quant à ce discours*, dit-il, *si on trouue qu'il suffise pour la resolution de cette question*, à la bonne heure, *qu'il suffise, que si l'on respond qu'il faut prendre garde, qu'on ne pense que le peché mesme qui se commet par le franc-arbitre, doit s'attribuer à Dieu, si pour verifier ces paroles, qu'as-tu que tu n'ayes receu? la volonté de croire est attribuée à vn don de Dieu, parce qu'elle vient du franc-arbitre que nous auons receu de Dieu quand il nous a creez.* Il est donc certain qu'il faudroit estre tombé dans le dernier aueuglement, pour ne voir pas que Sainct Augustin cherchant en quel sens la foy est vn don de Dieu, n'a produit iusques icy que le sentiment des Pelagiens; d'où vient aussi que l'ayant trouué insuffisant pour nous faire voir comment la foy nous est donnée de Dieu, il n'a pas manqué de le refuter, & de le refuter de la mes-

a Si dixerimus (*voluntatem credendi*) non esse donum Dei, metuendum est, ne existimemus, inuenisse nos aliquid, quod Apostolo increpanti & dicenti, quid enim habes quod non accepisti? &c. respondere possimus, ecce habemus voluntatẽ credendi quam non accepimus, ecce vbi gloriamur quod non accepimus, &c. prius igitur illud dicamus & videamus, vtrum huic satisfaciat quæstioni, quòd liberum arbitrium naturaliter attributum à creatore animæ rationali, illa media vis est, quæ vel intendi ad fidem, vel inclinari ad infidelitatem potest; & ideo, nec istam voluntatem qua credit Deo, dici potest homo habere quam non acceperit, quando quidem vocante Deo surgit de libero arbitrio, quod naturaliter à Deo, cum crearetur, accepit.

b *Chap* 34. Hæc disputatio si quæstioni illi soluendæ sufficit, sufficiat, si autem respondetur, cauendum esse ne quisquam Deo tribuendum putet peccatum quod admittitur per arbitrium, si in eo quod dicitur, quid habes quod non accepisti? propterea etiam, volũtas qua credimus, dono Dei tribuitur, quia de libero exsistit arbitrio, quod cum crearemur, accepimus.

me sorte qu'il auoit desia fait dans vn autre liure que nous auons cy-dessus cité. Et voicy maintenant comment Sainct Augustin condamne cette seconde pensée de la race Pelagienne, que la foy est vn don de Dieu, parce qu'elle vient d'vne suasion, soit interne, soit externe, par laquelle il nous conuie à croire, sans nous y determiner [a], *Nous voulons que celuy-cy confesse enfin cette grace, par laquelle la grandeur de la gloire future n'est pas seulement promise, mais aussi crüe & esperée, & par laquelle la sagesse n'est pas seulement reuelée, mais aussi aymée, & par laquelle tout ce qui est bon, ne nous est pas seulement conseillé, mais aussi persuadé: car la foy n'est pas de tous ceux qui entendent le Seigneur, promettant le Royaume des Cieux par les Escritures, ny on ne persuade pas tous ceux que l'on inuite à venir à celuy qui dit, Venez à moy, vous tous qui trauaillez. Mais quels sont ceux desquels est la foy, & ausquels il est persuadé de venir à luy; il nous l'a monstré suffisamment luy-mesme quand il a dit, Personne ne vient à moy, si mon Pere qui m'a enuoyé, ne le tire. Et vn peu apres quand il parloit de ceux qui ne croyoient point, Ie vous ay dit que personne ne peut venir à moy,* dit-il, *s'il ne luy a esté donné de mon Pere, Pelagius doit confesser cette grace, s'il veut non seulement estre appellé Chrestien, mais l'estre aussi.* Sainct Augustin ne se contente donc pas que l'on die que la foy est vn don de Dieu, parce qu'il nous inuite à croire par vne simple suasion, mais ce Pere veut que l'on die aussi que Dieu nous fait croire par vne vraye persuasion qui n'est pas donnée à tous ceux qui entendent l'Euangile, mais seulement à ceux qui croyent à l'Euangile, & qui en sont persuadez apres l'auoir ouy, comme estant tirez du Pere, en mesme temps qu'il ne tire pas ceux qui ne croyent point.

[a] *Liu. de la grace de Christ, chap. 10. voyez le Latin cy-dessus.*

EVAR. N'est-ce pas que Sainct Augustin requiert vne suasion interne, au lieu que Pelagius ne reconnoissoit peut-estre qu'vne suasion externe, par laquelle Dieu nous exhorte à croire? TIM. On voit bien que vos demandes ne sont pas serieuses, & le Pere Petau iugeroit celle-cy mesme puerile & enfantine, car on voit que Sainct Augustin ne demande pas vne suasion au lieu d'vne autre, &

qu'il ne demande pas vne ſuaſion interne, au lieu d'vne ſuaſion externe, mais qu'au lieu d'vne ſuaſion quelle qu'elle puiſſe eſtre; ce Sainct Docteur demande vne pleine perſuaſion, & au lieu d'vne perſuaſion externe, qui ſoit donnée à tous, il ne demande pas vne ſuaſion interne qui ſoit donnée pareillemẽt à tous, mais au lieu d'vne ſuaſion, ſoit interne, ſoit externe, ce diuin hõme demande vne forte perſuaſion qui ne ſoit point donnée à tous, mais ſeulement à ceux qui ſont tirez du Pere pour venir au Fils, & qui eſtans tirez du Pere, viennent infailliblement au Fils; comme au contraire, ceux qui ne ſont pas tirez du Pere, ny ne viennent, ny ne peuuent venir au Fils, le Fils diſant luy-meſme, non ſeulement perſonne ne vient à moy, mais, *perſonne ne peut venir à moy, ſi mon Pere qui m'a enuoyé, ne le tire.* Outre que Pelagius parle ouuertement icy d'vne ſuaſion interne, auſſi bien que d'vne externe, quand il dit de Dieu [a], *Lors qu'il ouure les yeux de noſtre cœur*, &c. Comme l'auoüe le Pere Petau; & qui peut dire auſſi que Sainct Auguſtin ne combat icy que la ſuaſion externe, puis qu'au nombre des ſuaſions qu'il rejette, & qu'il impugne, il ne craint pas de mettre les reuelations les plus ſublimes de Sainct Paul, que l'on ne peut nier auoir eſté des illuminations vrayement interieures en l'ame de S. Paul? adjouſtez que Pelagius pour éuiter le blaſme dont il eſtoit chargé d'eſtablir la grace dans la loy, eſſaya de ſe ſauuer par cet échapatoire, mais vain & friuole, qu'il ne mettoit pas ſeulement la grace dans la loy, mais auſſi dans le ſecours de Dieu, entendant par la loy vne ſuaſion externe, & par le ſecours de Dieu, vne ſuaſion interne, ou vne operation ſecrete de l'eſprit de Dieu dans l'entendement des hommes, *Laquelle grace*, dit-il [b], *nous n'eſtabliſſons pas ſeulement, comme tu penſes, dans la loy, mais encore dans le ſecours de Dieu.* Et ce ſecours, comme il dit en ſuite, eſt l'ouuerture des yeux de noſtre cœur; la manifeſtation des embuſches du Diable, la reuelation de la ſageſſe, & l'illumination qui vient des dons ineffables de la grace du Ciel. Souuenons-nous donc que Sainct Auguſtin ne met point la grace vrayement Chreſtienne, dans vne

a *Voyez le Latin cy-deſſus.*

b *Le Latin eſt cy-deſſus.*

suasion simple, soit interieure, soit exterieure de nostre entendement, mais dans vne puissante & absoluë persuasion, qu'il nous oblige de reconnoistre, si nous voulons estre Chrestiens.

EVAR. N'y a-t'il pas encore quelque lieu dans Sainct Augustin, où ce Pere nous tesmoigne qu'il ne met pas la grace dans vne suasion commune, mais dans vne suasion speciale qu'il appelle persuasion, parce qu'elle persuade tous ceux qui la reçoiuent? TIM. Dans le liure à Simplicien, ce Pere nous enseigne cette doctrine, quand il dit [a], *Si nous demandions si la bonne volonté est vn don de Dieu, il seroit estrange que quelqu'vn osast le nier, mais parce que la bonne volonté ne precede pas la vocation, & que la vocation precede la bonne volonté, pour cette raison, on attribuë iustement à Dieu nostre bonne volonté, au lieu qu'on ne peut nous attribuer nostre* (vocation,) *il ne faut pas donc croire qu'il ayt dit, Cela ne dépend pas du voulant, ny du courant, mais de Dieu faisant misericorde, parce que nous ne pouuons acquerir le bien que nous voulons, sinon par son secours, mais plustost parce que nous ne voulons qu'en suite de sa vocation: mais si cette vocation opere tellement la bonne volonté, que tout appellé la suiue, comment sera-t'il vray de dire, plusieurs sont appellez, & peu éleus? que si cette sentence est veritable, & si par consequent tout appellé n'obeït pas à la vocation, mais s'il dépend de sa volonté de luy obeyr, on peut encore tres-bien dire, ce n'est donc pas de Dieu faisant misericorde, mais de l'homme voulant & courant, parce que la misericorde de celuy qui appelle ne suffit pas, si elle n'est suiuie de l'obeyssance de celuy qui est appellé.* Obseruez comment S. Augustin ne se contente pas d'vne suasion, ou d'vne vocation quelle qu'elle soit, soit interieure, soit exterieure, s'il dépend de l'homme de la suiure, ou de ne la suiure pas, & c'est pourquoy S. Augustin exige incontinent apres vne vocation particuliere qui distingue ceux qui suiuent d'auec ceux qui ne suiuent pas. *Est-ce peut-estre*, dit-il [b], *que ceux qui estant appellez en cette maniere ne consentent pas, pourroient* le faire *estant appellez d'vne autre façon, afin que cette maxime demeure veritable, Il y a beaucoup d'appellez, & peu d'éleus; tellement qu'encore que*

a *En la 2. question.* Si quæramus, vtrum Dei donum sit voluntas bona, mirum si negare quisquam audeat, atenim quia non præcedit voluntas bona vocationem, sed vocatio voluntatē, propterea, vocanti Deo rectè tribuitur quòd benè volumus, nobis verò tribui non potest quòd vocamur, non igitur ideo dictum, est putandum, non volentis neque currentis, sed miserentis Dei, quia nisi eius adiutorio, non possumus adipisci quod volumus, sed ideo potius, quia nisi eius vocatione non volumus, sed si vocatio ista ita est effectrix bonæ voluntatis, vt omnis eam vocatus sequatur, quomodo verum erit, multi vocati, pauci electi? quod si verum est, & non consequenter vocationi, vocatus obtemperat, atque vt obtemperet in eius est positum voluntate, rectè etiam dici potest, igitur non miserentis Dei, sed volentis atque currentis est hominis, quia misericordia vocātis non sufficit, nisi vocati obedientia consequatur.

b *Là mesme.* An fortè illi qui hoc modo vocati non consentiunt, possent alio modo vocati accommodare fidei voluntatem, vt & illud verum sit, multi vocati, pauci electi, vt quamuis multi vno modo vocati sint, tamen quia non omnes

plusieurs soient appellez d'vne mesme maniere, toutefois parce qu'ils ne sont pas tous disposez de la mesme sorte, ceux là seuls suiuent la vocation, qui se trouuent propres à la suiure, & afin que cette sentence ne soit pas moins veritable; ce n'est donc pas du voulant ny du courant, mais de Dieu faisant misericorde, qui a appellé ceux qui ont suiuy la vocation en la maniere qui leur estoit propre. Quant aux autres, la vocation est bien paruenüe iusqu'à eux, mais parce que elle a esté telle qu'ils ne pouuoient en estre touchez, & qu'ils n'estoient pas propres à la receuoir, on peut bien dire qu'ils ont esté appellez, mais non pas éleus, & ainsi il n'est pas vray pareillement de dire, ce n'est donc pas de Dieu faisant misericorde, mais de l'homme voulant & courant, parce que l'effet de la misericorde de Dieu ne peut estre en la puissance de l'homme, de maniere que Dieu fasse misericorde en vain, si l'homme ne le veut, parce que si Dieu vouloit aussi leur faire misericorde, il pourroit les appeller d'vne façon qui seroit propre à les toucher, afin qu'ils entendissent, & qu'ils suiuissent leur vocation. Qui ne voit donc que selon S. Augustin ce n'est pas assez que Dieu nous monstre, ou interieurement, ou exterieurement ce que nous deuons suiure, en sorte qu'il demeure en nostre liberté de le suiure, ou de ne le pas suiure, mais qu'il faut encore selon ce Pere, que Dieu nous enseigne tellement le bien, que nous le suiuions infailliblement, en vertu de la maniere par laquelle il nous l'enseigne?

vno modo affecti sunt, illi soli sequuntur vocationē, qui ei capiendæ repetiuntur idonei vt illud non minus verum sit, igitur neque volētis, neque currentis, sed miserentis est Dei, qui hoc modo vocauit, quomodo aptum erat eis qui secuti sunt vocationem, ad alios autem vocatio quidem peruenit, sed quia talis fuit, qua moueri non possent vt eam capere apti essent; vocati quidem dici potuerunt, sed non electi, & non iam similiter verum est igitur, non miserentis Dei, sed volentis atque currentis est hominis, quoniam non potest effectus misericordiæ Dei esse in hominis potestate, vt frustra ille misereatur, si homo nolit, quia si vellet etiā ipsorum misereri, posset ita vocare, quomodo illis aptum esset vt & mouerentur, & intelligerent, & sequerentur.

EVAR. Quelle est cette maniere? TIM. Cette maniere est de ne pas nous faire voir seulement le bien, mais aussi de faire qu'il nous plaise, & que nous le conceuions auec douceur: C'est ce que S. Augustin dit vn peu apres le texte que ie viens d'alleguer, *Qui est-ce qui peut croire*, dit-il,[a] *s'il n'y est conuié par quelque vocation, ou par quelque sorte de tesmoignage? qui est ce qui a dans sa puissance de faire que son esprit soit touché d'vne pensée ou d'vne veüe par laquelle sa volonté soit excitée à croire?* Voila ce qui fait vne suasion simple, voicy ce qui fait la persuasion, *Y a-t'il quelqu'vn*, dit-il, *qui desire vne chose si elle ne luy plaist pas? ou, y a t'il quelqu'vn qui ait en sa puissance de faire que les obiets qui peuuent luy plaire, se presentent à luy, & luy tombent en la pensée?* (Voila encore la suasion) *ou qu'ils luy plaisent & luy agreent quand ils luy vien-*

a Quis potest credere nisi aliquâ vocatione, hoc est, aliquâ rerum testificatione tangatur? quis habet in potestate tali viso attingi mentem suam, quo eius voluntas moueatur ad fidem? quis autem animo amplectitur aliquid quod eum non delectat? aut quis habet in potestate

nent dans l'esprit? (voila la persuasion) *Quand donc les choses par le moyen desquelles nous approchons de Dieu, nous causent du plaisir, ce plaisir nous est donné, & nous est inspiré par la grace de Dieu, & non pas acquis par l'industrie, ou par le consentement de nostre volonté; dautant que c'est par son don & par sa largesse que cette application de nostre volonté, cette industrie de nos soins, & ces œuures enflammées par la charité, nous sont données.* C'est à dire qu'elles nous sont données non par la suasion seule & precisement prise, mais par la suasion accompagnée de la delectation, que S. Augustin appelle en vn autre lieu, l'ardeur de la dilection, & en ce sens le mesme Pere dit, [a] *C'est pour cela que Dieu ne guerit pas si tost de quelques vices ses fideles & ses saincts, en sorte que le bien, soit qu'ils l'ignorent, soit qu'ils le connoissent, ne les delecte pas autant qu'il faudroit pour accomplir la Iustice de tout point.*

vt vel occurrat quod cum delectare possit, cùm ergo nos ea delectant quibus proficiamus ad Deum, inspiratur hoc, & præbetur gratiâ Dei, non nutu nostro & industriâ, aut operum meritis comperatur, quia vt sit nutus voluntatis, vt sit industria studii, vt sint opera charitate feruentia, ille tribuit, ille largitur.

a *Liure 2. des merites des pechez. ch.* 19. Idcirco etiam sanctos & fideles suos in aliquibus vitiis tardiùs sanat, vt in his, eos minus quàm implendæ ex omni parte iustitiæ sufficit, delectet bonũ.

EVAR. Qu'inferez vous de tout cela? TIM. I'infere de là que S. Augustin au trente-quatriesme chapitre du liure de l'esprit & de la lettre, iusqu'à ces paroles, *maintenant si l'on m'oblige à rechercher cette profondeur*, ne dit rien que les Pelagiens ne dissent comme luy, pour monstrer que la foy est vn don de Dieu. Car il est certain que iusqu'à ces paroles, *maintenant si l'on m'oblige*, &c. S. Augustin dit seulement que la foy peut-estre censée vn don de Dieu, parcequ'elle procede de quelques visions, ou de quelques suasions soit internes, soit externes, par lesquelles Dieu nous conuie à croire, & ausquelles la volonté consent ou ne consent pas, selon qu'elle veut croire ou qu'elle ne le veut pas; & nous auons veu que les Pelagiens, ou les Semipelagiens ne faisoiẽt point difficulté de dire qu'en ce sens la foy peut estre appellée vn don de Dieu.

EVAR. Comment monstrez vous que S. Augustin iusqu'à ces mots, *maintenant si on m'oblige à sonder*, n'a parlé que d'vne suasion simple au regard de laquelle la foy peut estre dite vn don de Dieu? TIM. Cela se voit par la simple lecture du texte suiuant, qui commence à ces mots, *qu'il prenne garde, & qu'il considere*, & finit à ceux-cy, *maintenant si l'on me force.* [b] *Qu'il prenne garde*, dit-il, *& qu'il considere que cette volonté ne doit pas seulement estre attribuée à vn*

b Attendat, & videat, non ideo tantũ istam voluntatem diuino *don de Dieu, parce qu'elle vient du franc arbitre qui a esté creé naturellement auec nous.* Puis il adiouste que cette volonté doit estre attribuée à vn bienfait de Dieu, *parce*, dit-il, *que Dieu l'agit, en nous donnant quelques pensées, ou quelques veües afin que nous vueillions, & nous croyons, soit que*, (il fasse cela) *exterieurement par les exhortations Euangeliques, où les preceptes de la loy ne sont pas inutiles, s'ils aduertissent l'homme de son infirmité, de sorte qu'en croyãt, il ayt recours à la grace iustifiante, soit que* (il le fasse) *interieurement, où il n'est pas en nostre puissance de penser à vne chose plustost qu'à vne autre; mais de consentir, ou ne consentir pas, cela est de nostre propre volonté. Quand donc Dieu agit en ces manieres auec l'ame raisonnable afin qu'elle croye, car elle ne peut croire quoy que ce soit par le franc arbitre, si elle n'y est conuiée par quelque suasion, ou par quelque vocation à laquelle elle croye, certes Dieu opere en l'homme la volonté mesme de croire,* (Voyez comment S. Augustin ne dit que ce que Pelagius disoit en ces termes, Dieu opere en nous la volonté du bien lors qu'il nous conseille tout ce qui est bien) *& en toutes choses sa misericorde nous preuient, mais de consentir à la vocation diuine, ou ne pas y consentir, comme i'ay dit, cela dépend de nostre propre volonté, ce qui non seulement n'affoiblit pas la verité de cette maxime, qu'as tu que tu n'ayes receu? mais encore la confirme. Car l'ame ne peut auoir ou receuoir les dons qui sont designez en ces paroles, si ce n'est en consentant, & ainsi il dépend de Dieu de luy offrir tels ou tels dons, mais il dépend d'elle, de les auoir, ou de les receuoir en effet.* Obseruez donc que iusques icy ce Pere n'a parlé que d'vne suasion simple par laquelle Dieu nous fait voir ce que nous deuons croire, & au regard de laquelle l'on peut dire en quelque maniere que la foy est vn don de Dieu, mais parce que cette suasion simple que les Pelagiens reconnoissoient auec les Catholiques, ne suffisoit pas pour dire proprement que la foy est vn don de Dieu, S. Augustin adiouste incontinent en suite vne certaine maniere de suasion qui est donnée à ceux qui croyẽt, & qui n'est pas donnée à ceux qui ne croyent point, & au regard de laquelle on peut dire que la foy est vrayement vn don de Dieu. Et voicy comment Sainct Augustin touche cette maniere speciale de suasion, qui discerne ceux

muneri tribuendam, quia ex libero arbitrio est quod nobis naturaliter concreatum est. *Et plus bas*, Agit Deus vt velimus, & vt credamus siue extrinsecus per Euãgelicas exhortationes vbi & mandata legis aliquid agunt, si ad hoc admonẽt hominem infirmitatis suæ, vt ad gratiam iustificantem credendo confugiat, siue intrinsecus, vbi nemo habet in potestate quid ei veniat in mentem, sed consentire vel dissentire, propriæ voluntatis est; his ergo modis, quando Deus agit cum anima rationali vt ei credat, neque enim credere potest quodlibet, vel quolibet libero arbitrio. Si nulla sit suasio vel vocatio cui credat, profectò & ipsum velle credere, Deus operatur in homine, & in omnibus, misericordia eius præuenit nos, consentire autem vocationi Dei, vel ab ea dissentire, propriæ voluntatis est, quæ res, non solum non infirmat quod dictum est, quid enim habes quod non accepisti? verum etiam confirmat, accipere quippe, & habere anima non potest dona, de quibus audit, nisi consentiendo, ac per hoc, quid habeat, & quid accipiat, Dei est; accipere autem & habere, vtique accipientis & habentis est.

qui croyent, d'auec ceux qui ne croyent point. *Maintenant si quelqu'vn nous oblige à sonder cette profondeur*[a] *pour quelle cause l'vn est conuié de sorte qu'on le persuade, & l'autre ne l'est pas, ie n'ay maintenant que deux choses à respondre, O abysme des richesses! & y a-t'il de l'iniustice en Dieu? que celuy qui ne se contente pas de cette response, en cherche de plus sçauans,* (que moy) *mais qu'il prenne garde qu'il n'en trouue de plus vains.* Voila donc enfin Sainct Augustin reduit à découurir le fond de la doctrine Catholique, apres auoir veu l'insuffisance & la pauureté de la doctrine Pelagienne, touchant le sens auquel nous deuons croire que la foy est vn don de Dieu.

EVAR. Quelle est cette maniere speciale de suasion qui n'est donnée qu'à ceux qui croyent? TIM. Nous auons desia dit que ce n'est autre chose qu'vne delectation, ou vne ioye que Dieu verse dans la volonté, d'où vient que S. Augustin l'appelle, la preparation de la volonté. Et ainsi ce Pere dit,[b] *Et partant, quand il est dit, qui te discerne, & qu'as tu que tu n'ayes receu? quiconque ose dire, c'est de moy mesme que i'ay la foy, ie ne l'ay donc point receüe, contredit sans doute à cette tres-claire verité, non comme s'il ne dépendoit pas du libre arbitre de la volonté humaine de croire ou ne pas croire, mais dans les Eleus la volonté est preparée par le Seigneur. Cette Sentence donc, qui est-ce qui te discerne? qu'as tu que tu n'ayes receu? regarde aussi la foy mesme qui dépẽd de la volõté.* Qu'est-ce à dire donc que *la volõté est preparée par le Seign.* C'est à dire *qu'elle est sollicitée* (ita suadetur) *en sorte qu'elle est persuadée* (vt persuadeatur.) Et vn peu plus bas, *Plusieurs entendent la parole de la verité, mais les vns la croyent, & les autres la contredisent, les vns donc veulent croire, & les autres ne le veulent pas.* A quoy Sainct Augustin respond, *Qui est-ce qui ignore cela? & qui est-ce qui le nie? mais puisque la volonté est preparée dans les vns par le Seigneur, & n'est pas preparée dans les autres, il faut sans doute distinguer ce qui vient de sa misericorde, & ce qui vient de son iugement.* Qu'est-ce à dire, *puisque la volonté est preparée dans les vns, & n'est pas preparée dans les autres?* C'est à dire, *puisque les vns sont enseignez, en sorte qu'ils sont persuadez, & que les autres ne sont pas enseignez de la mesme maniere.* Si donc ie demandois à Sainct Augustin, comment il faut entendre

[a] Cur illi ita suadeatur, vt persuadeatur, illi autem non ita, duo sola occurrunt interim quæ respondere mihi placeat, ô altitudo diuitiarum! & nunquid iniquitas apud Deum? Cui responsio ista displicet, quærat doctiores, sed caueat, ne inueniat præsumptores.

[b] *Liure de la predestin. des Saints ch 5.* Ac per hoc vbi dicitur, quis enim te discernit? Quid autem habes quod non accepisti? quisquis audet dicere, habeo ex meipso fidẽ, profectò contradicit huic apertissimæ veritati, non quia credere vel non credere, non est in arbitrio voluntatis humanæ, sed in electis præparatur voluntas à Domino *Et vn peu plus bas,* Multi audiunt verbum veritatis, sed alij credunt, alij contradicunt, volunt autem isti credere, nolunt autẽ illi, quis hoc ignoret? quis hoc neget? sed cùm aliis præparetur, aliis non præparetur voluntas à Domino, discernendum est vtique quid veniat de misericordia eius, quid de iudicio.

entendre cette proposition, *de consentir ou ne consentir pas, cela depend de nostre propre volonté*: Il me respondroit sans doute qu'il faut l'entendre ainsi; qu'en ceux qui consentent, *la volonté est preparée par le Seigneur*, & qu'elle n'est point preparée en ceux qui ne consentent point; & s'il y a quelqu'vn qui ose nier que Sainct Augustin ne s'interpretast ainsi luy mesme, au cas qu'il voulust prendre ses paroles dans vne intelligence pleinement Catholique, j'ose dire, ou qu'il n'a point du tout de sens naturel, ou qu'il est ennemy iuré de la verité, & qu'il doit estre mis au rang de ceux dont Sainct Augustin dit [a], *Ils ayment mieux perdre le sens, que de changer de sentiment.*

[a] *En l'Epistre à Sixte.* Pergunt in præcipitem stultitiam, dum nolũt mutare sententiam.

EVAR. Ne pourriez vous pas resumer en peu de mots tout ce que vous venez de dire, pour le faire entendre plus facilement? TIM. Ie le resume ainsi. La foy peut estre appellée vn don de Dieu en trois manieres, ou parce qu'elle vient du franc arbitre que nous auons receu de Dieu, ou parce qu'elle vient d'vne suasion par laquelle Dieu nous inuite simplement à croire, ou parce qu'elle vient de la Grace proprement Chrestienne, par laquelle Dieu nous persuade, & nous fait croire en preparant nostre volonté. Les Pelagiens, ou les Semipelagiens demeuroient d'accord des deux premieres manieres, & ne reiettoient que la troisiesme, Sainct Augustin iusqu'à ces mots, *maintenant si on m'oblige à examiner cette profondeur*, &c. rapporte seulement les deux premieres manieres, Sainct Augustin donc iusqu'à ces paroles, n'a rien dit du tout que les Pelagiens, ou les Semipelagiens n'eussent dit auec luy, pour monstrer comment la foy doit estre appellée vn don de Dieu; Car alleguer que Pelagius n'auoüoit pas que l'illumination, ou la suasion interieure estoit necessaire, c'est dire seulement qu'il n'auoüoit pas la necessité d'vne Grace qui appartient à la doctrine & à la loy, & non pas à la propre & veritable Grace de Iesus-Christ.

EVAR. Qu'inferez vous de là principalement? TIM. Ie coniure au nom de Dieu ceux qui se contentent de ces deux premieres manieres, de prendre garde à eux, & de ne pas tomber, sans y penser, dans le precipice de l'erreur eſtrange qui fait que l'homme ſe glorifie en l'homme, & non pas au Seigneur, & rauit à la croix de noſtre Redempteur la gloire qu'il s'eſt acquiſe de nous auoir rauy la gloire de nos bonnes œuures, pour la transferer toute entiere à Dieu ſon Pere, eſtant mort, comme il eſt, pour le glorifier ſeul, & pour nous racheter, en ſorte que toute bouche arrogante ſoit fermée, & que tout le monde demeure ſouſmis à Dieu.

EVAR. Mais ſi on vous faiſoit voir que vous n'expliquez pas bien Sainct Auguſtin en ce lieu cy ? TIM. Ie changerois d'opinion, & me confeſſerois vaincu ; mais que ceux qui veulent me vaincre, prennent garde qu'ils ne ſoient vaincus eux-meſmes, s'ils ne veulent adiouſter à l'ignorance de la verité l'obſtination de la combattre, & de combattre ceux qui pour la defendre verſeroient volontiers iuſqu'à la derniere goutte de leur ſang, ſauf le reſpect ſupréme, & la ſubmiſſion entiere qu'ils doiuent au Sainct Siege, & au Pape Innocent X. qui le remplit heureuſement auiourd'huy.

EVAR. Mais eſt-ce vne erreur de dire que la foy eſt vn don de Dieu, parce qu'elle vient du franc arbitre que nous auons receu de Dieu, ou d'vne ſuaſion par laquelle nous ſommes conuiez à croire ? TIM. Ce n'eſt pas vne erreur par poſition, mais par negation; C'eſt à dire, que ce n'eſt pas vne erreur de dire cela, mais c'eſt vne erreur de ne vouloir dire que cela, & de ne vouloir pas auoüer la motion ſpeciale qui eſt la Grace proprement Chreſtienne, qui fait que Dieu regne en noſtre cœur, que le fils de Dieu en qualité de liberateur nous a meritée par ſa croix, & de laquelle Sainct Auguſtin ne craint pas de dire que nous deuons la reconnoiſtre, non ſeulement ſi nous voulons eſtre appellez Chreſtiens, mais ſi nous voulons l'eſtre en effet.

EVAR. Ie ſuis ſatisfait, comme ie dois l'eſtre, Timothée, voſtre explication eſt iuſte, naïfue, ſincere, indubitable; toutefois Monſieur le Moine dans l'agreable liure qu'il a publié depuis quelques iours, dit[a] & penſe dire des mer-

[a] Pag. 58. Non eſt itaque, ô bone diſſertator,

ueilles, quand il dit que Sainct Augustin en ces paroles, *Si on m'oblige à rechercher cette profondeur*, ne resoult pas, mais forme vne question. TIM. Monsieur le Moine est vn agreable homme aussi bien que son liure. Il faut respondre que Sainct Augustin en ces paroles démesle la question qu'il s'estoit proposée, & en mesme temps en forme vne nouuelle, Car en disant, que Dieu appelle les vns en sorte qu'il les persuade, & qu'il n'appelle pas les autres de la mesme maniere, il suppose que la foy est proprement vn don de Dieu, en ce que Dieu nous appelle d'vne maniere dont il n'appelle pas les autres, & ainsi il resoult la question qu'il s'estoit proposée, de sçauoir en quel sens la foy est vn don de Dieu. Car il nous fait connoistre, qu'elle est vn don de Dieu, non seulement parce qu'il nous a donné le franc-arbitre, ou vne suasion telle quelle pour nous faire croire, mais bien vne suasion toute particuliere, & conuenable à la disposition secrete dont il a preparé nostre volonté. Mais parce que cette response deuoit estre dure au sens humain, Sainct Augustin a fait sagement de la proposer en s'estonnant luy-mesme, & en preuenant la demande qu'on pouuoit luy faire, pourquoy Dieu nous traite d'vne façon si differente, appellant les vns en telle sorte qu'il les conuertit, & les autres en telle sorte qu'il ne les conuertit point; & ce grand Sainct resoult cette question terrible en cela mesme qu'il nous auertit qu'on ne peut la resoudre, si ce n'est en recourant à la profondeur, & à l'abysme impenetrable des iugemens de Dieu, *Ie n'ay*, dit-il, *que deux choses à respondre, O abysme des richesses, & il n'y a point d'iniquité en Dieu, que celuy qui ne se satisfait pas de cette response, en cherche de plus sçauans*, (que moy) *mais qu'il prenne garde qu'il n'en trouue de plus vains*. Mais Monsieur le Moine, qui est plus docte que Sainct Augustin, auroit bien parlé d'vne autre sorte: Car au lieu de recourir à la sublimité des iugemẽs diuins, il auroit pû dire facilement que cette differẽce vient de ce que tous les hommes pouuant prier, les vns prient, & les autres ne prient pas que la foy leur soit donnée. Et les subtilitez de M. le Moine sont tres-peu subtiles en cette

prioris quæstionis solutio, & elucidatio, sed potiùs noua quæstio nascens ex priori.

rencontre. Car Sainct Augustin dit absolument, [a] *Lors que deux hommes entendent vne mesme chose, ou qu'ils voyent vne mesme chose, si l'on fait vn miracle deuant eux, pourquoy l'vn croit & l'autre ne croit pas, C'est la profondeur des richesses de la sagesse, & de la science de Dieu, dont les iugemens sont incomprehensibles, & qui ne fait point d'iniustice lors qu'il fait misericorde à celuy qu'il veut, & endurcit celuy qu'il veut. Car ces choses, pour estre occultes, ne sont pas iniustes.* Or selon les phantaisies de M. le Moine, en cette occasion dans laquelle l'vn croit, & l'autre ne croit pas, quand l'vn & l'autre voit vn mesme miracle, Sainct Augustin ne deuoit pas dire que Dieu endurcit celuy qu'il veut, mais qu'il endurcit seulement celuy qui pouuant prier n'a pas prié, & n'a pas voulu prier; en quoy sans doute, on euacueroit tout le scandale de la raison humaine, & on n'auroit aucun suiet, ny veritable, ny apparent de s'écrier auec l'Apostre, ô abysme des richesses! Et pensez-vous neantmoins, Euariste, que M. le Moine voulust se rendre à vne raison si manifeste; l'obstination des hommes a tousiours ie ne sçay quoy qui passe les bornes de la pudeur.

[a] *En l'Ep. à Sixte.* Cur autem ille credat, ille non credat, cùm ambo idem audiunt, etsi miraculum in eorum conspectu fiat, ambo idem vident, Altitudo est diuitiarum, sapientiæ & scientiæ Dei, cuius inscrutabilia sũt iudicia, & apud quem non est iniquitas, dum cuius vult, miseretur, & quem vult obdurat; neque enim propterea sunt ista iniusta, quia occulta.

EVAR. N'en dites pas dauantage, Timothée, ie plains M. le Moine, car ie l'ayme, reuenons seulement au P. Petau qui ne cede à aucun autre en obstination, & en foiblesse. Ce bon Pere sur le sujet que vous venez de traitter, obiecte à son heterodoxe ce qui est rapporté dans l'histoire du Concile de Trente, que Soto ayant dit, ou semblé dire dans ce S. Conc. qu'il dépend de nous immediatement de consentir ou de ne consentir pas à la grace de Dieu, l'opinion de ce Theologien fut suiuie d'vn applaudissement vniuersel; & cette obiection paroist si forte au R. Pere, qu'il dit glorieusement [b] que son Heterodoxe n'aura pas le mot à dire, & demeurera muet pour toute l'eternité. TIM. Vous sçauez ce que c'est que le Pere Petau, Euariste. Cette difficulté ayant esté faite à son heterodoxe, il l'éclarcit pleinement dans vne lettre escrite à l'vn de ses amys. La voicy, & toute à l'heure ie vous la liray si vous le trouuez bon.

[b] *Pag. 19.* Quid ad ista mutire poterit hæterodoxus?

EVAR. Donnez-moy que ie la lise, Timothée, car il

eſt bien iuſte que ie vous ſoulage, & il y a ſi long-temps que vous parlez, que vous m'en faites grand pitié. TIM. La voila, liſez, & cependant i'auray le loiſir de reſpirer vn peu, puis que vous auez là bonté de me le permettre.

EVAR. Eſcoutons bien.

EXPLICATION DE QVELQVES paroles du Concile de Trente, objectées par le Pere Petau dans ſon dernier libelle.

MOnſieur,

Ie ſuis rauy d'auoir appris la belle conſequence de Monſieur .... afin que i'en profite à l'auenir, & que ie n'aſſeure plus que ce que ie ſçauray bien. L'opinion de Soto, dit-il, remporta (c'eſt à dire pour vn moment) l'applaudiſſement vniuerſel du Concile de Trente, contre celle de Catanée, donc celle de Catanée a eſté abſolument condamnée dans ce Concile.

Voila certes vn raiſonnement bien plaiſant, & bien digne des Eccleſiaſtiques de noſtre âge, qui ſont la pluſpart ſi candides, ſi ſolides, & ſi amoureux de la verité. Ceux qui liſent les Conciles, ne ſçauent-ils pas qu'il arriue ſi ſouuent, qu'vne propoſition auancée par quelqu'vn, eſt d'abord applaudie [a], ou rejettée par les aſſiſtans, & que la meſme propoſition eſtant apres mieux conſiderée, ces applaudiſſeurs, ou ces cenſeurs reuiennent, & prennent vn meilleur party, ou au moins ſuſpendent leur iugement.

a Voyez la pag 238 de l'Hiſtoire, cette opinion ſembla d'abord fort dure, mais apres auoir bien penſé & peſé la raiſon, c'eſt merueille comme elle fut receüe d'vne notable partie des Prelats [l'opinion touchant la certitude de la grace.]

Cela vient de ce que dans les Conciles, les moins ſçauans qui ſont touſiours en plus grand nombre, ſont auſſi pour l'ordinaire les premiers, & les plus hardis à parler, & à ſouſtenir, ou à condamner les choſes auant que d'y auoir meurement penſé : mais quand ceux-cy s'égarent, les plus ſçauans ont accouſtumé de les ramener, & enfin s'il y a quelque defaut dans les vns ou dans les autres, il eſt corrigé par le S. Eſprit, qui ne preſide pas à tous les diſcours des particuliers de ces aſſemblées, mais ſeulement à leurs iugemẽs, à leurs deciſions, & à leurs dernieres reſolutions.

C'est ainsi que dans le Concile de Trente l'opinion de Soto, que l'on n'entendoit pas, parut d'abord plausible à la plusspart des assistans, comme celle de Catanée parut d'abord estrange ; mais apres, celle-cy commença peu à peu à estre iugée raisonnable, par ceux qui en peserent les motifs & les fondemens.

Et c'est pour cela que l'on ne voulut iamais vous lire, ny vous laisser lire ce que l'Historien adjouste [a] à ces paroles, *remporta l'applaudissement vniuersel.* Car si on n'eust pas esté si fin, vous eussiez veu, qu'immediatement apres cette decision Synodale à la mode de Monsieur .... qui en cecy me fait grand' compassion, l'Historien nous fait connoistre que les Peres du Concile se trouuerent partagez & vacillans ; les raisons de Catanée demeurant sans response, & si fort en leur vigueur, que pour les éclaircir on fut obligé de traiter encore plus à fond la matiere de la Grace, & de passer iusqu'au mystere de la Predestination, qui est le premier principe par où l'on doit iuger de la matiere de la Grace. *Nonobstant toutes ces raisons*, dit l'Historien, *la contraire opinion emporta l'applaudissement vniuersel.* Et voicy maintenant ce qu'on vous a caché si artificieusement, & par vne procedure vrayement digne des Ecclesiastiques de ce temps [b]. *Combien que plusieurs auoüassent que les raisons de Catanée ne leur sembloient point soluës*, (Et on n'auoit garde de les soudre, puis qu'elles estoient celles dont les Catholiques se sont tousiours seruis contre les Pelagiens, pour leur prouuer l'efficace de la Grace ; ce qui est si manifeste, que ie ne pense pas que l'impudence mesme soit assez impudente pour le nier) *& improuuassent que de Soto ne parloit point librement & nettement, mais disoit seulement, que la volonté de soy-mesme consent en quelque sorte, & qu'en quelque sorte aussi elle peut resister à l'inspiration de Dieu, comme si entre l'affirmatiue & la negatiue, il y pouuoit auoir quelque maniere, ou moyen entre deux.* Le bon Soto sous-entendoit la distinction fameuse du sens composé, & du sens diuisé, & vouloit dire qu'en sens composé, on ne peut pas resister à la grace, bien qu'on puisse luy resister en sens diuisé. Et que ce soit

a Pag. 241.

b Pag. 242.

la doctrine de Soto, vous l'auez veu auec moy [a] dans son liure de la nature & de la grace, dont i'ay extrait moy-mesmes les passages deuant vous. Mais comme Soto n'estoit pas entendu, on se plaignoit de luy aussi bien que de Catanée, & par consequent l'vn & l'autre fut condamné dans le Concile, suiuant les grandes regles de Monsieur .... *Et d'ailleurs*, poursuit l'Historien, *ils estoient estonnez & confus de la franchise de parler de Catanée, & des autres Iacobins*. Remarquez donc que si on en veut croire Monsieur .... non seulement Loüis de Catanée, mais aussi les autres Iacobins, ont esté condamnez par le Concile de Trente en vertu de ce grand mot, & de ce Canon de robbe courte, *L'applaudissement vniuersel*. L'Historien dit donc, *Ils estoient estonnez & confus de la franchise de parler de Catanée, & des autres Iacobins, qui confessoient de ne sçauoir comment distinguer cette opinion, qui attribuë la iustification au consentement d'auec celle des Pelagiens, & remonstroient qu'on se gardast de ne sauter au delà de la barriere, par trop de desir de condamner les Lutheriens*. Combien y a-il de gens qui auroient besoin de cette solide remonstrance? *Mais sur tout estoit pesé cet argument & cette raison, que par l'aduis contraire l'élection, ou la predestination seroit fondée sur les œuures preueües, ce qu'aucun Theologien ne vouloit admettre, dont aussi on fut tiré à parler de la predestination, & fut arresté pour la connexité de recueillir aussi des articles de la doctrine des Protestans sur cette matiere*. Voyez donc, ie vous prie, comment l'opinion de Catanée, & les raisons sur lesquelles il la fondoit, reprenoient leur vigueur malgré cet arrest si solemnel qui les auoit destruites, *L'applaudissement vniuersel*.

Mais pour entendre plus nettement & plus distinctement encore le recit de cet Historien, vous remarquerez en premier lieu, que comme les hommes naissent Pelagiens, & comme les pensées Pelagiennes plaisent naturellement à la raison humaine; dans le Concile de Trente le discours de Soto, qui sembloit pencher du costé des Pelagiens, & d'autant plus que l'on le prenoit en vn autre sens, qu'il ne le prenoit luy-mesme, agrea d'abord à la pluspart

[a] *Chap. 16.*

des aſſiſtans. Mais à qui principalement, me direz-vous? Vous verrez bien-toſt que ce fut aux gens de Cour, aux gens d'Eſtat, & aux Predicans de moyenne taille; & vous ſçauez que noſtre ſiecle abonde ſi fort des vns & des autres.

En ſecond lieu vous remarquerez que comme la grace ſuit & corrige la nature, & comme les ſentimens de la grace ont accouſtumé de ſucceder à ceux de la nature; L'opinion de Catanée, qui eſtoit celle de Sainct Auguſtin, touchant l'efficace de la grace, & qui ſembloit contraire à celle de Soto, bien qu'en effect elle ne le fuſt pas, apres auoir eſté d'abord rebutée, commença peu à peu à recouurer ſes forces, & à faire impreſſion dans les eſprits, quand on eut penetré & ſenti l'energie des raiſons de ce docte Catanée, & ſur tout de celle-cy, que les Saincts Peres ont touſiours iugée ſi puiſſante pour eſtablir l'efficace de la Grace; que ſi l'on admettoit l'opinion contraire, qui fait dépendre du franc-arbitre l'efficace de la grace, il faudroit dire neceſſairement, que la predeſtination ſeroit fondée ſur la preuiſion de nos bonnes œuures; ce qui ſembloit ſi abſurde à tous les Theologiens dans le Concile de Trente, qu'aucun d'eux ne voulut l'auoüer, comme l'hiſtoire vient de le teſmoigner.

En troiſieſme lieu, remarquez que les raiſons de Catanée, qui eſtoient ſi ſolides d'elles-meſmes, & à qui les Peres, qui ſ'en eſtoient ſeruis à meſme deſſein, auoient acquis vn ſi grand reſpect, ont touſiours eſté ſans ſolution dans le Concile de Trente, & que Soto, qui n'auançoit ſon opinion qu'auec beaucoup de crainte, comme dit l'Hiſtoire [a], n'y reſpondit iamais vn mot; & comme en vn Concile, l'opinion, dont les raiſons demeurent ſans reſponſe, eſt preſumée la plus forte: inferez de là que l'opinion de Catanée le gagnoit, & l'emportoit pardeſſus l'autre, puis qu'on ne reſpondoit point aux preuues ſur leſquelles elle eſtoit appuyée.

En quatrieſme lieu, remarquez que dans le Sainct Concile les Peres ayant veu tres-manifeſtement l'infaillibilité de cette conſequence, que ſi l'efficace de la grace dépendoit

[a] *Pag. 142. de la meſme verſion Françoiſe de l'Hiſtoire, mais il defendoit cette ſienne opinion auec beaucoup de doute & de timidité, d'autant que l'autre luy objectoit qu'en cette ſorte la difference des éleus auec les reprouuez viendroit du coſté de l'homme contre le perpetuel ſentiment & opinion Catholique.*

doit du franc-arbitre, la predestination seroit fondée sur la preuision des bonnes œuures, furent obligez de traiter le poinct de la predestination, pour sçauoir si elle estoit fondée sur les œuures preueües, ou si elle ne l'estoit pas, tenãs pour asseuré que si la predestinatiõ estoit fondée sur les œuures preueües, l'efficace de la grace dépendoit du franc-arbitre; & au contraire, que si la predestination n'estoit pas fondée sur les œuures preueües, l'efficace de la grace se tenoit de la part de la grace mesme, & non de la part du franc-arbitre. Car il faut que Dieu connoisse l'infaillibilité de la predestination, parce qu'il a preueu, ou que la grace par sa propre force, appliqueroit nostre franc-arbitre, ou que nostre franc-arbitre appliqueroit la grace, ce qui seroit nous predestiner apres la preuision de nos bonnes œuures, & poser vne opinion que nul Theologien ne vouloit admettre dans le Concile de Trente.

Voyez donc comment les Peres recherchant si la predestination est fondée sur la preuision des œuures, recherchent par consequent encore, si l'efficace de la grace dépend du franc-arbitre, comme Soto sembloit le dire, ou si elle dépend de la grace mesme, comme Catanée le soustenoit. Et partant, si nous en voulons croire Monsieur .... les Peres disputent d'vne question qu'ils ont desia vuidée, & veulent sçauoir si vne opinion est vraye, apres l'auoir proscrite par le capital Arrest, qui est enfermé dans ces paroles mysterieuses, *L'applaudissement vniuersel.*

Mais voyons maintenant, me direz-vous, comment les Peres ont examiné ce sublime point de la predestination, & laquelle des deux opinions a esté la mieux fondée, ou celle qui met la predestination deuant la preuision des œuures, & par consequent l'efficace de la grace de la part de la grace mesme; ou celle qui met la predestination apres la preuision des œuures, & par consequent l'efficace de la grace de la part du franc-arbitre. Voicy ce qu'en dit la mesme histoire, & souuenez-vous, que tout ce qu'elle en dit, est auenu, apres l'auenture merueilleuse & le fatal oracle de *L'applaudissement vniuersel.*

Quand ce vint à l'examen de ces articles (dit la version Françoise de l'histoire [a]) *les opinions se trouuerent fort differentes sur le premier.* (Ce premier article estoit celuy-cy,) *En la predestination & reprobation, il n'y interuient rien du costé de l'homme, mais la seule & simple volonté de Dieu. Les Theologiens plus estimez tenoient, que l'article estoit Catholique, & mesme que le contraire estoit heretique, dautant que les bons autheurs Scholastiques, Thomas d'Aquin, Lescot, & l'opinion commune & courante des Docteurs, tiennent que Dieu auant la creation du monde a de sa seule, & pure misericorde éleu de toute la masse du genre humain, vn certain nombre seulement à la gloire eternelle, & qu'à ceux-là il a efficacement preparé les moyens pour l'obtenir, ce qui s'appelle predestiner; que le nombre de ceux-là est certain & arresté, & nul n'y peut estre adjousté. Que les autres qu'il n'a point predestinez, n'ont de quoy se plaindre, attendu qu'aussi Dieu leur a preparé vne ayde suffisante, combien qu'en effect il n'y ayt que les éleus qui paruiennent au but & à l'effect d'iceluy.* (Voila l'ayde suffisante que i'admets si volontiers auec les Thomistes, pource qu'elle n'opere iamais rien si elle n'est suiuie, ou accompagnée d'vne autre plus puissante qui a tousiours son effect : mais dans le Concile, comme ailleurs, les menus Theologiens se mocquent de cette ayde suffisante, comme vous verrez cy-apres.) *Ils alleguoient*, poursuit l'histoire, *pour raison principale & souueraine, que Sainct Paul aux Romains proposant Iacob pour patron des predestinez, & Esaü des reprouuez, en produit l'arrest de Dieu, prononcé auant qu'ils nasquissent, & fondé non sur les œuures, mais sur le bon plaisir. A cela ils adjoustoient l'exemple du mesme Apostre, Que comme le potier d'vne mesme masse d'argile fait vn vaisseau à vsage honorable, & vn autre à vsage infame; Ainsi Dieu d'vne mesme masse d'hommes, élit ceux qu'il luy plaist, & laisse les autres; & que Sainct Paul pour preuue de cecy auoit allegué le passage auquel Dieu dit, I'vseray de misericorde enuers qui i'vseray de misericorde, & feray mercy à qui ie feray mercy, & que pourtant le mesme Apostre auoit conclud, que ce n'est point, ne du voulant, ne du courant, mais de Dieu qui fait misericorde, adjoustant puis apres, que Dieu fait misericorde à qui il luy plaist: Ils disoient*

[a] Pag. 243.

outre cela, que pour cet égard, le Conseil de la diuine predestition & reprobation est appellé par le mesme Apostre, hauteur & profondeur de sagesse impenetrable & incomprehensible, ils alleguoient d'abondant des passages des Epistres du mesme Apostre, là où il dit, Que nous n'auons rien que nous n'ayons receu de Dieu; que de nous mesmes nous ne sommes suffisans, non pas seulement à penser le bien, & qu'en l'endroit où il rend raison pourquoy, quelques-vns se reuoltent de la foy, & les autres demeurent fermes, il dit que c'est dautant que le fondement de Dieu demeure ferme, lequel a ce seau, Dieu connoist les siens. Ils adjoustoient pour renfort diuers passages de l'Euangile selon S. Iean, & innombrables authoritez de Sainct Augustin, lequel en sa vieillesse n'écriuit qu'en faueur de cette doctrine.

Mais prenez garde, voicy des Docteurs bien insolens, d'oser soustenir dans le Concile vne opinion desia condamnée par le Concile mesme, sur la parole de Monsieur........... qui a ouy de ses propres oreilles l'agreable son de *L'applaudissement vniuersel*, mais aussi voicy les autheurs de l'applaudissement qui vont bien rembarrer ces temeraires discoureurs, & les estourdir par le bruit de la Philosophie Pelagienne, escoutez-les tous pleins & tous enflez de raisons Philosophiques, & tous vuides d'Ecriture Saincte, & de tradition des Peres.

Mais quelques autres, dit l'Historien [a], *quoy que de moindre estime & reputation, s'opposoient à cette opinion, la qualifians* [b] *dure, cruelle, inhumaine, & impie*, (voila des fleurs cueillies dans le iardin de Pelagius, mais gardez-vous de rire, vous en verrez bien d'autres,) *presupposant que Dieu seroit partial & acceptateur de personnes, si ainsi estoit, que sans aucune cause mouuante il éleust l'vn, & rejettast l'autre; & injuste, si de vray il auoit destiné les hommes à damnation, de sa pure & propre volonté, & non pour leurs fautes & par leurs crimes, & eust creé vne si grande multitude pour la damner. Ils disoient que cette opinion renuerse le franc-arbitre, puis qu'il s'en ensuit qu'enfin les éleus ne peuuent mal faire, ny les reprouuez bien faire; qu'elle precipite les hommes au goufre du desespoir par le doute & scrupule, qu'ils peuuent estre du nombre des reprouuez; qu'elle donne occasion & amorce aux meschans de tousiours mal*

a *Là mesme.*

b *Dans les Epistres de Prosp. & d'Hylaire à Sainct Augustin, vous verrez les mesmes objections proposées par les Semipelagiens.*

faire, sans se soucier de repentance, pensant que s'ils sont des éleus, ils ne periront iamais; si aussi des reprouuez, en vain feroient-ils aucun bien, puis que cela ne leur pourroit seruir de rien; bien auoüoient-ils, que non seulement les œuures ne sont point la cause de l'élection diuine, veu que cette élection, comme eternelle, est auant elles, mais que non pas mesme les œuures preueües, ne peuuent émouuoir Dieu à predestiner, mais qu'iceluy par son infinie misericorde, veut que tous soient sauuez, & prepare à tous suffisans moyens pour ce faire, lesquels chacun homme ayant son franc-arbitre, reçoit ou refuse & rejette selon qu'il veut, & que Dieu en son eternité préuoit ceux qui receuront les aydes, & moyens qu'il leur preste, & s'en preuaudront en bien, & ceux aussi qui les refuseront; & reprouue ceux-cy, & élit & predestine ceux-là.

Grand Dieu! ne seroit-ce pas vn abysme de folie, de s'écrier là dessus, ô abysme de sagesse! mais voicy le comble de la mesure, & la puissante difficulté, à laquelle l'Apostre n'a sceu respondre, *Adjoustant*, dit l'histoire, *qu'autrement on ne peut découurir la cause, pourquoy Dieu en l'Escriture se plaint des pecheurs, ny pourquoy il exhorte tous à repentance & conuersion, s'il ne leur donne les moyens efficacieux, & puissans pour l'acquerir, & que cette ayde suffisante, laquelle par les autres a esté inuentée, est insuffisante, veu que selon eux, elle n'a iamais eu, ny aura aucun effet.* Et bien, qu'en dites-vous? Y eut-il iamais bouquet qui sentit mieux le Pelagianisme, ou ne voila-il pas d'vn bout à autre le ramage & le jargon de la hautaine nation des Pelagiens, & vous semble-il pas que certaines gens auroient fait beau bruit parmy ces menus Docteurs? vous estes vn méchant homme, vous vous imaginez que i'entens Monsieur...... & Monsieur .... mais voicy le blason de ces deux opinions, & de leurs defenseurs.

a Pag. 244. *Comme la premiere opinion*, dit l'Historien[a], *tient du mystere, & est propre à contenir l'esprit de l'homme en humilité, & tout remis & arresté en Dieu, sans aucune confiance en soy-mesme, par la reconnoissance de la laideur & deformité du peché, & à l'opposite de l'excellence de la grace de Dieu,* (n'estes-vous pas touché en lisant cecy?) *aussi est la seconde plausible &*

populaire, propre à fomenter, & nourrir la presomption humaine, specieuse, & accommodée aux apparences, & c'est pourquoy aussi elle agreoit aux Moines, qui font profession de l'art de prescher & declamer dans les Chaires, plus que de la solide, & vraye science de Theologie, & aux Courtisans, comme accordante aux raisons humaines, & politiques, & estoit soustenuë par l'Euesque de Bithonte, & fort passionnément par celuy de Salpi. (Obseruez ce qui suit) *les defenseurs de cette opinion quand ils estoient au champ des raisons humaines, triomphoient, & l'emportoient par dessus les autres, mais au reciproque, quand on les ramenoit à l'Escriture saincte,* ILS SVCCOMBOIENT TOVT MANIFESTEMENT, ET LE PERDOIENT TOVT QVITTE. O voila vn estrãge coup, qui vaut bien, ou pour mieux dire, qui renuerse tout à fait *l'applaudissement vniuersel*, & son robuste defenseur Monsieur......! Mais maintenant tirons le moral de toute la suite de cette histoire par les obseruations suiuantes.

En premier lieu donc vous obseruerez que long temps apres l'applaudissement vniuersel, l'opinion qui pose la predestination deuant la preuision des œuures, & qui met par consequent l'efficace de la grace du costé de la grace mesme, estoit defenduë dans le Concile, par les plus habiles, & les plus celebres Theologiens; & que l'opinion contraire estoit soustenuë seulement par des gens de Cour, & par des Theologiens de moindre sçauoir & de moindre estime. L'histoire est expresse là dessus. Quant à ces polis, à ces gens d'Estat, & à ces moyens Docteurs, qui disoient leur aduis d'autant plus volontiers, & d'autant plus hardiment, comme c'est l'ordinaire, qu'ils entendoient moins les suiets dont ils parloient, il est à croire, qu'il auint à beaucoup d'eux, ce qui arriua dans le Concile à quelques autres, qui ayant auancé legerement, & auec grande vehemence, vne certaine maxime, se rauiserent sagement, quand on leur en eut fait voir l'absurdité. Voicy ce que dit l'historien, de ces esprits chauds, qui opinent par boutade, & bien souuent à l'estourdi.

Le quatriéme article fut iugé sot & inepte par plusieurs, lesquels disoient, que par le mot de liberté est entenduë vne faculté contour- Pag. 140.

nable à tous deux ses opposites & contraires, & pourtant qu'on ne pouuoit dire que la liberté soit au mal, si elle n'est aussi au bien: mais on fit rauiser ceux-là, leur remonstrant, que les saincts bienheureux au ciel, & les Anges de lumiere sont bien libres à l'égard seulement du bien, & que pourtant il n'y auoit point d'inconuenient de dire, qu'on peut estre libre au seul égard de faire mal. Voila comment les censeurs ou les applaudisseurs qui se precipitent trop, reuiennẽt, & se corrigent, quand on leur fait voir la verité.

Obseruez en second lieu, que la seconde opiniõ, qui est la courtisane & la politique, n'est appuyée dans le Concile, au rapport de l'historien, que sur des raisonnemens humains, sans Escriture saincte, sans tradition, sans témoignage des Ss. Peres, & en effet où les auroient-ils pris, si ce n'est peut estre dans Fauste, dans Cassien, & leurs compagnons de la ville des Marseillois? au lieu que la premiere opiniõ, qui est, graces à Dieu, la mienne & la vostre, fut fondée dans le S. Synode, sur tant de lieux formels de l'Escriture saincte, sur des passages innombrables, dit l'histoire, de Sainct Augustin, sans contredit le premier de tous les Peres en cette matiere, sur Sainct Thomas, sur Lescot, & sur le sentiment general des Theologiens, que l'histoire appelle au lieu rapporté cy dessus. *L'opinion courante, & commune des Docteurs.*

Par où vous voyez que Caluin est vn menteur, & vn imposteur infame, s'il est si impudent que d'asseurer, qu'on a ignoré dans l'Eglise depuis plusieurs siecles, la doctrine de la Grace efficace par soy mesme & de la Predestination diuine deuant la preuision des œuures, qui sont deux points de foy inseparables l'vn de l'autre.

En 3. lieu, vous obseruerez que ceux qui soustenoient la seconde opinion, que i'appelle ...... auoient bien l'auantage & l'applaudissement de l'assemblee, quand ils agissoient par les principes du sens naturel, ou de la Philosophie, ou pour parler auec l'historien, *quand ils estoient au champ des raisons humaines*; mais aussi que ceux qui soustenoient la premiere opinion, que i'appelle nostre par la bonté diuine, auoient à leur tour l'auantage tout entier, & l'applaudissement de l'assistance, quand ils ramenoient leurs aduersaires à l'Escriture Sainɗte, & alors ils le gagnoient tout net; & leurs aduersaires, comme dit l'histoire, *le perdoient tout quitte.* Or il est certain, que comme la regle des Conciles n'est point la raison, ny la Philosophie, mais l'Escriture Sainɗte, & la tradition des Peres, ceux-là sont absolument les Superieurs dans vn Concile, qui le gagnent absolumẽt par l'Escriture Sainɗte, & par la tradition des Peres. Et c'est pour cela que i'ay desia dit que ce passage de l'histoire donnoit le coup de mort à ce puissant geant, *l'applaudissement vniuersel,* & à son grand patron Monsieur.....

En 4. lieu, vous obseruerez que les defenseurs de la premiere opinion, se sentant armez du témoignage de l'Escriture Sainɗte, & de l'anciene Eglise, ne marchandoient point leurs aduersaires, mais traitoient ouuertement leur opinion, d'erronée & d'heretique; & au contraire, que ceux-cy se sentans dénuez, & dégarnis d'Escriture, & de Peres, n'ont iamais osé dans le Concile rendre le change aux autres, & blasmer leur opinion d'erreur, ou d'heresie. Ce qui fait voir à l'œil, que la parole de Dieu, les Conciles, les Papes, & le reste des Sainɗts Peres ont empreint vn charaɗtere de majesté si grande dans cette opinion, que ceux qui la combattent le plus passionnément, demeurent court, & perdent cœur, quand il s'agit de la censurer, & de la mettre (chose estrange: ie fremis en l'escriuant) au rang des opinions heretiques.

En cinquiéme lieu, vous obseruerez, & bien que cette obseruation soit vne suite, & vne dépendance des precedentes, il est bon neantmoins de la considerer, & de l'enuisager à part. Vous obseruerez donc qu'à regarder en gros, & comme d'vne veüe, la substance & les raisons de ces deux opinions en la maniere qu'elles ont esté dépeintes dans le Concile de Trente, il faut estre aueugle, ou ignorant au dernier point, pour ne pas voir en l'vne tous les lineamens, & tous les traits de la doɗtrine sainɗte de l'ancienne Eglise, & en l'autre tous les traits, tous les lineamens, le visage, & l'air de la doɗtrine que les Pelagiens ont soustenuë contre l'ancienne Eglise sur les mysteres de la Grace, & de la Predestination.

Car entre toutes les raisons que vous auez veües alleguées pour l'establissement de la seconde opinion, y en a-t'il vne seule que les Pelagiens ou les Semipelagiens n'ayent obiectée à Sainct Augustin, ou à ses Disciples, qu'ils nommoient Predestinatiens? & ce Dieu cruel, iniuste, barbare, partial, acceptateur de personnes, Createur de monde pour le damner, n'est-ce pas le Dieu que les mesmes Pelagiens reprochoient aux Catholiques auec tant de faste, & auec tant d'aigreur? Et iusques à quand donc serons-nous assiegez du bourdonnement de ces guespes, que nous croyions mortes il y a si long-temps? Certes Catarin ayant bien veu que l'vne de ces opinions estoit celle de Sainct Augustin, & que l'autre estoit celle de Fauste, de Gennadius, & des autres chefs des Semipelagiens, l'auoüa franchement dans le Concile de Trente, & voulãt accorder ensemble ces deux anciennes ennemies, renouuella sans y penser l'erreur de Cassien, qui auoit dés long temps esté condamnée par le Concile d'Orange, [a] & qui estoit, que Dieu sauuoit les vns, en les laissant à la disposition de leur franc-arbitre, & les autres en determinant leur franc arbitre par la force de la grace.

a Conc. 8.

Cela estant ainsi, suppliez, coniurez le bon Monsieur ...... & le bon Monsieur ...... de rentrer en eux mesmes, & de mettre la main sur la conscience, car ils en ont beaucoup; ie ne connois point de meilleures gens que ces deux-là, & quoy qu'il me couste, ie veux conseruer leur amitié; pressez-les donc, demandez-leur instamment laquelle des deux opinions qui furent proposées, & agitées dans le Sainct Concile de Trente, vn sage, & prudent Ecclesiastique doit attribuer à ce Concile.

Ou la premiere qui fut soustenuë par les plus profonds & les plus illustres Theologiens, ou la seconde, qui ne le fut que par les moins sçauans, & les moins celebres; ou la premiere qui fut appuyée sur vne infinité de lieux, & de l'Escriture, & des Peres, sur l'authorité de Sainct Augustin, de Sainct Thomas, & de Lescot, & sur la courante, & la commune creance des Docteurs, comme dit l'historien: Ou la seconde qui ne fut bastie que sur des ratiocinations

tiocinations Philosophiques, & sallies par la bouche des heretiques Pelagiens ou des Marseillois & des Semipelagiens, ou la premiere, qui triomphoit, quand on consultoit l'oracle des Escritures sainctes; ou la seconde, qui ne paroissoit que lors qu'on laschoit la bride à la temerité de la raison humaine; ou la premiere, qui estoit si venerable par sa maiesté saincte, que l'on n'osa iamais l'accuser d'heresie; ou la seconde, qui estoit ouuertement, & impunément traictée d'heretique à la face du Concile; ou la premiere, qui porte sur le front la splendeur diuine, & la viue image de la doctrine ancienne de l'Eglise; ou la seconde, qui a peint sur le visage tous les characteres de la fausse Theologie des Pelagiens parfaits, ou des Semipelagiens? Ouy, pressez-les, demandez-leur, au nom de Dieu, laquelle de ces opinions il faut attribuer au Concile de Trente? demandez-leur ce que respondroit ce Sainct Concile, s'il resuscitoit des morts, & si on le supplioit de vous declarer lequel de ces deux dogmes il auoüe pour le sien, & s'il n'ayme pas mieux que l'on explique sa doctrine, & ses definitions selon l'analogie, & selon le fil de la tradition Ecclesiastique, & selon les principes de Sainct Augustin, des Conciles, & des Papes qui ont suiui Sainct Augustin, que selon les principes de leurs aduersaires? Grand Dieu! peut-on deliberer, peut on hesiter sur la resolution d'vne demande si équitable, & si aisée à resoudre aux enfans de Dieu qui sont les amateurs de la verité?

Mais desirez-vous que ie batte & que i'abatte encore par de nouueaux efforts ce terrible monstre de l'applaudissement vniuersel? Ie le veux, i'en suis content; écoutez-moy bien.

Si dans le mesme instant de cet applaudissement, le Concile de Trente a condamné l'opinion de Catanée, & des autres Iacobins, & de Soto mesmes, que l'on n'entendoit pas, d'où vient que long temps apres ce battement de mains, lors qu'on examina le dixiéme article des Zuingliens, les Docteurs, & les Peres du Concile estoient encore partagez en deux bandes? en ceux qui tenoient l'opinion de Catanée, & ceux, qui tenoient l'opinion pretenduë de Soto, c'est à dire, en ceux qui admettoient la grace predeterminante, & ceux qui ne l'admettoient pas? Escoutez l'histoire sur cecy.[a] *Les autres, qui rapportoient la cause de la predestination en tous, au consentement humain, condamnoient l'article tout entier en toutes ses deux parties : mais ceux qui adheroient à la doctrine de Sainct Augustin* (notez,) *& à la courante des Theologiens, le distinguoient, disant, qu'en sens composé il estoit vray, & en sens diuisé, damnable.* Voila donc la courante des Theologiens, qui estoit celle de Catanée viuante encore, & triomphante, malgré la saillie de l'applaudissement vniuersel; & apprenez de là combien il faut que nous allions seur, & bride en main, en iugeant des mouuemens, & de la procedure des Conciles.

Pag. 246.

En 2. lieu, dans le moment que les courtisans, les Politiques & quelques autres applaudirent à la doctrine de Soto, si elle auoit esté definie, & arrestée dans le Concile en la maniere qu'elle estoit entenduë; comme on s'imaginoit que ce bon Docteur vouloit, que la grace deuint efficace par le consentement du franc-arbitre, il faudroit croire qu'vne opinion si estrange auroit esté receüe, & definie dans le S. Concile. Mais s'il estoit ainsi, comment Bellarmin[b], ce grand personnage, reiettant fortement la mesme opinion, auroit-il écrit, qu'elle est entieremẽt contraire au sentiment de S. Augustin, & autant qu'il en peut iuger, qu'elle est contraire aussi au sentiment des Escritures Sainctes? Bellarmin eut-il ignoré vn si solennel decret du Concile de Trente, ou se fut-il opposé à ce grand Synode, & eut-il condamné vne opinion que ce grand Synode eut approuuée? Voyez les precipices où l'on tombe, quand on se haste trop.

b Li. 1 de la gr. ch. 12.

En troisiéme lieu, si, à l'heure mesme de l'applaudissement vniuersel, l'opinion de Catanée & des autres Iacobins fut entierement destruite dans le Concile de Trente, comment les Peres quelque temps apres se proposerent-ils de dresser en sorte leurs Canons, en la matiere de la grace, que nul Catholique ne se pût plaindre, que son opinion y eut esté condamnée en termes tous expres?

choyoit-on ; espargnoit-on le reste des Docteurs, & n'en vouloit-on qu'à la sçauante, & à l'illustre école des Thomistes? auoit-on respect pour des opinions particulieres, & s'en prenoit-on manifestement à la commune & à la courante des Theologiens, comme dit l'histoire. Entendons-la sur ce suiet.

Apres, que l'examen des Theologiens, dit l'histoire, [a] *sur le point du franc-arbitre & de la predestination, fut acheué, & que les Anathemes eurent esté formez sur ces matieres, ils furent inserez, & adioints à ceux de la iustification, en certains endroits à propos, & furent controollez par les vns, & par les autres, selon que chacun y pensoit trouuer quelque parole, ou terme, qui preiudiciast à son opinion particuliere.* Et de là vient que la mesme histoire loüe la prudence du Cardinal de Saincte Croix, qui sceut ménager si adroitement la forme des Canons, & de la doctrine du Concile, que les Catholiques mesmes, qui tenoient des opinions contraires, y trouuoient dequoy se satisfaire. Mais il y a bien plus, & vous iugerez par là, combien les Conciles procedent meurement en l'ajustement de leurs definitions ; on ne se contenta pas de faire voir à ceux qui estoient au Concile, le decret touchant la grace ; on trouua bon de l'enuoyer au Pape, pour le faire consulter aux Religieux & aux autres sçauans hommes de Rome, qui l'approuuerent tous d'vn commun consentement, quelque diuersité qu'il y eust dans leurs opinions. Voicy les termes de l'historien [b]. Pag. 245.

Mais pour retourner au Cardinal (de Saincte Croix) *apres que le decret eut esté approuué de tous à Trente, il l'enuoya au Pape, qui le bailla à consulter aux Moines, & autres personnages sçauans de Rome, & fut par tous approuué, & accepté pour cette mesme raison, que chacun le peut entendre selon son propre sentiment.* Si donc les Thomistes, qui estoient si grands hommes, & en si grand nombre, eussent veu que leur opinion estoit foudroyée par les Anathemes du Concile, est-il croyable qu'ils n'en eussent fait aucune plainte? qu'ils se fussent teus si absolument, & qu'ils n'eussent pas demandé en leur faueur, quelque reforme, ou quelque changement, au decret du Synode ; le Synode les conuiant à dire Pag. 249.

librement, s'ils n'y voyoient rien, qui leur depluſt, & leur offrant de les ſatisfaire? & c'eſt à l'égard de cette ſage, & de cette ſainćte œconomie du Concile, que vous m'auez ouy dire pluſieurs fois, que le Concile eſtoit clair au regard des Lutheriens, & des autres heretiques qu'il s'étoit propoſé de condamner; mais qu'il n'auoit pas voulu s'expliquer ouuertement au regard des Catholiques compoſant ſes Canons en termes ſi diſcrets & ſi generaux, que nul Catholique n'y viſt euidemmẽt ſa condamnation; & de là vient que Soto, & André Vega, qui auoient aſſiſté, & auoient eu grand' part au Concile l'vn & l'autre, firent deux gros liures, où chacun ſouſtenoit, que ſon opinion eſtoit celle du Concile, bien que leurs opinions fuſſent directement oppoſées entre-elles. Mais au fond cette prudence, & cette œconomie du Concile n'empeſchent pas que ſon vray deſſein n'ait eſté, que l'on entendiſt ſes definitions ſelon la regle de la tradition Eccleſiaſtique, & que l'on les interpreſtaſt pluſtoſt ſelon les principes de Sainćt Auguſtin, dont il a par tout employé les termes, que ſelon les principes des aduerſaires de ce Pere, ſoit Pelagiens parfaits, ſoit Semipelagiens: & il eſt ſans doute, que ſans outrager cruellement ce Sacré Synode, nous ne pouuons faire vn autre iugement de ſes intentions.

Mais toutes ces choſes eſtant poſées, qui ſont ſi claires, ſi expreſſes, ſi naïues, ſi ſinceres, penſez-vous que le bon M. ..... & le bon M.... en demeurent perſuadez? pour moy ie ne le penſe pas, tant ils ſont preoccupez; & quand ils en ſeroient perſuadez, ils ne l'auoüeroient pas, tant ils ſont accouſtumez par la maladie commune de ce ſiecle, à ruſer & à finaſſer, dans les myſteres meſme de la Religion, mais touſiours ſimplement, & innocemment: car il faut que ie le die encore, ie ne connois point de meilleures gens que ces deux bons Preſtres du Seigneur; & à quelque prix que ce ſoit, ie veux conſeruer leurs bonnes graces: vous ſçauez que i'ayme, ce que i'ayme, & qu'il n'y a point de ciment qui tienne, comme mon amitié. Pour donc eſſayer vne derniere fois de me iuſtifier aupres d'eux, & de leur faire trouuer bonne la conduite que ie garde dans vne occaſion beaucoup plus importante qu'on ne ſ'imagine, demandez-leur en quelle conſcience ils voudroient m'obliger, contre les remords & les reproches de la mienne, à trahir des ſentimens, dont ie vois ſi euidemment, & la verité, & l'importance, & dont la lumiere plus brillante que celle du Soleil, m'a remply les yeux & l'eſprit, & a penetré iuſqu'au centre de mon ame; veulent-ils que ie leur auoüe que Loüis de Catanée, & les autres Iacobins ont eſté condamnez dans le Concile de Trente, pour auoir eſté de l'opinion de Sainct Auguſtin, de Sainct Thomas, & du commun des Theologiens?

Veulent-ils que ie leur auoüe qu'vn applaudiſſement eſt vn Canon, qu'vn treſſaillement eſt vne regle, & qu'vne approbation ſoudaine, tumultuaire & impetueuſe, & eſtouffée à l'inſtant de ſa naiſſance, eſt vne deciſion reglée & concertée ſelon la forme ordinaire des Conciles?

Veulent-ils que ie leur auoüe, qu'atribuant les bonnes œuures qu'ils ont faites en ſi grand nombre, à l'empire de leur franc-arbitre, cette penſée n'eſt point capable de tenter leur modeſtie & leur humilité?

Veulent-ils que ie ne voye pas que le Reuerend Pere Sirmond [a], que d'ailleurs i'honore ſi fort, imprimant des autheurs Semipelagiens, & entreprenant de les defendre, bien que le Sainct Siege les ayt condamnez expreſſement, ne nous teſmoigne point par là qu'il ſ'eſt apperceu de quelque liaiſon ſecrette entre l'opinion de ſa Compagnie, & l'opinion de ces autheurs?

[a] *Predeſtiné & Fauſſe, dont il fait l'Apologie en ſon hiſtoire predeſtinatienne.*

Veulent-ils que ie ne voye point, que ceux qui combattent la doctrine de Sainct Auguſtin, des Conciles, & des Papes, comme ſi c'eſtoit l'erreur des heretiques, mettent les heretiques en bõne compagnie, & ſuſcitent à l'Egliſe d'eſtranges aduerſaires, la rendant contraire autant qu'il eſt en eux, aux Saincts Peres qui l'ont defenduë, & faiſant rejaillir ſur Sainct Auguſtin, & ſur le Sainct Siege qui l'a tant de fois authoriſé, toutes les cenſures, & toutes les iniures, dont ils chargent les heretiques?

Veulent-ils que lors que ie reproche aux heretiques de ce tẽps, qu'ils n'objectent rien contre l'Egliſe, que ce que les

Donatiſtes objectoient, & qu'onne leur reſpond que ce que les Catholiques reſpondoient aux Donatiſtes ; ie ne ſois pas touché d'vne douleur extréme, quand ils me repliquent incontinent, qu'en la matiere de la grace nous n'objectons rien que ce qu'objectoient les Pelagiens, & que nous ne nous contentons pas que les pretendus Ianſeniſtes nous reſpondent ce que les Catholiques reſpondoient aux Pelagiens ? eſt-ce donc vn jeu que tout cecy ? eſt-ce vn inconueniēt leger que de ſ'égarer de la voye des Saincts Peres, & de faire breſche à l'authorité de la tradition, qui eſt la vraye baſe de l'Egliſe Catholique & de la doctrine qu'elle enſeigne contre toute ſorte d'heretiques?

Mais, dit-on, c'eſt vne nouueauté, Bonté de Dieu, quelle nouueauté ! ô merueille de noſtre âge ! l'opinion que Molina[a] ſe vante d'auoir inuentée, paſſe pour ancienne, & l'opinion que l'on ſçait eſtre manifeſtement de Sainct Auguſtin, & de tant de Papes qui l'ont approuué, paſſe pour nouuelle. Vrayement quand il arriue par la negligence, ou par le malheur du temps, qu'vne opinion, quelque ancienne qu'elle ſoit, paroiſt nouuelle, ie ne blaſme pas, mais ie loüe beaucoup que l'on ſ'en défie d'abord, & qu'on la tienne pour vn temps ſuſpecte : mais quand on a veu plus clair que le iour, qu'vne doctrine qui ſembloit nouuelle, eſt veritablement ancienne, perſiſter à la combattre & à la diffamer comme nouuelle, c'eſt vne fourbe, vne hypocriſie, & vne obſtination abominable, & puniſſable de tous les anathemes de l'Egliſe. On dira peut eſtre, que cette doctrine, ſoit ancienne ou nouuelle, trouble noſtre paix.

[a] *Qu. 23. art. 4 & 5. diſp. 1. memb. dern.*

Mais qui trouble noſtre paix ? ſont-ce ceux qui enſeignent cette doctrine, ou ceux qui renuerſent le monde pour la renuerſer ? Monſieur de Geneue a ſi bonne grace quand il dit, que les Huiſſiers quelquesfois font plus de bruit, que ceux qu'ils veulent faire taire. Appliquez cette maxime, il n'y a rien de plus aiſé.

On ne trouble pas la paix en ſe ſouffrant, mais en ſe condamnant les vns les autres ; on ſe ſouffre par la charité, & on ſe condamne par l'aigreur ; & la charité eſt la nourriture de la paix, comme l'aigreur en eſt le poiſon.

Hé ! ne vaudroit-il donc pas mieux laisser les choses dans la liberté, où elles ont esté iusqu'à cette heure, que de les porter à l'extremité, & de pousser si à contre-temps cette Faculté celebre à des entreprises qui ne seruiront qu'à la diuiser, à rallumer le feu de la contention parmy ses Docteurs, & à scandaliser peut-estre toute l'Eglise de Dieu.

Ceste lettre fut escrite du temps des derniers mouuemens de la Faculté.

O qu'il est vray que toute violence a pour principe, ou les interests, ou les passions de quelques particuliers, qui se preualent de leur authorité, & de leur reputation, pour surprendre le zele & la bonne foy des ames les plus pures, & les mieux intentionnées ! Mais ie n'escris qu'auec ennuy & auec langueur, & ie ne sçay plus que faire pour defendre la saincte verité, que ie vois perir deuant mes yeux [a], sans pouuoir la secourir. Que le malheureux Iulien disoit bien que l'opinion des Traduciens (c'est à dire des Catholiques) estoit trop impie (selon sa phrenesie) & que ses camarades le gagneroient tost ou tard, & en effect ce malheur arriueroit sans doute, si le Dieu de la verité n'auoit promis de la faire triompher de tous ceux qui entreprendront de la captiuer, ou de la retenir en iniustice, comme dit S. Paul. Adieu, ie suis de tout mon cœur, &c.

a *Ce malheur n'arriuera iamais, & quand l'autheur de cette lettre l'écriuit, il estoit saisi d'vne vaine terreur.*

TIM. Voyez donc, Euariste, si le Pere Petau n'a pas bonne grace de parler ainsi dans son libelle [b] *de cette sorte, les Peres approuuerent l'opinion de Soto, & l'on fit vn decret pour la definir.* Cela est faux comme la fausseté mesme, l'histoire ne dit point que Soto ayant parlé, son opinion ne fut pas seulement applaudie, mais encore establie par decret ; c'est vne feinte & vne imposture de sa Reuerence, qui découure icy la haine inueterée qu'elle porte auec sa Societé, à la doctrine de Sainct Thomas & de ses disciples ; car s'il est vray que le Concile de Trente ayt definy l'opinion de Soto, au sens qu'elle est prise par le Pere Petau, il faut que le mesme Concile ayt condamné l'opinion de Catanée, & par consequent celle des Thomistes touchant l'efficace de la grace de Dieu, & il faut mesme, generalement parlant, que ce Sainct Synode ayt condamné la grace efficace que nul cœur ne rejette ; que

a *Pag* 19 Sic igitur in Dominici Soti sententiam itum est à Patribus, in eamque dogma constitutum.

Sainct Augustin[a] & les autres Peres ont defenduë contre les Pelagiens, & que les Conciles d'Afrique & d'Orange ont definie contre ces heretiques, par l'aueu du Pere Petau : ce qu'on ne peut dire du Concile de Trente sans folie & sans impieté. Adjoustez, Euariste, que l'opinion de Soto, en la maniere que le bon Pere la represente, c'est à dire l'opinion qui pose que la grace emprunte son efficace du consentement du franc-arbitre, est vn sentiment que Bellarmin asseure[b] estre contraire à S. Augustin & aux Escritures Sainctes, en quoy nous soustenons tres-raisonnablement que Bellarmin nous fauorise, & qu'il reprouue Molina : & neantmoins, chose estrange ! le Reuerend Pere a bien l'audace de vouloir nous faire croire en ce mesme lieu, que l'opinion de Soto entenduë en cette sorte, est l'opinion de Bellarmin ; y a-t'il patience à l'épreuue des effronteries & des infidelitez de ce Reuerend Pere? Comme quand il dit icy mesme, qu'Henriquez nous est entierement contraire[c], parce qu'il enseigne vne grace suffisante qui est donnée à tous les hommes, bien que cet Henriquez[d] admette seulement vne grace suffisante à la maniere des Thomistes, & qu'il enseigne ouuertement la grace efficace, & comme on dit, predeterminante, pour laquelle seule nous disputons.

Quant à ce que l'histoire du Concile de Trente dit,[e] que parmy quelques-vns qui auoient la hardiesse de reprendre le Canon du Concile, ceux qui estoient versez en Theologie l'entendoient, comme Molina, il ne s'ensuit pas de là que les Theologiens l'ayent entendu communément de la mesme sorte, & qu'ils l'ayent censuré par le tesmoignage de l'histoire, qui dit au contraire, que des Theologiens de tous les Ordres, & de toutes les opinions, furent satisfaits de ce Canon apres l'auoir examiné, chacun l'interpretant selon ses principes, & mesmes l'histoire rapportant que ceux qui censuroient ce Canon du Concile, l'entendoient comme Molina, & comme le Pere Petau, ne tesmoigne-t'elle point par là que le mesme Canon ne peut estre censuré, si ce n'est qu'on l'entende comme le Pere Petau, & comme son Maistre Molina ? mais au lieu que

a *De la predestination des Saincts, chap. 8.*

b *Liu. 1. de la grace, chap. 12.*

c *Pag. 29.* Sic ab eodem hæterodoxo impensè laudatur Henriquez, quem vnum habet aduersantem maximè, ac praua ipsius dogmata pro eo ac frugi, ac Catholicum decet, authoritate sua damnantem.

d *Pag. 261. & 264. de la version Françoise.*

e *Liure dernier de la fin de l'homme, ch. 14. dans le texte, §. 5.*

que l'hiſtoire parle ſeulement de quelques Theologiens ſuperbes, & vray-ſemblablement heretiques declarez, qui auoient l'audace de reprendre ce Canon, le Pere Petau [a] veut nous faire croire que l'hiſtoire parle generalement de tous les Theologiens, ſoit heretiques, ſoit Catholiques, qui ont diſputé principalement ſur le meſme Canon, ſoit qu'ils l'ayent approuué, ou qu'ils l'ayent cenſuré, voila la bonne foy de ſa Reuerence Dionyſienne.

[a] *Son libelle, pag. 19.* Tum poſteà refert eadem hiſtoria, non alio ſenſu quàm qui à nobis explicatum eſt, ab eo verò quem fingit hæterodoxus diuerſiſſimo, idem decretum ab vniuerſis, qui plurimum de eo diſputarunt, interpretatum & acceptum fuiſſe.

EVAR. Et le Reuerend Pere dans ſon riche libelle, que fait-il donc contre l'Abbé? il auoit promis que l'Abbé demeureroit tout court, & deuiendroit muet ſur cette objection tirée de l'hiſtoire du Concile de Trente, & la voila neantmoins ruinée en tant de ſortes, à la grande honte de ſa Reuerence. TIM. Sa Reuerence a debité, comme vous voyez, vn amas de reſveries & d'abſurditez, mais ſur tout, lors qu'il a fait des efforts tous ridicules, pour tordre les chapitres du Concile de Trente, où il eſt definy, de quelle ſorte Ieſus-Chriſt eſt mort pour tous les hommes. EVAR. Ie vous prie, Timothée, voyons-en quelque choſe, la matiere eſt belle, & vous qui hantez ſi ſouuent auec l'Abbé, dites moy iuſtement quel eſt le deſſein qu'il ſ'eſt propoſé dans l'explication de ces chapitres du Concile. TIM. Ie le veux, Euariſte, toutefois comme il y a long-temps que nous parlons vous & moy, & auec quelque ſorte de contention, ſelon le merite de cette matiere, & comme le ſujet que vous voulez m'engager de traiter au long, demande plus de temps qu'il ne nous en reſte pour cette heure, nous differerons, ſi vous le iugez ainſi, à vn autre iour la continuation de noſtre conference. EVAR. I'en ſuis content, Timothée, ce ſera demain meſme pour ne pas remettre dauantage la recherche d'vn ſujet ſi noble & ſi eſſentiel en la Religion.

SECONDE CONFERENCE;

Où l'on explique le decret du Concile de Trente, touchant la mort de IESVS-CHRIST *pour tous.*

EVAR. LA grace & la paix de nostre Seigneur IESVS-CHRIST soient auec vous, Timothée. TIM. Et auec vous pareillement, Euariste. Et sans nous amuser aux ciuilitez du monde, vous plaist-il que tout à l'heure i'entame le discours que ie vous ay promis de faire sur l'explication de ces paroles, *Iesus-Christ est mort pour tous les hommes*, selon la pensée de l'Abbé, qui est en effect celle des Conciles & des Peres? EVAR. Dites, Timothée, ie ne suis icy que pour vous ouyr sur vne matiere si importante.

TIM. L'Abbé raisonne ainsi, Ou la grace necessaire à toute bonne œuure, est efficace, ou elle ne l'est pas; si elle n'est pas efficace, & si elle dépend absolument de nostre franc-arbitre, Dieu peut la donner à tous les hommes, afin qu'ils s'en seruent cõme il leur plaist; & en ce sens, il peut autant qu'il est en luy, vouloir le salut de tous les hõmes, leur donnant à tous cette grace suffisante, dont ils vsent comme ils veulent. Mais si la grace necessaire à toute bõne œuure est efficace, & si elle produit tousiours l'effect prochain, pour lequel elle est donnée, Dieu ne peut la donner à tous, au moins iusqu'à la fin, autrement tous seroient sauuez; que s'il la refuse à quelques-vns, il ne faut pas dire que cela vient de ce que pouuant la demander, ils ne la demandent pas: car la grace est necessaire pour demander la grace, & cette grace de demander la grace, si Dieu la refuse à quelques-vns, il les priue d'vn moyen, sans lequel il leur est impossible de se sauuer. Il est donc certain que si la grace necessaire à toute bonne œuure, est efficace,

Dieu ne veut pas, autant qu'il est en luy, le salut de tous les hommes, puis qu'il ne donne pas à tous iusques à la fin cette grace efficace, sans laquelle ils ne peuuent faire leur salut. Ainsi les Peres ayant admis la grace efficace pour toute bonne œuure, & les Pelagiens, ou les Marseillois, ne l'ayant pas admise, les Pelagiens & les Marseillois ont tousiours enseigné que Dieu veut de sa part le salut de tous les hommes, mesmes en l'estat où ils se trouuent maintenant, & les Peres l'ont tousiours nié fortement & constamment, & ont tousiours interpreté ces paroles de l'Apostre, *Dieu veut que tous les hommes soient sauuez,* en telle sorte qu'ils ont supposé qu'il y en a plusieurs, non seulement que Dieu ne veut point sauuer, mais aussi qu'il veut damner, ne leur donnant point la grace efficace, sans laquelle ils ne peuuent se sauuer.

Et ce que nous auons dit de Dieu, nous deuons le dire de Iesus-Christ auec proportion; & comme Iesus-Christ n'a voulu racheter que ceux que Dieu son Pere a voulu sauuer, il y en a plusieurs pour le salut desquels Iesus-Christ n'a point souffert, puis qu'il y en a plusieurs, que Dieu son Pere n'a pas voulu sauuer selon la hauteur de ses iugemens. Il n'y a donc pas de milieu, Euariste. Ce que le Concile de Trente a defini touchant la mort de Iesus-Christ pour tous, il faut l'interpreter, ou suiuant le sentiment des Peres Catholiques, ou suiuant le sentiment de leurs aduersaires, qui sont les Marseillois ou les Semipelagiens; ou il faut luy faire dire auec les Semipelagiens, que Iesus-Christ est mort generalement pour tous les hommes, & qu'il a prié Dieu son Pere de leur appliquer à tous indefiniment le merite de sa mort; ou il faut luy faire dire auec les Peres Catholiques, que Iesus-Christ n'a point souffert generalement pour tous les hommes, & qu'il n'a pas demandé à Dieu son Pere, qu'il leur appliquast vniuersellement à tous le benefice de sa mort.

Et c'est aussi ce que declare en termes tout formels ce sacré Synode, quand il dit,[a] *Encore que Iesus-Christ soit mort pour tous, tous neantmoins ne reçoiuent pas le benefice de sa mort, mais ceux-là seulement, ausquels le merite de sa passion est*

[a] Sess. 6 chap. 3. Verum & si ille pro omnibus mortuus est, non omnes tamen mortis eius

benefi[illegible] recipiunt, sed ii duntaxat quibus meritum passionis eius communicatur.

communiqué, comme si le Concile disoit, bien que l'on puisse dire en vn tres-bon sens, que Iesus-Christ est mort pour tous, il ne faut pas toutesfois l'entendre, comme si le merite, ou le fruict de sa Passion estoit appliqué indistinctement à tous sans en excepter vn seul. Ainsi ces paroles de l'Apostre, *tous* (passeront) *à la iustification de vie*, ne se doiuent pas entendre generalement de tous les hommes, comme Bellarmin l'auoüe [a], disant qu'en cela il suit la voix commune, & le consentement des Catholiques; & ne peut-on pas dire toutefois tres-raisonnablement auec S. Augustin [b], bien que tous les hommes (doiuent passer) en iustification de vie, tous neantmoins ne paruiennent pas à cette iustification, puis qu'il y en a tant, qui meurent auant que d'estre iustifiez: de mesme, quoy que ces paroles, *Iesus-Christ est mort pour tous les hommes*, ne se doiuent pas entendre generalement de tous les hommes, quant à l'application reelle de sa mort, on peut tres-bien dire toutesfois, que bien que Iesus-Christ *soit mort pour tous les hommes, tous neantmoins ne reçoiuent pas le benefice de sa mort, mais ceux-là seulement, ausquels le merite de sa Passion est communiqué.*

a *Au traité de la perte de la grace, liu. 6. chap. 3.*

b *Ep. 89* Ita per vnius iustificationem in omnes homines ad iustificationem vitæ, & hîc omnes dixit, & ibi, non quia omnes homines venirent ad gratiam iustificationis Christi, cuius tam multi alienati ab illâ, in æternum moriuntur.

Evar. Cette pensée est iuste, saine, & tres-conforme au sentiment des Peres Catholiques, mais de tous ces Peres n'y en a-t'il pas vn qui ait auoüé aux Semipelagiens, que Iesus-Christ est mort indefiniment pour tous les hommes, & qu'ils ont tous des aydes immediatement suffisantes, pour participer aux merites de son sang? Tim. Il n'y en a pas vn qui l'ait dit, comme aussi ils ne pouuoient le dire, pour la consideration que i'ay alleguée au commencement de ce discours, qui est que les Peres n'ont reconnu que la grace, qui fait faire, & qui fait croire, ou bien viure ceux qui l'ont, d'où il s'ensuit, que tous ne l'ont pas, puis que tous ne croyent pas, comme raisonne Sainct Prosper [b], ou ne viuent pas Chrestiennement, ce que l'experience nous enseigne. Evar. Il y a des gens, qui trauaillent euidemment à ruiner l'Eglise, à opposer Concile à Concile, & Pere à Pere, & à profaner la maiesté saincte de la tradition ancienne, pour esleuer l'Idole de leurs nouueautez. Tim. Ainsi l'Abbé ayant expliqué les premiers

b *En la resp. aux Genois, doute 5.*

chapites de la seſſ. ſixᵉ du Concile de Trente, ſuiuant le fil de l'ancienne tradition, le Pere Petau n'a pû l'approuuer, ny la refuter, mais s'eſt égaré à ſon ordinaire, en penſées vagues, ſophiſtiques, & Pelagiennes.

EVAR. Or ſus, Timothée, liſons-en quelque choſe dans l'Apologie de cet Abbé, voyons les raiſons que le bon Pere laiſſe ſans reſponſe, & ſur tout celles qui ſont puiſées dans l'antiquité, & qui ont ſerui de regle, comme il falloit, à l'aduerſaire du R. Pere dans l'expoſition de ces beaux chapitres du diuin Concile. TIM. En la matiere de la grace, y a-t'il vn Concile parmy les anciens Latins, plus conſiderable que celuy d'Orange? EVAR. Non. TIM. Y a-t'il vn Pere plus conſiderable que Sainct Auguſtin, que le Concile d'Orange a ſuiui mot à mot? EVAR. Non, TIM. l'Abbé donc que pouuoit il faire de plus iuſte, ou de plus glorieux pour le Concile de Trente, que de faire voir que ce Concile emprunte ſes decrets de celuy d'Orange, comme celuy d'Orange a puiſé les ſiens dans S. Auguſtin, le Docteur de la grace, du conſentement des Catholiques? EVAR. Sans doute il ne pouuoit rien faire de plus raiſonnable, ny de plus auantageux pour le Concile de Trente. TIM. Eſcoutez donc comment il s'en acquite. Voicy ſon liure, & apres auoir obmis quelques antilogies, c'eſt à dire contradictions du R. Pere, qui ſont icy repreſentées, il ſuffira de commencer par ces paroles. [a] *Mais pour entendre plus clairement, quelle a eſté la vraye intention du Concile de Trente en ſon decret touchant la mort de Ieſus-Chriſt pour tous, il faut obſeruer, mon cher Lecteur, que le S. Concile en ſes precedens chapitres, auoit diſtingué trois differens eſtats du genre humain, dont le premier eſt celuy de la nature, le ſecond celuy de la loy, & le troiſieſme celuy de la grace; Or bien que ces trois diuers eſtats ſoient meſlez enſemble, ils n'ont pas neantmoins la meſme eſtenduë, ou les meſme limites, ny les meſmes perfections; celuy de la grace eſtant plus ample que celuy de la loy, & celuy de la nature eſtant plus vaſte que les autres deux enſemble: comme auſſi celuy de la nature eſt moins parfait que celuy de la loy, & celuy de la loy eſt moins accompli que celuy de la grace; dans le plus ancien de ces eſtats Dieu nous eſclairoit par la*

[a] Pag. 146.

lumiere de la nature, dans le second il nous esclairoit par la lumiere de la loy, & dans le troisiesme il nous esclaire par la lumiere de la foy, qui est le fondement de l'ordre de la grace. Ces principes estant posez, il s'ensuit euidemment, que tous ceux qui ont vescu sous la loy de la nature, n'ont pas eu la grace de la foy, autrement l'estat de la nature n'auroit pas esté plus estendu que l'estat de la grace, si tous ceux qui ont vescu sous l'estat de la nature, auoient eu la grace de la foy, qui est comme la base de l'ordre de la grace; Il s'ensuit pareillemẽt que tous ceux qui ont vescu sous l'estat de la loy, n'ont pas eu la grace de la foy, autrement l'estat de la grace ne seroit pas plus accompli que l'estat de la loy, si tous ceux qui ont vescu sous l'estat de la loy, auoient eu la grace de la foy, qui est le germe, & la racine de toutes les vertus, qui sont de l'estat, & de l'ordre de la grace.

Et cette verité constante, & fondamentale en la Religion, est enseignée tres-distinctement par Sainct Augustin, & apres Sainct Augustin par le Concile d'Orange, qui emprunte mot à mot cette Sentence de ce Pere, & en fait vn Canon, dont voicy les termes. [a] *Comme à ceux, qui voulant estre iustifiez en la loy, sont decheus de la grace, il dit tres-veritablement, si la iustice est par la loy, c'est donc en vain que Christ est mort; de mesme à ceux qui pensent que la nature est la grace, on dit tres-veritablement, si la iustice est par la nature, c'est en vain que Iesus-Christ est mort, car la nature estoit desia là, & ne iustifioit pas, & la loy aussi estoit là desia, & ne iustifioit pas, & c'est pour cela que Iesus-Christ n'est pas mort en vain, afin que la loy fust accomplie par celuy qui a dit, Ie ne suis pas venu délier la loy, mais l'accomplir, & que la nature perduë par Adam fust reparée par celuy qui a dit, qu'il estoit venu chercher, & sauuer ce qui auoit peri. Qui est-ce qui ne voit, qu'en ces paroles Sainct Augustin, & apres luy le Concile d'Orange presupposent que ces trois estats, de la nature, de la loy, & de la grace, sont distinguez & separez entr'eux, qu'ils sont enfermez chacun dans son orbe, & dans sa sphere, qu'ordinairement parlant la lumiere de la nature, & la lumiere de la loy, ont esté separées de la lumiere de la grace, & que la lumiere de la nature, & la lumiere de la loy ne iustifioient point les hommes, pour cela mesme qu'elles estoient denuées de la lumiere de la grace, qui peut seule les iustifier? La nature estoit desia là, disent Sainct Augustin, & le Concile d'Orange, & ne iustifioit pas; la*

a *Can.* 21 Sicut eis qui volentes in lege iustificari, & à gratià exciderunt, verissimè dicitur, si in lege iustitia est, ergo Christus gratis mortuus est, sic eis qui gratiam quam commendat & percipit fides Christi, putant esse naturam, verissimè dicitur, si per naturam iustitia est, ergo Christus gratis mortuus est, iam hîc enim erat lex, & non iustificabat, iam hîc erat & natura, & non iustificabat, ideo Christus non gratis mortuus est, vt lex per illum impleretur qui dixit, non veni legem soluere, sed implere, vt natura per Adam perdita, per illum repararetur qui dixit, venisse se quærere & saluare quod perierat, *& ces paroles sont prises du liure de la grace & du franc-arb. ch. 14.*

nature donc estoit sans la grace, puis que si elle eust esté accompagnée de la grace, elle eut iustifié, non par elle mesme, mais auec l'ayde de la grace. La loy, disent ils pareillement, estoit desia, & elle ne iustifioit pas, la loy estoit donc elle mesme sans la grace, puis que si elle eust esté reuestuë de la grace, elle eust iustifié, non par ses forces, mais par celles de la grace,

Certes, mon Censeur, ie cherche icy vostre grace suffisante, & generalement donnée à tous les hommes, mais ie ne la vois pas, car il n'est pas dit, la nature estoit desia là auec la grace suffisante, mais la nature estoit desia là, & ne iustifioit pas; semblablement il n'est pas dit, la loy estoit desia là auec la grace suffisante, & ne iustifioit pas, & mesme si la grace suffisante eust tousiours esté plantée ou dans la nature, ou dans la loy; de ce que les hommes estoient pecheurs, ou n'estoient pas iustes, il n'eust pas fallu conclure seulement, que la nature, ou la loy ne les iustifioit pas, & ne pouuoit les iustifier, mais il eust fallu conclure aussi, que la grace suffisante, qui n'abandonnoit iamais ny la nature, ny la loy, ne les iustifioit pas, ny ne pouuoit les iustifier. Mais Sainct Augustin n'oppose pas icy vne grace suffisante, qui n'ait pû nous iustifier, à vne autre grace, qui l'ait pû, mais oppose vniquement & immediatement à la loy, & à la nature, qui ne pouuoient nous iustifier, la grace du Sauueur, qui est suruenuë, pour nous donner la iustice spirituelle, que ny la nature, ny la loy ne pouuoient nous donner. Et aussi Sainct Augustin pour nous faire voir, qu'il ne parloit pas icy d'vne grace vniuerselle, & commune à tous les hommes, auoit dit immediatement auparauant,[a] Celle-cy n'est pas la grace que l'Apostre recommande par la foy de Iesus-Christ, car il est certain que cette nature nous est commune auec les impies & auec les infideles, mais la grace par la foy qui est de Iesus-Christ, est seulement de ceux desquels est la foy mesme, car la foy n'est point de tous. Enfin comme à ceux, qui voulant estre iustifiez en la loy, & le reste, que nous auons cité, & interpreté assés soigneusement, & vn peu apres le Concile d'Orange, apres auoir copié en forme de Canon, vn assez long texte de Sainct Augustin, adiouste,[b] Et ainsi selon les Sentences sus-alleguées des Escritures sainctes, ou les definitions des anciens Peres, Dieu aydant, nous deuons prescher, & croire, que par le peché du premier homme le franc-arbitre a esté tellement incliné & attenué, que personne

a *S. Augustin là mesme.* Sed non hæc est gratia quam commendat Apostolus per fidem Iesu-Christi, hanc enim naturam etiam cum impiis & infidelibus certum est nobis esse communem, gratia verò per fidem Iesu-Christi eorum tantummodo est, quorum est ipsa fides, denique sicut eis, &c.

b *Can. 25.* Ac sic secundum suprà scriptas sanctarum Scripturarũ sententias, vel antiquorum Patrum de

depuis ne peut aymer Dieu comme il faut, ou croire en Dieu, ou operer ce qui est bon pour l'amour de Dieu, si la grace de la misericorde diuine ne l'a preuenu, qu'est-ce à dire le franc-arbitre tellement incliné, & attenué? c'est à dire le franc-arbitre seul, & priué de la grace, n'a pû aymer Dieu comme il falloit l'aymer, & n'a pû l'aymer pour l'amour de luy mesme, iusques à tant que la grace, qu'il auoit perduë par le peché du premier homme, luy ait esté renduë par la iustice du second. Escoutez, Euariste.

finitiones, hoc Deo propitiante, & prædicare debemus & credere, quod per peccatum primi hominis ita inclinatum, & attenuatum fuerit liberum arbitrium, vt nullus postea, aut diligere Deũ sicut oportuit, aut credere in Deum, aut operari propter Deum quod bonum est, possit, nisi eum gratia diuinæ misericordiæ præuenerit.

EVAR. Dites, ie prens plaisir à ouyr les Peres, & à voir fonder sur leur doctrine, celle des Conciles, & particulierement de celuy de Trente, car ie vois bien que c'est ce que l'Abbé va faire. TIM. Vous l'auez bien deuiné, mon cher Euariste, l'Abbé poursuit, & dit. *Or c'est sur ces deux lieux de Sainct Augustin & du Concile d'Orange, qui suit Sainct Augustin, & le copie mot pour mot, que le Concile de Trente a fondé ses decrets de la iustification, dont voicy le premier,*[a] *Que par le peché du premier homme, suiuant qu'il a esté desia defini, les hommes estant faits immondes, & enfans d'ire, ont tellement esté esclaues du peché, & sous la puissance du Diable, & de la mort, que ny les Gentils par la force de la nature, ny les Iuifs par la lettre mesme de la loy de Moyse, ne pouuoient s'en deliurer, ny se releuer; qu'est-ce à dire ne pouuoient se releuer, ou se deliurer de la seruitude du Diable, & du peché? c'est ce que Sainct Augustin, & apres luy le Concile d'Orange auoient dit auparauant, la nature estoit desia là, mais elle ne iustifioit pas, & pourquoy? parce que la grace n'y estoit pas encore pour ayder la nature; qu'est-ce à dire, ne pouuoient se releuer, ou se dégager de l'esclauage du Diable & du peché par la lettre mesme de la loy de Moyse? c'est à dire, ce que Sainct Augustin, & apres luy, le Concile d'Orange auoient dit auparauant, la loy estoit desia là, mais elle ne iustifioit pas, & pourquoy? parce que la force de la grace n'estoit pas encore iointe à la doctrine de la loy.*

a *Sess. 6. ch. 1.* Primùm declarat sancta Synodus, ad iustificationis doctrinam, probè & sincerè intelligendam oportere vt vnusquisque agnoscat & fateatur, quod cùm omnes homines in præuaricatione Adæ innocentiã perdidissent, facti immundi, & vt Apostolus inquit, naturâ filij iræ, quemadmodum in decreto de peccato originali exposuit, vsque adeò serui erant peccati, & sub potestate Diaboli ac mortis, vt non modò gentes, per vim naturæ, sed nec Iudæi quidem per ipsam etiam litteram legis Moisi, inde liberari, aut surgere possent, tametsi in eis liberum arbitrium minimè extinctum esset, viribus licet attenuatum, & inclinatum.

EVAR. Voila vn parallele de textes qui est tres-iuste & tres-auantageux pour le Concile de Trente: car on fait voir à l'œil la conformité de ce Concile auec les anciens, & on le sauue par là merueilleusement des noires calomnies des heretiques de ce siecle; & le R. Pere que respondil? TIM. Rien du tout, & aussi que pouuoit-il respondre?

dre? & en quelle conſcience euſt il pû s'oppoſer à vn deſſein ſi pieux, ſi ſainct, ſi Catholique, qui eſt de faire voir l'vnion, & la conformité du Concile de Trente auec les anciens? L'Abbé continuë & dit. *Le Concile adiouſte en ſuite, Bien que le franc-arbitre ne fuſt pas eſteint en eux, quoy que dans ſes forces il fuſt attenué, & incliné, voila les propres termes du Concile d'Orange, qu'eſt-ce à dire donc quoy que dans ſes forces il fuſt attenué & incliné? c'eſt à dire, que le franc-arbitre eſtant ſans la grace, ne pouuoit aymer Dieu, ny croire en Dieu, comme il falloit, ny faire aucune bonne œuure pour l'amour de Dieu, eſtant incliné vers ſon propre amour, & vers l'amour des creatures, & n'ayant pas la force de s'eſleuer à l'amour du Createur, iuſques à tant que ſa foibleſſe euſt eſté guerie par la grace medicinale de ſon liberateur; & c'eſt pourquoy le Concile adiouſte aux ſuiuans chapitres,* [a] *D'où il eſt arriué, que le celeſte Pere des miſericordes, & le Dieu de toute conſolation, lors que la bien-heureuſe plenitude des temps eſt auenuë, a enuoyé Ieſus-Chriſt ſon fils declaré, & promis deuant la loy, & au temps de la loy à pluſieurs ſaincts Peres, afin qu'il rachetaſt les Iuifs qui eſtoient ſous la loy, & que les Gentils, qui ne pourſuiuoient pas la iuſtice, apprehendaſſent la iuſtice, & que tous receuſſent l'adoption des enfans. Qu'eſt-ce à dire, afin qu'il rachetaſt les Iuifs, qui eſtoient ſous la loy? c'eſt à dire ce que Sainct Auguſtin, & apres luy le Concile d'Orange viennent de prononcer; c'eſt pourquoy Ieſus-Chriſt n'eſt pas mort en vain, afin que la loy fuſt accomplie par celuy qui a dit, Ie ne ſuis pas venu abolir la loy, mais l'accomplir, qu'eſt ce à dire, afin que les Gentils, qui ne pourſuiuoient pas la iuſtice, apprehendaſſent la iuſtice? c'eſt à dire ce que Sainct Auguſtin, & apres luy le Concile d'Orange viennent de nous apprendre, en diſant, afin que la nature qui eſtoit perduë par Adam, fuſt reparée par celuy qui a dit, qu'il eſtoit venu chercher & ſauuer ce qui auoit peri.*

[a] *Là meſme, ch.* 2. Quo factum eſt vt cœleſtis Pater miſericordiarum, & Deus totius conſolationis, Chriſtum Ieſum filium ſuum, ante legem, & legis tempore, multis ſanctis patribus declaratũ ac promiſſum, cùm venit beata illa plenitudo temporis ad homines miſerit, vt & Iudæos qui ſub lege erant, redimeret, & gentes quæ non ſectabantur iuſtitiam, iuſtitiam apprehenderent, vtque omnes adoptionem filiorum reciperent.

EVAR. Il n'y a rien au monde de plus iuſte, que la confrontation de ces textes. Mais ne pouuoit-on pas entendre le Concile d'vne intention de Dieu, qui fuſt conditionnée? & en ce ſens le Concile n'auroit il pas pû dire que Dieu a enuoyé ſon fils pour ſauuer tous les hommes generalement ſous vne certaine condition, c'eſt à dire pourueu qu'ils croyent en luy? TIM. Tres bien, Euariſte, mais il faut que Dieu accomplisse en nous cette condition, nous donnant la foy, & nous faisant croire en Iesus-Christ; & comme Dieu n'accomplit pas cette condition en tous les hommes, absolument parlant, il ne veut sauuer que ceux dans lesquels il l'accomplit, leur donnant la foy, & les faisant croire en Iesus-Christ. Et puis que le Concile se sert icy des termes de Sainct Paul [a], il est iuste de presumer, qu'il entend parler comme sainct Paul, de ceux, qui en effet croyent en Iesus-Christ, & paruiennent au don de la iustification. EVAR. Fort bien, Timothee, il est si aisé de voir quand on va franchement, & quand on propose auec candeur la doctrine Catholique!

TIM. Ainsi donc l'Abbé continuë & dit, *Et quels sont tous ceux, dont le Concile dit, afin que tous receussent l'adoption des enfans? ce sont les Iuifs, & les Gentils, desquels le Concile venoit de parler, ausquels Iesus-Christ aura esté presché, & qui ayant crû en luy, auront obtenu le don de sa iustice par le merite de leur foy. Quand donc le Concile dit, afin que tous receussent l'adoption des enfans, il ne parle pas generalement de tous les hommes, sans en excepter aucun en particulier; mais par tous les hommes, il entend des hommes de toute sorte, & de toutes nations, qui ayant oüy la predication de l'Euangile, l'auront embrassee, & seront paruenus à l'adoption filiale par leur foy en Iesus-Christ. Pour cette raison le Concile dit ensuite* [b] *: Lequel (Iesus-Christ) Dieu a estabLi propitiateur par la foy en son sang pour nos pechez, & non seulement pour les nostres, mais aussi pour ceux de tout le monde. Qu'est-ce à dire non seulement pour nos pechez, mais aussi pour ceux de tout le monde? c'est à dire pour les pechez non seulement de nous, qui croyons déja, mais aussi pour ceux de tous les peuples de tout l'vniuers, ausquels l'Euangile doit estre presché deuant la consommation du siecle, Selon ces paroles du Sauueur, il faut que cet Euangile soit presché à tout le monde, & lors viendra la fin; quel est donc tout le monde, dont le Concile dit, mais aussi pour ceux de tout le monde? c'est le monde, qui consiste en ceux desquels il auoit déja dit, afin que tous receussent l'adoption des enfans, & nous auons veu, que par ce mot de tous, le Concile entendoit, tous ceux qui en tous les peuples auront ouy la predication de l'Euangile, & qui ayant crû en Iesus-Christ, auront eu part à sa iustice par l'en-*

a *En l'Epistre aux Rom. ch 9.* Quid ergo dicemus? quod gentes qui non sectabantur iustitiam, apprehenderunt iustitiam; iustitiā verò quæ ex fide est, *& aux Gal ch 4.* Vbi venit plenitudo temporis, misit Deus filium suum factum ex muliere, factū sub lege, vt eos qui sub lege erant, redimeret, vt adoptionem filiorum reciperemus.

b Hunc proposuit Deus propitiatorem per fidem in sanguine ipsius, pro peccatis nostris; non solùm autem pro nostris, sed etiam pro totius mundi.

tremise de leur foy, excepté peu d'élus à qui Dieu deuoit donner la foy par vne autre voye, que par celle de la predication. Le Concile doncpar le mot de tout le monde, entend le monde des fideles, qui doit estre meslé auec le monde des infideles en tous les lieux du monde.

EVAR. En ce lieu il faudroit alleguer des Peres principaux, qui l'entendissent en cette sorte, car cela estant, il y auroit sans doute de la temerité à ne vouloir pas que le Concile l'eut entendu de mesme. TIM. Ayez patience, Euariste, escoutez les garans de l'heterodoxe du P. Petau, *Et c'est ainsi*, dit-il, *que sainct Augustin, & S. Prosper entendent ces paroles, que le Sainct Concile a prises de Sainct Iean, Nous trouuons l'Eglise en toutes les nations, dit S. Augustin,* [a] *Voicy Iesus-Christ est la propitiation de nos pechez, & non seulement des nostres, mais aussi de tout le monde, voicy tu as l'Eglise par tout le monde, ne vueilles point suiure de faux iustificateurs, & de veritables precipitateurs, sois en cette montagne, qui a rempli le cercle de la terre, parce que Iesus-Christ est la propitiation de nos pechez, & non seulement des nostres, mais aussi de tout le monde, qu'il s'est acquis auec son sang. Et Sainct Prosper dit,* [b] *que la grace salutaire de Dieu, comme dit l'Apostre, a apparu à tous les hommes, & neantmoins les ministres de la grace estoient en hayne à tous les hommes, & comme les vns estoient ceux qui haissoient, & les autres estoient ceux qui souffroient la hayne de leurs persecuteurs, toutefois ny l'vn ny l'autre parti n'estoit priué de l'appellation de tous les hommes, la portion des rebelles perdant son salut, mais la dignité des fideles, conseruant le nombre de sa plenitude, car Sainct Iean l'Apostre dit, Si quelqu'vn peche, nous auons vn Aduocat vers le Pere, Iesus-Christ iuste, & il est la propitiation pour nos pechez, & non seulement pour les nostres, mais aussi pour ceux de tout le monde.*

EVAR. A ces beaux témoignages de Sainct Augustin, & de Sainct Prosper, que respond le Pere Petau? TIM. Rien. EVAR. C'est vn agreable répondant que le Pere Petau. TIM. Ce Pere est admirable, & ne respond iamais mieux, que lors qu'il ne respond rien. Poursuiuons nostre lecture. *Le Concile donc par le mot de tout le monde, a entendu premierement toutes les nations, & toutes les conditions du mon-*

a 1. *Serm. sur l'Epistre de S. Iean.* Inuenimus Ecclesiam in omnibus gentibus, ecce Christus propitiatio est peccatorum nostrorũ, non tantum nostrorũ, sed & totius mundi. Ecce habes Ecclesiam per totum mundum; noli sequi falsos iustificatores, & veros præcipitatores, in illo monte esto, qui impleuit orbem terrarum, quia Christus propitiatio est peccatorum nostrorum, non tantum nostrorum, sed & totius mundi, quem suo sanguine comparauit. *Et dans l'Epistre 48 à Vincent Rogatiste.* Itaque & totus mundus in maligno positus est, propter zizania quæ sunt per totum mundum, & Christus propitiator est peccatorũ nostrorum, (*Voila le mot de propitiator dont se sert le Concile*) non tantum nostrorũ, sed totius mundi, propter triticum quod est per totum mundum.

b *Prosper liu. 2. de la voc. des Gentils ch. 1.* Apparuit ergo, vt Apostolus ait, gratia salutaris Dei omnibus hominibus, & tamen ministri gratiæ odio erant omnibus hominibus & cùm alij essent qui oderant, alij odiis persequentiũ premebantur, neutra tamen pars nuncupatione omniũ

de, eu égard à l'application de la mort de Iesus-Christ. Mais secondement, par le mot de tout le monde, *le Concile a pû entendre tous les hommes en general, eu égard à la valeur & à la suffisance de la mort de Iesus Christ, comme Sainct Prosper* [a] *& Sainct Thomas l'ont entendu: toutefois de peur qu'on entende les mesmes paroles de la mesme sorte, quand à l'application de la mort de Iesus-Christ, comme si la mort de Iesus-Christ estoit appliquée à chacun des hommes en particulier, de mesme qu'elle est suffisante pour les racheter, & pour les sauuer tous sans en excepter vn seul, le Concile pour bannir cette mauuaise explication, & pour restreindre à cet esgard la signification de ce mot, de tout le monde, adiouste sagement le decret qui suit immediatement apres. Mais encore qu'il soit mort pour tous, tous neantmoins ne reçoiuent pas le benefice de sa mort, mais seulement ceux ausquels le merite de sa passion est communiqué.* EVAR. Ie vois bien où cecy va, cela quadre à merueilles. Continuez.

hominum priuabatur, habente quidem salutis suæ damnum, rebellium portione, sed obtinente plenitudinis sensum, fidelium dignitate : dicit enim Ioannes Apostolus, Sed & si quis peccauerit, aduocatum habemus apud Patrem, Iesum Christum iustum, & ipse est propitiatio pro peccatis nostris, non pro nostris autem tantum, sed etiam pro totius mundi.

a *En la resp. à la 1. obi. des Genois & S. Thom. en la 3. partie qu. 48. art. 2. dans le corps* Et ideo passio Christi non solum sufficiens, sed etiam superabundās satisfactio fuit pro peccatis humani generis, secundum illud Ioannis, ipse est propitiatio pro peccatis nostris.

TIM. *Cela signifie, que bien que l'on puisse dire tres-veritablement, que Iesus-Christ est mort pour tous, & quant à la suffisance, & quant à l'application actuelle de sa mort, il ne faut pas croire neantmoins, qu'il soit mort pour tous quant à la suffisance de sa mort, au mesme sens qu'il est mort pour tous quant à l'application reelle de sa mort, car au regard de la valeur, & de la suffisance de sa mort, il est mort pour tous les hommes sans en excepter aucun; mais au regard de l'application, & de la communication effectiue de sa mort, il est mort seulement pour tous entant qu'il a souffert pour ceux de tout peuple, & de toute condition, qui croiront en luy pour auoir part au benefice de sa mort,*

EVAR. Et vous m'auez monstré, que quand mesmes ces paroles du diuin Apostre, *Iesus-Christ est mort pour tous,* ne se prendroient pas en vn sens general & indefini, on pourroit tousiours bien dire, *Quoy que Iesus-Christ soit mort pour tous, tous neantmoins ne reçoiuent pas le benefice de sa mort,* comme encore que ces paroles du mesme Sainct Paul, *La iustification* (passe) *sur tous les hommes,* ne s'entendent pas generalement, & sans exception, on peut tres-bien dire, quoy que la iustification de vie passe sur tous les hommes, tous neantmoins ne paruiendront pas à cette iustification, mais seulement ceux ausquels le fruict de la

Passion de Christ est communiqué.

Tim. Vous auez raison, Euariste, mais parce que les Peres, & particulierement Sainct Prosper, & apres luy Sainct Thomas, ont conceu ces paroles, *Iesus-Christ est mort pour tous*, en vn sens tres-general, quant à la valeur, & quant à la suffisance de la mort de Iesus-Christ; l'Abbé a supposé raisonnablement que le Concile n'a pas banny cette explication qui est proposee par les Peres, bien qu'elle ne soit pas necessaire absolument pour l'intelligence de ses decrets à les prendre à la rigueur, & dans la propre force des paroles, & l'Abbé s'est contenté de supposer que le Sainct Concile a reprouué l'interpretation que les Pelagiens ont soustenuë contre les Catholiques, qui est que Iesus-Christ a souffert pour tous les hommes, en telle sorte qu'il dépend d'eux tous immediatement de croire, ou ne pas croire en luy, & d'auoir part, ou n'auoir point de part aux merites de sa mort.

Evar. Hé grand Dieu, se trouue-t'il au monde des Peres Petau, qui osent contredire vne methode si iuste, si asseurée, si solide, & si glorieuse au Sainct Concile de Trente? Tim. Il n'y a point de Peres Petau, il n'y en a qu'vn, si rare, & si extraordinaire en ses meditations, qu'il ne peut estre qu'vnique en son espece. Mais escoutez, Euariste, comment on continuë à monstrer le fil qui lie le Concile auec la tradition des Peres. *Que si vous demandiez à ce Sainct Concile ce que l'Apostre veut dire, quand il dit, Que comme tous les hommes sont condamnez par vn seul, de mesme ils seront iustifiez par vn seul; il vous respondroit, que cette comparaison ne se doit pas entendre affirmatiuement, mais negatiuement, en sorte que l'Apostre a voulu dire lors, que de mesme que ceux qui meurent, meurent par le premier homme, ainsi tous ceux qui auront la vie, ne l'auront que par le second homme, qui est Iesus-Christ, & c'est proprement ce que le Concile exprime en ces paroles qu'il adjouste immediatement* [a]*. Car en effet, ainsi que les hommes s'ils ne naissoient pas estant prouignez de la semence d'Adam, ne naistroient pas iniustes, &c. De mesme s'ils ne renaissoient en Iesus-Christ, ils ne seroient iamais faits iustes; mais le Concile*

[a] *Là mesme.* Nam sicut re verâ homines, nisi ex semine Adæ propagati nascerentur, non nascerentur iniusti, &c. Ita nisi in Christo renascerentur, nunquam iustificarentur.

qui s'est proposé de suiure exactement en cette matiere la tradition des Peres, en quelle source de l'antiquité a-t'il puisé ce iuste parallele des deux principaux hommes, dans lesquels est enfermée, comme dit Sainct Augustin, toute la cause du genre humain? Il a pris ce iuste parallele particulierement dans vne Epistre de Sainct Augustin, où ce Pere dit [a], *Et partant, comme par le delict d'vn seul, la condamnation a passé sur tous les hommes, de laquelle condamnation les enfans doiuent estre deliurez par le Sacrement du baptesme. Ainsi par la iustification d'vn seul, la iustification de vie* (a passé) *sur tous les hommes: & icy & là il a dit tous, non comme si tous les hommes deuoient venir à la grace de la iustification de Christ, puis qu'il y en a vn si grand nombre qui en estant priuez, meurent eternellement, mais parce que tous ceux qui renaissent pour la iustification, ne renaissent que par Christ, comme tous ceux qui naissent pour la condamnation, ne naissent que par Adam; car il n'y a personne dans cette generation sans Adam, & il n'y a personne dans cette regeneration sans Christ, c'est pourquoy il a dit tous, & tous.*

[a] *En l'Epist. 89. à Hilaire.* Itaque sicut per vnius delictum in omnes homines ad condemnationem, de qua condẽnatione paruuli per sacramentum baptismi liberandi sunt, ita per vnius iustificationem, in omnes homines ad iustificationẽ vitæ, & hîc omnes dixit, & ibi, non quia omnes homines venirent ad gratiam iustificationis Christi, cùm tam multi alienati ab illâ in æternum moriantur: sed quia omnes qui renascuntur in iustificationem, non nisi per Christum renascantur, sicut omnes qui nascuntur in condemnationem, per Adam nascuntur, nemo quippe est in illa generatione præter Adam, nemo in ista regeneratione præter Christum, ideo omnes & omnes.

EVAR. Le Concile de Trente raisonne tout à fait de la mesme sorte, & en effect, quelle difference y a-t'il à dire, bien que la iustification de vie doiue passer sur tous les hommes, tous neantmoins n'acquierent pas cette iustification; & à dire, *Bien que* (Iesus-Christ) *soit mort pour tous, tous neantmoins ne reçoiuent pas le benefice de sa mort*, & cõme en ce premier raisonnement ces paroles de Sainct Paul, *la iustification de vie* (doit passer) *sur tous les hommes*, ne s'entendent pas en effect, mais en apparence generalement de tous les hommes, ainsi au second raisonnement ces paroles de l'Apostre, *Iesus-Christ est mort pour tous* (les hommes) ne s'entendent pas en effect, mais apparemment de tous les hommes sans exception. Ce qui suffit, afin qu'on puisse dire cathegoriquement, *Bien que Iesus-Christ soit mort pour tous* (les hommes) *tous neantmoins ne reçoiuent pas le bienfait de sa mort*, comme cela suffit, afin que l'on puisse dire iustement, bien que la iustification de vie doiue passer sur tous les hommes, tous neantmoins ne paruiennent pas à cette iustification. Ce qui toutesfois n'empesche pas que cette proposition, *Iesus-Christ est mort pour tous les hommes*, ne se puisse entendre aussi indefiniment, suiuant le dessein du Sainct Concile, quant au prix, & quant à la suffisance de la mort de Iesus-Christ: Parce que ce sens, comme nous auons dit, estant approué & soustenu par quelques Peres contre les Semipelagiens, il n'est pas croyable que le Sainct Synode ayt voulu l'exclure, & beaucoup moins le condamner. Poursuiuez vostre lecture.

TIM. *Voila donc comment Sainct Augustin, & apres luy le Sainct Concile, ont reconnu deux vniuersalitez d'hommes, & comme deux orbes ou deux mondes, dont l'vn enferme l'autre, & dont l'vn est pris de l'autre, le monde de ceux qui naissent coulpables par Adam, estant plus vaste, & comprenant en soy le monde de ceux qui renaissent iustes en I.C. & le monde rené de I.C. estant tiré du monde né d'Adam. En ce sens S. Augustin dit* [a], *Par vn homme, le monde a esté fait ennemy de Dieu, & par vn homme le monde choisi du monde a esté reconcilié à Dieu. Et Sainct Prosper* [b], *apres Sainct Augustin, Tout le monde*, dit-il, *est choisi de tout le monde, & tous les hommes sont adoptez d'entre tous les hommes. Or il faut se souuenir icy que ce monde des impies, ou des infideles, est le monde qui appartient à l'estat de la nature, ou à l'estat de la loy, & qui estant éclairé de la lumiere de la nature, ou mesme de la lumiere de la loy, mais n'estant pas secouru des forces de la grace, ne peut aymer Dieu comme il faut l'aymer, ny croire en Dieu, ny faire aucun bien pour l'amour de Dieu, selon le Concile d'Orange, & qui ne peut se releuer ou se dégager de la seruitude du Diable, du peché & de la mort, selon le Concile de Trente, & par consequent ne peut estre sauué, ou éuiter d'estre damné; d'où il s'ensuit, que lors que Dieu par sa bonté gratuite veut transferer les hommes de l'vn de ces deux mondes à l'autre, c'est à dire du monde des rebelles au monde des croyans, il ne les transfere pas seulement à vn estat où ils puissent se sauuer auec plus de facilité, que dans celuy où ils estoient auparauant; mais les transfere à vn estat où ils peuuent se sauuer, au lieu que dans celuy où ils estoient auparauant, ils ne pouuoient se sauuer, c'est à dire, que lors que Dieu les tire du monde des impies,*

a *Liu. 6. contre Iulien, chap. 4.* Per illum est mundus inimicus factus Deo, per istum mundus reconciliatus Deo electus ex mundo.

b *En la response aux Gaulois, chap. 15. art. 8.* Ex toto enim mundo, totus mundus eligitur, & ex omnibus omnes homines adoptantur.

pour les faire entrer dans le monde des croyans, il ne les fait point passer d'vn bien à vn plus grand bien, mais du mal au bien, ny d'vne lumiere à vne plus grande lumiere, mais des tenebres à la lumiere, ny d'vne vertu à vne autre vertu meilleure, mais du vice à la vertu; ny d'vne grace suffisante pour pouuoir se sauuer, à vne grace efficace pour estre sauuez, ny de la difficulté à la facilité de se sauuer, mais d'vne vraye impossibilité, à vne vraye possibilité de se sauuer.

Et c'est là le fondement de nostre reconnoissance & de nos actions de graces enuers Dieu, par Iesus-Christ son Fils, de ce qu'en nous retirant du monde maudit des infideles, pour nous faire entrer au monde choisi des predestinez, ou des croyans, il ne nous élargit pas, ou ne nous facilite pas seulement la voye du salut, comme si auparauant elle nous estoit suffisamment ouuerte, mais commence à nous l'ouurir, au lieu qu'elle nous estoit auparauant fermée & inaccessible, & enfin de ce qu'il ne nous donne pas de nous pouuoir plus facilement sauuer, mais de le pouuoir absolument; & de là vient que le Concile ayant dit[a]*, De mesme s'ils ne renaissoient en Christ, ils ne seroient iamais faits iustes, puis que cette renaissance leur est donnée par le merite de sa Passion dans la grace, par laquelle ils sont faits iustes, Adjouste incontinent, pour ce bien fait l'Apostre nous exhorte à rendre graces, perpetuellement au Pere, qui nous a faits dignes d'auoir part au sort des Saincts en la lumiere, & nous a tirez de la puissance des tenebres, & nous a transferez au Royaume du Fils de sa dilection, dans lequel nous auons la redemption, & la remission des pechez.*

[a] *Sess. 6. chap.* 3 Ita nisi in Christũ renascerentur, nunquam iustificarentur, cum ea renascentia per meritum passionis eius, gratia qua iusti fiunt illis tribuitur, pro hoc beneficio Apostolus gratias nos semper agere hortatur Patri qui dignos nos fecit in partem sortis Sanctorum in lumine, & eripuit de potestate tenebrarum, transtulitque in regnũ filij dilectionis suæ, in quo habemus redemptionẽ & remissionem peccatorum.

EVAR. Et à ce discours qui fait voir si clairement, que ceux qui sont tirez de la puissance des tenebres, auant que d'en estre deliurez, n'ont point d'ayde suffisante pour bien viure & se sauuer, que respond le Pere Petau? TIM. Il dit glorieusement que cette raison ne prouue pas. EVAR. Et comment prouue-t'il qu'elle ne prouue pas? TIM. Il ne le prouue pas, il le dit, & c'est assez qu'il l'ayt dit, SVFFICIAT TIBI PETAVII AVTHORITAS, dit vn iour ce bon Pere à l'vn de ses Confreres[b], par vn enthousiasme, & par vn sainct transport d'humilité Chrestienne. Mais pour vous tesmoigner la legereté de ce Reuerend

[b] *Au Reuerend Pere Caussin.*

uerend Pere, ie vous prie, Euariste, ceux qui viuent, ou plustost qui gemissent sous la puissance des tenebres, ou du Prince des tenebres, qui est Satan, quelle puissance ou quelle ayde suffisante ont-ils pour aymer le bien, ou pour le faire dans cette seruitude, puis que leur seruitude consiste en cela mesme, qui est de n'auoir aucune puissance de faire le bien, ou de l'aymer, iusques à tant qu'ils soient deliurez de cette seruitude, ou de cette impuissance de bien viure par celuy qui a dit, *Vous serez vrayement libres quand le Fils vous aura deliurez?* Et en ce sens Sainct Augustin escrit [a], *Nous ne disons pas que le peché d'Adam ayt exterminé de la nature le franc-arbitre des hommes, mais que dans les hommes qui sont sujets au Diable,* (ce franc-arbitre) *ne peut sinon pecher, & qu'il ne peut bien viure & pieusement, si la volonté de l'homme n'est deliurée par la grace de Dieu, & si elle n'est aydée à tout bien* (qu'il consiste) *en œuure, en paroles, ou en pensée.* Puis donc que le Concile de Trente allegue ces paroles du diuin Apostre, *Qui nous a deliurez de la puissance des tenebres, & nous a transferez au Royaume du Fils de sa dilection.* Au lieu mesme où il definit que Iesus-Christ est mort pour tous, qui est-ce qui ne voit que ce Sainct Concile suppose auec l'Apostre, que Dieu ne donne pas à tous les hommes vne grace suffisante auant que de leur donner la foy, estant certain qu'il commence seulement à leur donner sa grace, quand il commence à les deliurer de la puissance des tenebres par la lumiere de la foy?

[a] *2. Liu. à Bonif. ch. 5.* Peccato Adæ arbitriũ liberum de hominum naturâ periisse non dicimus, sed ad peccandũ valere in hominibus subditis Diabolo; ad benè autem, piéque viuendum non valere, nisi ipsa voluntas Dei gratiâ fuerit liberata, & ad omne bonum actionis, sermonis, cogitationis adiuta.

EVAR. Ce n'est donc pas au regard d'vne ayde suffisante dõnée à tous les hommes que le Concile definit, que le Fils de Dieu est mort pour tous, & il n'y a que l'obstination mesme, ou la Philosophie Moliniene & Petauiene, qui puisse s'opposer à vn raisonnement si clair. Continuez de lire. TIM. *Que si vous desirez sçauoir de ce Concile par où Dieu commence à nous communiquer les graces de son Fils, ou les merites de la mort de son Fils, au regard desquels on peut tres-bien dire qu'il est mort pour tous, ce Sainct Synode vous apprendra que Dieu le fait ordinairement, en nous appellant par la predication à la repentance de nos pechez, si nous sommes adul-*

b *Là mesme, chap. 5.* Declarat prætereà, ipsius iustificationis exordium in adultis à Dei per Christum Iesum præueniente gratiâ sumendum esse, hoc est ab eius vocatione, qua nullis eorum existentibus meritis vocantur, vt qui per peccata à Deo auersi erant, per eius excitantem atque adiuuantem gratiam ad conuertendum se ad suam ipsorum iustificationem, eidem gratiæ liberè assentiendo & cooperando disponantur.

tes, & si nous auons desia l'vsage de la raison; Le Synode declare, dit-il [a], *que le commencement de la iustification dans les adultes, doit se prendre de la grace preuenante de Dieu, c'est à dire, de sa vocation, par laquelle n'ayant aucuns merites, ils sont appellez en sorte, que ceux qui par leurs pechez estoient destournez de Dieu, soient disposez par sa grace excitante & secourante à se conuertir à leur iustification, en consentant & en cooperant librement à la mesme grace. Mais par où commence ordinairement la vocation des adultes? par la predication, à quoy les conuie-t'on par la predication? à se repentir de leurs pechez. Ordinairement donc la predication ou la vocation suppose des pechez en ceux qui sont appellez, puis que par la predication, ou par la vocation, on les conuie à se repentir de leurs pechez. Mais ordinairement, par où Dieu commence-t'il à leur donner la grace de son Fils pour se repentir de leurs pechez? par la grace de la foy, dont le premier acte est d'humilier, & de briser le cœur des pecheurs. Et par où commence ordinairement la grace de la foy? par la predication, comme il est escrit, la foy est de l'ouye, & l'ouye est par la parole de Dieu; ordinairement donc au regard des adultes, la premiere grace presuppose le premier peché, puis qu'ordinairement la premiere grace presuppose la predication, & que la predication suppose le premier peché, la predication estant de sa nature vne exhortation que l'on fait aux adultes de se repentir de leurs pechez. Ainsi selon le cours ordinaire des choses, les hõmes pechent premierement, & apres auoir peché, ils sont appellez pour se repentir de leurs pechés & estant appellez, si Dieu toutesfois leur fait misericorde, il commence à leur donner la grace de son Fils pour se repentir de leurs pechés: car les adultes sont appellez* (dit le Concile,) *afin que ceux qui estoient détournez de Dieu par leurs pechez, soient disposez à leur conuersion par sa grace excitante & secourante, n'est-ce pas icy la premiere grace que Dieu donne aux adultes par le merite du Sauueur, puis que le Concile se propose icy de nous enseigner quelle est la grace, par laquelle Dieu commence à nous appliquer les merites du Sauueur? Absolument donc, & simplement parlant, cette grace excitante dont parle le Concile, est la premiere grace que nous receuons par les merites du Sauueur: car si deuant celle-cy nous en auions receu quelque autre, ou non suffisante, ou suffisante, pour quelle cause le Con-*

cile n'en parleroit-il point? & pourquoy nous tairoit-il vn fruict si remarquable de la mort de I. Ch. en vn lieu où il se propose de nous descrire tous les fruicts de la mort de Iesus-Christ, au regard desquels nous pouuons dire qu'il est mort pour tous? ou le Concile n'a donc point connu cette pretenduë grace suffisante & generale, ou s'il l'a connuë, il en a fait si peu d'estat, qu'il n'a pas daigné de la nommer; & quelques-vns neantmoins l'estiment & l'exaltent à vn si haut point malgré le Concile, qu'ils osent en faire vn point de foy, & traiter d'heretiques & de rebelles du Concile, ceux qui ne la reconnoissent pas.

Ie reuiens donc & dis, que selon le sentiment veritable du Concile, & conforme aux anciens Peres qu'il a voulu suiure si religieusement en ce sujet, la grace excitante, dont il parle au regard des adultes, est la premiere grace qui nous est donnée par les merites du Sauueur. Or il est euident que cette premiere grace presuppose le premier peché dans les adultes, puis qu'elle les conuie à s'en repentir; comment donc disent quelques-vns, qu'on ne pecheroit point si on n'auoit pas vne grace suffisante pour ne point pecher? Car s'il estoit ainsi, le premier peché supposeroit la premiere grace qui seroit donnée pour l'euiter, au lieu que nous venons de voir que la premiere grace suppose le premier peché, puis que Dieu nous la donne pour nous exciter à nous repentir de nos pechez. Ce qui estant ainsi, à quoy pensent, ie vous prie, ceux qui ne rougissent pas de dire, que selon le Concile de Trente, Iesus-Christ est mort pour tous au regard d'vne certaine grace suffisante & generale, disent-ils, qu'il a meritée, & qu'il applique à chacun des hommes en particulier, par le benefice de sa mort?

EVAR. A mon iugement cette raison est tout à fait demonstratiue, car ordinairement parlant, si la premiere grace suppose la predication, & si la predication suppose le premier peché, il s'ensuit regulierement parlant, que ceux qui n'oüiront iamais l'Euangile, n'auront iamais de grace; & que ceux qui l'oüiront, n'en auront point auant que de l'oüir. Et le Reuerend Pere que respond-t'il à cette raison? TIM. Il respond encore qu'elle ne prouue point, mais il ne prouue pas qu'elle ne prouue point. EVAR. Il faut donc dire encore,

Sufficiat tibi Petauij auctoritas, que cet homme eſt heureux de s'eſtre tiré du pair des Theologiens, d'auoir ſeul le priuilege de ne rien prouuer, & de mettre ſa parole au pair de toutes les raiſons ! Continuez de lire.

TIM. *Voyez donc, mon Cenſeur, combien de fortes preuues on tire du Concile, pour deſtruire cette grace ſuffiſante & vniuerſelle, au regard de laquelle il faut dire, ſelon vous, que Ieſus-Chriſt eſt mort pour tous; La premiere preuue eſt, que ce Sainct Synode ne reconnoiſt ordinairement aucune grace en ceux qui ont veſcu ſous l'eſtat de la nature, ou ſous l'eſtat de la loy; où eſt donc la grace ſuffiſante qu'ils auoient tous pour ſe ſauuer? La ſeconde eſt, que le Concile enſeigne que le franc-arbitre eſtoit ſi attenué, & ſi incliné dans les Gentils & dans les Iuifs, qu'ils ne pouuoient aymer Dieu comme il falloit, ou croire en Dieu, ou faire aucun bien pour l'amour de Dieu, ou ſe deliurer de la captiuité du Diable, du peché, & de la mort; où eſt donc la grace ſuffiſante qui leur eſtoit donnée pour pouuoir toutes ces choſes? La troiſieſme eſt, que le Concile reduit le premier fruict de la mort de Ieſus-Chriſt à la grace de la foy; où eſt donc la grace ſuffiſante en ceux qui n'ont pas eu la grace de la foy? La quatrieſme eſt, que le Concile enſeigne que le merite de la Mort, & de la Paſſion de Ieſus-Chriſt, n'eſt pas communiqué generalement à tous; où eſt donc la grace ſuffiſante par laquelle ce merite ſeroit appliqué generalement à tous? La cinquieſme eſt, que le Concile enſeigne, ou preſuppoſe manifeſtement, que lors que Dieu nous rend fideles, & nous introduit dans le Royaume de ſon Fils, nous ne deuons pas ſeulement luy rendre graces de ce qu'il nous donne de pouuoir nous ſauuer plus facilement que les infideles, mais de ce qu'il nous donne de pouuoir nous ſauuer, au lieu que les infideles ne le peuuent point; où eſt donc la grace ſuffiſante, auec laquelle les infideles meſmes peuuent ſe ſauuer? La ſixieſme eſt, que le Concile enſeigne, qu'ordinairement parlant, la premiere grace des adultes preſuppoſe en eux la vocation, & la vocation qui ſe commence par la predication, preſuppoſe en eux le premier peché; où eſt donc la grace ſuffiſante en ceux qui n'ont iamais ouy la predication, pour receuoir la grace de ſe repentir de leurs pechez?*

Evar. Cet abbregé seul deuoit changer le P. Petau, s'il eust esté de sa dignité de se changer, & de se rendre à la verité; continuez. Tim. *D'où vient qu'Estius le sçauant Docteur, a dit tres-sagement sur ces paroles de l'Apostre, Comment oüiront ils si on ne les presche? cela veut dire, dit Estius,*[a] *comment oüiront-ils parler de celuy, auquel ils doiuent croire, s'il n'y a personne, qui le leur annonce? comme s'il disoit, que mesme cela ne se pouuoit faire. Ces deux interrogations de l'Apostre, comme aussi ces deux propositions qui suiuent vn peu apres, & qui leur correspondent, la foy est de l'ouye, mais l'ouye est par la parole de Dieu, monstrent assez que Dieu ne donne pas à tous les hommes vne ayde suffisante pour se sauuer, comme pensent quelques vns: car il est certain, qu'il y en a plusieurs, & qu'il y en a eu beaucoup plus encore principalement deuant la venüe de Iesu-Christ, ausquels on n'a rien presché touchant la foy, qui est necessaire au salut, & partant on ne peut dire que ceux-là ayent eu vne ayde suffisante pour estre sauuez, puis que selon l'Apostre, les hommes ne peuuent croire s'ils n'ont ouy quelqu'vn, qui leur ait presché les choses qui doiuent estre creües, & de là vient que Sainct Augustin dit, Tous ceux, qui par le don de la grace diuine ont esté tirez de cette damnation originelle; il n'y a point de doute, que l'on fait en sorte, que l'Euangile leur soit presché, ce qui fait que Sainct Gregoire dit, Il les a enuoyez en tous lieux, où il deuoit venir luy mesme, le Seigneur suit ses predicateurs, parce que la predication vient deuant, & le Seigneur vient en l'habitation de nostre esprit, lors que les paroles de l'exhortation precedent, & c'est par là que la verité est receüe dans l'esprit.* (Voila ce que dit le sçauant Estius) *Quoy donc, me direz-vous, le Concile a-t'il condamné cette grace suffisante, & donnée à tous les hommes par les merites du Sauueur? ie responds, qu'il ne l'a pas condamnée, en termes tous expres, mais que dans le dessein qu'il s'estoit proposé de suiure exactement les sentimens des Peres, il a tissu de sorte le fil de sa doctrine, qu'il a reietté necessairement cette espece de grace, par la connexion estroite dont il a conioint, lié & enlacé ses definitions auec la tradition des Peres.*

[a] *Estius en son Comment. sur le ch. 10 de l'Ep. aux Rom.* Satis ostendunt hæ duæ interrogationes Apostoli, sicut & iis respondentes duæ propositiones paulò inferiùs positæ, *Fides ex auditu, (&) auditus autem per verbũ Dei.* Non omnibus hominibus à Deo dari sufficiẽs auxiliũ ad salutẽ, vt quidam putãt: constat enim plurimos atque etiã multo plures olim fuisse, præsertim ante Christia[n]um, quibus de fide ad salutẽ necessariã nihil esset prædicatum, quos proinde sufficiens auxilium habuisse quo salui fierent, dici non potest, cum teste Apostolo, credere non possint homines, nisi prædicantem ea quæ credenda sunt audierint, hinc Augustinus libro de correptione & gratia cap. 7. *Quicunque,* inquit, *ab illâ originali damnatione, diuinæ gratiæ largitate discreti sunt, non est dubium quod & procuratur eis audiendum Euangeliũ;* vnde & Gregorius in homil. 17. super Euan. allegoricè tractans illud Lucæ 10. *Misit illos in omnem locum quo erat ipse venturus, Prædicatores*, inquit, *Dominus sequitur, quia prædicatio præuenit, & tunc ad mentis nostræ habitaculum Dominus venit, quando verba exhortationis præcurrunt, atque per hoc veritas in mente suscipitur.*

Evar. Mais, Timothee, y a-t'il apparence à ce que dit l'Abbé, que le Concile de Trente n'a peut-estre pas connu cette grace suffisante, & donnée à tous les hommes, afin qu'ils en fassent ce qu'ils veulent? Tim. l'Abbé veut dire, que s'agissant des points de foy, qui deuoient estre definis clairement, & constamment, contre les nouueaux heretiques, habiles, & versez dans l'Escriture saincte, & dans la tradition, le Concile de Trente n'a eu aucun égard à cette grace suffisante, comme si il ne l'eut point connüe, & en ce sens, n'en a fait aucune estime, ou en a fait si peu, qu'il n'a pas daigné la nommer, ny apprehendé mesme de la destruire, par la liaison estroite de ses definitions, auec la doctrine de la saine antiquité.

Evar. Mais tous les Peres du Concile de Trente ont-ils bien veu que cette grace suffisante du Pere Petau ne pouuoit subsister auec la doctrine arrestée par l'Eglise contre les Pelagiens? Tim. Ils ne l'ont pas tous veu, car tous ceux qui parlent dans les Conciles, ne sont pas sçauans, & esclairez, & il y en a plusieurs qui bien souuent auancent des choses, qui ne sont gueres iustes, comme l'a obserué le Pere Petau en quelque lieu de ses ouurages, si ma memoire ne me trompe. Mais il suffit que nous croyons, pour l'honneur de tous les Peres, & particulierement de ceux qui ont assisté au Concile de Trente, qu'ils ont eu dessein que l'on expliquast leurs decisions selon les principes, qui se trouueroient liez auec la doctrine definie par l'Eglise Catholique contre les heretiques: & outre que les Peres du Concile de Trente nous ont tesmoigné d'auoir eu ce dessein, quand ils ont protesté de ne vouloir dire que ce qu'auoient dit desia les anciens Docteurs, & les Conciles approuuez, ils nous l'ont fait connoistre plus expressément encore, en se seruant par tout tres-exactement, des propres paroles, & des propres expressions de l'antiquité, & particulierement de celles de sainct Augustin, en la matiere de la grace, & de la predestination.

Evar. Vostre pensée est sage, & raisonnable au dernier point, & il faudroit estre impie, ou au moins Pere Petau, pour ne pas approuuer vn sentiment si iuste, si solide, & si auantageux à la reputation du Concile de

Trente, & si propre à confondre la temerité des ennemis de ce Concile, entre lesquels le Pere Petau ne tient pas le dernier rang. TIM. Pour les plus graues & les plus sçauans Peres de ce Sainct Concile, l'histoire nous a fait voir qu'ils ont combattu dans le Concile mesme, & par l'Escriture saincte, & par la tradition, & par les Synodes anciens, & par sainct Augustin & sainct Thomas, la grace suffisante, qui est l'idole du Pere Petau, & de ses semblables, parce qu'ils se seruent d'elle, pour faire vn idole de leur franc-arbitre, auquel elle est soumise, & assuiettie en telle sorte, qu'il en fait ce qu'il luy plaist, & c'est là proprement la grace suffisante, ou Moliniene, ou Petauiene, que le Concile de Trente a pleinement destruite, & par la liaison de ses decrets auec l'ancienne tradition, & par le sentiment expres des plus habiles Peres qui l'ont composé, & par le tacite consentement des autres, qui ont voulu sans doute, que l'on reiettast toute explication de leurs decrets, qui ne s'accorderoit pas auec la saine antiquité.

Et certes, Euariste, les Euesques & les Docteurs qui se sont trouuez au Concile de Trente, & qui ont esté si doctes & si éclairez en si grand nombre, n'auoient ils iamais leu ce que dit sainct Augustin en vn lieu où il se propose de marquer des veritez qui appartiennent à la regle de la foy Catholique [a] ? *Nous sçauons que* (la grace) *n'est pas donnée à tous les hommes, & que ceux ausquels elle est donnée, non seulement ne la reçoiuent pas selon le merite de leurs œuures, mais ne la reçoiuent pas mesme selon le merite de leur desir, ou de leur volonté, ce qui paroist principalement dans les enfans. Nous sçauons qu'à ceux ausquels elle est donnée, elle est donnée par vne gratuite misericorde de Dieu, & nous sçauons qu'à ceux ausquels elle n'est pas donnée, c'est par vn iuste iugement de Dieu qu'elle n'est pas donnée ;* Et n'ont ils pas veu que S. Augustin n'opposoit pas en ces paroles vne grace à vne autre grace, mais opposoit generalement la grace, ou à la nature, ou au franc-arbitre, ou à la doctrine, ou à la loy ; tellement que ceux qui n'ont point la grace dont S. Augustin parle, n'ont rien que la nature, ou le franc-arbitre, ou la doctrine, ou la loy, ou vne grace qui doit se rapporter à la doctrine ou à la loy ? N'auoient-ils pas veu ce que S.

[a] *En l'Ep.* 107. Peruenimus autem in ea, quæ ad fidem veram & Catholicam pertinere firmissimè scimus. *Et plus bas* Scimus non omnibus hominibus dari, & quibus datur, non solum secundum merita operum non dari, sed nec secundum merita voluntatis eorũ quibus datur. quod maximè apparet in paruulis, scimus eis quibus datur misericordiâ Dei gratuitâ dari, scimus eis quibus non datur, iusto iudicio Dei non dari.

Prosper escrit[a], *que celuy qui vit encore dans l'infidelité, & qui n'est pas encore deliuré de la domination du Diable par la grace de Dieu, demeure dans l'abysme où il s'est plongé par sa liberté, ayme ses langueurs, & s'estime sain en cela mesme qu'il ne sçait pas qu'il est malade iusques à ce qu'on luy donne cette premiere medecine, qui est de commencer à connoistre qu'il languit, & de pouuoir souhaiter le secours du Medecin pour se releuer?* Et ne voyoient-ils pas que S. Prosper veut dire que les infideles qui viuent & meurent dans l'ignorance de leur vice, aymant leurs erreurs, & prenant leur foiblesse pour santé, n'ont iamais eu la grace dont le premier effet est de nous découurir nostre maladie, & de nous faire implorer la pitié du Medecin qui doit nous guerir? N'auoient ils iamais leu ce que dit S. Thomas[b], que la grace sans laquelle nous ne pouuons croire, ny accomplir les Commandemens de Dieu, est vne grace qu'il donne aux vns par misericorde, & qu'il refuse aux autres par iugement, en peine d'vn precedent peché, ou à tout le moins du peché originel, comme dit S. Augustin? Que si en punition de la seule coulpe originelle Dieu refuse à quelques-vns la grace de pouuoir accomplir la loy, & de croire mesme les articles de la foy, quelle grace suffisante, c'est à dire, vrayement & prochainement suffisante, peuuent-ils auoir pour l'accomplir?

Dauantage, n'y auoit-il point de Peres ou de Docteurs dans le Concile de Trente qui fussent dans le sentiment des celebres Facultez de Doüé & de Louuain, qui vingt-cinq ans apres le mesme Concile ont si rudement traicté cette[c] ayde suffisante, que quelques-vns veulent estre donnée à tous les infideles & à tous les endurcis? n'y en auoit-il point qui entendissent comme l'illustre Estius, ces paroles de l'Apostre, *Comment croiront-ils si on ne les presche?* Et celles cy, *La foy est de l'oüye* (&) *l'oüye est par la parole de Dieu*, Et qui inferassent de là qu'il n'y a point de grace ou d'ayde suffisante qui soit donnée à tous les hommes pour faire leur salut, puis que l'Apostre nous tesmoigne que la grace n'est donnée qu'à ceux qui ont ouy la predication de l'Euangile? n'y auoit il point de Peres ou de

a *S. Prosper contre les Gaulois en la resp. à l'obiect. 6.* Quoniã prius quàm à dominatione Diaboli per Dei gratiã liberetur, in illo profundo iacet, in quod se suâ voluntate demersit: amat ergo langores suos, & pro sanitate habet quod ægrotare se nescit, donec prima hæc medela conferatur ægroto, vt incipiat nosse quod lãgueat, & possit opem medici desiderare, qua surgat. *Et S. Prosper dit à peu-pres la mesme chose contre le Collateur. ch. 4.*

a *En la 2. de la 2. qu. 2. art. 5 en la resp. au 1.* Quod si in potestate hominis esse dicatur aliquid excluso auxilio gratiæ, sic ad multa tenetur homo ad quæ non potest sine gratiâ reparante, sicut ad diligendum Deum & proximum, & similiter ad credendum articulos fidei, sed tamen hoc potest cum auxilio gratiæ, quod quidẽ auxilium quibuscumque diuinitùs datur, misericorditer datur; quibus autem non datur, ex iustitia non datur, in pœnam præcedentis aut saltem originalis peccati, vt Augustinus dicit in lib. de corr. & grat.

a *Voyez les Censures de Doüé & de Louuain.*

de Docteurs dans le Concile de Trente qui dissent dans leur ame comme le docte Driedo, [a] *Nous entendons dire volontiers que la grace de Iesus-Christ est offerte à tous, & qu'elle est également proposée à tous, mais que sert cela aux reprouuez, ou qui la mesprisent, ou qui la negligent, & ausquels il vaudroit beaucoup mieux que cette grace ne fust pas donnée que d'estre faits coulpables en la mesprisant ?* Que si quelques Euesques ou quelques Docteurs du Concile de Trente ont enseigné cette grace suffisante & generalement donnée à tous les hommes, les vns l'ont fait pour ne pas estre pleinement instruits dans la lecture de l'antiquité, les autres pour ne pas choquer vne opinion qu'ils voyoient estre embrassée & soustenüe auec tant d'ardeur par quelques Catholiques, ou pour s'esloigner encore dauantage des heretiques de ce temps, ou pour ne se rendre pas suspects de les fauoriser qui est vne lascheté ou vn zele indiscret qui a déplû a beaucoup de Catholiques, & particulierement aux Cardinaux Contarin [b], & Baronius [c].

a Driedo. *Au liu. de la concorde du fr. arb fol.* 59 Libenter audimus, Christi gratiam omnibus oblatam, omnibus ex æquo propositam, sed quid confert hoc reprobis illam aut contemnentibus, aut negligentibus, quibus meliùs fuisset, illam gratiam non impendi, quàm ipsos hanc contemnentes reos fieri.

b *Contarin au liu. de la pred. p. 604. & pag.* 610.

c *Baronius sur l'année* 490 *p* 455.

Adioutez que les Docteurs qui ont enseigné vne grace suffisante & generale, soit qu'ils ayent esté, ou qu'ils n'ayent pas esté dans le Concile de Trente, l'ont enseignée pour la plus part à la maniere des Thomistes, c'est à dire, qu'ils ont enseigné vne grace suffisante, qui ne faisant rien, si elle n'est aydée d'vne autre plus puissante, qui fait tousiours tout ce qu'elle peut faire, n'oste pas l'empire à Dieu pour le transferer à l'homme, comme fait profanement la grace de Molina ; en quoy le bon Pere est admirable, qui faisant tous ses efforts pour establir vne ayde ou vne grace suffisante absolument sousmise à nostre volonté, allegue en sa faueur les Theologiens Thomistes, qui font autant d'efforts pour destruire cette grace, qu'il en fait pour l'establir.

Toutefois le bon Pere dit qu'au moins les Theologiens demeurent tous d'acord, comme d'vn point de foy, qu'il y a vne grace suffisante donnée à tous les hommes par le merite de Iesus-Christ ; le bon Pere dit cela, mais il dit faux. Car en premier lieu, il est démenty par le docte

Driedo,[a] qui eſt ſi eſloigné d'enſeigner cette grace comme vne verité de foy, qu'il ne craint pas de dire, comme nous l'auons veu, qu'il vaudroit mieux qu'elle ne fuſt pas donnée aux reprouuez, puiſqu'elle ne ſert qu'à les rendre criminels. En ſecond lieu, le bon Pere eſt démenty par l'Eueſque Naclantus[b], qui s'eſt fait admirer dans le Concile de Trente, & qui enſeigne ouuertement que la grace neceſſaire pour les œuures ſpirituelles, n'eſt pas donnée à tous les hommes, & qu'elle n'eſt pas touſiours donnée à ceux auſquels elle eſt donnée; d'où vient que cet Eueſque dit, qu'entre les differentes interpretations de ces paroles de l'Apoſtre, *Dieu veut que tous les hommes ſoient ſauuez*[c]; celle-cy eſt ſans ſcrupule, qui eſt, que Dieu veut le ſalut de tous les predeſtinez; par où l'on voit combien eſt eſtrange la temerité du R. Pere, qui veut nous perſuader que le Concile de Trente a condamné cette interpretation, adiouſtant des choſes neceſſaires à la doctrine de S. Auguſtin pour la faire Catholique en l'interpretant. En troiſieſme lieu, le bon Pere eſt démenty par le ſçauant Eſtius, qui a refuté cette grace ſuffiſante & vniuerſelle, par des paroles expreſſes de S. Paul, comme nous l'auons monſtré; Et en quatrieſme lieu, le bon Pere eſt démenty par les Facultez entieres de Doüé[d], & de Louuain[e], qui ont condamné la meſme grace, en telle ſorte que celle de Doüé l'a reiettée par le teſmoignage expres du Concile d'Orange & de celuy de Trente, qui prononce & dit éuidemment, que tous les hommes ne reçoiuent pas le bene-

a *Voyez cy-deſſus.*

b *Sur le 2. chap. de l'Ep. aux Rom.* Cùm nec omnibus adſit gratia Dei, & quibus adeſt, vt plurimùm non adeſt quolibet tempore.

c *Sur le 1. chap. de l'Ep. aux Eph* De voluntate autem eius, vt quiſque ſaluetur, non deſunt qui dicant Apoſtolum non loqui de omnibus abſolutè, ſed de omnib⁹ qui ſunt electi; nam etſi adultus nemo ſine ſuâ, vt dictum eſt, voluntate ſaluetur, Auguſtino dicente, quòd qui facit te ſine te; non ſaluabit te ſine te; ſalus tamen non in noſtram, ſed in Dei reiicitur voluntatem, cuius eſt ſalus, & Deus eſt noſtræ ſalutis, & hoc pacto nullus ſcrupulus.

d *En la Cenſure de la 14. propoſ.* Ergo quotquot Chriſtũ & diſcipulos eius extremo odio & malitia ſunt perſecuti, beneficiorũ incarnationis & redemptionis eius fuerunt participes, eo vſque, vt hoc quod ex parte Dei haberent, iam eis ad ſalutem ſufficeret; quomodo è contrario teſtatur Synodus Tridentina, quod etſi pro omnibus mortuus eſt Chriſtus, non omnes tamen &c. Denique rurſum verbis Arauſicani Cõcilii vſa, anathema in eum pronunciat, qui dixerit hominem ſine præueniente Spiritus ſancti inſpiratione, atq; adiutorio, credere, ſperare, diligere, aut pœnitere poſſet ſicut oportet, vt ei iuſtificationis gratia conferatur; quæ quidem Spiritus ſancti præueniens inſpiratio, ſi putetur omnibus vtique, & ſemper eſſe communis, iam non vbi, & cùm vult, ſed ſemper & vbique ſpirat Spiritus ſanctus; neque orandus erit Deus, vt Spiritus ſui inſpiratione præueniat, moueat, & emolliat infidelium & induratorum corda; ſed illi tantum erunt monendi, vt diuinæ inſpirationi conſentiant, & cooperentur, quandoquidẽ iam ſatis habent ex parte Dei vnde credant, & conuertantur. Fallitur profectò qui talem imaginatur ſtatũ cuiuſcũque peccatoris, qui, vt ait Proſper, priuſquam à dominatione Diaboli per gratiam Dei liberetur, in illo profundo iacet, in quod ſe ſuâ voluntate demerſit, amans interim languores ſuos, & pro ſanitate habens, quod ęgrotare ſe neſcit, donec prima hæc medela conferatur ægroto, vt incipiat noſſe quod langueat, & poſſit opem medici deſiderare.

e *Vniu. de Louuain en la meſme Cenſure de la 14. propoſ.*

fice de la mort de Iesus-Christ, mais seulement ceux ausquels le merite de sa passion est communiqué.

Mais le bon Pere obserue encore, que si les Molinistes ont quelque different auec les Thomistes sur cette grace suffisante, c'est vn different qui ne regarde pas la foy. Il le dit encore, mais il dit faux encore, & il est démenty par les Thomistes, qui traitent d'heresie [a] la grace de Molina, comme aussi Molina traite d'heresie [b] la grace des Thomistes. En second lieu, il est démenty par le Cardinal Bellarmin [c], qui asseure en termes clairs que la grace de Molina repugne tout à fait au sentiment de S. Augustin, & mesme au sentiment des Escritures sainctes. En troisiesme lieu, il est démenty luy-mesme par luy mesme [b], qui croit, & qui ose dire que le Concile de Trente enseigne, comme Fauste, que nous pouuons prochainement & immediatement receuoir la grace, ou la reietter ; ce qui estant, les Thomistes qui enseignent le contraire, s'opposent au Concile, & sont coulpables d'heresie au iugement de sa Reuerence, qui veut faire croire neantmoins qu'elle ne les accuse pas d'erreur, ou d'heresie, en les accusant, comme Molina, de s'opposer au Concile de Trente.

EVAR. Mais le Pape ne nous defend-il pas de nous blasmer les vns les autres, ou d'erreur, ou d'heresie en cette matiere? TIM. Bienque le Pape nous ait osté la liberté de la parole, il ne nous a pas osté la liberté des sentimens, que s'il y en a qui soient si temeraires que d'enfraindre les premiers la defense du S. Siege, en nous traitant, comme ils font superbement, & scandaleusement, ou de Caluinistes, ou d'heterodoxes, ou d'heretiques, le souuerain Pontife & le tres-heureux Vicaire de Iesus-Christ en terre, ne peut trouuer mauuais qu'en leur rendant le change, on chastie en cela mesme, & on reprime l'insolence de leur rebellion contre sa Saincteté.

EVAR. Ie vous auoüe, Timothée, que vous me paroissez tousiours plus raisonnable en tout ce que vous dites sur cette matiere ; plus ie vous entends, & plus i'ay de plaisir à vous entendre ; mais concluez en peu de mots, & touchez enfin nettement & briefuement le point de la question. TIM. Ie le veux, Euariste, les Prelats du Con-

a *Bannez cité par Suares au liu. 3. de aux. ch 7.* Dixerat in Palagianã hæresim declinare doctrinam dicentem liberum arbitrium determinare auxilium diuinum, quod ex se non erat determinatũ; quia aliàs homo se discerneret, & ideo iuxta doctrinam Catholicam dicendum esse, Deum suo auxilio efficaci determinare liberum arbitrium de se indifferens. *Et Bannez ensuite concilie cette doctrine auec le 4. Can. du Conc. de Trente, & les Dominicains font le mesme reproche à leurs aduersaires dans les Congregations tenües deuant Clement huict. Molina en sa concorde qu. 14. art. 13. disp. 40. prononce Anatheme contre ceux qui ne sont pas de son opinion touchant la determination de la grace par le franc-arbitre. Bellar. l. 1. de la gr. & du fr. arb. ch. 126,*

b *En son dernier libelle, pag. 19.*

cile de Trente ayant pris mot à mot leurs definitions dans les ouurages des Peres, & particulierement de S. Augustin, nous deuons croire & presumer de leur pieté, qu'ils ont voulu tous, qu'en disputant contre l'heresie Lutherienne, l'on interpretast leurs decisions suiuãt le sentiment des Peres, dans lesquels ils les auoient puisees; & parce que il est iuste & necessaire mesme, de preferer les Peres à tous autres Docteurs, quels qu'ils puissent estre, & parce que les Prelats mesmes du Concile de Trente nous ont declaré d'auoir eu dessein de suiure les Peres preferablement à tous autres; & parce que il est impie de se mettre en peril de combattre les Peres en combattant les heretiques, au lieu de combattre les heretiques par les Peres; & parce que les Scholastiques ne s'accordant pas entr'eux, nous deuons nous attacher à la tradition des Peres, qui ne se choquent pas, mais se soustiennent, & s'accordent merueilleusement les vns auec les autres, comme dit en vn pareil suiet vn Martyr du precedent siecle, le sçauant Euesque de Rochester [a].

EVAR. Ie suis tres-persuadé, qu'il n'y a rien de si iuste, ny de si glorieux pour le Concile de Trente, que ce que vous venez de dire, & le Pere Petau deuroit mourir de honte de faire la guerre, comme il fait, à ce Sainct Concile, en nous la faisant, & à nostre doctrine. TIM. Dieu le luy pardonne, mon cher Euariste. Cependant souuenez-vous, que les Euesques en le Concile se proposant de donner des regles à toute l'Eglise, & de former des iugemens, qui soient à l'épreuue de la subtilité des heretiques, ont toute vne autre ame, s'il faut ainsi dire, que lors qu'ils parlent, ou qu'ils écriuent en leur particulier. Ainsi le Concile de Florence n'a-t'il pas défini que les enfans mort-nez estoient damnez de la peine du sens, comme les adultes; & toutesfois combien peu de Docteurs a-t'on veû depuis, qui ayent osé soustenir cette doctrine en leurs écrits particuliers? De mesme, bien que la grace suffisante, & vniuerselle eust tant de vogue parmy les Scholastiques, au temps du Concile de Trente, n'admirez-vous pas comment ce Concile a tenu ferme, & non seulement ne l'a pas nommée, mais a dit nettement

[a] Ioan. Fischer. *en la refut de la 36 Asser. de Luther.* Hæc dixi propter Patres, quorum sententiam sequi malui, quàm Scholasticorum, cùm hæc in re mutuò sibi pugnent.

que tous n'ont point de part au benefice de la mort de Iesus-Christ, mais seulement ceux, ausquels le merite de sa passion est communiqué? Qui sont des paroles qui meriteroient d'estre grauées, & affichées en lettres d'or au frontispice de toutes nos Eglises, comme vn Ancien disoit du commencement de l'Euangile de Sainct Iean. Et il en est de mesme des decrets qui appartiennent à l'vsage & à la discipline de l'Eglise; par exemple: Bien que le Concile de Trente ayt ordonné par vn chapitre expres [a], que l'on sousmette les pecheurs publics à la penitence publique; combien peu voit-on de Pasteurs qui osent ou defendre, ou pratiquer cette ordonnance du Concile?

EVAR. Vos obseruations sont raisonnables, Timothée, mais s'il vous plaist, reprenons le fil de nostre lecture, & voyons si ce qui suit dans l'Apologie du Concile de Trente, est aussi bien fondé que ce que nous auons veu iusques à maintenant? TIMOT. Ie le veux. Escoutez: *Ce qui estant ainsi, il est aisé de voir qu'on ne peut dire qu'en deux sens simples & absolus, que Iesus-Christ est mort pour tous, à sçauoir pour tous les hommes sans exception, quant à la suffisance de sa mort, & pour des hommes de toutes sortes, & de toutes nations, quant à l'application reelle de sa mort, bien qu'en vn sens conditionné il soit vray de dire que Iesus-Christ est mort indefiniment pour tous les hommes, parce qu'en effect il les saueroit tous s'ils croyoient en luy, comme il est escrit, Quiconque croit en luy, ne sera pas confondu* [b]*; Car il n'y a pas de distinction de Iuif & de Grec, puis qu'il est le Seigneur de tous, enrichissant tous ceux qui l'inuoquent; parce que quiconque aura inuoqué le nom du Sauueur, sera sauué. Et ainsi nous disons tres-veritablement à chacun des hommes en particulier, Si tu crois, tu seras sauué; & en ce sens S. Augustin dit, que le fils de Dieu au iour du iugement doit faire ce reproche aux Iuifs qui l'ont crucifié: Voicy l'homme, leur dira-t'il, selon Sainct Augustin* [c]*, que vous auez crucifié; Voicy le Dieu-Homme auquel vous n'auez pas voulu croire; voyez les playes que vous m'auez faites; connoissez-vous ce flanc que vous auez percé, parce qu'il a esté ouuert & par vous, & pour vous, & neantmoins vous n'y auez pas voulu entrer, c'est à dire, On vous a presché de la*

a *Sess. 24. ch. 8* Apostolus monet publicè peccantes, palam esse corripiendos; quādo igitur ab aliquo publicè, & in multorū conspectu, crimen commissum fuerit, vnde alios scandalo offensos, commotosque fuisse, non sit dubitandum, huic condignam pro modo culpæ pœnitentiam publicè iniungi oportet: vt quos exēplo suo ad malos mores prouocauit, suæ emendationis testimonio ad rectam reuocet vitam. Episcopus tamen, &c. *où le Concile laisse à la liberté de l'Euesque de changer la penitence publique en secrete.*

b *Epist. aux Romains, chap* 10.

c *Du Symbole aux Catech. liure* 2. *chap* 8. Sed vt conuincens eos veritas dicat, Ecce hominem quem crucifixistis, ecce Deum & hominem in quem cre-

part de Dieu mon Pere, que si vous croyiez en moy, vous seriez sauuez par moy, & par le merite de mon sang: mais bien que l'on vous ayt manifesté vne si merueilleuse & si extraordinaire bonté de Dieu, vous l'auez mesprisée, vous estes demeurez aueugles & endurcis, & n'auez peû me voir pour venir à moy.

dere noluistis, videtis vulnera quæ inflixistis, agnoscitis latus quod impugistis, quoniam & per vos, & propter vos apertum est, nec tamen intrare voluistis, qui non estis redempti pretio mei sanguinis, non estis mei, discedite à me.

EVAR. Mais à ce que ie viens d'apprendre de la lettre de l'Abbé, le bon Pere dit que s'il y a des hommes qui ne se puissent conuertir, bien qu'ils ne le puissent par leur faute, il est ridicule de leur dire que Dieu les sauueroit s'ils se conuertissoient? TIM. Le bon Pere qui ne cesse d'imiter les Pelagiens, objecte ce blaspheme apres les Pelagiens, qui n'ont iamais cessé de l'objecter aux Catholiques; Et moy ie dis, que non seulement il est ridicule, mais impie, de s'imaginer que Dieu ne tesmoigne pas serieusement sa misericorde aux hommes, quand il leur offre le pardon de leurs offenses, s'ils daignent seulement le demander, soit qu'ils puissent le demander, ou qu'ils ne le puissent, estant tombez dans cette impuissance par leur faute. Quoy? vn Roy ne fait-il point paroistre sa clemence à des coulpables, quand il leur offre le pardon de leur rebellion, s'ils le veulent demander, soit qu'ils le puissent, ou qu'ils ne le puissent pas par vn excez de leur malice, bien que le Roy mesme, s'il vouloit, pût vaincre leur malice par de plus grands effects de sa bonté, comme Dieu pourroit changer le cœur des reprouuez par de plus riches dons de sa misericorde? Ie vous prie, Euariste, les Theologiens les plus solides, & entr'autres le bon Pere mesme, si l'on doit le mettre de ce nombre, n'enseignent-ils pas qu'il y a des aueugles & des endurcis qui n'ont point la grace, sans laquelle ils ne se peuuent conuertir, & neantmoins, Dieu se mocque-t'il de ces ames obstinées, quand il les asseure de sa grace, si elles renoncent à leurs vices, & quand il leur promet de se conuertir à elles, si elles se conuertissent à luy, selon le langage de ses Saincts? C'est en ce sens qu'vn disciple de Sainct Augustin dit de Pharaon, le chef & le modele de tous les endurcis, *On peut entendre que ç'a esté la misericorde mesme de Dieu, qui*

Primasius sur ces paroles de S. Paul, In hoc ipsum excitaui te, &c. Et sic intelligi potest, vt dicatur per Dei misericordiã induratus, quoniam quando Moyse orante cessauit plaga, ille indurabatur, vtquãuis sciret, eum ita esse induratum, vt non possit conuerti, tamen bonitatem suam ostendit.

l'a endurcy, puis qu'il s'endurcissoit au mesme temps que les playes cessoient à la priere de Moyse, & bien que Dieu sceust qu'il estoit si endurcy qu'il ne pouuoit se co[...]tir, il ne laissa pas de luy faire paroistre sa bonté. Dans le mesme sens vn autre disciple du mesme Sainct Docteur escrit, c'est Sainct Prosper [a], *Dieu a soin de tous les hommes, & il n'y a personne qu'il n'inuite* (de venir à luy) *ou par la predication de l'Euangile, ou par le tesmoignage de la loy, ou par la nature mesme; mais il faut attribuer aux hommes l'infidelité des hommes, & il faut auoüer que la foy des hommes est vn don de Dieu, sans la grace duquel on n'a point recours à la grace.* C'est à dire, que Dieu par la loy escrite, par la lumiere naturelle, & par la predication de l'Euangile, inuite tous les hommes à changer de vie, & leur promet l'oubly de leurs iniquitez, s'ils s'en repentent. Mais Sainct Prosper a-t'il iamais pensé que Dieu donnast la grace de la penitence à tous ceux qu'il inuite à se repentir de leurs pechez, luy qui dit apres son Maistre en termes si formels [b], *C'est par la volonté que les vns croyent, & c'est par la volonté que les autres ne croyent pas: mais puis que Dieu ouure le cœur aux vns, & ne l'ouure pas aux autres, il faut discerner ce qui vient de sa misericorde, & ce qui vient de son iugement?*

Il est donc certain que par vn singulier effet de la bonté de Dieu, le benefice de la redemption est offert à tous les hommes, & que l'on presche veritablement & sincerement à tous, qu'ils seront sauuez ou rachetez s'ils veulent, & qu'ils ne le seront pas s'ils ne le veulent pas; mais Dieu donne aux vns de le vouloir, & ne le donne pas aux autres, preparant la volonté dans les vns, & ne la preparant point dans les autres, comme dit Sainct Augustin [c], & ouurant le cœur aux vns, & ne l'ouurant point aux autres, comme dit Sainct Prosper. C'est ainsi qu'il faut entendre ces paroles de ce Pere [d], *Le Fils de Dieu a donné son Sang pour le monde, & le monde n'a pas voulu estre racheté, parce que les tenebres n'ont pas receu la lumiere.* Et en vn autre lieu [e], *Le Sang de Iesus-Christ nostre Seigneur est le prix de tout le monde, mais ceux-là n'ont point de part à ce prix, qui prenant plaisir en leur seruitude, n'ont pas voulu estre rachetez.* Il est

a *En la Response aux Gaulois, objection* 8. Omnium ergo hominum cura est Deo, & nemo est quem non, aut Euangelica prædicatio, aut legis testificatio, aut ipsa etiam natura conueniat, sed infidelitatem hominum ipsis adscribamus hominibus, fidem autem hominum donum Dei esse fateamur, sine cuius gratia, nemo currit ad gratiam.

b *En la response aux Genois, doute* 4 Nunquid dubium est cum verbum veritatis prædicatur, alios voluntate credere, alios voluntate non credere: sed cum illorum cor Deus aperuerit, illorum autem non aperuerit, discernendum est, quid veniat de misericordia, quid de iudicio?

c *Liure de la pr destination des Saincts, chap* 6.

d *Sainct Prosper en la Response aux Gaulois, objection* 9 Mundus eum non cognouit, vt possit secundum hoc dici Redemptor mundi, dedit pro mundo sanguinem suum, & mundus redimi noluit, quia tenebræ lucem non receperunt.

e *Là mesme, objection* 15. *art.* 9 Cùm sanguis Domini nostri Iesu Christi pretium totius mundi sit, à quo pretio extranei sunt, qui aut delectati captiuitate

donc sans doute que ce monde eust esté racheté s'il eust voulu, & Dieu luy a tesmoigné vne bonté sincere, en luy offrant de le sauuer, & de le racheter de sa seruitude s'il vouloit, mais il l'a refusé à cause de sa malice que Dieu n'a pas voulu guerir par vn don special de son Esprit, qui souffle où il luy plaist, preparant la volonté dans les vns, & ne la preparant point dans les autres, & ouurant le cœur aux vns, & ne l'ouurant point aux autres, selon la profondeur de ses iugemens. Ce qui estant ainsi, le Pere Petau n'est-il pas estrangement hardy, osant nous asseurer auec vn front d'airain, que lors que S. Prosper escrit que la mort du Fils de Dieu a esté suffisante pour la redemption de tous les hommes, ce sainct personnage veut dire que Dieu donne à tous les hommes generalement des aydes suffisantes pour croire en I. C. & pour auoir part aux merites de sa mort, qu'y a-t'il de plus estrange que d'attribuer à Sainct Prosper la doctrine mesme de ses aduersaires, & de vouloir nous faire croire qu'il l'a enseignée dans les mesmes lieux où il la combat?

redimi noluerunt, aut post redemptionem ad vendem sunt seruitutem reuersi.

EVAR. Quoy que die maintenant le Pere Petau, ie ne m'en estonne point, icy entre nous, Timothée, ce bon Pere est vn Sophiste, s'il y en eust iamais, comme dit en bonne compagnie vn excellent homme il y a quelque temps. TIM. C'est bien rencontré, poursuiuons nostre lecture. EVAR. Faites, TIM. *Apres S. Augustin, Sainct Leon escrit en la mesme maniere, s'adressant aux Iuifs qui ont crucifié Christ* [a], *Il n'y a qu'vne volonté du Pere & du Fils, comme il n'y a qu'vne Diuinité, & nous ne vous auons aucune obligation, ô Iuifs, ny à toy Iudas, de l'effect de sa disposition; vostre impieté a seruy à nostre salut contre vostre volonté, & tout ce que la main de Dieu & son Conseil auoient resolu qui fust fait, a esté fait par vous: donc la mort de Iesus-Christ nous deliure & vous accuse, & c'est iustement que vous estes les seuls qui n'auez pas ce que vous auez voulu rauir à tous, & la bonté neantmoins de nostre Redempteur est telle, que vous pouuez encore obtenir le pardon, si vous abandonnez cette malice parricide en confessant Christ le Fils de Dieu; car ce n'est pas en vain que le Seigneur en Croix a prié, disant, Pere, pardonnez leur, parce qu'ils ne*

a *Sainct Leon, au premier Serm. de la Passion.* Vna est enim Patris & Filij voluntas, vt est vna diuinitas, de cuius Dei dispositionis effectu, nihil vobis gratiæ Iudæi, nihil tibi Iuda debemus, saluationi quidem nostræ, non hoc vobis volentibus impietas vestra seruiuit, & per vos factum est, quicquid manus Dei & consilium decreuerant fieri; mors igitur Christi nos liberat, vos accusat, meritò soli non habetis, quod omnibus perire voluistis, & tamen tanta est bonitas nostri Redemptoris, vt etiam vos possitis consequi veniam, si Christum Dei Filium confitendo, illam parricidalem malitiam relinquatis, non enim Dominus in cruce frustrà orauit, dicens, Pater, dimitte illis, quia nesciunt quid faciunt, quod remedium nec te Iuda trãsiret, si ad eam pœnitentiam confugisses, quæ te reuocaret ad Christum, non quæ instigaret ad laqueum.

ne sçauent ce qu'ils font, & toy-mesme Iudas, tu ne serois pas priué de ce remede, si tu auois eu recours à vne penitence qui t'eust fait reuiure à Christ, & non qui t'eust porté à te pendre & à t'estrangler. Et en vn autre lieu, Le Fils de l'homme, dit-il [a], *est venu chercher & sauuer ce qui auoit pery, & ainsi il vsoit de la malice de ses persecuteurs pour la redemption de tous, afin que dans le Sacrement de sa mort & de sa resurrection ses homicides mesmes, s'ils croyoient, peussent estre sauuez. Et en vn autre lieu* [b], *L'effusion,* dit-il, *d'vn iuste sang pour des injustes a esté si puissante, quant à son priuilege, & si riche, quant à son prix, que si l'vniuersalité des captifs croyoit en son Redempteur, aucun ne demeureroit lié des chaisnes du Tyran, parce que comme l'Apostre dit, Où le peché a abondé, la grace a abondé encore dauantage; & puis que ceux qui estoient nez sous la condamnation du peché, ont receu la puissance de renaistre à la iustice, le don de la franchise a esté plus puissant que la debte de la seruitude. Et en vn autre lieu* [c], *La victoire de la Croix,* dit-il, *n'a esté déniée à aucun infirme, c'est à dire, qu'il n'y a point d'infirme, que la Croix ne secoure, s'il croit en la Croix, suiuant ce que dit le mesme Sainct en vn autre lieu, Il n'y a point de croyans à qui les dons de la grace doiuent estre déniez. Il adjouste aux passages sus alleguez* [d], *Et il n'y a personne à qui l'Oraison de Iesus-Christ ne serue, c'est à dire, qu'il n'y a point de pecheurs, pour endurcis qu'ils soient, qui ne se puissent conuertir, & qui en effect ne se conuertissent, si Iesus-Christ a prié pour eux, & a demandé leur conuersion. Et si son Oraison, poursuit Sainct Leon* [e], *a profité à plusieurs de ceux qui l'ont fait mourir, combien plus a-t'elle aydé ceux qui se cõuertissent à luy? c'est à dire, Si l'Oraison de Iesus-Christ a aydé à certains pecheurs, quelques grands qu'ils fussent, pour les rendre penitens, combien plus doit-elle en suite ayder les penitens pour les rendre iustes? Car en ces lieux que S. Leon n'ayt pas enseigné que tous les hommes receuoient de Dieu vne ayde suffisante par les merites du Sauueur;*

EVAR. Voicy le point. TIM. *Cela se voit premierement en ce qu'au mesme endroit que nous venons de citer de luy, il dit formellement que les infideles n'ont aucune part à la misericorde du Redempteur, Cette assomption,* dit-il [f], *de nostre substance en la Diuinité, par laquelle le Verbe s'est fait chair, & a habité par-*

a *3. Serm. de la Passion.* Venit enim filius hominis quærere, & saluare quod perierat, & sic ad omnium redemptionem vtebatur malitia persequentium, vt in mortis eius, resurrectionisque Sacramento, etiam interfectores sui possint salui esse si crederent.

b *Serm. 12. de la Passion.* Effuso enim sanguinis iusti pro iniustis, tam potens fuit ad priuilegium, tam diues ad pretium, vt si vniuersitas captiuorum in redemptorem suum crederet, nullum tyrannica vincula retinerent, quoniam sicut Apostolus ait, vbi abundauit peccatum, superabundauit & gratia, & cum sub peccati præiudicio nati potestatem acceperint, ad iustitiam renascendi, validius donum factum est libertatis, quàm debitum seruitutis.

c *Serm. 13.* Nulli infirmorum crucis est negata victoria.

d Nec quisquam est cui non Christi auxilietur oratio.

e Quæ si multis in ipsum sæuientibus profuit, quanto magis eos qui ad ipsum conuertuntur adiuuit?

f *Là mesme.* Ipsa illa substantiæ nostræ in veritate susceptio, quem hominum misericordiæ suæ, nisi infidelem, reliquit exortem?

my nous, quel homme a-t'elle priué de sa misericorde, si ce n'est l'infidele? Et l'Eglise de Lyon s'est seruie autresfois de ces paroles de Sainct Leon, dans le mesme dessein que ie m'en sers icy.

EVAR. Que respond le Reuerend Pere? TIM. Rien. *Il paroist secondement en ce qu'il ne dit pas que l'Oraison de Iesus-Christ ayt esté vtile à tous ses meurtriers, mais seulement à quelques-vns d'entr'eux, il n'est donc pas vray qu'il ayt supposé que l'Oraison de Iesus-Christ ayt esté vtile à tous les hommes, comme si en effect il auoit prié pour tous les hommes; mais il veut dire seulement, que l'Oraison de Iesus-Christ a esté vtile à tous les hommes pour lesquels il a prié. Et il en rend la raison en vn autre lieu, disant que le Seigneur ne pouuoit prier vainement en Croix, d'où il s'ensuit qu'il a obtenu tout ce qu'il a demandé pour ceux, pour lesquels il a prié. Troisiesmement en parlant de ceux qui ont crucifié Christ, il dit d'eux formellement* [a], *Mais les tenebres n'ont pas compris la lumiere, & l'aueuglement trompeur n'a peû voir la sagesse de la verité. Ceux-cy donc selon Sainct Leon, n'auoient pas alors, & par consequent n'ont pas eu depuis vne ayde suffisante pour connoistre Christ, s'ils ont perseueré dans le mesme aueuglement, & n'en ont pas esté gueris pour se conuertir à Christ.*

a *Serm. 18. de la passion.* Sed lucē tenebræ non comprehenderunt, nec mendax cœcitas sapientiā potuit veritatis inspicere.

EVAR. Et que respond le Reuerend Pere à des passages si formels de Sainct Leon? TIM. Rien. EVAR. Poursuiuez. TIM. *Mais bien que Iesus-Christ soit mort generalement pour tous les hommes, non pas absolument, mais sous vne certaine condition, entant qu'il a souffert pour sauuer tous ceux qui auront creû en luy, il n'est pas mort neantmoins pour impetrer à tous la grace de la foy, & le don de croire en luy; écoutons S. Augustin qui nous enseigne si clairement cette verité, en respondant à cette obiection des Semipelagiens* [b], *quand on dit, si tu crois tu seras sauué, l'vne de ces choses est exigée, & l'autre offerte; celle qui est exigée, est au pouuoir de l'homme; & celle qui est offerte, est au pouuoir de Dieu; & pourquoy, replique S. Augustin, l'vn & l'autre ne sera-il pas au pouuoir de Dieu, & ce qui est commandé, & ce qui est offert? car on le prie, afin qu'il donne ce qu'il commande; ceux qui croyent prient que la foy leur soit augmentée, & prient pour ceux qui ne croyent pas, que la foy*

b *Au liu. de la pred. des saincts ch. 11.* Sed cum dicitur, inquiunt, si credideris saluus eris, vnū horum exigitur, alterū offertur, quod exigitur in hominis, quod offertur in Dei est potestate, cur non vtrūque Dei est, & quod iubetur, & quod offertur? rogatur enim vt det quod iubet, rogant credentes vt sibi augeatur fides, rogant pro non credentibus vt eis donetur fides, vt & in suis incrementis & in suis initiis Dei donum sit fides.

leur soit donnée, afin que la foy soit vn don de Dieu, & dans ses commencemens, & dans ses accroissemens. Et il auoit dit auparauant [a]*, qu'on ne pouuoit nier, que ce don fust donné aux vns, & ne fust pas donné aux autres, sans contreuenir à de tres-manifestes Escritures saintes. Suiuant ces principes, S. Augustin asseure que le fils de Dieu a seulement prié pour le salut des predestinez, & pour le monde des sauuez, & non pour le monde des damnez, adioustant incontinent, dit S. Augustin* [b]*, afin qu'ils soient tous vne mesme chose, mais qu'est ce que ces tous sinon le monde, non pas ennemy, mais fidele, car voicy que celuy qui auoit dit, ie ne prie pas pour le monde, prie pour le monde, afin qu'il croye, parce qu'il y a vn monde duquel il est écrit, afin que nous ne soyons pas damnez auec le monde, il ne prie pas pour ce monde-là, car il n'ignore pas à quoy il est predestiné, & il y a vn monde duquel il est écrit, Car le fils de l'homme n'est pas venu pour iuger le monde, mais afin que le monde soit sauué par luy, d'où vient aussi que l'Apostre dit, Dieu se reconcilioit le monde en Christ, c'est pour ce monde qu'il prie, quand il dit, afin que le monde croye que tu m'as enuoyé. Et quant à ceux qui ont crucifié le fils de Dieu, voicy comment S. Augustin nous a enseigné que le fils de Dieu n'auoit pas prié pour eux tous, mais seulement pour quelques-vns d'entre-eux qui luy auoient esté donnez du Pere, ceux-là ne deuoient pas desesperer, dit-il* [c]*, pour qui le Seigneur pendant en croix, a daigné de prier, car il auoit dit, Pere, pardonne leur, parce qu'ils ne sçauent ce qu'ils font. Il voyoit quelques-vns des siens parmy plusieurs estrangers, il demandoit le pardon pour eux lors qu'il estoit encore outragé par eux : car il ne consideroit pas, qu'il mouroit par eux, mais qu'il mouroit pour eux, & de là vient que S. Leon apres sainct Augustin, rapporta cette oraison de Iesus-Christ à ceux qui en effet deuoient croire en luy, & former le corps de son Eglise, Esleuant ses yeux au Ciel, dit ce grand Pape* [d]*, & suppliant son Pere pour toute l'Eglise, afin que tous ceux que le Pere auoit donnez, & deuoit donner au fils deuinssent vne mesme chose, & demeurassent inseparables dans la gloire de leur Redempteur.*

EVAR. Et à ces passages de S. Augustin si expres, & si précis, que respond le Pere ? TIM. Vous le pouuiez bien deuiner : Rien. Ie poursuis. *Et apres S. Augustin, & S.*

a *Ch. 8. à la fin.*

b *Traité 110. sur S. Iean.* Continuò subiungēs, vt omnes vnū sint, Isti autem omnes quid est nisi mundus? non hostilis vtique, sed fidelis, nam ecce qui dixerat, non pro mundo rogo, pro mundo rogat vt credat, quoniam est mundus de quo scriptū est, ne cum hoc mundo damnemur; pro isto mundo non rogat, neque enim quò sit prædestinatus ignorat, & est mundus de quo scriptum est, non enim venit filius hominis, vt iudicet mundum, sed vt saluetur mundus per ipsum, vnde & Apostolus, Deus, inquit, erat in Christo, mundum reconcilians sibi, pro isto mundo rogat dicens, vt mundus credat, quia tu me misisti.

c *Traité 31. sur S Iean.* Sed non debebant desperare pro quibus in cruce pendens Domin⁹ est dignatus orare, dixerat enim, Pater ignosce illis, quia nesciunt quid faciunt, videbat quosdam suos, inter multos alienos, illis iam petebat veniam, à quibus adhuc accipiebat iniuriā, non enim attendebat quod ab ipsis moriebatur, sed quia pro ipsis moriebatur.

d *Serm. 7 de la passion.* Eleuans ad cœlū oculos, & pro vniuersa Ecclesia supplicans patri, vt omnes quos dedisset daturusque est filio, pater, vnum fierent, &

in gloria redemptoris indiuidui permanerēt.

Leon, S. Thomas en vn chapitre, où il veut prouuer, que les oraisons du fils de Dieu ont tousiours esté exaucées de son Pere, dit precisément[a]*, que le fils de Dieu a prié pour les seuls predestinez, afin qu'ils acquissent le salut eternel. Et il ne faut pas s'imaginer, que S. Thomas ait voulu dire que le fils de Dieu auoit prié efficacement pour les seuls esleus, & suffisamment pour les reprouuez, car il n'oppose pas vne priere efficace, à vne priere suffisante, ou inefficace; mais vne priere que Iesus-Christ a faite selon la raison pour les seuls esleus, à vne priere qu'il a faite selon le sentiment de l'humanité pour tout le genre humain, comme quand il a dit, mon Pere, s'il est possible, que ce Calice passe de moy; & il n'y a personne qui nie, que le fils de Dieu n'ait prié de cette sorte generalement pour tous les hommes.*

[a] *3. Part qu. 21. art. 4. en la resp an 2.* Ad secundum dicendum, quod Dominus non orauit pro omnibus crucifixoribus, neque etiā pro omnibus qui erant credituri in eum, sed pro iis solum qui erant prædestinati, vt per ipsum vitam consecuturi æternam.

EVAR. Et que respond sa Reuerence à ce beau passage de S. Thomas. TIM. Rien, mais continuë à se rendre ridicule,[b] obiectant à l'Abbé, ce que l'Abbé confesse icy mesme, qui est que selon S. Thomas, le fils de Dieu a prié pour tous les hommes indéfiniment, suiuant les sentimens de l'humanité, & de la mesme sorte qu'il a prié quand il a dit, mon Pere s'il se peut que ce Calice passe de moy.

[b] Pag 18. *du libelle.*

EVAR. Voila qui est estrange, que ce bon Pere obiecte à son aduersaire, ce que son aduersaire auoüe au mesme lieu où il pretend de le refuter. TIM. Il n'appartient qu'au P. Petau d'operer de tels miracles, & d'alleguer au monde ce que nous croyons pour faire voir ce que nous ne croyons pas. Au reste, Euariste, quand nous disons, que Iesus-Christ est mort suffisamment pour tous les hommes, nous voulons dire par là, que de sa part il a esté prest à verser son sang pour tous ceux, ausquels son Pere auroit voulu qu'il fust appliqué, ne les discernant pas par son propre choix, mais par le choix de Dieu son Pere, qui ne deuoit pas receuoir de luy, mais luy donner, ceux qu'il vouloit sauuer; c'est pourquoy le Reuerend Pere se trauaille vainemēt à prouuer que ces paroles, *Iesus-Christ est mort pour tous les hommes*, emportent auec elles quelque mouuement, de la volonté de Iesus-Christ; & qui est-ce qui le nie?

EVAR. Ouy, mais au sens que vous venez de dire, Iesus-Christ ne seroit pas mort plus proprement, pour certains hommes, que pour les Demons, puis qu'il estoit prest de sa part à mourir pour les Demons, aussi bien que pour ces hommes, si son Pere l'eust voulu ? TIM. Vostre consequence n'est pas iuste : car Iesus-Christ estant homme comme nous, & non pas Ange, comme les Demons, il deuoit plustost souhaiter de mourir pour les hommes qui luy estoient semblables en nature, que pour les Demons qui ne l'estoient pas, mais enfin ce desir humain de mourir pour tous les hommes indistinctement, n'a esté en Iesus-Christ qu'vn simple sentiment de la nature humaine, & non pas vn sentiment conceu par vne formelle, ou virtuelle deliberation de la raison. Et l'on sçait assez, que ce n'est pas de ce premier desir, que nous admettons si volontiers, mais du second seulement, que nous disputons en l'explication de ces paroles, *Iesus-Christ est mort pour tous.*

EVAR. Dequoy donc disputons-nous? dites-le nettement & succinctement ; ce n'est pas, que ie ne le sçache, mais ie suis bien aise de vous l'ouïr dire. TIM. Le point précis & essentiel de la question est de sçauoir, s'il est vray de dire que Iesus-Christ est mort pour tous les hômes, parce qu'il dépend de tous les hommes absolument & immediatement de croire en luy, & de participer au merite de sa mort, & ie soustiens auec les Papes, auec les Conciles d'Afrique, d'Orange, de Valence, & par consequent auec celuy de Trente qui les a suiuis, auec S. Augustin, auec S. Prosper, auec S. Fulgence, auec l'Eglise de Lion, & parmy les modernes, auec Estius, auec les Facultez de Doüé & de Louuain, auec l'Escole de S. Thomas, auec Bellarmin mesme, que ce sentiment est heretique, parce qu'il détruit, dit Bellarmin, la predestination gratuite que S. Augustin a establie sur de manifestes tesmoignages de l'Escriture saincte; & neantmoins le Reuerend Pere ose prononcer que le Concile de Trente a definy cette opinion toute cõtraire qu'elle est à S. August. selon Bellarmin mesme, & que par consequent ce sainct Concile n'a pas adiousté seulement des choses necessaires à la doctrine de S. Augustin pour la declarer Catholique, mais pour la rendre Catholique.

EVAR. Il n'eſt donc pas vray que Dieu veille ſauuer tous les hommes, & que Ieſus-Chriſt ſoit mort pour tous les hommes, au ſens que l'entend le Pere Petau & ſes ſemblables, à ſçauoir, parce que Dieu donne à tous les hommes des aydes ſuffiſantes dont ils vſent comme ils veulent pour faire leur ſalut. Mais maintenant, que ie m'en ſouuiens, pourquoy l'Abbé trouue-t'il mauuais que le bon Pere ait dit que Dieu euſt donné à tous les hommes des aydes efficaces, ſi la faute de leur premier pere ne les auoit rendus odieux? La raiſon de l'Abbé eſt, que ſi Adam n'euſt pas peché, la nature humaine euſt eſté ſaine, & qu'en cet eſtat, elle n'euſt pas eu des aydes efficaces, mais ſuffiſantes ſeulement. Mais Ieſus-Chriſt, & la Vierge Mere n'ont-ils pas eu des aydes efficaces bien que leur nature fuſt tres-ſaine? TIM. ç'a eſté vn priuilege tout particulier en Ieſus-Chriſt, & en la Vierge Mere, & le bon Pere eſt ridicule de s'imaginer, & de faire dire à Sainct Auguſtin que ce priuilege euſt eſté commun à tous les hommes ſi Adam n'euſt point peché. Car outre que cette penſée eſt vaine d'elle meſme, S. Auguſtin enſeigne le contraire manifeſtement, & preſuppoſe que les enfans d'Adam, s'il n'euſt point peché, euſſent eu ſeulement des aydes ſuffiſantes & ſouſmiſes à leur volonté pour bien viure, & ſe ſauuer.

EVAR. S. Auguſtin dit-il cela? TIM. Au neufvieſme liure de ſes commentaires à la lettre ſur la Geneſe, il dit que ſi Adam n'euſt point peché, les hommes ſe fuſſent nourris de l'arbre de Vie, & ſe fuſſent multipliez iuſqu'à ce que ayāt accomply vn certain nombre ils paruinſſent à vn eſtat pleinement immortel, *Pourueu*, dit-il [a], *qu'ils euſſent tous veſcu iuſtement, & dans l'obeiſſance de leur Dieu*. Ce qui ſuppoſe, comme vous voyez, qu'il euſt dépendu d'eux de bien vſer de la grace, ou d'en mal vſer pour ſe perdre, ou ſe ſauuer ſelon l'vſage qu'ils en auroient fait par leur propre volonté.

EVAR. Ie n'en veux pas dauantage. Mais ie vous demande encore pourquoy l'Abbé dit que lors qu'on attribuë ce langage à Dieu, comme fait le Pere Petau, *Ie vou-*

[a] Ch. 3. Non vt moriētibus parentibus filij ſuccederent, ſed vt illis qui genuiſſēt in aliquo formæ ſtatu manentibus, & ex ligno vitæ quod ibi plantatum eſt, corporalem vigorē ſumentibus, & illi qui gignerentur, ad eundē perducerentur ſtatum, donec certo numero impleto, ſi iuſtè omnes

drois les sauuer tous, si la reuolte de leur premier pere ne les auoit rendus odieux. On n'exprime pas seulement ce que Dieu eust pû faire par sa misericorde, mais ce qu'il eust dû faire par sa iustice. TIM. Puis que c'est à cause du peché originel que Dieu n'est pas iniuste quand il nous refuse les graces necessaires pour nous sauuer, il s'ensuit que Dieu pour n'estre pas iniuste, eust donné ces graces à tous les hommes s'ils n'eussent pas esté soüillez du peché originel. Il est donc certain qu'en ces paroles, Ie voudrois sauuer tous les hommes si leur premier pere n'eust point peché, on n'explique pas seulement ce que Dieu eust peû faire selon les voyes de sa misericorde, mais on designe aussi ce qu'il eust dû faire selon les voyes & selon les loix de sa iustice?

EVAR. Mais quel est icy l'artifice du R. Pere? TIM. Le voicy, le Pere Petau au premier tome de ses dogmes [a], ayant fait dire à Dieu selon les principes de S. Augustin, *Ie voudrois sauuer ceux-cy*, (c'est à dire les reprouuez,) *si la desobeïssance d'Adam ne les auoit rendus coulpables de ma hayne.* Ce R. Pere veut nous faire croire, mais fort grossierement qu'il entendit par ces paroles, que selon S. Augustin Dieu nous refuse bien les graces efficaces en punition du peché originel, mais que nonobstant ce peché, Dieu ne laisse pas de nous en donner à tous de suffisantes, quelques reprouuez que nous soyons: Mais ie vous prie, comment le bon Pere eust il attribué lors cette pensée à S. Augustin, puis qu'il enseigna lors & au mesme endroit, que sainct Augustin soustenoit le contraire, & nioit en plusieurs lieux que Dieu donne à tous les hommes des secours suffisans pour se sauuer?

EVAR. A ce que ie vois, l'heterodoxe du Pere Petau auoit bien des choses à dire à la loüange de ce R. Pere, & à celle de ses dogmes. TIM. Quelque éloge qu'on pût faire à ses merueilleux dogmes, à peine pourroit-on en dresser vn plus magnifique & plus pompeux que celuy qu'en a fait sa Reuerence mesme. EVAR. Dites ie vous prie, Timothée, quelle est la Couronne que ce bon Pere s'est tissuë de la propre main de sa modestie? TIM. Tout à l'en-

obedienterque viuerent, tunc fieret illa cōmutatio vt sine vlla morte animalia corpora conuersa in aliam qualitatem, &c. spiritalia vocarentur.

Et S. Thomas en la 1 p. qu. 100. art. 2. prouue par le 10. ch. du 14. l. de la Cité de Dieu, que si Adam n'eust pas peché, ses descendans n'eussent pas esté confirmez en grace pour cela.

a *Chap. 7. §. 9. l. 9.* Necesse est vt ita sentiant Deum saluos omnes quantum in se vt velle & vt eo peruenire possint, gratiæ illis auxilia idonea concedere, &c. atqui pluribus in locis contrariũ demonstrat Augustinus.

trée de ſe Dogmes Theologiques. *I'entreprens*, dit-il [a], *vn ouurage non ſeulement immenſe en trauail & en abondance, mais encore excellemment tres-beau, c'eſt d'enclorre dans ces liures toute la Theologie, non pas cette ſubtile & pointilleuſe Theologie, qui eſtant née depuis quelques ſiecles, a preſque ſeule regné dans les Eſcoles, doù vient auſſi qu'elle a pris le nom de Scholaſtique; mais cette autre plus fertile & plus elegante Theologie, qui eſtant formée ſur le modele de la ſçauante antiquité, c'eſt à dire, qui eſtant ramenée des broſſailles des Dialecticiens dans la vaſte carriere d'vne campagne libre, n'employe & ne déploye pour ſon ornement & pour ſon vſage que ſa ſeule richeſſe domeſtique & naturelle.*

EVAR. Timothée, que ce bon Pere deuoit eſtre rauy quand il ſe panadoit au milieu des fleurs de ce brillant éloge & ſe couronnoit luy meſme des rayõs de ſes loüanges! TIM. Dans le meſme eſprit de modeſtie le R. Pere nous donne aduis en vn autre lieu, ſans qu'il en fuſt beſoin, qu'il auoit tourné ſur le champ [b] des vers Grecs en vers Latins, afin que nous ſceuſſions qu'il a l'eſprit extraordinairement vif & enflammé de la verue Poëtique, qui eſt ſans difficulté vne des perfections les plus neceſſaires à vn Theologien, & ſur tout à vn Religieux. EVAR. Entr'autres choſes le ſtyle violent & iniurieux dont ſe ſert par tout le R. Pere, teſmoigne bien en luy, ſi ie ne me trompe, quelque eſpece de vanité. TIM. C'eſt iuſtement par là qu'il s'en eſt luy-meſme conuaincu, faiſant autrefois à Monſieur Arnaut cette charitable remonſtrance [c], *Que toutes ſes arrogances & toutes ſes vanteries ſont inſupportables, ie ne ſçaurois ouurir le liure de la frequente communion, que ie ne trouue à chaque page quelque trait de vanité & de preſomption, & des diſcours d'vn homme paſſionné; ne fait-il pas beau voir vn Directeur des ames, & vn Pere ſpirituel qui eſt ſi ſçauant en cette Theologie myſtique, qu'il en fait leçon aux autres, debiter ſa doctrine à coups de poing?* EVAR. Quelle expreſſion baſſe & ruſtique que voila! TIM. *Et ne dire pas vn ſeul mot à ſes diſciples qu'en menaçant, & en les chargeant d'iniures & de reproches de leur inſuffiſance & peu de capacité!*

EVAR. Ce bon Pere fait bien ſon portraict. TIM. *Au moins enſeignez-nous auec patience & douceur ces belles lumieres,* *ces*

[a] *1. Tom. de ſes dogmes au 1. chap des Proleg.* Magnum equidem, ac labore immenſum atq; copia, ſed LONGE PULCHERRIMUM opus aggredior, vniuerſam Theologiam mandare his libris, nõ illam contentioſam ac ſubtilẽ quæ aliquot ab hinc orta ſæculis, iam ſola pené ſcholas occupauit, à quibus & Scholaſticæ propriũ ſibi nomen ad ſciuit, verũm elegantiorẽ & vberiorem alterã quæ ad eruditæ veſtutatis expreſſa ſpeciem, hoc eſt à dialecticorũ dumetis liberioris ad campi reuocata ſpatia ſolũ ad vſum cultumque ſui, natiuã & domeſticam copiam oſtentat.

[b] *En ſes proleg. ch. 9.* Quod Epigrãma nos ex tempore ita reddidimus.

[c] *Le Pere Petau dans le ruſtique & groſſier liure qu'il fit contre celuy de la frequente Cõmunion pag. 118 & ſuiuantes.*

ces connoiſſances ſi rauiſſantes que le Ciel vous a communiqué. EVAR. Voila vn ſolecíſme en noſtre langue, il falloit dire *communiquées*; mais le bon Pere eſt encore ieune, & il a du temps encore pour eſtudier ſa langue naturelle. TIM. *Pourquoy donc eſtes-vous ſi rude & ſi mal gracieux? que vous a fait ce bon Pere Chartreux, que vous ne puiſsiez luy parler qu'en colere, & qu'en l'iniuriant, & vous mocquant de luy?* Voyez, Euariſte, comment ce bon Pere voulant dépeindre ſon aduerſaire, dont le grand merite eſt connu de tout le monde, s'eſt dépeint luy meſme de toutes ſes couleurs! Mais en toutes choſes ſuiuons l'ordre de la charité diuine, & puiſque l'intereſt de la verité nous a forcez iuſques à maintenant de faire paroiſtre les defauts qui ont porté ce Pere à la combattre, ne diſſimulons pas ce qu'il y a de iuſte & de loüable en luy, mais demeurons d'accord qu'il a teſmoigné quelque ſentiment de modeſtie concluant en ces termes le preambule de ſes dogmes. *Il eſt temps* [a], dit-il, *de finir cette preface, & ie coniedieray mes lecteurs, & les conuieray s'il leur plaiſt à conſiderer cet ouurage, apres leur auoir donné cet aduis, que ſi dans la vaſte eſtenduë de ces liures, ils découurent quelque choſe qui ſoit digne de cenſure, ils ſe ſouuiennent que moy qui les ay eſcrits, & eux auſſi qui les liſent, ſommes hommes, & qu'ils ſçachent en meſme temps que ie la deſauoüe quelle qu'elle ſoit, & la tiens comme non dite, & principalement ſi malgré moy, ou par inaduertance il m'eſt eſchappé quelques paroles qui ne s'accordent pas auec la regle de la foy, c'eſt à dire, auec les ſentimens de l'Egliſe Catholique & Romaine.* Voila qui eſt tres-bien dit, Euariſte, & pleuſt à Dieu que ce bon Pere euſt voulu depuis nous tenir parole, & profiter le premier d'vne ſouſmiſſion ſi pieuſe & ſi Chreſtienne, ne preferant pas, comme il a fait, aux intereſts des veritez diuines, ceux de ſa Societé, que i'ayme & que i'honore, comme ie feray touſiours autant que ma conſcience & la qualité de Preſtre dont ie me reconnois ſi indigne, pourront me le permettre, & ie ſuis tres-certain que l'Abbé qu'il outrage iuſqu'à le traiter d'impie & d'heretique, eſt dans le meſme eſprit, & en diroit autant que moy. EVAR. Mais ne dirons-nous rien du Pere Moliniſte, qui s'eſt fait charlatan & qui a debité

[a] Sed iam tempus eſt vt præfari deſinã, & ad operis ipſius inſpectionem lectores meos cũ bona pace dimittam, ſi præter hæc quæ dixi hactenus, vnũ eos admonuero, vt ſi quid in tanta mole librorũ reprehenſione dignũ notauerint, vtroſque nos & qui ſcripſi me & ſe ipſos qui legunt homines eſſe recordentur, atque illud cuiuſquemodi eſt, pro indicto à me iam haberi ſciant, præſertim ſi quid inuito vtique & aliud agẽti mihi à Chriſtianæ norma fidei, hoc eſt à Catholicæ & Romanæ Eccleſiæ placitis alienum excidit.

depuis peu certaines drogues qui l'ont rendu si fort ridicule à tout le monde? TIM. Pour ce qui est de ce bon Moine, qui de Pere Moliniste qu'il estoit, s'est erigé en charlatan comme vous dites, & en débiteur de pacquets de drogues, il doit s'asseurer que ie ne liray iamais ce qui viendra de luy, tant i'ay d'auersion & de mespris pour tout ce qui peut naistre d'vn si pauure escriuain, & d'vn Religieux qui n'a pas fait scrupule[a] d'implorer les puissances de ce siecle contre les defenseurs de la verité. Ie ne laisse pas neantmoins de le recommander à vos oraisons, c'est vn Medecin qui est bien malade, & le Pere Petau peut se vanter de luy auoir l'obligation de n'estre pas le plus violent & le plus foible de tous les aduersaires de la Grace de Dieu. Mais ne dirons-nous rien, dites vous, de ce charlatan droguiste? Ie diray seulement que le chapitre vingt & vniesme du liure des dogmes Ecclesiastiques allegué & soustenu par le venerable Moliniste, où il est dit qu'il dépend du franc-arbitre de consentir, ou ne consentir pas à l'inspiration de Dieu, est vn chapitre qui peut auoir vne bonne ou vne mauuaise explication, & qui peut estre pris en vn sens Catholique, si on y sous-entend la veritable grace qui nous fait consentir; ou en vn sens heretique, si on n'y sous-entend pas cette veritable grace qui nous donne le consentement. Et ç'a esté sans doute dans cette seconde intelligence Marseilloise & Molinienne que ce chapitre a esté escrit par Gennadius, l'vn des principaux chefs des Semipelagiens; & parce que le Pere Moliniste dit que ce chapitre a esté cité par S. Bernard au liure de la maison interieure, ie dis que, outre que Bellarmin[b] doute si ce liure est de S. Bernard, & que le sçauant Horstius[c] asseure absolument qu'il n'est point de luy, il est certain que si S. Bernard a cité ce chapitre, il l'a entendu en la maniere orthodoxe que ie viens de dire, ne s'apperceuant pas non plus que beaucoup d'autres, que le liure des Dogmes Ecclesiastiques où se trouue ce chapitre, a esté faussement attribué à S. Augustin, & que Gennadius en est l'autheur, comme tous les sçauans en demeurent maintenant d'accord.

a *Pag. 6. Et nostre siecle sera assez mal-heureux, &c.*

b *Lisez ce liure de la maison interieure, & vous y verrez des choses tout à fait indignes du pieux, du docte, & de l'eloquent S. Bernard.*

c *Horstius en sa pref. sur ce liure, dit,* Aduerte lector hunc tractatum inter opera Hugonis de sancto Victore recenseri, & inter quatuor libros de anima numerari, ordine tertium,

Mais le Pere Molinifte que l'on appelle autrement Dom Pierre de S. Iofeph, eft vn hõme fi admirable, qu'il voudroit nous faire croire que ce Gennadius a enfeigné vne doctrine Catholique au mefme chapitre où il a enfeigné fa veritable erreur touchant le cõmencement de la foy, d'où vient que l'Efcole de Louuain [a] a cenfuré ce chapitre, & qu'vn fçauant Catholique l'a corrigé en y adiouftant quelques pieces tirées des Conciles d'Orange & d'Afrique, & de l'Epiftre du Pape Celeftin aux Euefques de la Gaule. Que fi le correcteur de Gennadius a repeté quelques paroles du chapitre qu'il corrige, il ne les a pas repetées au fens de Gennadius, mais au fens des Conciles & du Pape Celeftin dont il rapporte la doctrine iufques au chapitre cinquante deuxiefme. Il n'en faut pas dauantage pour la refutation de la Reuerence charlatane du Pere droguifte & Molinifte, qui, à ce qu'on me dit, nous a chargez d'vne infinité d'opprobres foubs le nom d'vn certain Abbé auquel il attribuë deux petites lettres qui furent efcrites fur nos conferences, bien qu'il foit tres-certain, & qu'on l'ait affeuré plufieurs fois que cet Abbé n'en eft pas l'Autheur. EVAR. Sans doute fi Dom Pierre de fainct Iofph euft efté fage en cette rencontre, il euft eu foin d'efclaircir la verité d'vn fait de cette importance, & c'eft vne legereté & vne honte extréme à ce Religieux d'auoir impofé publiquement cette calomnie à vn Ecclefiaftique & à vn Preftre, pour auoir matiere de le diffamer; & s'il eft homme de confcience, comme ie veux le croire, il ne manquera pas de fe dédire au pluftoft, & de fe retracter publiquement pour reparer l'affront qu'il a fait à cet Abbé. TIM. Le Pere Molinifte fçauoit peut eftre bien qui eft l'Autheur de ces lettres, & n'a pas ofé l'attaquer, comme eftant vn homme plus confiderable que nous ne fommes dans le monde. Toutefois ce bon Pere n'a pas voulu perdre entierement vne occafion fi rare d'exercer fa médifance, & de répandre fur nous le fiel de fes iniures foubs le nom du mefme Abbé. Ie luy pardonne celles qu'il m'a dites, mais ie ne puis luy pardonner celle qu'il a faite, ie ne dis pas à S. Bernard, dont il abandonne la doctrine, mais à fon Redem-

cuiufcũque fit, Bernardi non eft, pius tamen & vtilis tractatus eft, fed fine ordine & methodo, præfertim à capite 24. Varia documenta congerit, repetens fubinde priores materias, & pleraque ex libro meditationũ præcedenti. *Et le mefme Horftius dit de ce liure des meditatiõs, qu'il fe trouue encore parmy ceux de Hugues de S. Victor, bienque il ne iuge pas que Hugues en foit l'Autheur, & Bellarmin le met entre les œuures douteufes de S. Bernard, difant qu'il n'en a point le ftyle ny l'erudition.*

[a] Cautè legendum eft hoc caput, *dit la cenfure*, contra quod fubiicitur antidotum.

pteur dont il combat la grace; ce qui n'empeschepas neantmoins que ie ne l'aime, & ne l'honore dans la charité du mesme Redempteur, dont il est l'ennemy.

EVAR. Voila qui va bien, Timothée, le Pere Dom Pierre Moliniste est traité sans doute comme il le merite. Mais pour ce qui regarde ce passage de Gennadius, Monsieur le Moine dit[a], ou que Gennadius en ce chapitre ne dit rien que de Catholique, ou mesme qu'il se peut faire que ce Prestre de Marseille ait esté Semipelagien de party seulement, & non pas d'opinion. TIM. Cette pensée est tout à fait indigne de Monsieur le Moine. Car il est certain que Gennadius ayant blasmé le liure de Prosper contre le Collateur, comme Monsieur le Moine l'auoüe, ce Prestre de Marseille a esté vrayment Semipelagien, & de cabale & d'opinion; & s'il a esté vrayment Semipelagien, il n'a pû reconnoistre pour le commencement de la foy la veritable grace qui nous donne le vouloir, ou qui persuade proprement nostre volonté, & qu'il est necessaire de confesser pour estre Chrestien, comme S. Augustin vient de nous le dire.

Et apres tout, l'authorité des Docteurs de Louuain qui ont censuré ce chapitre de Gennadius, vaut bien l'authorité de Monsieur le Moine qui ose l'approuuer & le soustenir en dépit d'eux. EVAR. Les Cardinaux Baronius[b], & Bellarmin[c], comme nous vismes il y a quelque temps, en veulent bien à ce Gennadius. TIM. Le Cardinal du Perron[d] ne luy en veut pas moins, lors qu'il escrit à vn puissant Roy. *Car quant à ce que Gennadius met Ruffin entre les Autheurs Orthodoxes, c'est dautant que Gennadius estoit sectateur de l'vne des branches de l'heresie de Pelagius, de laquelle Ruffin auoit ietté les racines.* C'est ce Ruffin, que S. Hierosme traite d'ignorant & de stupide, en l'appellant Asinius Pollio[e], ou l'Asnon de l'ancienne maison des Corneliës[f], qu'il traite de jaloux & d'enuieux en l'appellant Lucinius Lauinius, qui auoit esté le riual de Terence[g], qu'il traite de perfide ou de traistre[h], en l'appellant Calphurnius Lanarius qui assassina l'vn des Lieutenans de Sertorius, & en le nommant Rabirius[i] qui estoit vn fameux criminel

a *Pag. 157. & 58.*

b *Bar. tom. 6 des ann. sur l'an 490. nomb. 45.*

c *Sur le mot Gennadius.*

d *Chap. 33. pag. 181.*

e *En la 1. Apol. ch. 7. & en l'Ep. 89.*

f *En son comm. sur Ionas, ch. 4.*

g *Au 2. liu. contre Ruff. ch. 7. en la pref. des trad. hebr. & en la pref. du 12. liu sur Isaie.*

h *Liu. 2. contre Ruff. ch. 7. & au liu. 3. ch. 9 & aux Ep. 84. 91. 183.*

i *En la pref. du 2. liu. sur Ozée.*

d'Estat, qu'il traite de badin & de ridicule, en l'appellant Marcus Grunnius Corocotta[a], qu'il traite de cruel & d'hypocrite, en l'appellant Neron au dedans, & Caton au dehors, & monstre composé de deux contraires natures [b]: enfin, qu'il traite d'enuenimé & de furieux, en l'appellant scorpion [c], serpent [d], hydre [e], scylle [f], & alecthon [g]; & neantmoins Gennadius, dont Monsieur le Moine entreprend la defense, a bien osé loüer ce malheureux Ruffin, qui a ietté les racines de l'heresie de Pelagius, comme dit le Cardinal du Perron, d'où vient que Celestius ayant dit à Carthage [h], qu'il auoit oüy dire à quelques Prestres Catholiques, qu'il n'y a point de peché originel, ne pût nommer que ce Ruffin, loüé par Cassien [i] le Marseillois, aussi bien que par Gennadius son coheretique, duquel Monsieur le Moine a embrassé la protection; & ainsi voila ce Professeur illustre deuenu glorieusement l'Apologiste de l'adorateur du Maistre de Pelage, & le defenseur du Panegyriste du Patriarche des Pelagiens Ruffin, orné de tant de fleurs par le grand Sainct Hierosme, & excommunié, ou declaré heretique par le Pape Anastase, [k] & enfin censuré par le Pape Gelase [l] en la matiere du franc-arbitre, suiuant le sentiment de l'admirable Sainct Hierosme.

Evar. Cependant que respondez vous à ce Monsieur le Moine, qui se plaint [m] de vous touchant quelques paroles du Concile de Cologne; car il dit qu'elles se trouuent dans les decrets mesme de ce Concile, & non pas dans le Catechisme auquel vous les attribuez? Tim. Soit que Monsieur le Moine ait leu ces decrets de Cologne, ou qu'il ne les ait pas leus, il ne prend pas bien ce que i'ay dit dans l'impetuosité, & dans la saillie de mon zele. La septiesme partie des decrets [n], dans laquelle se lisent les paroles que Monsieur le Moine nous obiecte, contenant vne promesse & vn abregé du Catechisme, que Suarez a rejetté; ie n'ay point fait difficulté de les approprier à ce Catechisme dont elles sont vn racourcy, vn projet, & vne ébauche: & i'ay eu raison de les considerer comme la doctrine ou le langage d'vn Manuel dont elles dressent le modele, veu principalement que la doctrine qu'elles enseignent, se trouue repetée

a *Ep. 4 & en la pref. du 12. liu. sur Isaie.*
b *Ep. 4*
c *Ep. 6. & 59.*
d *En la pref. du 6. liu. sur Ezech.*
e *En la pref. du 6. liu. sur Ezech. & en celle du 2. sur Ozée.*
f *En la pref. du 3 liu. sur Ieremie.*
g *Sur le 3. chap. d'Aggée, à la fin.*
h *Sainct Aug. au liu. du peché orig. ch. 3.* Celestius dixit, sanctus presbyter Ruffinus Romæ qui mansit cum sancto Pammachio. Ego audiui illum dicenté quia tradux peccati non sit.
i *Au 7. liu. de l'incarn.*
k *En l'Ep. à Iean Euesque de Ierusal.*
l *Au decret du Concile Romain tenu sous ce Pape.*
m Lib. de don. oran. pag. 15.
n *A la fin de la 6. Partie Herman, qui quelque temps apres se fit heretique, promet l'enchiridion, c'est à dire le Catechisme. Puis dans la 7. Partie il en propose vn abregé, nous y renuoyant de temps en tẽps, & designant les matieres qui deuoient y estre traitées, d'où vient que cette septiesme Partie doit iustement estre rapportée à l'enchiridion, ou au manuel, dont elle forme le dessein, & sur tout en ce qui est des Sacremens, en l'explication desquels le manuel est employé quasi tout entier; ce qui fait que Sadolet l'appelle le liure des Sacremens.*

& enseignée plus au long, & presque en mesmes termes dans ce mesme Manuel, comme vous verrez tout maintenant. EVAR. Vous n'auez donc pas dit, comme M. le Moine se l'est imaginé, que ces paroles estoient tirées ou empruntées du Catechisme de Cologne: mais pour les flestrir, pour les rauallér, & pour les rendre contemptibles, comme elles le meritent, vous distes par mépris & par dédain, que c'estoit le style, la voix, ou le langage seulement de ce dangereux Catechisme, puis qu'elles en composent le plan & l'abregé, qu'elles en expriment la doctrine toute pure dans vne matiere dans laquelle il est suspect, & mesme condamné; & qu'elles le renferment & le contiennent, comme la semence ou le grain contient le fruict qui doit en éclore; ou comme la source renferme le ruisseau qui doit en decouler. Enfin, vous parlastes à peu pres comme si ie disois de quelques paroles d'Origene, que c'est le langage de Pelage; parce que la doctrine d'Origene est le patron ou la pepiniere de la doctrine de Pelage; ou comme si ie disois de quelques paroles de Pelage, que c'est le langage de Molina, parce que la doctrine de Pelage est vne idée, ou vn consommé de la doctrine de Molina.

TIM. Vous l'auez bien pris, Euariste; & i'ay dit aussi que ce n'est pas le Concile qui a proferé ces paroles, parce qu'en effet dans ces Decrets de Cologne, ce n'est pas le Concile, mais Herman qui parle, & qui parle en sa personne propre depuis le commencement iusqu'à la fin, sans qu'il nous paroisse qu'il ait recueilly canoniquement les voix des Euesques, & sans qu'il ait iamais vsé, non pas mesmes vne fois seule, de cette forme synodale: *Auec l'approbation du sacré Concile.* Et notez encore cet Herman, qui ayant publié le Catechisme qu'il auoit promis & ébauché dans le Concile, abandonna la Foy, & deuint heretique. EVAR. La parole d'vn tel homme ne passera iamais aupres de moy pour celle d'vn Concile. Qui dit vn Concile, dit bien des choses, Timothée; & il y en a fort peu qui entendent ce mystere. TIM. Certes, par vne permission de Dieu, qui peut-estre a voulu flestrir la memoire d'Herman, ostãt la face & la force de Synode à vne Assemblée de laquelle ce preuaricateur auoit esté le chef; dans ce pretendu Cõcile où il a presidé, on ne voit aucune marque, ny aucune ceremonie legitime de Concile, puis qu'il ne paroist nulle part, ny que les lettres de sa conuocation y soient produites, ny qu'on y demande regulierement les suffrages des Euesques, comme au Synode d'Ausbourg [a], ny que le Concile parle luy-mesme, ou qu'à tout le moins cette clause accoustumée, *auec l'approbation du sacré Synode*, ou quelque autre semblable y soit employée. Comme dans le Concile de Sens [b], sous le Cardinal du Prat; dans le Concile de Cologne [c], sous l'Archeuesque Adolphe; dans celuy de Mayence [d], sous l'Archeuesque Sebastien; dans celuy de Treues, sous l'Archeuesque Iean [e]; dans les six de Milan [f], sous le grand Sainct Charles, qui commencent tous six par ces paroles essentielles : *De l'aduis & du consentement de nos tres-Reuerends Confreres:* & dãs celuy d'Aquilée [g], sous l'Archeuesque François Barbarus. De maniere que les Euesques qui ont assisté à cette espece de Synode de Cologne, qui sont ceux du Liege, d'Vtrech, de Munster, d'Osnabruk, & de Minde, semblent auoir esté des Auditeurs oisifs, plustost que des Autheurs, & des Approbateurs veritables & effectifs des Constitutions dictées par Herman, qui commẽçoit possible à estre suspect à ces Euesques par cét esprit d'orgueil, qui peu de temps apres le precipita dans l'heresie.

Et bien que quelques-vns ayent estimé que Gropperus a composé ces ordonnances de Cologne, il est facile neantmoins de iustifier le contraire; entr'autres raisons, parce que la liaison des matieres, & la conformité du style, nous font connoistre que c'est vne mesme main qui a basty les decrets & le Catechisme, dont Gropperus ne peut estre l'Autheur; les ouurages de ce grand homme n'ayant iamais esté censurez à Rome, comme ce Manuel l'a esté. Adioustez que la doctrine de ce Catechisme ne s'accorde pas auec la doctrine des Institutions de Gropperus [h] citées par

a *En l'année 1548*

b *En l'année 1527. & 28.*

c *En l'année 1549.*

d *En l'année 1549.*

e *En la mesme année.*

f *Depuis l'année 1565. iusques en l'année 1582.*

g *En l'année 1596*

h *Le Catech. au traité de la satisfaction, fol. 129. dit seulement que pour les tres-grands crimes publics l'absolution se doit donner apres l'accomplissement de la penitence : mais les Institutions de Gropperus, veulent que cela s'obserue pour tous les grãds pechez, soit publics, soit secrets, le Catechisme, au mesme Traité f. 121. p. 1. dit qu'il ne sçait pas bien s'il est à propos de restablir l'ancienne discipline pour la penitence : mais les Institutions de Gropperus asseurent, & prouuent absolument que cette discipline doit estre restablie. Ce n'est donc pas Gropperus qui est l'Autheur du Catechisme, puisque la doctrine de ce Catechisme ne s'accorde pas auec celle de Gropperus. Adioustez que le Catechisme au traité de la Iustification f. 146. dit qu'il ne faut pas croire que nos bonnes œuures soient dignes de la vie eternelle, ou que la vie eternelle leur est deuë à cause de leur dignité. Au traité de la Penit. f 90 p. 1. Il dit que Dieu damne les enfans, parce qu'il a préueu qu'ils n'auroient pas consenty à sa vocation ; ce qui est vne erreur & vne inuention des Semipelagiens. Au traité de l'Eucharistie f 65. p. 1. Il ne veut pas que l'action du Prestre par laquelle il offre le corps de Iesus-Christ, puisse estre appellée vn Sacrifice propitiatoire. Au traité du Sacrement de l'Ordre, il suppose que l'Episcopat & la Prestrise ne sont qu'vn mesme Ordre, & que le Prestre ne differe de l'Euesque, que comme l'Euesque differe de l'Archeuesque, & l'Archeuesque du Primat. En l'explication du*

Monsieur Arnault, dans l'excellent Liure de la Frequente Communion, ce n'est donc pas Gropperus, qui est l'Autheur du Catechisme, ny par consequent des decrets, puisque les decrets, & le Catechisme ont esté sans doute composez par vn mesme Autheur. Que si Herman appelle quelquesfois les decrets de Cologne, des decrets Synodiques, ou des decrets du Concile, à le prendre exactement, il ne suffit pas qu'il les ait nommez ainsi, pour leur donner la force de Canons: mais il falloit aussi qu'il les prononçast dans la maniere, & dans la forme authentique des Conciles; ce que n'ayant pas fait, on a raison de les considerer comme le langage d'vn particulier, & non pas d'vn Synode, & sur tout en la matiere de la grace, dans laquelle on a sujet de les soupçonner d'erreur, puisqu'ils sont nez du mesme esprit qui a enfanté le Catechisme condamné, & repurgé dans la mesme matiere.

Decalogue, il dit que ceux qui demeurent en Iesus-Christ, accomplissent seulement la loy imputatiuement, & qu'ils en euitent la malediction, en empruntant la Iustice de Christ, auquel nous adherōs par la foy: ce qui est l'erreur des heretiques de ce siecle. Or il n'est pas croyable que Gropperus ait enseigné des erreurs si capitales, il n'est donc pas l'Autheur de ce Catechisme, dans lequel elles sont enseignées si manifestement.

Ainsi d'vn Concile muet, & despoüillé de toutes les marques, & de toutes les enseignes des Conciles, & presidé mesme par vn homme animé du genie, qui peu de temps apres les plongea dans l'heresie, on fait vn Concile qui parle de son chef, & qui semble reuestu de toutes les circonstances qui authorisent les Synodes, & pour imposer aux ignorans sous ce specieux tiltre de Concile, on auance des paroles, qui certainement ont esté conceües par vn esprit infecté d'erreur, & qui dressent le plan, & contiennent la semence d'vn Catechisme pernicieux, repurgé à Rome & en Espagne dans la matiere de la grace & de la iustification, comme Suarez [a] l'a tesmoigné. Et quoy? Monsieur le Moine pense-t'il que ie n'eusse pas veu cité à la marge du Pere Moliniste [b], le 32. chapitre de la 7. Partie des decrets de Cologne? Mais Monsieur le Moine pense-t'il aussi que ie n'aye pas veu que cette partie des decrets n'estant rien qu'vn sommaire, & vn crayon du Catechisme de Cologne, ce qu'elle contenoit, meritoit seulement d'estre consideré comme la doctrine, & le langage de ce Catechisme, au moins dans la matiere dans laquelle il est noté & conuaincu d'erreur, c'est à dire, en la matiere de la grace & de la iustification?

a Prolegom. 6 ch. 5. nomb. 9. de la grace.

b Pag 19.

Car

Car ie passe sous silence l'obseruation que fit Sadolet [a] sur le Catechisme de Cologne dans vne lettre qu'il escriuit auec beaucoup d'eloge & de ciuilité, à l'Archeuesque Herman, & ie n'allegue pas que ce sçauant homme s'estonna bien fort, de ce que au traité de la Satisfaction, il n'est pas dit vn mot du Purgatoire, bien que ce fust absolument le lieu d'en parler, comme dit Sadolet; mais bien loin d'en parler, on n'y fait mention aucune des peines que les ames doiuent endurer apres la mort, & non seulement il n'est pas dit, que les penitences qu'on nous impose, satisfassent pour les peines du Purgatoire, mais encore il est dit [b] ouuertement que les indulgences des Papes ne sont autre chose qu'vne remission, ou vn relaschement des peines canoniques. Or comme le Catechisme dans le traicté de la Penitence ne dit rien du Purgatoire, la septiesme partie des decrets n'en dit rien aussi dans le mesme suiet, tant il est vray que ce Catechisme & cette partie qui en est l'abregé, sont animez d'vn mesme esprit, qui les assemble, s'il faut ainsi dire, en vn mesme corps d'ouurage; de sorte que l'on peut dire tres raisonnablement, que le langage de l'vn est le langage de l'autre, l'vn & l'autre en effet composant vne mesme œuure, dans l'idée de leur commun Autheur Herman, le futur Apostat & heretique Lutherien; ce qui fait que Sleidan [c], si on y prend bien garde, a confondu ces deux ouurages, c'est à dire, les decrets & le Catechisme, & les attribuë également au Concile de Cologne, les considerant comme vn mesme liure qu'il dit auoir déplû dés qu'il fut en lumiere, ce qu'il faut entendre des Catholiques aussi bien que des Lutheriens, puisque les vns & les autres y trouuerent à redire, comme nous l'apprenons de l'exemple de Sadolet. Il est vray que Sleidan est vn Autheur heretique, mais il ne s'ensuit pas de là que son tesmoignage soit entierement à reietter en vn suiet de cette qualité, & bien que en ce lieu mesme il ne soit pas croyable en tout, comme en ce qu'il dit que Gropperus est l'Autheur de ces decrets, ce qui n'est pas, & qu'il soit temeraire, quand il se plaint, que la doctrine Papale, quoy que déguisée, dit il, soit soustenuë en ces de-

a *Liu. 14. de ses Epistre Ep. 14.* Sum enim tacitus mecū non nihil admiratus, quod tu capite eo libri tui in quo de sacramento pœnitentiæ verba facis, vbi ad tertium illius membrū, quod satisfactio est venitur, nullam prorsus in eo mentionem purgatorij facias, cum & hoc maximè locus ille requirere videatur. *Et plus bas*, veruntamen vt mihi videtur oportuit in eo loco aliquā purgatorij fieri mētionem, ne aduersariis in hac re fidem Catholicæ Ecclesiæ impugnantibus, quasi quodam silentio victoria traderetur. *Que si Sadolet escrit à Herman auec beaucoup d'eloge, c'est vn effet de la courtoisie de ce Cardinal qui ne traite pas moins aduantageusement Ambroise Catarin sur son liure du peché originel, bien que ce liure soit heretique, & directement opposé au Concile de Trente, comme Possevin l'a obserué.*

b *Traité de la satisf. f. 131. p. 1.*

c *Liure 10. sur l'An. 1536. f. 79. V.*

crets, il merite neantmoins d'estre consideré en ce qu'il dit de conforme à la censure de Sadolet, qui par cette censure nous tesmoigne que les decrets & le Catechisme de Cologne n'agreerent pas à tous les Catholiques, & ne les satisfirent pas entierement. Ie laisse à part que le Catechisme de Cologne dont la 7e partie des decrets est vn epitome, & vn projet, se trouue inseré dans l'appendix de l'indice des liures prohibez à la fin du Concile de Trente soubs ce tiltre [a], *Manuel de la doctrine Chrestienne du Concile de Cologne*, & comme la coustume de l'indice est de temperer, ou de moderer la censure qu'il fait des liures, ou des Autheurs; si à Rome on eust fait quelque estime de ce pretendu Concile de Cologne, ne deuoit-on pas adoucir ce titre, & dire, Manuel de la doctrine Chrestienne faussement attribué au Concile de Cologne; comme le mesme indice dit en faueur de Iean Fischer [b]. *Vn liure faussement attribué à Iean Fischer, touchant la confiance & la misericorde de Dieu*, & en vn autre lieu, *le liure de la confiance, & de la misericorde de Dieu faussement attribué à l'Euesque de Rochester*. Ou si l'on a pensé que le Catechisme que l'on censuroit, est vn ouurage d'vn Concile de Cologne, n'a-t'on pas noté ce Concile, & en mesme temps ne l'a-t'on pas rayé du nombre des Conciles authentiques en notant vn liure duquel on a iugé qu'il estoit l'Autheur? Enfin ie laisse à part que dans ces decrets de Cologne [c], on cite & on approuue la pragmatique d'Ausbourg qui fut dressée par l'Empereur Charles, & qui déplust si fort à sa Sainteté.

a *Sous la lettre E. en l'appendix*. Enchiridion doctrinæ Christianæ Concilij Coloniensis.

b *Soubs la lettre I. en l'appendix*. Ioanni Fischerio liber falsò adscriptus de fiducia & misericordia Dei; *& soubs la lettre* R. Roffensi falsò adscriptus liber de fiducia & misericordia Dei.

c *En la 6. part. des decrets vers la fin.*

Toutefois i'auoüe, Euariste, que le feu qui m'emportoit en combattant les falsifications du Pere Moliniste, me fit parler auec hyperbole, & auec obscurité, & quant aux paroles dont il est question pour éuiter la reprehension de Monsieur le Moine & de ses semblables, i'aurois mieux fait de m'expliquer ainsi, tant s'en faut que l'on puisse dire qu'il y ait vn authentique & irreprochable Concile de Cologne qui ait proferé ces paroles de son chef & dans la forme accoustumée des Conciles, que l'on peut dire plustost de ces mesmes paroles, que c'est la doctrine, le style,

& le langage seulement d'vn Catechisme, faussement attribué à vn Concile de Cologne, puis qu'elles sont tirées d'vn discours qui n'est autre chose qu'vn dessein & vn précis de ce Catechisme, ou de ce Manuel si peu Catholique, qu'il s'est attiré de veritables, & precises censures à Rome & en Espagne en la matiere de la grace & de la iustification, par le tesmoignage de Suarez.

Mais au fond, à prendre à la rigueur la superficie de ces paroles, qui n'ont esté escrites que par occasion, & sur vn autre suiet que celuy de la grace, comme l'auoüe Monsieur le Moine[a], que prouuent-elles contre nous? les voicy selon la version mesme du Pere Moliniste, [b] *Encore que personne ne se conuertisse à nostre Seigneur, estant tiré par le Pere, personne n'a suiet de s'excuser, parce que Dieu frappe tousiours à nostre porte, nous aduertissant par sa parole interieure, & exterieure, de nous conuertir.* Voila ce que dit le Catechisme abregé, & voicy maintenant la mesme doctrine repetée & expliquée plus au long dans le Catechisme diffus & estendu[c] : *Il est certain que Dieu ne refuse à aucun homme cette grace generalement prise, en telle sorte, qu'il n'y a point de pecheur si impie, à qui Dieu l'oste entierement, pendant qu'il est en cette vie : car c'est par elle qu'il frappe soigneusement à nostre perte, souhaittant d'operer en nous le commencement de nostre salut, qui est la connoissance du peché.* Voyez comment l'abregé du Catechisme, & le Catechisme mesme tiennent absolument vn mesme langage en cette matiere? Mais si par la parole interieure, comme dit le Catechisme racourcy, ou si par la grace generale, par laquelle Dieu frappe tousiours à nostre porte, comme dit le Catechisme estendu, on entend seulement vne certaine grace qui éclaire nostre esprit, de quoy nous nuit cette doctrine, à nous qui ne combattons pas pour la grace qui illumine nostre entendemẽt, & qui doit estre rapportée à la doctrine & à la loy, mais qui combattons vniquement pour la grace qui corrige nostre volonté, & qui par l'aueu mesme du Pere Petau, est la propre grace de Iesus-Christ, dans le sentiment des Conciles & des Peres?

EVAR. Mais le Pere Moliniste ayant allegué quelques

a *Pag.215.*

b *7. part ch. 32.* Quamquã nemo conuertatur ad Dominum nisi tractus per Patrẽ, attamen nemo hîc excusationem prætexat quod non trahatur, quod ille semper stet ante ostium pulsans, nimirùm per internum & externum verbum.

c *Au traité du sacr de la Penit. §. 19 v.* Iam cõstat Deum nulli hominum gratia illâ generaliter acceptâ deesse, adeò vt nullus sit peccator tam scelestus, cui Deus quoad in hac vita superstes fuerit, hãc gratiam penitus subtrahat, nam per hanc stãs ad ostium sedulò pulsat, initium nostræ salutis quæ est peccati cognitio in nobis operari desiderans. *Puis il s'estend fort au long sur ce suiet.*

paroles de la 7e partie des decrets de Cologne, pourquoy l'accusez-vous d'auoir forgé ou d'auoir fabriqué vn Concile de Cologne? TIM. Parce que ce bon Pere suppose, & veut finement faire croire à son lecteur, qu'il y a eu vn Concile de Cologne vrayment irreprochable, qui a prononcé ces paroles regulierement, & dans la forme solennelle des Conciles; & ie vous ay monstré qu'il n'y a iamais eu de tel Concile, si ce n'est dans la phantaisie du Pere Moliniste, & ie luy ay reproché pareillement, d'auoir cité la septiesme partie des decrets en ce qui regarde la doctrine de la grace, parce que cette partie estant animée & remplie de l'esprit du Catechisme dont elle est l'abregé, comme vous l'auez veu, il ne deuoit pas la debiter comme vne piece authentique & de bon alloy en la matiere de la grace, mais deuoit plustost la tenir suspecte en ce suiet aussi bien que le Catechisme dont elle est la source & l'exemplaire.

EVAR. Ie prens plaisir, Timothée, à vous voir étaller la sincerité de vos intentions, & à considerer la maniere franche & ingenuë dont vous combattez la mauuaise foy de vos aduersaires. Il est vray, & ie m'en souuiens fort bien, que vous estiez grandement esmeu en reuelant & en combattant les infidelitez du Pere Moliniste, & ie ne m'estonne pas que la chaleur de vostre iuste indignation vous ait porté à parler hyperboliquement & obscurement comme vous auez dit. TIM. Et en effet, n'est-ce pas vne honte de puiser des raisons en des sources si soüillées pour ruiner les veritez les plus capitales de la grace qui nous fait Chrestiens? & quelle infamie n'est-ce pas que d'opposer au tesmoignage de l'ancienne tradition, ie ne sçay quelle assemblée dominée par l'esprit qui possedoit Herman, & qui luy fit sept ans apres enfanter le monstre de son heresie & de sa desertion! Au reste, Euariste, s'il plaist à Dieu, ie m'expliqueray plus amplement à Monsieur le Moine sur ce suiet-cy, & possible encore sur quelques autres, & ie feray peut estre qu'à l'auenir ce Professeur que i'ayme, sera plus reserué à me noircir de ses censures; il est iuste neantmoins de compatir à la mauuaise humeur où il estoit, quand il luy prit enuie de me censurer, car entr'autres choses on venoit tout fraischement de luy reprocher. EVAR. Et quoy? TIM. D'auoir honteusement cité soubs le sacré nom de S. Augustin, la propre confession de l'infame Pelagius, en vn temps où personne ne peut ignorer que c'est la Confession de cet Heresiarque enuoyée au Pape Innocent, & presentée à son successeur Zozime, & condamnée par S. Augustin au liure de la grace de Christ, comme vne piece artificieuse, & composée en termes captieux & ambigus; & le bon Monsieur le Moine fait de si violens & si foibles efforts pour se iustifier de cette mesprise, que l'on peut dire que son excuse est infiniment plus déplorable que sa faute. Il y a bien d'autres fleurs dans le bel ouurage de ce Professeur celebre, mais ie laisse le soin de les cueillir à vne autre main qui en a desia fait, & publié vn bouquet assez considerable: aussi bien, Euariste, il est temps que ie finisse.

EVAR. Arrestez vn peu ie vous prie, Timothée, ie me souuiens par hazard, d'vn certain lieu où le Pere Petau dit[a] auec grand éclat, que s'il est vray de dire que l'on peut dissentir à la grace, parce que les forces de la conuoitise peuuent tousiours croistre pour surmonter la grace, il est vray de dire aussi que l'on ne peut luy dissentir, parce que les forces de la grace peuuent tousiours croistre pour surmonter la conuoitise. TIM. L'vn & l'autre est veritable, Euariste: Car en diuers sens, & soubs des conditions contraires il est vray de dire que l'on peut dissentir à la grace, & que l'on ne le peut; que l'on le peut, si au mesme temps que la conuoitise s'augmente, la grace ne s'augmente pas aussi pour la reprimer; & que l'on ne le peut, si dans le mesme temps que la conuoitise se fortifie, la grace prend aussi de nouuelles forces pour luy resister. Mais bien que cela soit, l'on ne laisse pas de conseruer encore vne puissance esloignée & conditionée de ne consentir pas à la grace de Dieu, ce qui fait dire au Pere Petau quand il est Catholique[b]: *Ils peuuent dissentir s'ils veulent, comme le Concile de Trente le definit, bien que ce mesme don de la perseuerance fasse qu'ils ne vueillent pas dissentir.* Et ainsi l'Eglise en

[a] Pag. 28.

[b] *Tom. 1. des dogmes, liu. 9. ch. 7 §. 6. p.* 601. Ita vt dissentire possint si

sens diuers, mais non pas opposez, soustient contre Pelage qu'on ne peut resister à la grace de Dieu, & contre Luther, que l'on le peut en la maniere que l'on a tant de fois representée. Toutefois, Euariste, il y a bien plus de raison de dire que nous pouuons reietter la grace, qu'il n'y en a de dire que nous ne le pouuons pas, parce que nous auons en nous la source des mauuais desirs qui peuuent s'enflammer pour surmonter la grace, au lieu que nous n'auons pas en nous cette premiere source de la bonne volonté, & des saints desirs que Dieu peut augmenter pour reprimer la conuoitise. EVAR. On ne voit dans le libelle du Pere Petau que des imaginations friuoles & des sophistiqueries toutes pures, & il n'y a point d'homme au monde qui reüssisse moins que luy à faire le subtil.

velint, quod Tridentina sciscit Synodus, quamuis vt non dissentire velint, eodem illo perseuerantiæ dono perficitur.

TIM. Trouuez bon aussi que ie vous die, Euariste, qu'il ne falloit pas m'arrester, ou m'interrompre pour si peu de chose, & vous deuiez plustost me donner aduis que le bon Pere a horriblement falsifié vn texte de l'Abbé sur le suiet dont nous venons de parler; car au lieu que cet Abbé prouue dans vn escrit Latin [a] que c'est vne erreur de dire qu'il est en nostre puissance prochaine & immediate de receuoir ou de refuser le fruict de la mort de Iesus-Christ; le bon Pere oste ces mots, *prochaine & immediate*, & ne fait point scrupule de commettre vne fausseté si estrange pour auoir lieu d'outrager son aduersaire, & de le calomnier en l'accusant de s'estre opposé au Concile de Trente qui declare que *l'on peut dissentir à la grace si l'on veut*. Vous pouuiez m'aduertir encore d'vne autre imposture du R. Pere, qui n'est pas moins importante; la voicy. Le Concile de Trente ayant enseigné en termes exprés que la premiere grace qui nous est donnée par Iesus-Christ, suppose la vocation, c'est à dire la predication, & que la predication suppose en nous quelques pechez, puisqu'en nous preschant on nous exhorte à nous repentir de nos pechez, l'Abbé comme vous auez veu, conclut de là demonstratiuement qu'il n'y a point de grace suffisante qui soit donnée à tous les hommes par les merites de Iesus-Christ, puisque tous les hommes n'entendent pas la predication de l'Euangile qui doit prece-

[a] *Sur la 5 proposit.* Aiebant sic Christum Dominum pro omnib[9] mortuum vt penes omnes esset dominicæ mortis beneficium, vel repudiare, vel admittere, proximâ scilicet & immediatâ potentiâ, quod cùm docebant, apertissimè secundas gratiæ, humano arbitrio primas dabant. *Mais le P. Petau ayant cité ces paroles tout du long pag. 19. dit plus bas.* Sed neque Pelagiana labe infamari per se meretur id quod heterodoxus addit penes homines esse dominicæ mortis beneficium, vel repudiare, vel admittere (*& icy le bon Pere laisse ces paroles,* Proximâ scilicet & im-

der la premiere grace qui nous eſt donnée par Ieſus-Chriſt, & de là meſme l'Abbé a inferé neceſſairement que ceux qui ont la grace ne l'ont pas touſiours eüe, puiſque la premiere grace qui leur eſt donnée, ſuppoſe en eux quelque peché qu'ils ont commis auant que de la receuoir. Or le Pere Petau ne reſpondant point, & ne pouuant reſpondre à vn raiſonnement ſi clair, s'eſt auiſé d'vne inſigne fauſſeté [a], qui eſt de feindre & d'aſſeurer aſſez groſſierement que le deſſein de ſon aduerſaire eſtoit là, de faire voir qu'il n'y a point de grace qui ne ſoit efficace, ou qui n'ait quelque effet, (ce qui neantmoins eſt tres-veritable) au lieu que le deſſein de ſon aduerſaire eſtoit proprement de iuſtifier qu'il n'y a point de grace ſuffiſante qui ſoit donnée à tous les hommes par le merite de Ieſus-Chriſt, & au regard de laquelle il faille dire que Ieſus-Chriſt eſt mort pour tous. Que vous ſemble, Euariſte, de cette ſoupleſſe Dionyſienne ? Mais ce n'eſt pas tout, ſoubs ombre que le Concile dit de la grace efficace qui conuertit les ames, que nous pouuons y diſſentir, ſi nous voulons, le bon Pere preſuppoſe [b] temerairement que le Concile parle d'vne grace à laquelle on diſſent & on reſiſte quelque fois, mais les diſciples de S. Thomas ſouſtiennent le contraire, & le ſouſtiennent comme vn point de foy contre ceux de Molina, & diſent que la grace dont parle le Concile, eſt vne grace que nous ne reiettons iamais, bien que nous puiſſions la reietter; & ſa Reuerence neantmoins affirme auec ſon front de Pere Petau, que luy & ſes ſemblables n'ont point de different auec les Thomiſtes ſur l'intelligence du Concile, en ce qui regarde la foy, ſi ce n'eſt peut eſtre que ſa Reuerence vueille dire par vne penſée digne d'elle, que les diſciples de Molina, & ceux de S. Thomas ne diſputent point des choſes dont ils ſont d'accord, & qu'ils auoüent tous eſtre de la foy. Mais il eſt temps que ie finiſſe.

EVAR. Non pas ſi toſt ie vous prie, Timothée, ayez encore vn moment de patience, i'ay d'excellentes nouuelles à vous dire, que i'ay reſeruées iuſqu'à cette heure pour vous diuertir; n'auez-vous point ouy parler d'vn petit eſcrit de Monſieur Morel, qui a eſté iadis Maiſtre Claude

mediatâ potentiâ. *Pour auoir lieu de calomnier, adiouſtant ce qui ſuit,)* Niſi fortè Tridentina ipſa Synodus tota Semipelagiana eſt quæ id ipſum authoritate ſuâ ſanciuit ſeſſ. 6. cap. 5. & Can. 4. *Et le bon Pere ayant commis cette falſification, prend de la ſuiet de me comparer aux Caluiniſtes.*

a *En ſon dern. libelle, pag.* 21.

b *Au meſme lieu page ſuiuante.* Poſſit diſſentire ſi velit; quare ſi hoc faciat quod facere poteſt vt docet Synodus, hoc eſt, ſi diſſentiat, irrita erit mouens illa excitanſque gratia, & vt Apoſtolus ait, in vacuum recepta, ac tùm ſufficiens tantummodo cenſebitur. *Ita ne Petaui, à potentiâ, concludis ad actum, ô groſſe Dialectice.*

François, c'est bien la piece la plus iolie & la mieux ajustée qui ait paru iusques à maintenant, n'auez vous point veu ce nouueau liuret? TIM. Hier on me le porta, & dans la saison où nous sommes, & de la taille dont il est, ie vous auoüe que ie le pris pour vn Almanach; mais au lieu d'vn Almanach, ie fus bien surpris de voir que c'estoit vn liure de Monsieur Morel, que d'ailleurs i'honore bien fort. EVAR. Vn Almanach! vous estes agreable quand vous voulez, Timothée, vn Almanach! TIM. Ouy, vn Almanach; de sorte, Euariste, que l'Abbé contre qui ce liure est fait, ne manque pas d'affaires, comme vous voyez, puis qu'il a sur les bras en mesme temps deux faiseurs de disputes, vn faiseur de drogues, & vn faiseur d'Almanachs, on se prend à luy de nos conferences, que l'on attaque soubs son nom dans ce petit libelle, & puis qu'il souffre pour l'amour de nous, il est iuste que nous soustenioñs ses interests aussi bien que les nostres propres, en le defendant, & nous aussi en mesme temps. EVAR. Il est tres-iuste, Timothée, voyons quelque chose de ce nouueau chef-d'œuure, au moins ce qui nous touche auec cet Abbé.

REFVTATION

REFVTATION D'VN LIBELLE *fait par* MONSIEVR MOREL *pour la defense de la Confession de foy de Pelagius.*

TIM. IE le veux, & pour prendre la chose dans le fond, voicy l'origine du petit trauail de Monsieur Morel; ce bon Docteur en son premier ouurage intitulé, *Les veritables sentimens de S. Augustin*, dit [a] sur la possibilité des commandemens diuins, *Cela se peut encore voir par la profession de foy qui se faisoit dans les premiers siecles de l'Eglise, & qui se trouue inserée dans les œuures de S. Augustin & de S. Hierosme, & approuuée par le Pape Zozime auec ces mots: Nous detestons aussi le blaspheme de ceux qui disent que Dieu a commandé quelque chose d'impossible à l'homme, & que ses commandemens ne peuuent estre gardez d'vn chacun en particulier, mais de tous en general. Apres la lumiere de ces paroles, on n'en doit point chercher d'autre pour voir la veritable creance de l'Eglise, il est euident que les anciens Peres ont obligé tous fideles de croire que les Commandemens de Dieu ne sont point impossibles à pas vn, & de detester aussi l'erreur de ceux qui disoient le contraire; cela estoit si necessaire pour passer pour Catholique, que Pelagius desirant paroistre tel, n'oublia pas de confesser la mesme chose, en mesmes mots, dans l'Escrit qu'il auoit adressé au Pape Innocent premier, & que le bien-heureux Zozime son successeur receut & approuua en tout, comme conforme aux sentimens & au langage de l'Eglise Catholique.* Or ie vous supplie, Euariste, ne voyez vous pas qu'en ces paroles, Monsieur Morel veut faire croire ou laisser croire à ses lecteurs que la Confession dont il parle, estoit vne forme de Confession de foy dressée par l'Eglise, publiquement receüe, & inserée en cette qualité par S. Augustin & par S. Hierosme dans leurs œuures, comme si cette Confession qui est en effet celle de Pelage, eust esté dés lors comme vn symbole ou vne regle de la foy Catholique, que l'on eust

[a] Chap. 11. p. 95.

accouſtumé de propoſer aux Catholiques ſuſpects, ou aux heretiques qui reuenoient à l'Egliſe. Qui eſt-ce qui ne voit que le deſſein de M. Morel a eſté de faire naiſtre, ou de laiſſer cette impreſſion dans l'ame de ſes Lecteurs, & d'authoriſer cette Confeſſion par les illuſtres noms de S. Auguſtin & de S. Hieroſme, quand il dit qu'elle eſt inſerée dans leurs œuures? Et M. Morel abuſant de la ſimplicité de ſes Lecteurs, ne porte-t'il pas leur eſprit particulierement à ces deux Peres, adiouſtant *qu'il eſt tout euident que les anciens Peres ont obligé tous fideles de croire que les Commandemens de Dieu ne ſont point impoſſibles à pas vn?* &c. Voyez auſſi comment M. Morel adiouſte & obſerue froidement que cela eſtoit ſi neceſſaire pour paſſer pour Catholique, *d'auoüer que les Commandemens ne ſont pas impoſſibles*, que *Pelagius deſirant paroiſtre tel, n'oublia pas de confeſſer la meſme choſe en meſmes mots dans l'eſcrit qu'il auoit adreſſé au Pape Innocent premier*, &c. Or y a-t'il vne goutte de bonne foy ou de bon ſens dans ce langage de M. Morel? Car ne diroit-on pas à l'ouïr parler, que l'on preſſoit beaucoup Pelage pour luy faire auoüer que les Commandemens de Dieu ne ſont pas impoſſibles, au lieu que c'eſtoit Pelage qui accuſoit les Catholiques d'enſeigner que les Commandemens de Dieu ne ſont pas poſſibles, comme Monſieur Morel & ſes ſemblables nous en accuſent maintenant?

EVAR. Il eſt vray que Pelage & ſes Diſciples ont touſiours reproché à Sainct Auguſtin & aux autres Catholiques, d'enſeigner qu'il s'enſuiuroit de leur opinion, que Dieu commanderoit des choſes impoſſibles. TIM. Conſiderez donc, Euariſte, ſi Mõſieur Morel ne ſe mocque pas de nous ouuertement, d'eſcrire que Pelage n'oublia pas de dire que les Commandemens de Dieu n'eſtoient pas impoſſibles, comme ſi on l'eut ſoupçonné de cette erreur, luy qui la reprochoit auec tant d'aigreur aux Catholiques, comme on nous la reproche maintenant? Que ſi à moins que d'auoir perdu le ſens on ne peut faire à Monſieur Morel & à ſes Partiſans la meſme accuſation que l'on faiſoit ſi probablement à S. Auguſtin & à ſes approbateurs, en passant, Euariste, concluez de là necessairement que l'opinion de Monsieur Morel & de ses Collegues n'est pas l'opinion de S. Augustin & des anciens aduersaires de Pelage, puisque l'vne & l'autre n'est pas sujette aux mesmes reproches & aux mesmes obiections. Et quoy ? Monsieur Morel nous prend-il pour des idiots & pour des bestes insensées? & pense-t'il qu'on ne s'apperçoiue pas de l'obliquité, de l'entortillement, & de la petite malice de ses expressions ? EVAR. La procedure de ce Docteur est tout à fait indigne de la solidité & de la sincerité d'vn Theologien.

TIM. C'est pour cela que nous dismes en nos conferences [a] sur cette disgrace de Monsieur Morel ; *Il allegue la Confession de foy de Pelagius comme vne Confession de foy qui se faisoit dans les premiers siecles de l'Eglise, & il se trouue neantmoins que cette Confession de foy auoit esté forgée par cét heretique, & composee en termes si ambigus qu'elle est refutee en cette qualité par S. Augustin dans l'excellent liure de la Grace de Christ*, & vous me repondistes, *Ie pleins Maistre Claude, & il est dommage que cet inconuenient luy soit arriué de nous donner vn libelle d'vn heresiarque pour la regle de nostre foy.* Or il n'est pas croyable combien Monsieur Morel a esté picqué de ce discours, & combien vif est le sentiment qu'il en tesmoigne dans son dernier libelle, qui n'est appuyé neantmoins que sur deux impostures odieuses & manifestes. La premiere est [b], que nous nions les termes de la Confession de Pelagius, & que nous enseignons expressement que les Commandemens de Dieu sont impossibles, qui est vne supposition plus fausse que la fausseté mesme : Et la seconde [c] est, que nous auons accusé ce bon Docteur d'auoir obiecté la Confession de Pelagius dans le sens de Pelagius mesme. Voila deux insignes calomnies dont il a plû à Monsieur Morel de nous charger, mais qui s'euanoüissent, & se détruisent par les paroles seules que l'on a mises à la marge de nostre conference, les voicy. *Maistre Claude allegue que Pelagius dit en son libelle que les Commandemens de Dieu ne sont pas impossibles; mais à quel propos alleguer cet heretique pour cela ? qui dit le con-*

a Pag 129.

b Pag. 9. *Car quand il auroit esté mal allegué, & qu'il seroit moins asseuré pour prouuer que l'Eglise a condãné ceux qui disent que les Commandemẽs de Dieu sont impossibles à quelques-vns; il suffiroit tousiours qu'il y en a quantité d'autres tous clairs & induuitables qui prouuent sans contredit la mesme chose dãs les veritables sentimens de S. August.* Voyez cõmẽt M Morel presuppose que nous nions en termes la possibilité des Commandemens diuins. Et en vn autre lieu. p 14. *Ces paroles nous font assez cõnoistre qu'il n'y auroit pas vne estincelle de iugement en celuy qui diroit qu'on ne deuroit pas condamner ceux qui disoient que les Cõmandemens de Dieu ne sont pas possibles à tous* Mais, M Morel, disons nous qu'ils ne sont pas possibles à tous ? & la Confession de Pelagius nous enseigne t'elle de quelle sorte ils sont possibles ? ou l'approbation de cette Confession par le Pape Zezime vous enseigne-t'elle qu'ils soiẽt possibles en la façon que vous l'entendez, & non pas en celle que nous l'entendõs qui est si conforme à S. Augustin, qu'il faut auoir perdu toute hõte pour le nier?

c Pag. 27. & 28. *C'est pourquoy ie m'estonne*

que luy qui semble vouloir viure . &c. ait pû trouuer des regles de consciēce, qui luy ayent permis de nous vouloir imposer faussement le contraire, comme si nous nous estions voulu seruir de ces paroles au sens de cet heresiarque que nous detestons?

traire? Quant aux termes, nous conuenons auec Pelagius, & en ce sens il est superflu & ridicule de le citer. Quant à l'intelligence, nous ne sommes pas d'accord auec Pelagius, & en ce sens il est impie de se preualoir de son authorité, & chacun sçait qu'il reprochoit aux Catholiques d'enseigner que les Commandemens de Dieu estoient impossibles. Voyez donc comment Monsieur Morel nous impose faussement de nier les termes de la Confession de Pelagius, qui sont en general que les Commandemens sont possibles à chacun; puisque nous conuenons de ces termes, comme dit la marge, pouuons-nous les nier? & si nous ne les nions pas, n'auoüons-nous pas qu'ils sont capables d'vn bon sens, d'ou viēt aussi que nous ne dismes pas, que cette Confession estoit heretique en propres termes, comme M. Morel veut le faire croire [a], mais nous dismes seulement qu'elle estoit *composee en termes si ambigus, qu'elle est refutée par S. Augustin en cette qualité dans l'excellent liure de la Grace de Christ.* Obseruez aussi comment M. Morel nous impose encore faussement de l'accuser d'auoir obiecté la Confession de Pelagius au sens mesme de Pelagius; on a dit seulement, que cette Confession ne pouuoit nous estre obiectée que tres-mal à propos: car si on l'obiecte quant aux termes, il est inutile, & ridicule mesme de l'obiecter; si on l'obiecte quant au sens auquel elle a esté escrite par l'heretique Pelagius, c'est vn sacrilege de l'obiecter; que si on l'obiecte enfin dans le sens auquel elle a esté receüe par le Pape Zozime, ce n'est pas à nous qu'il faut l'obiecter, mais à M. Morel, puisque c'est nous, & non pas luy qui la receuōs en ce sens qui ne peut estre que celuy de S. Augustin. Et de tout ce discours on ne peut pas conclure que l'on ait accusé M. Morel d'auoir obiecté cette Confession de foy au sens de Pelagius, mais on doit conclure seulement, que de quelque façon qu'il nous l'ait obiectée, soit quant aux termes, soit quant au sens de Pelagius, soit quant au sens du Pape Zozime, il a eu tort de nous l'obiecter.

a Pag. 6 *Et ie ne pouuois me figurer qu'il y eust des esprits assez foibles pour se laisser persuader si tost & si aisément qu'vne Profession receüe & approuuée par le sainct Siege & par le Pape Zozime est heretique, & non pas Catholique.* Vous nous calōniez, M. Morel, nous n'auons pas dit que cette Confessiō fust heretique dans ses termes, & dans le sens qu'elle porte d'elle-mesme, mais dans le sens que Pelagius y auoit caché sous la generalité des mots dont elle est composée.

Aussi M. Morel estoit si interdit en composant son œuure, qu'il n'a pas sceu mesme quel est le point, ou l'estat de la question qui est entre luy & nous: *La question est de sçauoir*, dit M. Morel [a], *si la Confession de foy qui se trouue inserée dans les œuures de S. Augustin & de S. Hierosme, & approuuée par le Pape Zozime, est Catholique. C'est tout le point de la dispute & dequoy il s'agit, c'est ce que i'ay supposé, & ce qu'on n'osé contester.* M. Morel se trompe, ou veut tromper, ce n'est nullement le point de la dispute, nous auoüons que la Confession de Pelage est Catholique dans l'écorce de ses paroles, & dans le sens auquel elle fut prise par le Pape Zozime, qui est aussi le sens auquel nous la prenons, mais nous soustenons qu'elle est confuse & ambiguë à l'égard de ceux qui disputent de la grace, & que soubs la generalité de ses paroles, Pelage auoit couuert le venin de son erreur, comme S. Augustin nous en auertit au liure de la Grace de Christ; ainsi M. Morel ayant posé ce mauuais fondement, ne conclut iamais ce qu'il doit conclure. Car il conclut tousiours, que les paroles de Pelage sont d'elles-mesmes catholiques, ou comme il dit [b], *ont d'elles-mesmes vn bon sens tout clair.* Ce que nous auoüons tres-volontiers, au lieu de conclure que nous n'entendons pas les paroles de Pelage dans le sens qu'il faut les entendre pour les rendre catholiques, ce que nous nions absolument, puisque nous les entendons au sens du Pape Zozime, qui est le sens du Docteur de la Grace le grand S. Augustin, & partant ce qu'Aristote dit d'vn certain Philosophe, on peut le dire raisonnablement de M. Morel en cette rencontre, qu'il pose faux, & conclut mal.

Mais ce qu'il y a encore de plus déplorable dans les auantures de M. Morel, est qu'il se refute & se contredit si euidemmẽt luy-mesme, que le Pere Petau qui est l'original des contradictions, ne pourroit se contredire plus manifestement. Car ayant tousiours presupposé que nous soustenons absolument que les Commandemens de Dieu sont impossibles, ce qui est vne horrible calomnie, & ayant tousiours raisonné sur ce faux principe, que nous disons que les paroles de Pelage ne sont pas catholiques d'elles-mesmes, il auoüe en suite que nous confessons qu'elles sont catholiques, que nous en conuenons auec Pelagius, & que nous reconnoissons [c] qu'elles sont ca-

[a] Pag. 9. & 10.

[b] Pag. 25.

[c] Pag. 27. *Nos aduersaires confessent la mesme chose comme forcez*

par l'euidence mesme. (Que vous estes subtil, M. Morel, faut-il nous donner la gesne pour cela?) *quant aux termes, dit l'Abbé, nous conuenons auec Pelagius, ces paroles à la verité, dit le Docteur, peuuent auoir vn bon sens.*

pables d'vn bon sens, ainsi M. Morel s'estant bien trauaillé pour nous combattre, se combat & se détruit luymesme, confessant que nous ne disons point ce qu'il combat en nous, & de crainte qu'il n'eut rien à dire, il reconnoist qu'il nous a fait dire ce que nous ne disons point, & n'auons iamais dit.

Cecy certes pourroit suffire pour la refutation du nouuel escrit de M. Morel, qui a des raisons si fortes, à ce qu'il dit, qu'elles demeurent sans replique; mais si vous me le permettez, ie veux faire encore trois petites animaduersions sur son libelle, & vous faire voir briefuement qu'il est ridicule en trois points. Premierement, en ce qu'il pretend (chose prodigieuse!) qu'vne mesme piece ou vn mesme escrit peut estre vne Confession de foy composée par Pelage, vn sermon de S. Augustin, & vne explicatiō du Symbole enuoyée par S Hierosme au Pape Damase. Secondement, en ce qu'il soustient qu'il a allegué bien à propos la Confession de Pelage. Troisiémement, en ce qu'il dit, que s'il a failly, il n'a pas failly seul, & qu'il a bien des compagnons illustres de sa faute.

Quant au premier point, pourriez-vous bien faire cette courtoisie à M. Morel, & pour l'amour de luy pourriez-vous bien gagner cela sur vostre esprit, qui est de vous persuader, qu'vn mesme escrit, ou vne mesme œuure, soit vne Confession de foy dressée par Pelage, vn sermon presché par S. Augustin, & vne exposition du Symbole faite par S. Hierosme, & enuoyée par luy au Pape Damase? EVAR. C'est bien la pensée la plus extrauagante & la plus bizarre qui puisse tomber en l'esprit d'vn homme, & si M. Morel pretend nous la persuader, il a bien mauuaise opinion de nostre sens, comme nous aurions bien mauuaise opinion du sien, si nous le iugions capable de la croire. Mais ie vous prie, M. Morel ose-t'il bien dire que S. Augustin a fait vn Sermon de la Confession de Pelagius? TIM. Ouy si nous en croyons M. Morel [a], S. Augustin ayant refuté cette Confession au liure de la Grace de Christ, comme vne piece ambiguë & fallacieuse, n'a pas laissé neantmoins quelque temps apres de la reuerer, & de

a Pag. 9. *Nos nouueaux Docteurs ne suiuent non plus les sentimens de S. Augustin que ceux du Pape Zozime, c'est qu'ils se sont declarez contre cette Confession de foy qu'il a inserée dans l'vn de ses sermons, & qu'il dit aussi estre la foy de nos Peres.* Que n'ose t'on pas dire quand on est picqué d'honneur & de vanité?

l'enchasser dans l'vn de ses Sermons, comme vn ioyau d'vn prix rare & inestimable.

EVAR. Il n'y eust iamais rien de plus absurde, il veut dire le sermon qui est le 191. parmy ceux de S. Augustin, *de tempore* : Mais faites-nous voir bien clairement que ce pretendu sermon est la Confession de Pelage, rapportée dans le liure de la grace de Christ. TIM. Prenez la peine de voir ce parallele que i'ay fait moy-mesme de quelques passages de ce sermon, auec les passages de la confession de Pelage rapportez par S. Augustin dans le mesme liure, puis vous iugerez si ce sermon n'est pas en effet la confession de cet heresiarque.

Passages du Sermon 191.

Dans le Sermon apres auoir parlé de la resurrection de la chair, comme dit S. Augustin, suiuēt ces paroles, * *Baptisma vnum tenemus quod iisdem sacramenti verbis infantibus quibusve etiam maioribus dicimus esse celebrandum.*

Chapitres 32. & 33. du Liure de la Grace de Christ, où sont alleguées les paroles de la Confession de Pelagius.

1. *Pelagius* [a] *veut que le Lecteur passe de ses lettres au liure de sa foy dont il vous a parlé, & où il a discouru de beaucoup de choses sur lesquelles on ne l'interrogeoit point:* (Voyez comment Pelage auoit composé ce liure à sa phantaisie.) *Mais pour nous, voyons les choses desquelles nous disputons auec eux: car ayant finy le discours qu'il a estendu autant qu'il a voulu depuis l'vnité de la Trinité iusques à la Resurrection de la chair, ce que personne n'exigeoit de luy : Il dit,* * baptisma vnum tenemus, quod iisdem sacramenti verbis in infantibus, quibus etiam in maioribus dicimus

a *Liure de la Grace de Christ. ch. 32.* Sed ab his litteris Pelagius ad fidei suæ librum vult transire lectorem, cuius vobis commemorationem fecit, in quo ea de quibus non interrogabatur, multa disseruit, sed nos de quibus agimus cum illis, ipsa videamus. Cum enim ab vnitate Trinitatis vsque ad resurrectionem carnis, quod ab illo nemo quærebat disputationē quantam voluit terminasset, & baptisma inquit, &c. Hoc certè vos, & à præsente audiisse dixistis, sed quid prodest quod eisdem verbis in paruulis quibus & in maioribus celebrari dicit, baptismi Sacramentum, cum res à nobis, non sola verba quærantur, &c. Quis crederet sub hac quasi manifesta confessione sensum latere contrarium, nisi eum Celestius aperuisset, qui in libello suo quem Romæ gestis Ecclesiasticis allegauit paruulos & baptisari in remissionem peccatorum confessus est, & negauit vllum habere originale peccatum, sed nunc non de baptismate paruulorum, sed de adiutorio gratiæ potius etiam in libello fidei suæ quem Romam misit, quid Pelagius senserit attendamus. Liberum, inquit, sic confitemur arbitrium, vt dicamus nos indigere Dei semper auxilio, ecce iterum quærimus quo auxilio nos indigere fateatur, & iterum inuenimus ambiguum, quoniam potest respondere, legem se dicere, doctrinamue christianam qua naturalis illa possibilitas adiuuetur; nos autem illam gratiam in eorum confessione requirimus, de qua dicit Apostolus, non enim dedit nobis Deus spiritum timoris, sed virtutis, & charitatis, & continentiæ, non est autem consequens, vt qui habet donũ scientiæ, quo nouerit quid agere debeat, habeat etiam charitatis vt agat.

esse celebrandum, c'est à dire, *Nous reconnoissons vn baptesme qui doit estre celebré auec les mesmes paroles dans les enfans & dans les adultes. Certes vous dites que vous luy auez oüy dire ces choses à luy-mesme, mais dequoy luy sert de dire que le Sacrement du Baptesme doit estre celebré auec les mesmes paroles dans les enfans & dans les adultes, puisque nous ne luy demandons pas des paroles, mais des choses?* & plus bas, *Qui est-ce qui croiroit, que sous vne confession si manifeste, on eust caché vn sens contraire, si Celestius ne l'eust découuert, qui dans son libelle qu'il allegua à Rome dans les gestes Ecclesiastiques, confessa que les enfans estoient baptisez en la remission des pechez, & nia qu'ils eussent aucun peché originel? Mais considerons maintenant ce que Pelage a crû, non pas du Baptesme des enfans, mais plustost de l'ayde de la Grace. Dans le liure mesme de sa foy qu'il enuoya à Rome, il dit,* * liberum sic confitemur arbitriũ, vt dicamus nos indigere Dei semper auxilio: C'est à dire, *Nous confessons tellement le franc-arbitre, que nous disons que nous auons tousiours besoin du secours de Dieu. Et nous trouuons derechef que son discours est ambigu, parce qu'il peut respondre que c'est de la Loy ou de la Doctrine Chrestienne, par laquelle la possibilité naturelle soit secouruë, qu'il entend parler; mais nous voulons qu'il confesse la Grace dont*

Dans le Sermon.

* *Liberum sic confitemur arbitrium, vt dicamus nos Dei semper indigere auxilio.*

l'Apostre dit: Car Dieu ne nous a pas donné vn esprit de crainte mais de force, & de continence. Or il ne s'ensuit pas que celuy qui a le don de la science, pour connoistre ce qu'il doit faire, ait aussi le don de la charité pour le faire.

Et bien, Euariste, dans le parallele des passages rapportez en ces deux colomnes, ne voyez vous pas que le pretendu sermon 191. n'est autre chose que la Confession de Pelage refutée par S. Augustin au liure de la grace de Christ, comme vn escrit basty en termes trompeurs & ambigus? ce qui estant ainsi, ne faudroit il pas estre insensé pour s'imaginer que ce Sermon, qui est la Confession mesme de Pelage, soit vn vray Sermon de S. Augustin, ou que ce sainct Docteur l'ait inseré en l'vn de ses Sermons, comme Monsieur Morel, qui n'a garde de le croire, veut nous le faire croire ne desesperant pas de pouuoir nous persuader vne absurdité si estrange, tant il nous estime stupides & de nul sens. Et que le traité pretendu de S. Hierosme intitulé Explication du Symbole à Damase, soit aussi proprement le libelle de Pelage, Monsieur le Moine a bien voulu luy mesme nous en donner aduis. Vous sçauez qu'il a fait imprimer les œuures de S. Augustin, sur la matiere de la grace; or à la marge du chap. 32. du liure de la grace de Christ, ce bon Professeur a fait mettre cette note: *Hic liber fidei in operibus Hieronymi inscribitur Symbolũ fidei Hieronymi ad Damasum*, c'est à dire, *ce libelle de la foy dans les œuures de S. Hierosme, a pour tiltre, Symbole de la foy de Sainct Hierosme à Damase.* Mais reuenons à Sainct Augustin qui en a fait vn Sermon, s'il en faut croire Monsieur Morel. Vrayement, Euariste, il y a grande apparence que Sainct Augustin ayant vn iour à prescher son peuple & son Clergé, & cõme c'estoit vn esprit sec, n'ayant pas assez medité pour les entretenir de ses pensées, se souuint heureusement que Pelage auoit fait vne excellente Confession de foy, s'auisa de l'estudier, & de l'apprendre par cœur, mot pour mot, & syllabe pour syllabe, puis ayãt fait quelques tours de chambre alla monter en chaire & se mit à prescher à ses auditeurs cette Confessiõ de Pelage mot à mot, & sans y manquer d'vne lettre seule. EVAR. Quelle bizarrerie que voila Timothée! Ie suis tout effrayé de la hardiesse de Monsieur Morel, qui ose nous debiter vne si inepte & si ridicule chimere? TIM. Ce n'est pas tout, Euariste, si Monsieur Morel a offensé S. Augustin, en le faisant vn mauuais Predicateur, qui ne sçauoit dire que ce que Pelage luy auoit appris; en recompense, il a fait de [a] S. Hierosme vn meruelleux Prophete; car il veut que S. Hierosme ait enuoyé au Pape Damase la Confession de Pelagius, pour le moins 30. ans deuant qu'elle eust esté composée par cet heretique, le Pape Damase estant mort enuiron l'année 385. & Pelagius ayant fait sa Confession enuiron l'année 416. EVAR. A ce compte Monsieur Morel a beaucoup mieux traité S. Hierosme que S. Augustin, puis qu'il a fait de S. Augustin vn meschant Predicateur, & de S. Hierosme vn grãd Prophete, si ce n'est que l'on die qu'il a fait de S. Hierosme vn faiseur d'Almanachs, qui prognostiqua la Confession de Pelagius plusieurs années deuant qu'elle fust faite. Certes l'erreur de Iouinien fut premierement [b] condamnée à Rome par le Pape Sirice successeur du Pape Damase, & comment donc se pourroit-il faire que S. Hierosme eust enuoyé au Pape Damase vne Confession de foy où l'erreur de Iouinien est detestée comme vne heresie desia condamnée publiquement dans l'Eglise, & par consequent à Rome, ou si le Pape Damase ne l'eust pas condamnée encore quand S. Hierosme luy escriuit, ne deuoit-il pas le faire sur le seul aduis de S. Hierosme, & deuoit-il en laisser la charge à son successeur Sirice?

TIM. C'est assez du premier point, passons au second, qui est que la pretention de Monsieur Morel est ridicule de soustenir qu'il a eu raison de citer contre nous la Confession de Pelagius. Mais ie prouue le contraire demonstratiuement par les considerations suiuantes. Car il est ridicule d'employer la Confession de l'heresiarque Pela-

a Pag. 35. S. Hierosme qui auant S. Augustin s'est opposé auec zele à lerreur de Pelagius, a aussi enuoyé la mesme Confession de foy au Pape Damase comme estãt Catholique, & ils ne sçauroient trouuer assez grandes tenebres, pour obscurcir cette lumiere qui les doit éblouir (sans doute, M. Morel, nous auons les yeux si foibles, que nous sommes éblouis de cette belle lumiere.)

b Voyez l'argument des liures de S. Hierosme contre Iouinien Et l'Apol à Pammach nomb. 5.

gius, quand on ne peut l'employer que pour appuyer vne fausseté ou vne imposture; or c'est ce qu'a fait Monsieur Morel quand il a allegué la Confession de Pelagius, il a donc fait vne chose ridicule, quand il a cité la Confession de cet heretique, & en effet, pour quelle cause Monsieur Morel a-t'il produit cette Confession ? pour prouuer que l'on ne peut dire absolument que les Commandemens de Dieu sont impossibles ? & à quelle fin s'est-il mis en peine de prouuer cette verité? Pour faire croire que nous soustenons le contraire, & que nous enseignons absolument que Dieu commande des choses impossibles. Il est donc certain que Monsieur Morel a cité la Confession de Pelagius pour authoriser vne fausseté parfaite, & vne atroce calomnie dont il luy a plû de nous noircir, comme les Pelagiens en noircissoient les Catholiques. Mais ie le dis encore vne fois, on nous impose, on nous outrage, on nous calomnie, puisque nous enseignons auec S. Augustin & auec l'Eglise Catholique, que les Commandemens de Dieu sont possibles à tout homme, parce que tout homme peut auoir la grace qui nous les rend possibles, bienque tout homme ne l'ait point; mais seulement le iuste, ou pour vn temps, ou pour tousiours, si Dieu toutefois luy fait misericorde iusqu'à la fin.

Ainsi S. Augustin ayant dit [a], *Dieu ne commande point des choses impossibles, mais en te commandant, il t'auertit de faire ce que tu peux, & de demander ce que tu ne peux pas* : adiouste aussi-tost, *Voyons maintenant par où l'on le peut, & par où l'on ne le peut pas, cettuy-cy dit, ce qu'on peut estre par la nature, c'est par la volonté que l'on ne l'est pas; & moy ie dis, si c'est par la nature que l'on peut estre iuste, c'est par la volonté que l'on ne l'est pas, mais on pourra par le remede, ce qu'on ne peut par son vice.* c'est à dire par son infirmité. Mais quel est ce remede par lequel nous pouuons garder les Commandemens de Dieu? c'est la grace; or que cette grace ne soit point donnée à tous, S. Augustin nous l'enseigne comme vne verité Catholique quand il dit [b], *Nous sçauons que*, (la grace,) *n'est point donnée à tous les hommes.* Quel est ce remede ? c'est le secours de Dieu, & que ce secours ne soit point donné à

[a] *Aug. liu. de la nat. & de la gr. ch.* 43 Non igitur Deus impossibilia iubet sed iubendo admonet & facere quod possis & petere quod non possis, iam nunc videamus, vnde possit, iste dicit voluntate non est, quod natura potest, Ego dico, voluntate quidem non est homo iustus, si natura potest, sed medicina poterit quod vitio non potest.

[b] *En l'Ep.* 107 Scimus non omnibus hominibus dari.

tous S. Augustin nous l'enseigne quand il dit [a], *Pourquoy il ayde l'vn & n'ayde pas l'autre, l'vn autant, & l'autre moins, l'vn d'vne maniere & l'autre de l'autre, il a dans luy mesme la raison d'vne iustice si secrette, & la hauteur de la puissance*, c'est à dire, de la puissance par laquelle il ayde ceux qu'il veut, autant qu'il veut, & comme il veut. Quel est ce remede? C'est le don de la foy, & que ce don ne soit pas donné à tous, S. Augustin nous l'enseigne quand il dit [b], *La foy, soit commencée, soit parfaite, est vn don de Dieu, & que ce don soit donné aux vns, & ne soit point donné aux autres, que l'on n'en doute en façon du monde, si on ne veut s'opposer à de tres-manifestes escritures saintes; & pour quelle cause il n'est pas donné à tous, il ne faut pas qu'vn fidele s'en estonne, qui croit que tous les hommes sont tombez, par vn seul dans vne condamnation indubitablement tres-iuste.* Et sur ces principes S. Thomas [c], suiuant S. Augustin, comme nous l'auons veu desia tant de fois, ne craint pas de dire que le secours de Dieu qui nous donne la puissance d'accomplir les Commandemens, est donné aux vns par misericorde, & refusé aux autres par iustice en punition d'vn peché precedent, ou à tout le moins du peché originel; cequi n'arriueroit iamais, si Dieu ne refusoit ce don qu'en punition de la faute actuelle par laquelle on a negligé de le demander, comme Monsieur Morel, Monsieur le Moine & leurs adherans se l'imaginent. Il est donc vray qu'il n'y a point d'homme qui ne puisse garder les Commandemens de Dieu, parce qu'il n'y a point d'homme qui ne puisse auoir la grace qui nous donne la force de les garder, comme il n'y a point de boiteux qui ne puisse aller droit, ainsi que dit S. Augustin, parce qu'il n'y a point de boiteux qui ne puisse estre guery de la maladie qui le fait boiter: mais comme vn boiteux ne peut aller droit si on ne le guerit point de son defaut, de mesme l'homme infirme ne peut accomplir les Commandemens diuins, si Dieu ne le guerit de la foiblesse qui l'empesche de les accomplir, ce que Dieu tout puissant fait quand il luy plaist, & non quand il plaist à l'homme infirme, comme nous l'enseignent les disciples de Molina, auec vn mespris visible de la redoutable maiesté de Dieu, dont

a *Liu. 2. de peccat. mer.* Cur autem illum adiuuet, illum non adiuuet, illum tantum, illũ autem non tantũ, istum illo, illum isto modo, penes ipsum est & æquitatis tam secretæ ratio, & excellẽtia potestatis.

b *Liu. de la pred. des saints. ch. 8* Fides igitur & inchoata & perfecta, donum Dei est, & hoc donum quibusdã dari, quibusdam non dari, omnino non dubitet qui non vult manifestissimis sacris litteris repugnare, cur autem non omnibus detur, fidelem mouere non debet qui credit ex vno omnes isse in condemnationem, sine dubitatione iustissimã.

c *1. 2. Quæst. 2. art. 5. en la resp. au premier.* Quod quidem auxiliũ quibuscumque diuinitùs datur, misericorditer datur, quibus autẽ non datur, ex iustitia non datur, in pœnam præcedentis, aut saltẽ originalis peccati, vt Augustinus dicit, &c.

les voyes ſont inueſtigables, & les iugemens incomprehenſibles.

Monſieur Morel eſt donc fort agreable, quand il vſe de ce meſchant ſophiſme, aſſeurant [a] que dire *que les commandemens puiſſent eſtre gardez d'vn chacun en particulier, pourueu que la grace ſoit donnée à vn chacun en particulier, c'eſt dire qu'ils peuuent eſtre gardez s'ils peuuent eſtre gardez, puis que la grace ſeule donne le pouuoir de les garder.* Ainſi ſuiuant l'argoterie de Monſieur Morel, quand S. Auguſtin [b], & apres luy S. Thomas [c] diſent, que la correction eſt vtile à l'homme s'il eſt enfant de la promeſſe, ils ſe ſont ſeruis d'vne expreſſion *baſſe & ridicule* pour vſer des termes de Monſieur Morel [d], & c'eſt comme s'ils diſoient que la correction eſt vtile, ſi elle eſt vtile, puis que c'eſt par la vertu ſeule de l'election diuine que la correction leur eſt vtile. Ainſi ſuiuant la ſophiſterie de Monſieur Morel, lors que S. Auguſtin dit [e] que la correction nous eſt ſalutaire quand le Medecin ſupréme nous regarde, il s'eſt ſeruy d'vne expreſſion *baſſe & ridicule*, & c'eſt comme s'il diſoit que la correctiõ eſt ſalutaire, quãd elle eſt ſalutaire, puis que le ſeul regard du Medecin d'enhaut peut la rendre ſalutaire, & ainſi ſuiuant la dialectique de Monſieur Morel, lors que Ieſus-Chriſt a dit, *Vous ſerez vraymẽt libres ſi le fils vous deliure*, le Sauueur de nos ames a employé vne expreſsion ...... Ie n'oſe acheuer, Euariſte, & vous ſçauez pourquoy, & c'eſt comme s'il diſoit que nous ſerons libres, ſi nous ſerons libres, puis que c'eſt par luy ſeul que nous pouuons eſtre vrayment libres mais M. Morel qui dit [f] de nous, ſoubs le nom de l'Abbé, que nous ſommes de ces errans qui ſont tombez dans vn babil importun, & qui nous accuſe d'auoir vſé des railleries à contre-temps qui ſont defenduës par l'Apoſtre, ne s'apperceuant pas que la parole Grecque qui precede immediatement celle qu'il nous reproche, μωρολογία [g]; deſigne ce qu'il a fait auec vne alluſion à ſon nom toute manifeſte, n'a t'il pas de honte de l'abſurdité de ſon paralogiſme qu'il auance pour nous rendre odieux & excecrables à tous les hommes? & ne ſçait il pas qu'vne propoſition n'eſt pas *nugatoire* ou *identique*, cõme on parle dans les

a *pag.* 30.

b S. *Aug. liu de la corr. & de la grace ch.* 6. Vt ex dolore correptionis voluntas regenerationis oriatur, ſi tamen qui corripitur filius eſt promiſſionis.

c S. *Thomas en la* 1. *de la* 2. *qu.* 109. *art.* 8. *en la reſp. au* 2.

d *Pag.* 29. *&* 30. *Et ce paſſage donne tant de peine à ces Meſſieurs que pour s'en pouuoir tirer ils ſont contraints d'auoir recours à vne expreſſion baſſe & ridicule.*

e *Au meſme liure chap.* 5. Et tunc eſt ſalubris (correptio) quando ſupernus medicus reſpicit.

f *pag.*

g Id eſt, ſtultiloquium, *aux Eph. ch* 5. *v.* 4. *& en ſuitte l'Apoſtre ne defend que les railleries vicieuſes ou deshonneſtes. Voyez Eſtius là deſſus.*

Escoles, quand ce qu'on a dit en termes confus & generaux, est expliqué en termes distincts & particuliers ? d'où vient que cette proposition, Pierre est homme s'il est animal raisonnable, n'est pas *identique*, comme si on disoit, Pierre est homme s'il est homme, bien que estre homme, ne soit autre chose essentiellement que d'estre animal raisonnable.

Mais comment Monsieur Morel allegueroit il raisonnablement, c'està dire en homme, & en animal raisonnable & de bonne foy, la Confession de Pelagius, puis qu'il luy donne vn sens tout contraire à celuy que S. Augustin & le Pape Zozime par consequent luy donnent ? Car S. Augustin au lieu où il la refute, comme equiuoque & ambiguë, demeure bien d'accord auec Pelagius que nous auons tousiours besoin du secours de Dieu pour accomplir ses commandemens : Mais ce Pere dit [a] qu'il ne s'ensuit pas que celuy qui a le don de sçauoir ce qu'il doit faire, ait aussi le don de la charité pour le faire, & cette sentence de S. Augustin est approuuée par le Pape Zozime dans vne autre toute pareille du mesme sainct Docteur qui est inserée dans les Canons de Carthage [b], où il est dit que, *l'vn & l'autre est vn don de Dieu, & de sçauoir ce que nous deuons faire, & de l'aymer pour le faire, afin que la charité nous edifiant, la science ne puisse nous enfler.* Car on peut inferer de ce Canon tiré de S. Augustin, que tous ceux qui ont la science qui enfle, n'ont pas la charité qui edifie, & qui nous rend seule les commandemens possibles, d'où il s'ensuit que le Pape Zozime ayant approuué ce Canon, a en mesme temps approuué cette sentence, que S. Augustin a fulminée contre la Confession de Pelage, qu'il ne s'ensuit pas que celuy qui a le don de la science, pour sçauoir ce qu'il doit faire, ait le don de l'amour & de la grace pour le faire ; & partant Monsieur Morel qui ose soustenir contre S. Augustin & contre le Pape Zozime, que celuy qui a le don de sçauoir ce qu'il doit faire, a tousiours le don de l'amour, c'est à dire la grace qui nous donne de pouuoir le faire, & qui nous rend les Commandemens possibles, s'oppose ouuertement à S. Augustin & au Pape Zozi-

a *Au liure de la grace de ch. ch. 33. le Latin est cy dessus.*

b *Can.* 4. Cum sit vtrũque donum Dei & scire quod facere debeam⁹, & diligere vt faciamus vt ædificante charitate scientia non possit inflare. *Et que ces Canons de Cartage ayent esté approuuez par le Pape Zozime S. Prosper contre le Collateur nous le tesmoigne en ces paroles, ch. 21* Quando Africanorum conciliorũ decretis beatæ recordationis Papa Zozimus sententiæ suæ robur adnexuit.

me en ce qui regarde le sens Catholique de la Confessiō de Pelage touchant la possibilité des Commandemens diuins.

Et il ne sert de rien de dire que ceux qui n'ont pas le don de la charité, peuuent le demander. Car selon S. Augustin [a], il faut auoir vn commencement de charité pour demander la charité, & tous n'ont pas le commancement de la charité, puis que selon le mesme Sainct, tous n'ont pas le commencement de la foy [b], qui est le fondement de la charité. Ce sont ces Canons de Carthage confirmez par le Pape Zozime, qui decident, que sans vne grace vrayment efficace, qui des là mesme qu'elle est efficace, n'est pas donnée à tous les hommes, on ne peut accomplir les Commandemens de Dieu [c], *S'il y a quelqu'vn qui die*, disent ils &c. *qu'il ne nous est pas donné* (par la grace de Iesus-Christ,) *que nous aymions à faire, & que nous puissions faire ce que nous connoissons que nous deuons faire, qu'il soit Anatheme*, Mais tous ont-ils cette grace de pouuoir garder les commandemens? non sans doute puis qu'elle ne donne pas seulement de pouuoir les garder, mais de les garder en effet. Ainsi suiuant ces Canons de Carthage, qui ont esté dressez par S. Augustin, & ratifiez par le Pape Zozime, les Commandemens de Dieu ne sont pas possibles à tous les hommes, parce qu'ils ont tous la grace de pouuoir la garder; mais parce qu'ils peuuent tous l'auoir non pas quand il leur plaist, mais quand il plaist à Dieu, en la main duquel nous sommes comme la boüe en la main de l'ouurier. Si donc Monsieur Morel vouloit chercher vne approbation du Pape Zozime, il deuoit la chercher dans ces Canons de Carthage authorisez par le Pape Zozime, & non dans la Confession de Pelagius, qui surprit finement ce bien-heureux Pontife, & l'obligea à mal traitter [d] deux de ses plus grands aduersaires [e], & les Euesques mesme d'Afrique, en les accusant de legereté; de quoy ce S. Pape n'ayant tardé gueres à se repentir, déploya le glaiue [f] de l'authorité Apostolique contre ces hypocrites & ces perfides insidiateurs de sa facilité, Pelage & son disciple Celestius.

Mais ce n'est point la premiere ny la seule fois que les

a *Au liure de la grace & du franc arb. ch.* 18. Præcepto admonitum est liberum arbitrium, vt quæreret Dei donum, quod quidem sine suo fructu prorsus admoneretur, nisi prius acciperet aliquid dilectionis vt addi sibi quæreret, vnde quod iubebatur impleret.

b *Au liu. de la pred. des Saincts. ch.* 8 *voyez le Latin cy-dessus.*

c *Can. 4. rapporté au chap. 9 des articles adioustez à l'Epistre du Pape Celestin*, quisquis dixerit, &c. Non per illam (*gratiam Christi*) nobis præstari vt quod faciendum cognouimus etiam facere diligamus atque valeamus, Anathema sit.

d *Voyez l'Epistre aux Affricains.*

e *Heros & Lazarus accusateurs de Pelage en Orient.*

f *Voyez S. Prosper à la fin du liure contre le Collateur.*

heretiques ont abusé de la bonté des Papes, & leur ont imposé par l'artifice de leur langage, ou de leurs Confessions de foy, ainsi le Pape Victor ou le Pape Eleutere fut surpris par les Montanistes, comme on peut le voir en Tertullien [a], le Pape Iule & le Concile de Sardique par Marcel d'Ancyre, comme l'auoüe le Pere Petau [b], le Pape Damase par les Apollinaristes, comme nous l'apprenons de S. Gregoire de Nazianze [c] le Pape Sirice par les Originistes [d], & peut estre aussi par les Ariens [e], comme nous l'apprenons de S. Hierosme, & le Pape Leon par Eutychés comme nous l'apprenons du cinquiesme Concile [f]. Or la dignité du S. Siege nous oblige de croire que les defenses ou les Confessions de foy de ces heretiques qui ont surpris tant de Papes en ce qu'elles affirmoient resolutiuement estoient Catholiques à la lettre, & dans la superficie de leurs paroles, cequi estant, Euariste, si nous conuenions vous & moy qu'elles estoient Catholiques en leurs termes, & si nous disputions seulement du sens qu'il faut leur donner pour les rendre Catholiques, ne serois-ie pas ridicule de vous obiecter les termes dans lesquels elles sont conceües, comme si vous faisiez difficulté d'auoüer ces termes, au mesme temps que vous me protesteriez que vous les receuez tres-volontiers ? Or c'est iustement ce que fait Monsieur Morel, nous conuenons auec luy que la Confession de Pelage est Catholique dans ses termes, bien qu'elle fust impie dans le sens de cet heresiarque, & nous disputons seulement du sens qu'il faut luy donner pour la rendre Catholique, & Monsieur Morel pour nous confondre, nous obiecte ridiculement les termes de cette Confession, comme si nous faisions difficulté de les receuoir, au lieu que nous les receuons, & les embrassons de tout nostre cœur.

EVAR. Monsieur Morel a vn genie tout particulier, & à ce que ie voy il ne se soucie point de se rendre ridicule pour nous calomnier. TIM. Voicy bien pis, Euariste, si vous entendiez les defenses ou les Confessions de ces heretiques qui ont surpris le S. Siege, comme il faut les entendre pour les faire Catholiques; & si ie les entendois en vn sens

a Voyez le liure contre Praxeas.

b En sa premiere dissert. où il compare horriblement l'approbatiō donnée subrepticement à Marcel d'Ancyre auec l'approbation donnée à S. Augustin par toute l'Eglise.

c En l'Epist. 2. à Cledonius.

d S. Hierosme en l'Ep. 16.

e Le mesme en l'Epist. 49.

f Action 3.

sens tout opposé, ne serois-ie pas encore bien plus ridicule de vous les obiecter, pour vous conuaincre? or c'est proprement ce que fait Monsieur Morel; nous entendons la Confession de Pelage, comme il faut l'entendre selon les Peres, pour luy donner vn sens Catholique, & Monsieur Morel l'entend en vn sens contraire à celuy des Peres, & il ose neantmoins nous l'obiecter pour triompher de nous, & de la verité que nous soustenons, M. Morel dira-t'il peut estre qu'il entend la confession de Pelage dans le sens qu'elle est approuuée par le Pape Zozime, en son Epistre aux Affricains? Mais le Pape Zozime ne s'explique pas là dessus en cette Epistre, & s'il s'estoit expliqué, nous auons veu qu'il se fut expliqué comme saint Augustin & ses disciples, & non pas comme M. Morel, & M. le Moine, & tous leurs semblables. C'est donc par luy mesme & par ses propres phantaisies que M. Morel argumente, & non par le Pape Zozime qu'il entend comme il luy plaist, & tout à contre sens.

Ces choses estant posées, dites Euariste, Monsieur Morel ne vous fait-il pas grande compassion quand il escrit, ainsi, apres auoir attribué temerairement à saint Hierosme la confession de Pelagius: *Ie veux qu'vn Autheur de ce siecle ait fait difficulté de la receuoir sous le nom de ce saint Docteur, & qu'vn autre du mesme temps l'ait tirée du Vatican auec cette inscription, le libelle de la foy de Pelagius enuoyé auec sa Lettre au Pape Innocent, qui est tout ce qu'ils opposent, ils ne s'en peuuent defendre, ny en tirer contre nous aucun aduantage, car s'ils vouloient de là conclure qu'elle n'est point Catholique, on pourroit pareillement conclure que celle qui est intitulée dans le Droit Canon, la confession de Berenger, n'est pas Catholique, parce que l'vne a esté faite par le chef des Sacramentaires qui retomba encore dans son erreur, comme l'autre par celuy des Pelagiens qui retint ses premiers sentimens.* Mais en premier lieu Monsieur Morel trompe & est trompé, & s'egare apres l'ombre de ses phantaisies, car puis qu'il faut le dire mille fois & mille fois, nous demeurons d'accord que la confession de Pelage est Catholique dans ses termes,

a Pag 35. & 36.

bien qu'elle ſoit heretique dans le ſens de ſon Autheur. En ſecond lieu la confeſſion de Berenger, n'a pas eſté faite par Berenger meſme, comme l'aſſeure Monſieur Morel aſſez ignoramment, mais elle fut faite par le Cardinal Humbert ſuiuant l'ordre du Concile, ce que le Cardinal du Perron *a* n'a pas ignoré. En troiſieſme lieu la confeſſion de Berenger n'eſtoit pas foible ou ambiguë en ce qui regarde la preſence reelle du Corps de Ieſus-Chriſt dans l'Euchariſtie, comme la confeſſion de Pelage eſtoit equiuoque & ambiguë en ce qui regarde l'aide de la grace, & la poſſibilité des commandemens Diuins. EVAR. I'ay grand pitié de Monſieur Morel, auſſi bien que vous, mais c'eſt aſſez de ce ſecond poinct, paſſons au troiſieſme s'il vous plaiſt.

a En ſon traité de l'Euchariſtie au ch. touchant la Faculté de la Theologie de Paris pag. 756. Quant à la confeßion de foy de Berenguaire, dit ce grand Cardinal, *qu'il redigea en eſcrit par le commandement du Concile tenu ſous le Pape Nicolas.*

TIM. Le troiſieſme eſt que la pretention de Monſieur Morel eſt ridicule, en ce qu'il ſouſtient que s'il a failly, il n'eſt pas ſeul, & qu'il a beaucoup d'illuſtres compagnons de ſon erreur, dont les principaux ſont la Faculté de Paris, S. Thomas. Le Cardinal Hoſius, le grand Cardinal de Richelieu, l'Egliſe de Lyon, & enfin le Concile de Trente, que les Moliniſtes chargent autant qu'ils peuuent de toutes leurs erreurs, & de toutes leurs nouueautez; mais entre tous ceux que Monſieur Morel allegue pour garands & pour complices de ſa faute, il n'y en a pas vn qui en ſoit coupable, car il ny a pas vn d'eux qui eut eſté ſi abſurde que d'attribuer à ſaint Auguſtin ou à ſaint Hieroſme, ou à tous les deux enſemble la confeſſion de Pelagius, s'il ſe fut aperceu que c'eſt la confeſſion de cet Heretique, au lieu que M. Morel ſçachant bien, & auoüant meſme que c'eſt la confeſſion de cet Hereſiarque, ne laiſſe pas neantmoins, non pas de croire, mais de vouloir nous faire croire prodigieuſemẽt que la meſme cõfeſſion de Pelagius, eſt vn Sermon de S. Auguſtin, & vn traitté de ſaint Hieroſme. Monſieur Morel & M. le Moine peuuent donc ſe vanter d'eſtre ſans pareils, & comme des Phœnix en leur erreur; c'eſt à dire dans l'erreur dans laquelle ils feignent d'eſtre, bien qu'ils n'y ſoient pas, car ils ne ſont pas ſi peu ſenſez que d'en eſtre ſuſceptibles. Mais ils ſe ſont reduits à vne condition si deplorable, qu'ils ne peuuent se defendre sans se calomnier eux-mesmes, & ils sont coupables d'vn crime, si bizarre qu'il faut qu'ils s'imposent à eux-mesmes pour se iustifier.

Quant à la Faculté de Paris, *a* que dit-elle, ie vous prie? que selon saint Augustin, c'est vn blaspheme que d'asseurer que les commandemens de Dieu sont impossibles. Mais cette sçauante Faculté suit tres bien les sentimens de saint Augustin, car selon ce saint, c'est vn blaspheme contre la iustice & contre la bonté de Dieu, de dire qu'il commande des choses impossibles, *dés-là*, mesme dit ce Pere, b *que nous croyons tres fermement que Dieu iuste & bon n'a pû commander des choses impossibles, nous sommes aduertis de faire celles qui nous sont faciles, & de demander celles qui nous sont difficiles*. Et Monsieur Morel auoüe luy-mesme, *c* qu'il s'ensuit de ces paroles, *que c'est vn blaspheme execrable, de dire que* (Dieu) *commande choses impossibles à quelques-vns, puis que c'est luy attribuer ce qui ne luy conuient pas, mais ce qui repugne également à sa Iustice, à sa Bonté, & à sa Sagesse*; mais quand cette Faculté celebre que i'estime & que i'honore de toute mon ame, se seroit trompée il y a prés de 130. *d* ans, dans vn fait particulier, & quand elle auroit pris la confession de Pelagius pour vn sermon de saint Augustin, le voyant inseré dans les œuures de ce Pere, & ne s'auisant pas que c'estoit la confession de cet Heresiarque, ce seroit vne mesprise bien legere & bien pardonnable à cette Faculté, aussi bien qu'à la sçauante Eglise de Lyon, en vn temps ou la critique ne faisoit que d'eclore, & où elle commençoit seulement à trauailler au discernement des liures pour les rendre à leurs Autheurs. Au reste Monsieur Morel qui se plaint si fort de ceux qui deshonorent, dit il, *e* en cette rencontre, *cét illustre & venerable Corps, reueré depuis tant de siecles dans toute l'Eglise*, outrage luy-mesme, & deshonore au dernier poinct ce *venerable Corps*, & cette sacrée Faculté, voulant nous persuader qu'elle a esté capable d'vne absurdité si estrange, que d'attribuer à saint Augustin la confession de Pelage, encore qu'elle eut veu

a *M. Morel pag. 10.*

b *Liu. de la Nat. & de la Gr. ch. 69.* Eo quippe ipso, quo firmissimè creditur, Deum iustum & bonum impossibilia non potuisse præcipere, hinc admonemur, & in facilibus quid agamus, & in difficibus quid petamus; omnia quippe facilia fiunt charitati.

c *Pag. 48. & 49.*

d *L'année 1521.*

e *Pag. 10. & 11.*

comme fait Monsieur Morel & M. le Moyne que c'estoit la confession de cet Heretique.

Quant à saint Thomas, il est vray qu'en plusieurs lieux il a allegué cette confession sous le nom de saint Hierosme ; mais escoutez ce qu'obserue là dessus ceux qui ont imprimé les œuures admirables de cet Ange de l'Escolle; & voicy comment ils auoüent ingenument qu'il s'est trompé, comme il est arriué en pareilles rencontres aux plus grands hommes de l'Eglise, *au mesme article* ; disent ils, a *en la responſe au troisiesme. Saint Thomas cite S. Hierosme, escriuant à Damase, mais cet escrit n'est point de S. Hierosme, & n'est point adressé à Damase, mais c'est le propre libelle de Pelage, qu'il a presenté touchant sa foy au Pape Innocent premier pour se iustifier, le commencement de ce* (libelle) *est*, credimus in Deum Patrem omnipotentem, *& la fin est* hæreticum comprobabit. *Il se trouue dans le tome neufiesme des œuures de saint Hierosme, sous le tiltre d'explication du Symbole à Damase, mais que ce soit le libelle de Pelage comme nous auons dit, on peut l'apprendre de saint Augustin dans le Liure de la grace de Christ aux chapitres 30. & suiuans & il en rapporte quelques pieces, aux chap. 32. & 33. & aux chapitres premier & 21. du liure du peché originel, & cette obseruation aura lieu en d'autres endroits , comme en la premiere de la seconde question 109. article* 4. *au 2.* Et en vn autre lieu , les mesmes Autheurs disent. b *Au premier argument , voyez ce que nous auons obserué sur la qu.* 11. *art.* 2. *au 3. sur cette citation de saint Hierosme* (que celuy qui dit que Dieu a commandé quelque chose d'impossible doit estre maudit) *ce n'est pas neantmoins vne sentence qui soit particuliere à Pelage, puis qu'elle est aussi de l'Eglise Catholique* (voila ce que nous disons, comme aussi ce qui suit) *mais il en abusoit pour exclure la necessité de la grace* (M. le Moine & ses semblables en abusent aussi pour exclure la grace efficace necessaire à toute bonne œuure) *que le Lecteur voye saint Augustin au liure de la Nature & de la Grace ch. 7. à la fin, & ch. 8. 43. & 69. & le venerable Beda, sur les Cantiques liu. 1. ch. dern.*

Voila ce que portent les Notes qui ont esté faites sur la Somme de S. Thomas, & qui est-ce qui ne sçait que ce

a *Les Notes sur l'art.* 2. *de la qu.* 11. *de la* 2. *de la* 1. Eodem articulo ad tertiũ citat. B. Thomas Hieronymum qui scribit Damaso, sed istud scriptum neque Hieronymi est neque ad Damasum, sed est ipsissimus libellus Pelagij quem is de suâ (fide) exhibuit Innocentio primo Papæ, purgandi sui causâ, principium eius est, credimus in Deum Patrem omnipot. finis verò hæreticum cõprobabit. extat. to. 9. oper. 6. Hier. tit. explan. Symboli ad Damasum sed esse Pelagij libellum quẽ diximus, doceri potest ex S. Aug. de Gr. Christi c. 30. & seq qui nonnulla ex eo recitat. cap 32. 33. & de pecc. orig. ch 1. & 21. Hæc obseruatio habebit locũ etiam alibi vt 1. 2. qu 109. art. 4. ad 2.

b *Là mesme sur l'art.* 2. *de la qu* 33 *art.* 2. *arg.* 1. De hac B. Hier. citatione vide quæ obseruata sũt ad qu. 11. art. 2. ad 3. Nec tamen ea sententia est propria Pelagio, cum sit & Catholicæ Ecclesiæ, sed is illâ abutebatur ad excludendam gratiæ necessitatem, videat Lector. S.

grand Saint, que l'on peut appeler au langage de l'Escriture vn flambeau luisant dans vn lieu tenebreux, a choppé quelque-fois parmy les tenebres de son siecle dans la citation des Autheurs, sans que pour cela, ny la gloire de sa saincteté, ny la verité de sa doctrine en reçoiuent aucune tache; ainsi il allegue *a* sous le nom de saint Ambroise certains commentaires sur saint Paul, que l'on impute maintenant à vn certain Hilaire Luciferien, iustement suspect de l'heresie Pelagienne. Ainsi il allegue *b* sous le nom de saint Augustin le liure de la foy à Pierre, bien que tout le monde sçache maintenant que c'est vn liure de saint Fulgence; ainsi il allegue *c* sous le nom de saint Augustin le liure des questions du vieil & du nouueau Testament, bien que ce liure soit remply d'erreurs, qu'il impugne en plusieurs choses la doctrine de saint Augustin mesme, comme les Docteurs de Louuain l'ont obserué, & qu'il abonde en Pelagianismes, & les Notes sur la Somme disent, que l'Autheur de ce liure selon quelques-vns est le faux Ambroise sur saint Paul; ainsi il allegue *d* sous le nom de saint Chrysostome, vn Commentaire sur saint Mathieu, qui est d'vn Autheur Arien, ou falsifié, comme pensent les sçauans, & comme les notes mesmes sur la Somme le remarquent; ainsi il allegue *e* sous le nom de saint Augustin, vne lettre au Comte Iulien, bien que les paroles qu'il allegue ne se trouuent que dans le liure des documens salutaires, qui est faussement imputé à saint Augustin, & dont l'Autheur est de nulle authorité, comme les notes sur cet endroit l'ont reconnu; ainsi il allegue *f* sous le nom de saint Augustin, vn Sermon de l'Assomption, qui est l'vn des deux du mesme tiltre que Baronius prouue *g* estre faussement attribuez à sainct Augustin, & que les Docteurs de Louuain ont reiettez; ainsi il allegue *h* sous le nom de saint Hierosme, vn Sermon de l'Assomption, qui est faussement attribué à saint Hierosme & à Sophronius, comme Baronius *i* le iustifie encore. Et outre l'infelicité du temps auquel a vescu cet Ange de l'Escolle, l'vne des causes qui l'ont fait assez souuent broncher en ses citations, est qu'il a suiuy quelque-

Aug. de Nat. & Gr cap 7. in fine & capp. 8. 43. 69. Idem venerabilē Bedam in Cantica lib. 1. ch. dern.

a *En la premiere part. qu. 23. art 5 arg. 1. Voyez les notes sur ce lieu qui se fondent sur Bellarmin.*

b 1 *part qu. 31 art. 2 qu 35. art. 1. obi 1. qu 39. art 6.* Sed contr. *qu 41. art. 2.* Sed cōtra *& art 3.*

c 1. *part qu. 97 art. 4. arg. 5.*

d 1. *part. qu. 114. art. 5.*

e 2. 2. *qu. 24. art. 11 arg. 2.*

f 3. *part. qu. 27. art 1.*

g *Bar. sur l'année 48.*

h 3. *part. qu. 30. art. 2.*

i *Bar. sur l'année 48.*

fois Gratien qui est vn homme negligent s'il en fut iamais au monde, ainsi sur la foy de ce Gratien, cet Ange cite *a* sous le nom de S. Gregoire les paroles de Lanfranc, parce que Gratien ne l'auoit point nommé en l'alleguant, & ie n'ay point fait ces obseruations, à Dieu ne plaise, pour diminüer la gloire de la sainteté & de la doctrine du grand S. Thomas, mais ce grand Saint, quelque admirable, & quelque prodigieusement sçauant qu'il ait esté, n'a pû dissiper entierement les ombres & les tenebres de son siecle, qui auoient, corrompu, & confondu d'vne estrange sorte les liures anciens, iusques à ce que la critique exacte de ce dernier aage, les ait épurez, debroüillez & restituez à leurs vrays Autheurs. Il n'y a donc personne qui ne iuge que M. Morel a tres mauuaise grace de faire, comme il fait, d'vne oubliance ou d'vne inaduertance de S. Thomas, vne occasion d'eloge & de loüange affectée pour cet incomparable Saint.

a 3 *part. qu 77. art.* 1. *& en la qu.* 28. *art.* 4. *arg* 3. *Pour S. Augustin il allegue S. Hierosme sous la foy du mesme Gratian.*

EVAR. M. Morel sans doute sous couleur de loüer saint Thomas, a voulu se defendre en le deshonorant, & en voulant nous faire croire, qu'il eut commis vne estrange faute, s'il se fut mespris, dans la citation d'vn liure, ce qui neantmoins luy est arriué comme à tous les grands hômes assez souuent, sans preiudice de sa reputation; mais venons au poinct. S. Thomas ayant cité les paroles de Pelage sous le nom de S. Hierosme, en quel sens les a t'il prises, touchant la possibilité des commandemens? TIM. au mesme sens, que nous les prenons, c'est à dire que les commandemens diuins sont possibles à tous les hommes, parce que tous les hommes peuuent estre secourus de Dieu pour les accôplir, bien que tous en effet, ne reçoiuent pas ce secours diuin que Dieu ne donne qu'à ceux qu'il veut, EVAR. Faites-moy voir clairement que S. Thomas ait pris les paroles de Pelage dans le sens que vous venez de dire? TIM. S. Thomas ayant proposé ce tiltre *b*, *si la correction fraternelle tombe sous le commandement*, à son accoustumé, commence par vne obiection, & dit, *il semble que la correction fraternelle ne tombe pas sous le precepte, puisque rien de ce qui est impossible, ne*

b 2 *de la* 2. *qu.* 33. *art* 2 Vtrum correctio fraterna sit in præcepto. Ad secundum sic proceditur. Videtur quod correctio fraterna non sit in præcepto, nihil enim quod est impossibile cadit sub præcepto secundũ illud Hieronymi. Maledictus qui dicit Deum aliquid impossibile præcepisse, sed Eccles 7. dicitur, considera opera Dei quod nemo possit corrigere quem ille despexerit Ergo correctio fraterna non est in præcepto.

tombe ſous le commandement, (c'eſt à dire ne peut eſtre commandé) *ſelon ces paroles de S. Hieroſme, maudit ſoit celuy qui dit que Dieu a commandé quelque choſe d'impoſſible, mais il eſt dit dans l'Eccleſiaſte, au ch. 7. conſidere les œuures de Dieu* (&) *que perſonne ne peut corriger celuy qu'il a meſpriſé, la correction fraternelle ne tombe donc pas ſous le precepte.* EVAR. Et commẽt reſpond S. Thomas à cette obiection. TIM. Il reſpond en cette ſorte, a *Il faut dire, qu'en toutes les bonnes œuures qui ſont à faire, l'operation de l'homme n'eſt point efficace, ſi elle n'eſt accompagnée du ſecours de Dieu, & toutefois l'homme doit faire ce qui depend de luy; d'où vient que ſaint Auguſtin dit au liure de la correction & de la grace ne ſçachant pas qui eſt celuy qui appartient, & qui eſt celuy qui n'appartient pas au nombre des predeſtinez, nous deuons eſtre diſpoſez de ſorte par le ſentiment de la charité, que nous deſirions que tous les hommes ſoient ſauuez, & c'eſt pour cela que nous deuons rendre à tous les hommes le deuoir de la correction fraternelle, ſous l'eſperance du ſecours diuin.*

EVAR. Sous eſperance, qui dit, eſperance, ne dit pas aſſeurance, certitude, & infaillibilité. TIM. Voyez donc Euariſte, comment ſaint Thomas ſuiuant ſaint Auguſtin, ne dit pas icy, comme auroit fait vn Moliniſte, que nous ſommes aſſeurez que Dieu aſſiſtera, & qu'il aydera tous ceux que nous corrigeons, mais dit ſeulement que nous deuons nous confier, & nous promettre pieuſement de la bonté de Dieu qu'il les ſecoura, & qu'il leur donnera la grace de luy demeurer fideles iuſqu'à la fin, ſi toutesfois il les a choiſis & predeſtinez dans l'Eternité. EVAR. Certainement vn Moliniſte n'auroit pas dit comme ſaint Thomas & ſon maiſtre ſaint Auguſtin, que nous deuons reprendre tous les hommes, parce que nous ne ſçauons pas qui ſont ceux que Dieu veut aider, & ceux qu'il ne veut pas ayder, mais vn Moliniſte auroit tranché bien plus nettement, & auroit dit que nous deuons generalement corriger tous les hommes, parce que nous ſommes aſſeurez que Dieu les aide tous ſuffiſamment pour profiter de la correction que nous leur faiſons. Mais neantmoins ſaint

a Ad primum ergo dicendum quod in omnibus bonis agendis operatio hominis non eſt efficax, niſi adſit auxilium diuinum & tamen homo debet facere quod in ſe eſt vnde Auguſtinus dicit in libro de corrept. & grat. neſcientes quis pertineat ad prædeſtinatorum numerum & quis non pertineat ſic affici debemus charitatis affectu vt omnes velimus ſaluos fieri, & ideo omnibus debemus fraternę correctiones officium impendere ſub ſpe diuini auxilij, *& dans la qu. 83. art. 7. au 3 S Thomas enſeigne la meſme doctrine, que nous deuons prier pour tous les hommes, & les corriger tous, parce que ſelõ S. Auguſtin, nous ne pouuons diſcerner ceux qui ſont predeſtinez d'auec ceux qui ne le ſont point. C'eſt à dire ceux qui ſont ſecourus de Dieu d'auec ceux qui ne le ſont point pour ſe ſauuer, & qui ne ſe peuuent corriger, dit S. Thomas apres l'Eſcriture Sainte, parce que Dieu les a meſpriſez.*

Thomas ne dit il pas que nous pouuons nous diſpoſer à la grace, & que c'eſt par noſtre negligence que nous ne l'auons pas. TIM. Et qui eſt-ce qui doute que ce ne ſoit par noſtre negligence, puiſque c'eſt par noſtre vice, & par noſtre defaut, comme dit S. Thomas? *a* mais Dieu quand il luy plaiſt nous guerit de ce defaut, & nous en guerit par vne ayde ſi puiſſante, qu'elle ne peut eſtre ſans effect, puis qu'elle nous *meut immuablement*, *à cauſe*, dit ſaint Thomas b, *de l'efficace de la vertu mouuante qui ne peut defaillir*, ce qui eſtant ainſi, il eſt euident que tous les hommes ne reçoiuent pas ce mouuement diuin, puiſque ſaint Thomas dit, qu'il ne peut defaillir, & ailleurs, c *qu'il n'eſt pas iuſte qu'il defaille* : Dites donc Euariſte, ſi Monſieur Morel a eſté bien fondé, à nous obiecter les paroles de Pelage, dans le ſens de ſaint Thomas. Mais Monſieur Morel qui ſe croit ſi fort habile, & nous ſi peu, veut nous faire croire, que ces deux choſes ſont contraires, que nous ne nous diſpoſons pas à la grace, à cauſe de noſtre negligence, & à cauſe que Dieu ne nous aide pas à nous y diſpoſer, comme ſi on ne pouuoit pas bien dire, que l'on a fait mourir vn criminel à cauſe de ſon crime, & à cauſe que le Roy n'a pas voulu luy pardonner, ou qu'vn malade eſt mort, à cauſe de ſa fiévre, & à cauſe que le medecin ne l'a pas traité, ou qu'vn vaiſſeau a pery à cauſe de la tempeſte, & à cauſe qu'il a manqué de voiles & de pilote, mais il y a cette difference, entre les deux cauſes de chacun de ces effets, que la premiere eſt propre, poſitiue & directe, cõme quand ie dis, cét homme a peché, à cauſe de ſa malice, & la ſeconde, eſt impropre, negatiue & indirecte, comme quand ie dis cét homme a peché, parce que Dieu n'a pas voulu l'aider à ſurmonter la tentation.

Ie viens maintenant au grand Cardinal de Richelieu, & ie ne doute pas que Monſieur Morel, n'ait eſté rauy de pouuoir découurir quelque legere tache en ce ſoleil, pour ſe derober, ou pour échapper en nous éblouyſſant de la lumiere de ce triomphateur des hereſies, par l'éclat de ſon ſçauoir, & par la ſageſſe de ſes

a 1 de la 2. qu. 109. art. 8 en la reſp. au 1. Apres quoy S. Thomas citant S. Aug. dit que la correctiõ n'eſt pas ſuffiſante ſans le ſecours de Dieu qu'il preſuppoſe n'eſtre pas donné à tous ſelon le meſme texte de l'Eccleſiaſte, qui eſt que l'on ne peut corriger celuy que Dieu a meſpriſé, mais que la correctiõ eſt vtile ſeulement, ſi celuy que l'on corrige eſt enfant de la promeſſe, ſelon S. Auguſtin, allegué là meſme par S. Thomas

b Dans ſes queſtions diſputées, qu. 6 dans la reſp. au 3. Propter efficaciam virtutis mouentis quæ deficere non poteſt.

c Là meſme qu. 112. art 3. en la reſp. au 1. expliquãt ces paroles. Facienti quod in ſe eſt, vel præparãti ſe ad gratiam, gratia datur ex neceſſitate, vel ſi referatur, *dit il*, ad motũ liberi arbitrij ante gratiam loquitur ſecundũ quod ipſum confugiũ hominis ad Deũ eſt per motionem diuinam quam iuſtum eſt non deficere.

de ses conseils, il est vray que ce grand personnage a allegué quelques paroles sous le nom de sainct Hierosme,[a] bien qu'elles ne soient pas de ce sainct Docteur. Mais ie vous prie, que luy est-il arriué, selon l'infirmité humaine que l'on ne despoüille que dans le Ciel, qui ne soit arriué en pareil cas aux deux plus grands Peres de l'Eglise sainct Augustin & sainct Hierosme mesme; & de uray, S. Augustin estant trompé par la perfidie de Ruffin le Patriarche des Pelagiens, n'a-t'il pas allegué[b] sous le nom du Pape Sixte, vn certain Sixte Philosophe Payen. Ce qui obligea depuis ce miracle de sçauoir, de se retracter[c] auec son humilité, & auec sa modestie accoustumée, comme l'a remarqué le Cardinal du Perron[d]; & S. Hierosme[e], estant surpris par l'artifice du mesme Ruffin, n'a-t'il pas mis entre les Escriuains Ecclesiastiques sous le nom de Pamphile tres-glorieux Martyr, vn liure d'Eusebe l'Heretique & le Porte-Enseigne des Arriens. Ce qui obligea depuis le mesme S. Hierosme à faire vn sanglant reproche[a] à ce Ruffin son aduersaire, qui luy auoit tendu le piege où il estoit innocemment tombé. Et en nos iours le tres-illustre Cardinal du Perron n'a-t'il pas cité sous le nom de S. Augustin le liure des merueilles de l'Escriture Saincte, bien que ce soit vn liure tout à fait indigne d'vn si diuin Autheur, comme l'a obserué apres sainct Thomas l'Eschole de Louuain. Et si M. Morel estoit icy, ne pourrois-ie pas luy faire cette plainte iuste & necessaire. M. Morel, ne considerez-vous pas que le grand Cardinal que vous offensez, en vous seruant de luy pour couurir vostre erreur qui ne le regarde point du tout, a composé l'ouurage que vous citez de luy, & l'a publié dans la premiere fleur de ses ieunes années, auant qu'il peust nous donner encore les merueilleux fruicts de la maturité de ses estudes, bien qu'il les fit poindre desia, & qu'il les promist dés lors aduantageusement à toute l'Eglise, mais ie vous supplie s'il eust veu que le traité qu'il a allegué souz le nom de

a *M. Morel pag.* 58

b *Liu. de la nat. & de la gr. ch.* 64.

c *Liu.* 2. *des retract ch.* 42. In quo verba quædam quæ velut Sixti Romani Episcopi & Martyris Pelagius posuit, ita defendi tanquam re vera eiusdem Sixti essent id enim putaueram, sed posteà legi Sixti Philosophi esse, non Sixti Christiani.

d *En sa replique au Roy de la Grande Bretagne ch.* 33. *p.* 183

e *Au liure* 2. *de son apolog. contre Ruffin.* Inter cæteros posui & hunc librum à Pamphilo editum. Ita putans esse vt à te (*c. f. Ruffin*) & tuis discipulis fuerat diuulgatum.

f *Là mesme.*

g Rep. p. 946.

S. Hierofme eftoit en effet la Confeffion de Pelagius, euft-il creu, ou euft-il voulu nous faire croire qu'il eftoit de S. Hierofme, comme vous voulez nous le faire croire, voulant nous faire croire que vous le croyez vous-mefme, bien qu'il foit impoffible que vous le croyiez, puifque vous eftes vn Docteur de reputation & de fçauoir comme l'on dit, & trop éclairé pour eftre fufceptible d'vne fi extrauagante imagination.

EVAR. reuenez à moy Timothée. M. Morel n'eft point icy, & vous pouuez parler de luy moins ciuilement & plus franchement fi vous voulez. TIM. Ie reuiens donc à vous Euarifte, & ie vous dis que ce que i'ay dit du grand Cardinal de Richelieu, ie le dis à proportion du Cardinal Hofius[a] qui a efté fuiet à la mefme méprife, fans perdre l'eftime de tres-docte Cardinal, de mefme que fans la perdre, il a bien cité,[b] comme vn Autheur Catholique, Faufte le porte-Enfeigne des Semipelagiens, ainfi qu'il eft nommé par le porte-Enfeigne des Moliniftes le Pere Petau. Mais le Cardinal Hofius, ce que ie fuis obligé de dire plufieurs fois, euft-il cité les paroles de Pelage, fouz le nom de S. Hierofme & de fainct Auguftin, comme fait M. Morel. Si ce Cardinal illuftre fe fuft apperceu qu'elles eftoient prifes de la Confeffion de Pelagius, & c'eft expres que ie ne parle point de Guillaume de Paris, qui dans le mefme liure des vices & des pechez que Monfieur Morel a allegué, a pris pour Iulien l'Apoftat, Iulien le Pelagien, contre qui S. Auguftin a fait de fi beaux liures.

Pour l'Eglife de Lyon[a] i'auoüe auffi que par le malheur du temps, elle a cité les mefmes paroles fouz le nom de S. Hierofme, mais qu'elle les ait prifes dans le fens que nous les prenons auec S. Auguftin, auec le Pape Zozime & auec l'Eglife Catholique, ie ne penfe pas que M. Morel ait fi peu profité des fçauantes veilles du Prefident Mauguin que d'en pouuoir douter. Or en cét endroit Euarifte, que M. Morel eft froid &

a *M. Morel pag. 45. & 46. où M. Morel ne cite qu'à demy les paroles de ce Cardinal au 65. chap. de la confeffion de la foy Catholique, où il dit fuiuant partout S. Auguftin, que les Cōmandemens de Dieu ne font pas impoffibles aux croyans, c'eft à dire à ceux qui croyent comme il faut & iufques à la fin, & il eft certain qu'il n'y a que ceux-là, à qui les Commandemens foient prochainemēt poffibles, comme nous difons apres S. Auguftin.*

b *Dans la Confeffion de la foy Cath. ch. 71.* Et qui videtur non multò pofterior fuiffe fauftus, cùm Deus inquit iuftus, &c.

a *M. Morel pag. 41. & 42.*

n ſipide quand il dit [a] que l'Egliſe de Lyon auroit perdu ſon authorité dans le reſte de ſa Doctrine, ſi elle s'eſtoit trompée en ce ſuiet; Comme ſi S. Thomas auoit perdu ſon authorité dans les myſteres de la Theologie pour eſtre tombé dans la meſme inaduertance ſur vn poinct de fait où il eſtoit ſi aiſé de ſe tromper dans l'obſcurité des precedens Siecles.

Mais que dirons-nous enfin du Concile de Trente dont M. Morel outrage ſcandaleuſement la dignité en luy attribuant [a] vne conception badine & inſenſée, que ce bon Docteur s'eſt imputée fauſſement luy-meſme, en ſe des-honorant luy-meſme pour défendre ſon honneur. Mais quand ce Concile declare, que les Peres ont prohibé ſous peine d'Anatheme de dire que les Commandemens de Dieu ſoient impoſſibles aux hommes iuſtifiez, pourquoy n'auroit-il pas viſé aux authoritez de S. Auguſt. que ie viens d'alleguer ou à celle-cy du Concile d'Orange qui parle des iuſtifiez comme celuy de Trente, & dit [b] *Nous croyons auſſi ſelon la Foy Catholique que tous les baptiſez, ayant receu la grace par le Bapteſme, Ieſus-Chriſt* (les) *aydant & cooperant* (auec eux) *peuuent & doiuent accomplir les choſes qui appartiennent au ſalut de leur ame s'ils veulent trauailler fidellement, mais qu'il y en ait quelques-vns qui ſoient predeſtinez au mal par la puiſſance diuine, non ſeulement nous ne le croyons point, mais encore s'il y en a qui vueillent croire vn ſi grand mal, nous leur diſons Anatheme auec toute ſorte d'execration.* Or le Cõcile d'Orange ayant prononcé, comme vne verité de la Foy Catholique, que tous les baptiſez, c'eſt à dire, tous les iuſtifiez peuuent accomplir les Commandemẽs de Dieu, auec ſon ſecours, puis adiouſtant qu'il n'y en a point de predeſtinez au mal par la puiſſance diuine, il entend cela principalement des hommes iuſtifiez, pourquoy me direz-vous? pour repouſſer l'infame & l'horrible calomnie des ſemi-Pelagiens, qui nous accuſoient [a] de dire qu'il y a des hommes iuſtes que Dieu par ſa puiſſance force de pecher, au lieu de les ayder à

[a] P. 43 *S'ils ne diſent, qu'elle s'eſt en cela trompée* (*l'Egliſe de Lyon,*) *mais ils ne peuuent deſtruire ſa doctrine, & ruyner ſon authorité en vn poinct ſans l'ébranler en tous les autres, car ſi elle s'eſt trompée vne fois en nous donnant vne erreur & vne reſuerie pour vne tradition veritable, Comment pouuons-nous ſçauoir, & qui nous reſpondra qu'elle aura eſté plus fidelle & plus heureuſe dans les autres?*

[a] *M. Morel pag* 45

[b] *Le Concile d'Orange* Can. 25. hoc etiam ſecundum fidem Catholicam credimus, quod accepta per baptiſmũ gratia, omnes baptiſati Chriſto auxiliante & cooperante, quæ ad ſalutem animæ pertinente poſſint & debeant, ſi fideliter laborare voluerint adimplere, aliquos vero ad malum diuina poteſtate prædeſtinatos eſſe, non ſolum non credimus, ſed etiam ſi ſunt qui tantum malum credere velint, cum omni deteſtatione illis Anathema dicimus.

ne pecher point, quand ils sont fidelles à l'inuoquer, & partant c'est comme si le Concile d'Orange declaroit qu'il Anathematise, & qu'il condamne auec execration ceux qui oseroient dire que Dieu par sa puissance fait déchoir de la Iustice, des hommes Saincts & Iustes, & mesme qu'il ne les ayde pas à faire, & à pouuoir faire par sa grace ce qu'il leur commande par sa Loy, bien qu'ils trauaillent, ou qu'ils vueillent trauailler fidellement pour l'accomplir, & n'est-ce pas là iustement ce que le Concile de Trente vouloit définir contre les Lutheriens qui disent que les Iustes ne peuuent obseruer les Commandemens de Dieu, non pas mesme auec sa grace, & que lors qu'ils tombent dans le peché, c'est Dieu mesme qui les y pousse, & les y fait tomber. Et pourquoy donc le Concile de Trente n'auroit-il pas eu dessein proprement de suiure le Concile d'Orange en cet endroit, puisque l'vn & l'autre Concile parle nommément des baptisez ou des iustifiez, & que l'vn & l'autre définit auec Anatheme qu'ils peuuẽt tous garder les Cõmandemẽs auec le secours de Dieu qui ne les pousse pas à les violer, mais les ayde à les obseruer, s'ils sont soigneux de le prier. Et de là vient aussi que Iean Soteallus, & Horace Lucius, tres-sçauãs personnages ont cotté à la marge du Concile de Trente, le Canon sus allegué du Concile d'Orange, au lieu qu'ils eussent dû cotter la Confession de Pelage sous le nom de Sainct Augustin ou de Sainct Hierosme, s'ils auoiẽt eu l'esprit de Monsieur Morel ou de Caluin, ou de Kemnitius qui accusent le Concile de la mesme faute que Monsieur Morel luy impute pour se iustifier.

a *Sainct Prosper en la responce aux François. obi.* 11. quod per potentiam Deus homines ad peccata compellat, *Sainct Prosper respõd à cette obiection*, nullus Catholicorum dixit aut dicit quod Deus homines, pie recteque viuentes per potentiam in peccata compellat, aut innocentiæ humanæ potestas diuina vim faciat; Vt eam à proposito bonæ conuersationis excutiat, non sunt Dei opera ista sed diaboli cuius gaudium est ruina sanctorum. Sed alleuat Dominus omnes qui corruunt & erigit omnes elisos.

Et ie vous prie Bellarmin, a-t'il eu dessein de démentir les Peres de Trente, quand il a dit dans ses Obseruations sur les Oeuures de Sainct Hierosme, *Le Symbole à Damase, qui commence* (par ces mots, *) Credimus in Deum Patrem*, & qui se termine par ceux-cy, *se imperitum & maleuolum vel non Catholicum, non me hæreticum comprobauit, N'est pas vn* (escrit*) de Sainct Hierosme à Da*

a *Liu. des Escriuains Eccles. sur le 9. tom. de Sainct Hierosme.* Symbolum ad Damasum, &c.

mase, mais de Pelage au (Pape) *Innocent; Sainct Augustin nous fait voir cela dans le Liure de la Grace de Christ au Ch. 30. 31. 32. 33. où il dit, que Pelage enuoya le libelle de sa Foy au Pape Innocent, & au mesme lieu, il rapporte des paroles de ce libelle qui sont les mesmes qui se trouuent en ce Symbole,* &c. Mais n'est-ce pas auoir perdu toute estime, & tout respect pour le Concile de Trente, & ne se soucier pas de l'exposer à la risée des heretiques de ce Siecle, que de vouloir nous persuader que ce Sainct Concile sçachant bien que le pretendu Symbole de Sainct Hierosme, & le pretendu Sermon de Sainct Augustin, n'estoient autre chose que la Confession de Pelagius, n'a pas laissé de les attribuer à Sainct Augustin, ou à Sainct Hierosme ou à tous les deux ensemble, comme font auiourd'huy Monsieur le Moine, & Monsieur Morel, contre toutes les regles, & contre tous les principes du bon sens. Il est tout visible que les Molinistes font bon marché de la reputation de ce sainct Concile, & qu'ils se sont mis comme en possession d'en faire vn pleige, & vn respondant de toutes les inepties de leur opinion.

EVAR. Ce que vous dites n'est que trop vray Timothée, mais comment s'est-il pû faire que la Confession de Pelagius ait esté fourrée dans les Oeuures de Sainct Augustin, & de Sainct Hierosme? TIM. Cela s'est fait, ou par l'ignorance, ou par l'auarice des Libraires qui publioient leurs Liures sous des noms illustres pour en faciliter la vente & le debit, ou cela est arriué par la malice des Pelagiens, qui ne faisoient point scrupule de supposer leurs ouurages aux Peres Catholiques, comme ils en ont supposé au Pape Sixte par le tesmoignage de Baronius,[a] au Pape Gelase par le tesmoignage de Cassiodore,[b] & au Concile mesme d'Ephese par le tesmoignage de Sainct Gregoire.[c]

EVAR. Il y a grand'apparence que ça esté vn artifice, ou des Pelagiens, ou des semi-Pelagiens qui se sont tousiours picquez de subtilitez & de fourberies, comme fauste entre les autres par le tesmoignage d'I-

a Baron sur l'année 440.
b in diuinis lectionib. Chap. 8
c Liur. 7 du registre Epist. 8.

d *Voyez Bellarmin sous fausse.*

Pag. 17.

ſidore. d Mais c'eſt aſſez parlé de la Confeſſion de Pelage. Ne dirons nous rien de celle de Celeſtius. TIM. Monſieur Morel a dit apres Baronius l'admirable annaliſte que Celeſtius a fait deux Confeſſions de Foy, dont la ſeconde eſtoit pire que la premiere, puiſque dans la ſeconde, dit Monſieur Morel, Celeſtius ſelon ſainct Auguſtin, *découurit le venin de ſon erreur, touchant le peché originel, que Pelagius auoit caché.* Mais ſauf l'honneur, & le reſpect ſupreme que ie porte à l'éminent ſçauoir, & aux trauaux immenſes du Cardinal Baronius, ie ne penſe pas que Celeſtius ait iamais fait, ou preſenté à Rome deux Confeſſions de Foy, & ſur tout deux Confeſſions, dont la ſeconde ait eſté plus dure & plus odieuſe que la premiere. Car en premier lieu, cét heretique qui ~~vouloit ſe cacher, ou~~ eſſayoit de ſe cacher de plus en plus à Rome, deuoit adoucir ſes expreſſions plutoſt que de les aigrir dans ſes dernieres Confeſſions de Foy. en ſecond lieu Sainct Auguſtin n'a iamais parlé b que d'vne Confeſſion de Foy de Celeſtius qu'il dit auoir eſté produite dans les actes Eccleſiaſtiques faits à Rome dans la Cauſe de Celeſtius. Et quant à ce que le Pape Zozime dit en l'Epiſtre aux Affricains que la Confeſſion de Pelage & celle de Celeſtius eſtoient pareilles en toutes choſes, il faut entendre qu'elles eſtoient pareilles dans toutes les choſes qu'elles aſſeuroient abſolument, & non pas dans les choſes qu'elles propoſoiẽt auec quelque doute, & ie n'eſtime pas qu'il faille prẽdre à la rigueur les paroles de ce Pape, qui fauoriſoit, & ſupportoit autant qu'il pouuoit Pelage & Celeſtius deuant qu'ils fuſſent conuaincus, & reconnus heretiques, pour les ramener doucement à la droite Foy, comme Sainct Auguſtin la teſmoigné.

b *Voyez le Liure de la grace de Christ Ch. 33, Liur. du peché originel Ch. 1. 5. & ſuiu. & Ch. 19. ou le libelle de Celeſtius dont parle S. Auguſt. & qui fut leu à Carthage eſt celuy meſme qu'il preſenta au Pape Zozime, comme l'on peut voir par la fin du premier Chap. du Liure du peché originel. Voyez auſſi le Liur. 2. a Boniface depuis le Chap. 3.*

a Mais apres tout, ſoit que Celeſtius ait fait deux Cõfeſſions de Foy, ou qu'il en euſt fait vne ſeule, nous apprenons manifeſtement de Sainct Auguſtin, que celle que Monſieur Morel croit eſtre la ſeconde fut approuuée & declarée Catholique b par le Pape Zozime, ou

a *Au meſme lieu.* Quando illa ingenia quamvis nefando errore peruerſa non tamen contemptibilia, cum ſtudioſè corrigenda potius

en l'Epistre aux Affricains[b], ou en quelque autre lieu que ce puisse estre. C'est pourquoy Monsieur Morel qui fait le zelé pour la gloire du Sainct Siege, & qui declame[c] contre ceux qui disent que cette Confession de Foy a esté approuuée par le Pape Zozime, comme si on ne pouuoit le dire sans accuser ce Pape, ou le sainct Siege d'auoir erré, fait vn insigne tort à la gloire du sainct Siege. Car en effet, cette Confession de Foy ayant esté approuuée & declarée Catholique par le Pape Zozime, comme sainct Augustin l'asseure, si on vouloit s'arrester aux declamations de M. Morel, il faudroit croire que le Pape Zozime, & le sainct Siege auroiét erré. Voiez donc comment M Morel a dit finement pour ne dire pis, & tres-mal à propos, [a] *Ie mestonne comment il se peut faire que quelques-vns du nouueau party ayent osé dire sourdement que S. Zozime a erré en ce lieu pretendant qu'il a approuué la* P*rofession de Foy de Celestius, qui contient vne erreur visible contre la creance du peché originel*, de maniere que selon les principes de M. Morel, on pourroit former cet argument contre l'infaillibilité du Pape. Dire que le Pape a approuué cette profession de Foy, c'est dire sourdement que le Pape a erré, or S. Augustin dit que le Pape Zozime a approuué cette Confessiõ de foy, Sainct Augustin donc dit sourdement que le Pape Zozime a erré. Mais S. Augustin asseure le contraire[a], & reüssit bien mieux que M. Morel à iustifier la conduite du S. Siege, disant sagement, que le bienheureux Zozime auoit approuué dans la Confession de Celestius le desir de son amendement, & non la fausseté de son erreur. Cet Heretique ayant auancé dans sa Confession qu'il n'y auoit point de peché originel, comme vne chose sur laquelle il vouloit estre instruit, & ayant protesté quand on l'interrogea qu'il vouloit se sousmettre aux Lettres du Pape Innocent qui establissoient en termes expres le peché originel.

Evar. Il est visible que tout ce qu'a dit M. Morel, il ne l'a dit que pour nous diffamer, & pour surprendre

quam facile damnanda viderentur, aliquanto lenius, quàm seuerior postulabat ecclesiæ disciplina tractata sunt.

b *La mesme*, & propterea libellus eius Catholicus dictus est. *Et plus bas*, propter eà quod (à sede *Apostelica*) dictum erat eum libellum esse Catholicum

c M. Morel, p. 16. & 17.

a La mesme.

a *Liu. 2. à Bonif. c. 3.* Sed cùm hoc Celestius in suo libello posuisset inter illa duntaxat de quibus se adhuc dubitare & instrui velle confessus est, in homine acerrimi ingenij, qui profectò si corrigeretur, plurimis profuisset voluntas emendationis, non falsitas Dogmatis approbata est, & propterea libellus eius Catholicus dictus est,

la simplicité des ames vulgaires en nous calomniant. TIM. C'est ainsi qu'il accuse[b] l'Abbé d'auoir osé dire *que Dieu commande choses impossibles à quelques vns, pour faire paroistre en les perdant, sa colere & sa Puissance.* Mais premierement voyez l'artifice de M. MOREL. Car il n'explique pas[a] de quelle sorte d'impossibilité l'Abbé entend parler, car il parle seulement d'vne impossibilité accidentelle & conditionnée, selon laquelle les Commandemens sont impossibles, supposé que Dieu ne nous donne point la grace qui nous les rend possibles, ce que Dieu fait quand il luy plaist, bien que absolument parlant, ils nous soient tousiours possibles, parce que nous pouuons tousiours auoir l'ayde de la grace qui nous les rend possibles. EVAR. rapportez vn peu au long le texte de l'Abbé. Tenez voila sa lettre. TIM. escoutez donc, voicy l'endroit que M. Morel a allegué, ou plustost depraué,[a] *Quant à ceux que Dieu veut laisser dans la masse d'Ire où ils sont nez. C'est bien en vain pour eux, mais ce n'est pas en vain pour luy qu'il leur donne des Commandemens sans la grace de les obseruer, puis qu'à l'égard de ces vases d'Ire, il se sert de sa loy mesme pour les conuaincre, en ne leur donnant point l'esprit sans lequel ils ne peuuent la garder;* (Voila l'impossibilité dont parle l'Abbé) *Car il est le Maistre absolu de la masse corrompuë de la nature humaine, comme le Potier l'est de l'argile, & pouuant la sauuer ou la perdre toute entiere, il en sauue vne partie & perd l'autre comme bon luy semble, faisant de l'vne des vaisseaux d'honneur, & de l'autre des vaisseaux de confusion, pour faire paroistre en les perdant sa colere & sa puissance, & pour déployer les richesses de sa gloire sur les vaisseaux qu'il a preparez pour estre admis à la iouïssance de sa felicité.* En premier lieu donc, voyez Euariste, comment M. Morel a falsifié le texte de l'Abbé en retrenchant ces mots, *& pour déployer les richesses de sa gloire sur les vases de misericorde &c.* En second lieu, voyez comment M. Morel ne s'apperçoit pas qu'il traite de blaspheme, les paroles de Moyse & de l'Apostre, & les paroles

quia & hoc Catholicæ mentis est, si qua forte aliter sapit quam veritas exigit, non ea certissimè definire, sed detecta ac demonstrata respuere, non enim Hæreticis, sed Catholicis Apostolus loquebatur, vbi ait quotquot ergo perfecti sic sapiamus, & si quid aliter sapitis, id quoq; Deus vobis reuelabit. Hoc in illo factū esse putabatur, quando se litteris beatę memorię Papæ Innocentij, quibus de hac re dubitatio tota sublata est, consentire respondit.

b Page 50.

a M. Morel pag. 50.

a Lettre à l'Abbé pag. 68.

les de Dieu mesme, quand il dit au Roy Pharaon, [a] *Ie t'ay suscité pour cela mesme, qui est de faire paroistre ma Puissance en toy, & de faire annoncer mon nom par toute la terre.* C'est à dire, ie t'ay suscité, pour faire paroistre ma Puissance dans ta dureté & dans ta perte; dans ta dureté que ie permets comme vne occasion de te destruire, & de te perdre, & de tirer de ta ruine, & de ta perte, que tu as meritées par ta malice, le salut & la deliurance de mon peuple. C'est là proprement ce qu'a dit l'Abbé, & partant que M. Morel s'il veut, conteste contre Dieu, & l'accuse de blaspheme, afin que l'on replique à ce Docteur superbe, [b] *O l'homme qui es-tu pour respondre à Dieu, le vase, dira-t'il, à celuy qui l'a formé; pourquoy m'as-tu fait ainsi? le Potier n'a-t'il pas la puissance de faire d'vne mesme masse, vn vase pour l'honneur, & vn autre pour l'infamie,* (ou) *pour la confusion*, & en suite, *Que si Dieu a supporté*, dit l'Apostre, *auec grande patience des vaisseaux d'Ire, fabriquez pour la Perte*, c'est à dire, qui est ce qui peut se plaindre des iugemens de Dieu, s'il ne destruit pas tout d'vn coup, mais supporte longuement & patiemment des vases d'Ire qu'il a formez pour les perdre, ne les guerissant pas du vice de leur origine? mais pour quelle fin Dieu veut-il les perdre, grand Apostre? Il venoit d'en dire la raison, *voulant faire paroistre sa colere, & faire connoistre sa Puissance.* Et pour quelle fin Dieu veut-il faire paroistre sa colere & sa Puissance dans la perte de ces vases d'Ire, execrables par le vice de leur origine ou de leur propre volonté? L'Apostre en allegue la raison, & dit, *Pour déployer les richesses de sa gloire sur les vases de misericorde qu'il a preparez pour la gloire.* Et n'est-ce pas là iustement & proprement ce qu'a dit l'Abbé? Que M. Morel s'attaque donc s'il veut, à la personne de l'Apostre, & qu'il l'accuse de blaspheme, si c'est vn blaspheme que de dire ce qu'a dit l'Abbé dans les propres termes de l'Apostre.

Certes il est à croire que S. Augustin passe chez M.

[a] *Ep. aux Rom. chap.* 9. Quia in hoc ipsũ &c.

[b] *Là mesme.*

Morel pour vn Blaſphemateur eſtrange, puis qu'il a oſé dire contre l'aduerſaire de la Loy & des Prophetes. [a] *Il eſt auſſi le Dieu des Prophetes, qui a donné des Commandemens ſains, iuſtes, & bons, mais qu'il a donnez aux ſuperbes qui ſe confioient en leurs forces & non pas en ſa grace, afin que non pas viuans, mais mourans par ces preceptes meſmes ils fuſſent conuaincus, comme les Apoſtres, l'vn d'eux nous l'asseurant, eſtoient la bonne odeur de Chriſt, & dans ceux qui ſe ſauuoient, & dans ceux qui periſſoient, eſtant aux vns vne odeur de vie pour la vie, & aux autres vne odeur de mort pour la mort.* EVAR. Que vous eſtes grand ô Dieu! & qui pourroit penſer combien cette maxime eſt iuſte & neceſſaire pour abbatre les hommes orgueilleux, & pour leur imprimer dans le fond de l'ame vne crainte ſalutaire de vos iugemens. Mais pour ce qui eſt des iuſtifiez. S. Auguſtin ne dit-il pas comme M. Morel le cite, [b] *Tu eſtois impie, & il eſt mort pour toy, tu es iuſtifié, & il te delaiſſera? celuy qui a iuſtifié l'Impie, abandonnera le Iuſte?* TIM. C'eſt comme ſi ſainct Auguſtin diſoit. Puis que Dieu recherche bien ſouuent ceux qui l'ignorent, & qui ne l'inuoquent pas encore, peut-il abandonner ceux qu'il a iuſtifiez. Et qui inuoquent ſon ſecours & perſeuerent à l'inuoquer, c'eſt à dire comme il faut? *Dieu ne quitte pas*, dit S. Auguſtin, [a] *celuy qui trauaille, & qui crie à luy.* Et en vn autre lieu. [b] *Dieu a-t'il quitté ſes ſeruiteurs quand ils ont eſté contrits de cœur, & les a-t'il mépriſez quand ils ont eſperé en luy?* Mais il faut que Dieu nous donne cela meſme, qui eſt de le prier & de perſeuerer à le prier. *Eſtant certains de ſa promeſſe*, [c] dit ſainct Auguſtin, *ne ceſſons de le prier. Et cela meſme eſt vn bienfait que nous receuons de luy, & c'eſt pourquoy Dauid a dit, benit ſoit Dieu, qui n'a point eſloigné mon Oraiſon, ny ſa miſericorde de moy.* Et ainſi afin que les Iuſtes meſmes perſeuerent à prier Dieu & à l'inuoquer, il faut qu'il leur donne vne ayde ſpeciale qu'il ne donne pas à tous les iuſtifiez, ſelon cette definition expreſſe du Concile de Trente, [a] *S'il y a quelqu'vn qui die que ſans vn ſecours ſpe-*

[a] *Liu. 2 ch 11.* Ipſe eſt enim & Prophetarum Deus qui mandata ſancta & iuſta & bona ſuperbis tamen non de ipſius gratia, ſed de ſua virtute fidentibus, non quibus viuerent ſed quibus morerentur, vt cõuincerentur dedit, ſicut Apoſtoli, dicẽte vno ipſorum bonus odor Chriſti erant, & in his qui ſalui fiebant, & in his qui peribant, aliis quidem odor vitæ in vitam, aliis odor mortis in mortem.

[b] *Sur le Pſeau. 96.* Impius eras, & mortuus eſt pro te, iuſtificatus es & deſeret te, qui iuſtificauit impium relinquet pium.

[a] Pſ. 32. Adiuuat dimicãtes, neminem deſerit laborantẽ & exclamantem ad ſe.

[b] Ergo exauditi nõ ſunt quia occiſi ſũt? & deſeruit Deus cõtritos corde ſeruos ſuos, & ſperantes in ſe deſpexit? abſit, quis enim inuocauit dominũ & derelictus eſt ab eo? quis ſperauit in eũ & deſertus eſt ab eo?

[c] *Pſ. 65. à la fin.* Ergo nõ deficiamus in oratione, ille quod cõceſſurus eſt & ſi differt, non aufert, ſecuri de pollicitatione ipſius non deficiamus orando, & hoc ex beneficio

cial de Dieu celuy qui est iustifié peut perseuerer en la iustice qu'il a receuë qu'il soit Anatheme.

Evar. Ouy, mais les Molinistes disent que tous les iustifiez ont cette ayde speciale pour perseuerer, Tim. Les Molinistes, s'opposent en cela directement au Concile de Trente. Car si tous les iustifiez auoient cette ayde, ils pourroient & deuroient mesme s'asseurer de l'auoir, mais le Concile de Trente [b] définit le contraire, & dit, qu'il n'y a personne qui en soit asseuré, ou qui s'en puisse asseurer absolument, & partant le sainct Concile a tres-bien arresté contre les Lutheriens que Dieu rend ses preceptes prochainement possibles iusques à la fin aux hommes iustifiez, mais auec cette condition tacite, s'il leur donne le don de la perseuerance, qu'il ne donne qu'à ceux qu'il veut selon qu'il luy a plû de reprouuer les hômes ou de les predestiner à la gloire de toute éternité. En ce sens S. Augustin dit, [c] *la lettre est vne ayde pour les predestinez, parce qu'en commandant, & n'aydant pas, elle auertit ceux qui sont infirmes de recourir à l'esprit de grace, si ceux ausquels elle est vtile & bonne en vsent legitimement, autrement la lettre par elle-mesme tuë, en ce que commandant le bien, & ne donnant pas la Charité qui seule veut le bien, elle nous rend coupables de preuarication.* Voila ce que Dieu fait par la lettre de la loy dans les predestinez, c'est à dire dans les iustes Qu'il ne quitte point s'ils ne le quittent, & ausquels il donne cela mesme qui est de ne le point quitter, c'est à dire de ne point cesser de luy demander la grace de bien viure, afin qu'il ne cesse point de la leur donner. Que M. Morel aille dôc se vanter glorieusement que ses raisons demeurent sans replique, [a] comme si on s'estoit beaucoup mis en peine pour les refuter, ou comme si elles en valloient la peine.

Evar. Monsieur Morel dit donc à ce que ie vois, que ses raisons estant sans replique, demeurent dans leur force Tim. Ouy elles demeurent dans leur force. Et il est impossible de leur oster leur force. Car elles

ipsius est, propterea dixit benedictus Deus qui non amoris deprecationem meam, & misericordiam suam à me.

a Sess. 6. Can. 22.

a *Le mesme Cha.* 13. Similiter de perseuerantiae munere de quo scriptum est, qui perseuerauerit vsque in finem, hic saluus erit &c. Nemo sibi certi aliquid absoluta certitudine polliceatur.

b *L'œuure Imp. Liu.* 1. *Ch* 92. In hoc est prædestinatis adiutorium littera, quia iubendo & nõ iuuando, admonet &c.

a Pag.

n'en ont point du tout, & en effet quelle solidité pourroit auoir vn homme qui croiroit sur la parole de M. Morel [a] que de soustenir qu'vn libelle, ou vne Confession de Foy de Pelagius n'est pas vn sermon de S. Augustin, c'est vne resuerie, ou vn songe, mais non pas de ceux desquels Homere dit qu'ils viennent du Ciel. Quoy donc Euariste, est-ce vn songe, ou vne resuerie, de ne vouloir pas croire que Sainct Augustin ait appris mot à mot la Confession de Pelagius, pour la prescher au peuple d'Hipponne. Que c'est peu de chose que l'homme quand il dispute contre Dieu, & s'il m'estoit permis d'alleguer Pindare comme M. Morel allegue Homere sur les songes, ne pourrois-ie pas dire que l'homme qui combat les veritez de Dieu, n'est en effet que le songe d'vn ombre. Ou ne pourrois-ie pas dire dans le langage d'vn grand Sainct [c] que le Panegyriste ou l'Apologiste des libelles de Pelage, se repaist l'esprit, & veut vous le repaistre d'ombres & de songes, ou [a] que les vanteries de ceux qui s'attaquent aux veritez diuines, ne sont pas plus solides que les resueries ou les visions de ceux qui songent.

Ainsi M. Morel nous prenant pour des bestes, a bien voulu nous donner encore ce salutaire aduis, [b] que puisque S. Augustin dit qu'il faut preferer les Escritures sainctes, qui sont receuës *de la pluspart, & des plus considerables*, nous deuons demeurer d'accord que la Confession de Pelagius est vn Sermon de S. Augustin, & vn traicté de S. Hierosme enuoyé au Pape Damase trente ans deuant qu'il fut fait, parce que plusieurs Autheurs mal-heureusement trompez, & ne sçachant pas que c'estoit la Confession de cet heresiarque, l'ont attribuée innocemment à S. Augustin, & à S. Hierosme. Ne voila-t'il pas vne consequence, ou vne comparaison bien iuste, bien solide, & bien proportionnée à la capacité d'vn censeur general des Docteurs, & de la doctrine dans l'Eglise Gallicane, ou plutost ne voila-t'il pas vne phantaisie bien plus digne d'vn hôme qui songe

a *M. Morel p. 25. & quant à ce qu'ils pretendent que ce Sermon n'est que la Confession de Foy du chef des Pelagiens que sainct Augustin a refutée, c'est vne défaite imaginaire,* (ô le bon M. Morel) *& vn songe qui n'est pas tel qu'on puisse dire ce songe vient du Ciel. En suite dequoy M. Morel met en marge ces mots Grecs* καὶ γάρ τ' ὄναρ ἐκ Διός ἐστι *auec cette cotte Hom. 1. de l'Iliade, & puis dittes que M. Morel ne lit pas Homere.*

c *S. Gregoire de Naz. Oraison 3. p. 134.*

a *Le mesme Oraison. 4. pag. 123.*

b *Pag. 37*

que d'vn homme qui veille? Et vous M. Morel, pourrois-ie luy dire; Venez-çà, n'auez-vous point de honte d'appeller vostre Chimere vne tradition, ne craignant pas de flestrir la dignité de ce nom venerable, & de le rendre contemptible aux heretiques pour couurir vostre honneur.

Evar. Parlez à moy Timothée. Il est vray que les chimeres que M. Morel a debitées ne sont gueres dignes d'vn primat des Docteurs, d'vn Syndic du Syndic mesme de la faculté, & d'vn Controolleur general de la doctrine en France, & mesmes combien pensez-vous qu'il y ait de gens malins, qui pourront peut estre dire, ou au moins s'imaginer qu'il faut que ce bon homme ait vne haute estime de son habileté, puis qu'il a accepté vne charge qui requiert vne si rare suffisance.

Ie dis bien d'auantage. M. Morel ayant escrit vn Liure contre nous, Et M. Grandin l'ayant approuué, par quelle voye, pourrions-nous auoir vn priuilege d'imprimer, si nous voulions nous défendre par escrit, puisque ce Priuilege ne se donne que sur l'Approbation de M. Morel, & de M. Grandin, qui apparemment ne voudroient pas approuuer vn Liure que nous aurions fait pour leur respondre? ainsi voila deux hommes qui ont vne puissance toute extraordinaire, & vne authorité qui n'appartient pas mesme à Nosseigneurs les Euesques. Voila deux sur-éminens Docteurs qui ont dequoy se vanter d'estre seuls à couuert de leurs aduersaires, & desormais ils peuuent s'asseurer qu'ils escriront tousiours d'vne maniere inuincible, puisque en nous refusant leur Approbation, ils pourront tousiours nous empescher de leur respondre, en vn mot, ils n'auront qu'à dire, nous ne trouuons pas bon que vous nous respondiez, ou bien nous ne voulons point approuuer ce que vous auez escrit pour nous respondre, & nous ne sommes point d'auis que ceux contre qui nous escriuons soient si hardis que de penser à nous repartir. Que si vous estes si temeraires que de publier vostre response, nous vous reprocherons qu'il ne nous a pas plû de l'approuuer, & de vous faire donner vn Priuilege contre nous, & nous permettrons plutost, comme nous auons desia fait, que l'on imprime l'Alcoran que de souffrir que l'on publie des Liures qui découurent la foiblesse des nostres.

TIM. Vous venez là de me proposer vn Enigme assez obscur & assez difficile à déchiffrer, & la premiere fois que ie verray M. Morel, & M. Grandin, ie leur demanderay comment ils l'entendent; pour moy, ie ne sçay que vous en dire, si ce n'est peut-estre qu'vn fort celebre, fort pieux & fort sçauant Docteur ne se plaignit pas sans cause en pleine faculté de la Magistrature de ces Catons, & de ces Aristarques de tous leurs Confreres, la parfaite Iustice [a] du Souuerain Iuge qui les souffre, & les tolere ayant esté surprise par les artifices de quelques Politiques spirituels. Ie sçay seulement que Monsieur Morel a fait vn Liure qui est remply de songes, d'égaremens, & de visions bien que Monsieur Grandin, a la charge d'autant, l'ait approuué, & s'il m'eust esté bien seant d'alleguer Homere comme fait M. Morel qui se delasse de ses grands emplois dans la lecture des Fables & des Poësies Payennes. I'aurois pû sans doute dire iustement auec ce fameux Poëte.

ἄνδρά μοι ἔννεπε μοῦσα πολύτροπον ὃς μάλα πολλὰ πλάγχθη.

Qui est vn vers d'Homere que le Pere Petau, s'il sçauoit le François pourroit tourner ainsi d'abord, & sur le champ?

Muse, dis moy les differentes mœurs.
D'vn homme illustre, & ses maintes erreurs

Au reste. Le bon M. Morel ne deuoit pas s'émouuoir si fort. Contre vne personne qui l'ayme, qui l'estime, & qui l'honore dans l'esprit d'vne pure charité; il eut mieux fait de suiure ce conseil de Pytagore.

μὴ ἔχθαιρε φίλον σὸν ἁμαρτάδος εἵνεκα μικρῆς.

Ce que ceux qui ont la veine *Extemporanée* du Pere Petau, pourroient subitement traduire en cette sorte.

Ne hay pas ton amy pour vn peché leger,

[a] On n'a pas dit à Monseigneur le Garde des Sceaux, qui est si zelé pour la Iustice, qu'en l'année 1624. M. du Val aiant receu vne pareille commission d'Approbateur general des Liures, & le Syndic ayant fait plainte en pleine faculté de cét establissement preiudiciable au droict de tous les Docteurs, la faculté en deputa quelques-vns vers Monseigneur le Garde des Sceaux pour luy representer le tort qu'elle souffroit de cette nouueauté, en suitte dequoy l'humble & modeste M. du Val se demist luy-mesme volontairement de cette commission. l'an 1625. le 4. Nou. comme il paroist par les registres de la faculté des mesmes années & mois.

Bien que dans ce combat Monsieur Morel ayt esté l'Aggresseur cõme l'on sçait, & qu'il ayt voulu faire sa charge d'Aristarque sur vn homme qui ne luy en vouloit point, & qui ne pensoit non plus à luy qu'au moindre des Docteurs de la Faculté.

Mais reuenons à nostre serieux Euariste, dont nous sommes diuertis en despit de nous, par les ouurages & par les calomnies ridicules de nos aduersaires. Laissons là Pythagore, Homere, Pindare, Aristarque, & tous ces vains Autheurs Prophanes & Infidelles, qui n'ont point connu le mystere de Dieu, & de celuy qui a dit sans moy, vous ne pouuez rien faire. Souuenez-vous seulement de ce qu'a prononcé le Dieu sage & le Dieu fort, [a] qu'il deuoit confondre la sagesse des sages, & les surprendre en leurs finesses, dont il connoist la vanité. Ou si nous voulons reuenir à Pindare, disons auec vn Pere [a] qui l'allegue à ce propos, que si ce qui est proprement nostre doit principalement nous estre sensible, ce sont les choses diuines & inuisibles que nous deuons aymer & embrasser vniquement, les biens presens, la Noblesse, la reputation, la puissance, qui rampent sur la terre, ne pouuant nous donner que de fausses ioyes, & des plaisirs tous pareils à ceux qui nous flattent dans les songes.

[a] *En la premiere aux Cor. ch. 3. v. 19. & 20.*

[a] *S. Greg. de Naz. Orais. 3. pag. 96.*

Et dans cette pensée sainte, salutaire, & vrayment digne des enfans de Dieu, trouuez bon que ie concluë cét entretien si long, apres vous auoir protesté en foy de Prestre, & dans la sincerité de Dieu qui m'en est tesmoin, que ie ne me sens touché d'aucune hayne contre ceux qui me déchirent & qui m'attaquent dans la plus sensible partie de mon ame, attaquant la grace de celuy qui est mort en Croix pour me sauuer: Ie le supplie incessamment, & dans mes sacrifices, & dans mes Oraisons particulieres qu'il esclaire, ou amollisse, ces esprits aueugles ou endurcis, & qu'il leur manifeste sa diuine grace s'ils l'ignorent, ou qu'il les empesche de la combattre, & de la diffamer s'ils la connoissent, comme fait certainement le Pere Petau. N'estes-vous pas dans le mesme sentiment, mon cher Euariste, pour nos aduersaires qui ne laissent pas d'estre encore nos chers freres en Iesus-Christ nostre commun Sauueur? Ie puis vous asseurer que c'est celuy de l'Abbé, qui n'est pas des plus malins, comme le Pere Petau l'a reconnu;[a] de quoy ie rends graces tres-humbles à sa reuerence, pour l'amour de cet Abbé que ie ne plains pas, mais que i'estime heureux d'estre hay & persecuté pour la verité de Dieu, suiuant la pensée du plus grand Theologien de l'Eglise Grecque.[b]

[a] *Premiere diss. en l'Ep. à l'amy.* Homini non malitioso.

[b] S. *Greg. de Naz. Orais.* 1. *pag.* 39.

Mais dites donc Euariste, n'auez-vous pas dans le fond du cœur vne charité sincere pour nos chers freres en Iesus-Christ, de quelque maniere violente & iniurieuse dont ils nous ayent traittez. Pour le bon Religieux Dom Pierre de sainct Ioseph, pour le bon Pere Petau, pour le bon M. le Moine, pour le bon M. Morel, & s'il faut adiouster les morts aux viuans, pour le bon deffunct M. Veron, qui dit publiquement vn iour que la Dissertation du Pere Petau ne valoit rien. EVAR. Ouy certainement, ie les ayme & les honore, & à vostre exemple, ie coniure du fond de mon ame le Celeste Pere de nostre Seigneur Iesus-Christ, & le Dieu de toute consolation qu'il vueille les benir & les combler de ses richesses spirituelles dans le temps & dans l'eternité. L'innocence de nos ieux tesmoigne bien assez, qu'il n'y a point de fiel en nos entretiens, & qu'ils n'ont pour obiet que la gloire de celuy qui doit estre le principe & la fin de toutes nos actiõs. Que si la modestie de nostre procedé a esté pour quelques-vns vne occasion de nous mal traitter, il nous sera permis de dire auec vn Pere de l'Eglise,[a] que nostre douceur a fait naistre l'amertume de nos aduersaires, comme le miel engendre la bile & la colere, & comme la bonté de Dieu endurcit ceux qui luy resistent. A luy soit honneur & gloire par tous les siecles en Iesus-Christ Nostre Seigneur. Ainsi soit-il.

a *Dãs la Cõgregation.* De Propag. fid.

[a] *Clement Alex. Pedagog. liu.* 1, *ch.* 11. *pag.* 131.

FIN.

Fautes suruenuës en l'impression.

Page 67. ligne 20. tesmoigne, *lisez* tesmoignage. p. 75. l. 5. deuant la fin, appartient, *lisez* appartinst. p. 89. l. 20. vous auez, *lisez* nous auons. p. 92. l. 21. que nous ne voulons, *lisez*, que sans elle nous ne voulons. p. 99. l. 10. auoient, *lisez*, auoit. p. 111. l. 4. l'agit, *lisez*, agit. p. 115. l. 4. agreable homme, *lisez*, homme agreable. p. 129. l. 17. de vous, *lisez*, de nous. p. 148. l. 5. qu'on entende, *lisez*, qu'on entendit. p. 153. l. 16. qu'il consiste, *lisez*, qui consiste. p. 164. l. 26. en ce Concile, *lisez*, en Concile. p. 171. l. 10. vers la fin, rapporta, *lisez*, rapporte. p. 184. l. 20. les plongea, *lisez*, le plongea. p. 189. l. 14. mais ie laisse, *lisez*, mais pour cette heure ie laisse. p. 194. l. dern. probablement, *lisez*, apparemment. p. 197. l. 6. n'ose contester, *lisez*, ose contester. p. 207. l. 15. deuant la fin, la garder, *lisez*, les garder. & l. dern. la premiere ny la seule, *lisez*, ny la seule ny la premiere. p. 210. l. 7. deuant la fin, confession de Pelagius, *lisez*, confession du mesme heresiarque. p. 222. l. 4. deuant la fin, qu'il en eut, *lisez*, qu'il en ait.